Angela McRobbie

Top Girls

Geschlecht & Gesellschaft
Band 44

Herausgegeben von
Beate Kortendiek
Ilse Lenz
Michiko Mae
Sigrid Metz-Göckel
Michael Meuser
Ursula Müller
Mechtild Oechsle
Paula-Irene Villa

Mitbegründet von
Marlene Stein-Hilbers (†)

Koordiniert von
Netzwerk Frauenforschung NRW, Beate Kortendiek

Geschlechterfragen sind Gesellschaftsfragen. Damit gehören sie zu den zentralen Fragen der Sozialwissenschaften; sie spielen auf der Ebene von Subjekten und Interaktionen, von Institutionen und Organisationen, von Diskursen und Policies, von Kultur und Medien sowie auf globaler wie lokaler Ebene eine prominente Rolle. Die Reihe „Geschlecht & Gesellschaft" veröffentlicht herausragende wissenschaftliche Beiträge, in denen die Impulse der Frauen- und Geschlechterforschung für die Sozial- und Kulturwissenschaften dokumentiert werden. Zu den Veröffentlichungen in der Reihe gehören neben Monografien empirischen und theoretischen Zuschnitts Hand- und Lehrbücher sowie Sammelbände. Zudem erscheinen in dieser Buchreihe zentrale Beiträge aus der internationalen Geschlechterforschung in deutschsprachiger Übersetzung.

Angela McRobbie

herausgegeben von
Sabine Hark und Paula-Irene Villa

Top Girls

Feminismus und der
Aufstieg des neoliberalen
Geschlechterregimes

VS VERLAG

Bibliografische Information der Deutschen Nationalbibliothek
Die Deutsche Nationalbibliothek verzeichnet diese Publikation in der
Deutschen Nationalbibliografie; detaillierte bibliografische Daten sind im Internet über
<http://dnb.d-nb.de> abrufbar.

English language edition published by SAGE Publications of London, Thousand Oaks,
New Delhi and Singapore, © Angela McRobbie, 2008.

Übersetzt von
Carola Pohlen, Katharina Voß und Michael Wachholz

1. Auflage 2010

Alle Rechte vorbehalten
© VS Verlag für Sozialwissenschaften | Springer Fachmedien Wiesbaden GmbH 2010

Lektorat: Frank Engelhardt

VS Verlag für Sozialwissenschaften ist eine Marke von Springer Fachmedien.
Springer Fachmedien ist Teil der Fachverlagsgruppe Springer Science+Business Media.
www.vs-verlag.de

Umschlaggestaltung: KünkelLopka Medienentwicklung, Heidelberg
Druck und buchbinderische Verarbeitung: Ten Brink, Meppel
Gedruckt auf säurefreiem und chlorfrei gebleichtem Papier
Printed in the Netherlands

ISBN 978-3-531-16272-0

Inhalt

Ambivalenzen der Sichtbarkeit – Einleitung zur deutschen Ausgabe

Sabine Hark & Paula-Irene Villa

Wenn es ein Ziel von Feminismus war, Frauen sichtbar zu machen, so war er erfolgreich, sehr sogar. Jedenfalls sind Frauen heute sichtbarer denn je und vordergründig sind sie auch so erfolgreich wie nie. In wachsender Zahl und ohne Reue verlassen sie das ihnen über mehr als zwei Jahrhunderte angediente „Innere des Haushalts mit den ihm zugehörigen Tätigkeiten, Sorgen und Organisationsformen" und treten „aus dem Dunkel des Hauses in das volle Licht des öffentlich politischen Bereichs" (Arendt 1981: 38). Mehr noch: Viele Frauen beanspruchen einen Platz in Haus *und* Öffentlichkeit – und noch mehr als die, die das ohnehin schon tun, wollen dies auch. Frauen besetzen die erste Reihe der Politik und die Katheder in den Hörsälen, sie bevölkern die IT-Labore, Finanzbörsen und internationalen Gerichtshöfe, ohnehin die TV-Mordkommissionen und politischen Talkshows, die Bestseller-Listen und Bühnen dieser Welt; Frauen sind sichtbar, „auf dem Sprung" (BRIGITTE-Studie 2008) und sie wollen „an die Spitze", so das Bundesministerium für Bildung und Forschung (BMBF). Statt des alten Dreiklangs „Kinder, Küche, Kirche" skandiert heute vor allem ein Ton das Leben und die Wünsche von (jungen) Frauen: Karriere. Folgerichtig entschieden sich in der nämlichen Studie der Zeitschrift BRIGITTE, *Frauen auf dem Sprung*, auch nur 25 % der befragten Frauen bei der Frage, welcher Frauentyp die Zukunft unseres Landes am meisten prägen werde, für das Bild der Mutter, während 75 % das der Karrierefrau wählten (BRIGITTE-Studie 2008: 48). Frauen erkämpften sich längst ‚ein Zimmer für sich allein' (Virginia Woolf) – etwa in Form von professionellen Netzwerken, Vereinigungen und Arbeitsgruppen in Verbänden, Parteien und Organisationen und vieles mehr –, und sie knüpfen an die, strukturellen Widrigkeiten trotzenden, Pionierinnen in Wissenschaft und Politik, Wirtschaft und Kultur an. Frauen haben darüber hinaus zentrale gesellschaftliche Werte wie Gleichheit, Demokratie, Menschenrechte, Freiheit neu und anders definiert und insbesondere durch die „‚langen Wellen' der Frauenbewegungen" (Gerhard 2001: 28), nachhaltig zur Modernisierung westlicher Gesellschaften beigetragen. Die ehemalige „Frauenfrage" ist zur Geschlechterfrage und damit zur unübersehbaren Gesellschaftsfrage geworden. Keine „Gesellschaft, kein Gemeinwesen, keine Kultur", so Eva Senghaas-Knobloch, könne daher „heute

8 Einleitung zur deutschen Ausgabe

der Auseinandersetzung mit dem Konflikt über die Geschlechterordnung entgehen" (Senghaas-Knobloch 2004: 7). Doch ist alles Gold, was sichtbar glänzt? Ist Sichtbarkeit nicht eine zumindest ambivalente Größe? „Fragen des Sehens und der Sichtbarkeit", argumentiert beispielsweise Johanna Schaffer (2008: 35), lassen sich „nicht trennen [...] von Fragen der Subjektivität und den gesellschaftlichen Macht- und Herrschaftsverhältnissen". ‚Regime der Sichtbarkeit', so auch Antke Engel (2009: 13–38), sind politisch, sie operieren präskriptiv und normativ. Zu fragen ist also, welche Frauen in welcher Weise sichtbar werden, auf wen und welche sich das Scheinwerferlicht richtet, wem wie ein Platz im Aufmerksamkeitsraum eingeräumt wird. Schließlich macht es einen Unterschied, womöglich ums Ganze, ob Frauen beispielsweise in den Medien als Supermodels, erotisierte beziehungsweise pornographisierte Werbeträgerinnen und als dekoratives Beiwerk zu wichtigen Männern oder als inkompetente, von staatlichen Transfers lebende, alleinerziehende Mütter und kopftuchtragende Muslima auftauchen oder aber als Nobelpreisträgerinnen, Ministerinnen und entscheidungsmächtige Angehörige ökonomischer Eliten. Sichtbarkeit muss daher nicht zwingend ein feministischer Erfolg sein, im Gegenteil: es ist nicht notwendig ein Erfolg für alle Frauen, (nur) erfolgreiche Frauen zu sehen. Gleichwohl ist deren Sichtbarkeit auch nicht einfach ‚falsch', weil ideologiebehaftet.

Welche Frauen also sehen wir, wenn wir den Fernseher anstellen, ins Kino gehen, die Zeitung aufschlagen? An wen denken wir, wenn wir an ‚Frauen' denken? Wie und als was sollen Frauen – und Männer – sichtbar sein, wie werden sie sichtbar gemacht? Und wer oder was wird dadurch in den Schatten gerückt? Unsichtbar gemacht? Auf solche – und andere – Fragen sucht Angela McRobbie in *Top Girls. Feminismus und der Aufstieg des neoliberalen Geschlechterregimes* Antworten und reiht sich damit ein in eine Tradition feministischer Kritik, die einerseits Sichtbarkeit von und für Frauen forderte, andererseits zugleich argumentierte, dass es nicht ausreiche, einfach viele Frauen sichtbar zu machen. Vielmehr müssten die Bilder selbst und deren Politik zum Gegenstand kritischer Befragung werden. Denn Bilder bilden nicht einfach ab, im Gegenteil: sie produzieren Wissen und erzeugen Wirklichkeiten, sie sind, in einer foucaultianischen Perspektive, Teil gouvernementaler Regierungstechnologien. Das heißt, sie konstituieren Sichtbarkeit und Evidenz, sie konstruieren Wahrscheinlichkeiten, sie geben das Eine dem Blick frei und machen im selben Atemzug das Andere unsichtbar. So trägt, um nur ein Beispiel zu nennen, das gleißende Licht, in das Angela Merkel – und gegenwärtig „ihr Mädchen" (*Financial Times Deutschland*) Kristina Köhler – getaucht ist, zum Verschwinden der Tatsache bei, dass die CDU/CSU-Bundestagsfraktion von allen Fraktionen im deutschen Bundestag den niedrigsten Frauenanteil aufweist: gerade einmal 20 %.

„Merkels Mädchen", Bundesministerin für Familie, Frauen, Jugend und Senioren, Kristina Köhler. Sie steht nachgerade exemplarisch für jene Gruppe, um die es im vorliegenden Buch besonders geht. Denn bei genauerem Hinsehen wird deutlich, wer vor allem sichtbar wird, genauer: sichtbar gemacht wird. Es sind die jungen Frauen, die global zunehmend angesprochen werden und sich rufen lassen vom Versprechen auf Gleichheit durch Teilhabe an Konsum und Berufstätigkeit, die jungen Frauen ‚auf dem Sprung', die „Karrierefrauen", die „Alpha-Mädchen", die *Top Girls*. Diesen ins Licht gerückten *Top Girls* – „Subjekte *par excellence* und Subjekte der Exzellenz", wie McRobbie schreibt – gilt ihre ganze Aufmerksamkeit. Detailliert rekonstruiert sie jene neuen Techniken zur Konstituierung der Weiblichkeit junger Frauen, die diese dazu anhalten, ins Rampenlicht zu treten. Dabei werde den jungen Frauen ein bestimmtes Spektrum an Fähigkeiten zugesprochen (und zugleich abverlangt!), verbunden mit der Erwartung, dass sie bestimmte Lebenswege beschreiten, zu denen vor allem die Eingliederung ins Erwerbsleben und das volle Eintauchen in die Konsumkultur gehören. Präzise schält McRobbie in ihrer Analyse heraus, dass es in der Tat die jungen Frauen – und das meint mehrheitlich die heterosexuellen, weißen, gebildeten und der (aspirierenden) Mittelschicht angehörigen jungen Frauen – sind, die als *capable agents of change* angerufen und zu den privilegierten Subjekten des kapitalistischen und wohlfahrtsstaatlichen Umbaus werden – und denen dafür ein neuer Geschlechtervertrag angeboten wird. Als Ersatz für das, was eine zeitgemäße feministische Politik anbieten könnte, würde den jungen Frauen eine restringierte Form von Gleichheit angetragen in Form von (akademischer) Ausbildung und Beschäftigung sowie durch die Möglichkeit, an der Konsumkultur und dem (kommerzialisierten) öffentlichen Leben teil zu haben. Dabei werde, in geradezu perfider Weise, so McRobbie weiter, der Feminismus als veraltet und uncool ausrangiert – er wird, durchaus mit einer gewissen Anerkennung versehen, aber doch, musealisiert.

Das neoliberale Geschlechterregime, so lässt sich das systematische Argument des Buches zusammenfassen, orientiert sich dabei an der Norm des *adult worker* (Lewis 2002). Das heißt jede/r Erwachsene, die/der erwerbsfähig ist, soll auch erwerbstätig sein – sein können, sein müssen. Es gründet, mit anderen Worten, auch auf der Partizipation der (jungen) Frauen als erwerbstätigen Konsumentinnen und es geht, wie McRobbie zeigt, zu Lasten einer sich neu ausrichtenden feministischen Politik. Die Restrukturierung des flexibilisierten globalen Kapitalismus, so argumentiert auch Chandra Talpade Mohanty – eine der wichtigen theoretischen Stichwortgeberinnen für McRobbie – in ihrem wegweisenden Aufsatz von 2002, *Under Wester Eyes Revisited: Feminist Solidarity through Anticapitalist Struggles*, basiere auf der weltweit angereizten Bereitschaft zu Lohnarbeit auf Seiten der Mädchen und Frauen. Die jungen Frauen zugewiesene Rolle auf dem neuen globalen Arbeitsmarkt koinzidiere dabei mit einem weltweiten Verblassen von Feminismus und Frauenbewegungen. „Der globalisierte Neoliberalismus erfindet seinen eigenen Feminismus und seine eigenen Feministinnen", kommentierte trocken 2007 Christa Wichterich in der *taz*. Feministische Leitbilder – Befreiung von patriarchaler Kontrolle, Selbstbestimmung, Unabhängigkeit, eigenständige Existenzsicherung – träfen sich jetzt mit den Prinzipien des globalen Standortwettbewerbs und der neoliberalen Zuweisung von individueller Eigenverantwortung. Und so werden die (unbenommen ausgesprochen erfolgreichen) Politikerinnen, Unternehmerinnen, Stars und Models zu den ‚neuen Feministinnen‘, die mehr oder minder glamourös – aber immer konsumkräftig – die Botschaft vermitteln: *Yes, you can!*

Eingebettet ist dieses neue Geschlechterregime in das Dispositiv jener Bestrebungen, die einen neuen, postwohlfahrtsstaatlichen Gesellschaftsvertrag zum Ziel haben, und der ohne einen solcherart ‚modernisierten‘ Geschlechtervertrag, der auch die Frauen in einen radikal veränderten Arbeitsmarkt integriert, nicht auskommen wird. In der Tat erleben wir derzeit eine Reihe gesellschaftlicher Transformationen, die den Arbeitsmarkt radikal umgestalten, was zur Folge hat, dass Frauen zwar vermehrt erwerbstätig werden, dies indes – vor allem in Deutschland – in Teilzeitbeschäftigung und in nicht-sozialversicherungspflichtigen Arbeitsverhältnissen. Wir erleben zudem Transformationen, die eine qualitativ veränderte Topologie des Sozialen zur Folge haben, in der die Grenzen zwischen Staat, Gesellschaft, Ökonomie und Privatsphäre neu gezogen und ökonomische Muster und Rationalitäten auf tendenziell alle Lebensbereiche ausgedehnt werden. Ein deutlicher Beleg dafür sind insbesondere jene Politiken, durch die bisher sozialstaatliche, auf der Idee gesellschaftlicher Solidarität basierender Verantwortungen in die Zuständigkeit nicht- bzw. semistaatlicher gesellschaftlicher Einrichtungen oder gar in die (nur noch bedingt sozialstaatlich gestützte) private Verantwortung der Individuen transferiert werden. Dies reicht von der Verantwortung, informiert zu konsumieren, über die Verantwortung für die eigene Beschäftigungsfähigkeit und das Management sowohl des eigenen „Gesundheitsportfolios" wie des Gefühlshaushaltes bis zur Verantwortung für die Reproduktion (von der genauen Planung von Schwangerschaften bis zur durch gentechnologische Entwicklungen nahe gelegten Verantwortung für „genoptimierte Nachkommen"). Ulrich Beck spricht hier von einer „politischen Ökonomie der Unsicherheit", in der „Risikoregime" – bei gleichzeitiger Umverteilung der Risiken vom Staat und der Wirtschaft auf die Einzelnen – immer mehr Bereiche des Lebens erfassen (Beck 2002: 7).

Die marktorientierte „Verschlankung" des Sozialstaates stellt dabei lediglich die Vorderseite einer Diätkur dar, auf deren Rückseite die repressiven und disziplinierenden Apparate des Staates gemästet werden. Wir haben es, wie Ralf Dahrendorf schon vor rund einem Jahrzehnt argumentierte, mit neuen „Formen des Autoritarismus" zu tun (Dahrendorf 2000: 1067), die zunächst der Disziplinierung und Kontrolle der „Überflüssigen" dienen (vgl. Hark 2007), insgesamt aber zu einer „Lockerung der institutionellen, organisatorischen und rechtlichen Grundlagen demokratisch verfasster Gesellschaften" führen (Vogel 2001: 60).

Begleitet werden diese Transformationen von politischen Diskursen sowohl im nationalen Rahmen als auch auf EU-Ebene, die seit rund zwei Jahrzehnten entlang rassisierter, aber auch vergeschlechtlichter und heterosexualisierter Linien verstärkt eine deutsche bzw. europäische Identität zu schaffen suchen durch die Konstruktion von „Fremden", die nationale Sicherheit sowie Wirtschaft und Arbeitsmarkt „belasten". Diskursanalytische Untersuchungen der parlamentarischen Diskurse zur Immigration in sechs europäischen Ländern – Österreich, England, Niederlande, Spanien, Frankreich, Italien – konnten bereits für die 1990er Jahre zeigen, dass „Fremde" nicht willkommen sind, es sei denn, sie besäßen einen bestimmten Sachverstand, der aus ökonomischen Gründen gebraucht wird (Wodak/ Dijk 2000). Die in diesen Diskursen entwickelten argumentativen Muster und semantischen Verknüpfungen plausibilisieren und legitimieren ausgrenzende Maßnahmen, die Bedeutsamkeit der Unterscheidung zwischen „uns" und „denen", vor allem aber die meist in modernisierter Rhetorik nur verklausuliert, oft aber auch sehr offen geäußerte Bedeutung der Unterscheidung zwischen „ökonomisch nützlichen" und „parasitären" Fremden.

Zu konstatieren ist, dass diese Diskurse und sozialen Verwerfungen sowie die staatlichen, politischen und ökonomischen Transformationen das den „postliberalen Kompromiss" (Wagner 1995) kennzeichnende Bedingungsgefüge politischer Partizipation, demokratischer Handlungsmächtigkeit und gesellschaftlicher Teilhabe längst grundlegend verändert haben. Das Angebot zur Teilhabe, das jungen Frauen heute gemacht wird, ist in diesem Kontext zu sehen. Zu fragen ist folglich, wer Alpha-Mädchen sein kann, sein darf, sein soll; wer, mit anderen Worten, zu welcher Art Teilhabe eingeladen wird, aber auch, wer diese Einladung ausspricht und wie das Versprechen, an die Spitze zu kommen, zu neuen, an Kriterien ökonomischer Nützlichkeit orientierter, Spaltungen beitragen beziehungsweise diese mindestens legitimieren wird.

Betrachtet man, und damit zurück zu McRobbie, die Populärkultur (Filme, Serien, Zeitschriften usw.) sowie die Sphäre von Konsum, Werbung und das darin systematisch enthaltene ‚Schönheitssystem' (*beauty system*), werden sowohl jene Bestrebungen, die der Etablierung eines postwohlfahrtsstaatlichen Gesellschaftsvertrags dienen, wie die angesprochene individualisierende oder auch privatisierende Aneignung feministischer Anliegen samt ihrer politischen Ambivalenz augenfällig. Auch in Deutschland erleben wir eine deutliche Intensivierung dessen, was im Alltag ‚Schönheits-', oder ‚Körperwahn' genannt wird: Weit über die zum Teil bizarren Formate des nachmittäglichen Privatfernsehens hinaus boomt die plastische (kosmetische) Chirurgie, der Kampf gegen das Körpergewicht hat bevölkerungspolitische Ausmaße angenommen, die Pathologisierung und teilweise Medikalisierung von Alltagspraxen, vor allem bei Kindern (Stichworte ADHS und Ritalin), aber auch bei Erwachsenen, wie die hormonelle Behandlung der „Wechseljahre" oder der kosmetische und bioregulierende Einsatz der Pille, ist zum Normalfall geworden. Ebenso die möglichst umfassende Inanspruchnahme pränataler Diagnostik, die längst über die Vermeidung existenzieller Gefährdungen von schwangerer Frau und werdendem Kind weit hinausgeht. Ganz zu schweigen vom anhaltenden Fitness- und Wellnessboom, der aus nicht-sportiven Menschen tendenziell unverantwortliche, dem Gemeinwohl abträgliche, dumme SchmarotzerInnen macht. All diese Phänomene, mehr ließen sich anführen, zielen auf die Optimierung von Körpern im Dienste ökonomisierter Imperative wie Flexibilität, Produktivität, Effizienz, Mobilität, Kostenreduktion usw. (vgl. Villa 2008). Und alle somatischen Optimierungsstrategien, insbesondere aber diejenigen, die mit ‚Schönheit' zu tun haben, betreffen zunächst und hauptsächlich Frauen. Die Körper von Frauen sind eine derzeit bevorzugte Arena der medialen Inszenierung sowie der alltagsweltlichen Aushandlung sozialer Normen. Hier wird das ‚Yes, you can!' bei genauerem Hinsehen und unter Zuhilfenahme (ehemals?) emanzipatorischer, feministischer Semantiken zu einem ‚Yes, you must!' Mein Bauch gehört mir, und wer soll mich daran hindern, mir das Fett darin absaugen zu lassen, wenn ich es so will? Dass das ‚wollen' womöglich nicht gänzlich autonom und nicht völlig frei von sozialen Verwicklungen ist, dies wird gegenwärtig kaum reflektiert – auch wenn oder vielleicht gerade weil das zeitgenössische Vokabular der Selbstermächtigung demjenigen der feministischen Debatten der 1970er und 1980er Jahre so ähnlich ist. Es gehört in diesem Zusammenhang wohl zu den irritierendsten Phänomenen der Gegenwart, dass die ehemals feministische Pointe der Selbst-Ermächtigung *qua* Körperpraxen aufs Unheimlichste aufgeht in einem ‚Schönheitssystem', das letztlich Selbst-Beherrschung *qua* Körperregulierung produziert. Die gesellschaftskritischen Analysen, die die zweite Frauenbewegung gerade zu diesem Punkt vorgelegt und auch praktisch-politisch umgesetzt hat – Frauengesundheitszentren, Widerstand gegen Schönheits- und andere Normen, Kritik an der Enteignung subjektiver Körpererfahrungen seitens der Politik, der Medizin und dem Recht, kollektive Formen der Selbsterkenntnis und Selbsterfahrung, kurzum: das Eintreten für das Recht, als Frau über die eigene Körperlichkeit zu bestimmen – sind gewissermaßen entsorgt und an ihre Stelle treten nun aufs Feinste differenzierte Kosmetikangebote, die die mündige Konsumentin auffordern, sich selbst ernst zu nehmen und darum ihre Falten, Haare und Kurven im heterosexuell begehrenswerten Rahmen zu halten. Nur so, nämlich als Objekt/Subjekt der Begierde, könne, McRobbie zu Folge, die ehrgeizige und selbstbewusste Frau von heute sichtbar werden.

Die Nachwehen von Feminismus, *The Aftermath of Feminism*, so der englische Originaltitel, die Weisen seiner Aneignung, vor allem aber die Art und Weise, wie Feminismus zurückgewiesen wird, wie seine im Angesicht globaler Herausforderungen dringlich anstehende Reartikulation als transformative gesellschaftliche Kraft verhindert wird, sind vor diesem Hintergrund das zweite große Thema des Buches. McRobbie charakterisiert die gegenwärtige Situation in diesem Zusammenhang als eine, die sich durch eine eigentümliche Koexistenz zweier sich scheinbar widersprechender Phänomene auszeichne. Einerseits würde Feminismus als politische Bewegung von Frauen und als kritisches Erkenntnisprojekt vehement zurückgewiesen, geschmäht, ja, wie sie feststellt, geradezu gehasst. Andererseits seien die feministischen Themen und Anliegen im Sinne Antonio Gramscis Teil historischer, für die Akteure unhintergehbarer Objektivität geworden – Teil dessen also, was Gramsci „gesunder Menschenverstand" beziehungsweise „eine Weltauffassung" nennt (Gramsci 1997: 1473). Indes sei der Preis, den Feminismus dafür entrichte, politisch und institutionell berücksichtigt zu werden, dass er zugleich als historisch überholt, veraltet und unzeitgemäß positioniert werde. Damit, so spitzt McRobbie zu, dem Feminismus Rechnung getragen werden kann, müsse er als bereits verstorben betrachtet werden. Es sei gerade diese Form der Inanspruchnahme, die eine Demontage feministischer Politik ermögliche und gelegentliche Aufrufe zu seiner Erneuerung schon im Vorfeld diskreditieren würden.

Dieses *undoing* von Feminismus, wie McRobbie es nennt, geschieht insbesondere dadurch, dass bestimmte feministische Elemente aufgegriffen und – spürbar und nachhaltig – in das politische Leben und in eine Reihe gesellschaftlicher Institutionen integriert werden. Unter Verwendung von Vokabeln wie ‚Ermächtigung', *empowerment*, und ‚Wahlfreiheit', *choice*, würden jene Elemente gegenwärtig in einen wesentlich individualistischeren Diskurs umgeformt und in neuem Gewande vor allem in den Medien und in der Populärkultur, aber auch von staatlichen Einrichtungen als eine Art Feminismus-Ersatz verwendet. Die damit verbundenen neuen und vorgeblich ‚moderneren' Vorstellungen über Frauen, insbesondere über junge Frauen, würden ihrerseits auf aggressive Weise mit dem Ziel verbreitet, das Entstehen einer neuen Frauenbewegung zu unterbinden. Statt Frauenbewegungen, *women's movement*, fänden wir daher heute eher Bewegungen von Frauen, *movements of women*.

In Deutschland kann man dies an mehreren, jüngst geführten Debatten nachvollziehen, vor allem vielleicht an den medial inszenierten Diskussionen um den sogenannten „neuen Feminismus". In den vergangenen Jahren erschienen gleich mehrere Publikationen, die bereits im Titel mehr oder minder explizit einen solchen ‚neuen Feminismus' reklamierten (Dorn 2007; Eismann 2007; Stöcker 2007; Haaf/Klingner/Streidl 2008; Hensel/Raether 2008). Zeitgleich erschien Charlotte Roches Bestseller *Feuchtgebiete* (2008), der, obgleich ein Roman und kein Sachbuch, thematisch in die selbe Diskussion eingriff. Und nicht zuletzt befeuerten neue Akteurinnen im Feld der Populärkultur – Peaches, Lady Bitch Ray und andere – die Auseinandersetzung um die Sichtbarkeit von Frauen im Feld der Kultur. Doch um von einem ‚neuen Feminismus' sprechen zu können, muss ein ‚alter Feminismus' angenommen und sich zugleich von ihm abgewendet werden. Und genau dies geschieht in Texten wie *Wir Alphamädchen* (Haaf/Klingner/Streidl 2008) oder *Die neue F-Klasse* (Dorn 2007): Die neuen Mädchen der Elite „jammern nicht" (Dorn 2007: Klappentext), sie sind nicht männerfeindlich, haben „Knallersex"

(Haaf/Klingner/Streidl 2008: 63), viel Spaß und Erfolg. Umgekehrt wird ein alter Feminismusschuh draus: Der ‚alte' Feminismus, immer wieder medial in der Person von Alice Schwarzer repräsentiert – gebannt? –, wird im Kern als Jammerchor männerhassender, verklemmter, verbitterter, unansehnlicher Opfer karikiert, der alle Frauen hinsichtlich ihrer Lebensführung gängelt oder gar terrorisiert und der zudem nicht verstanden habe, dass sich die Zeiten nun mal geändert hätten (vgl. Hark 2008; Hark/Kerner 2007). Verblüffend ist hieran Einiges, vor allem aber die Geschichtsvergessenheit. Denn auch wenn es einige Mühe kosten mag, sich in die Dokumente zu vertiefen, die aus der ersten und vor allem der zweiten Frauenbewegung stammen (vgl. Lenz 2009), so würde sich diese Mühe insofern lohnen als sie zeigen würde, dass es innerhalb der Frauenbewegung(en) immer wieder intensive Auseinandersetzungen um die Fragen gab, die in den genannten Publikationen als tabuisiert oder schlicht inexistent angenommen werden: Streit zwischen Pornographie-BefürworterInnen und -GegnerInnen, Debatten um die Ausschlüsse und Begrenzungen feministischer Politik, etwa in Bezug auf Lesben, Migrantinnen oder Mütter, Diskussionen darüber, wie weit in die Individualität und den Lebensstil die Einsicht darin reiche, dass das Private politisch sei. Wer sich also diese Mühe macht, kann recht schnell erkennen, dass es erstens den einen ‚alten' Feminismus so nicht gibt und dass zweitens historisch vorgängige feministische Positionen für aktuelle Problemlagen weiterhin produktiv sind.

Der ‚neue' Feminismus, der vom alten nicht nur nichts wissen will, sondern sich über ihn mokiert und meint, ihn verabschieden zu müssen, stellt sich also als äußerst ambivalentes Projekt dar, das sich erstaunlich gut einfügt in das medial forcierte Amalgam aus Diskreditierung von Gender Mainstreaming und kritisch-feministischer Geschlechterforschung, der Entdeckung von Jungen und Männern als den wahren Opfern der feministisch inspirierten Modernisierung sowie einer Wiedererweckung soziobiologischer bzw. evolutionärer Denkweisen, die etwa die Inkompatibilität von Männlichkeit und Fürsorge zum Inhalt haben. Er trägt zudem dazu bei, dass es heute möglich ist, Feminismus zu reartikulieren als Emblem westlicher Freiheit, das gegen einen als patriarchal, frauenfeindlich und anti-westlich deklarierten Islam in Stellung gebracht wird. Und nicht zuletzt fügt sich der Alpha-Feminismus, wie gezeigt, ein in jenes Dispositiv, das einen neuen, auch geschlechtermodernisierten, postwohlfahrtsstaatlichen Gesellschaftsvertrag zum Ziel hat. Dazu scheint es unabdingbar, radikalfeministische Interventionen in einen und Kritik an einem heteronormativ gerahmten, hierarchischen Geschlechtervertrag mindestens als Teil einer hinter uns zu lassenden Geschichte zu entwerfen, tatsäch-lich sogar als Teil einer insgesamt lächerlich zu nennenden historischen Episode zu diskreditieren. Übrig geblieben ist jedenfalls, wie McRobbie eins ums andere Mal eindringlich zeigt, nur das Zerrbild eines lustfeindlichen, männerhassenden und notorisch zensierenden, sklerotischen Feminismus.

McRobbie spricht hier in Anlehnung an Überlegungen von Judith Butler in *Antigones Verlangen: Verwandtschaft zwischen Leben und Tod* (2001) von einer „doppelten Verwicklung". Sie meint damit unter anderem das Zugleich der Berücksichtigung von Feminismus und dessen Zurückweisung. Diese „doppelte Verwicklung" lässt sich unseres Erachtens noch weiter zuspitzen: Wohl zum ersten Mal in der Geschichte erleben wir gegenwärtig Feminismus – oder vielmehr das, was dafür gehalten wird – nicht (allein) als eine Kraft, die getragen wird von einer sozialen Bewegung, die soziale Bewegung ist, als eine Kraft also, die ‚von unten' agiert, sondern als Bewegung ‚von oben', als Teil dessen, wie wir regiert werden. Welche Art von – auch affektivem – Widerstand gegen feministische Perspektiven und Anliegen und gegen eine gerechte Gestaltung von Geschlechterverhältnissen dies mittel- und langfristig produzieren wird, vermag derzeit wohl noch keine/r so recht abzusehen. Doch sollte gerade dies Grund genug sein, nicht nur kontinuierlich die jenseits der Regierungsverlautbarungen und Mädchen-Diskurse durchaus existierenden feministischen Stimmen zu Gehör zu bringen, sondern auch beharrlich daran zu arbeiten, die Weisen zu erkennen, wie sich patriarchale Verhältnisse und Verhinderungen im Leben jeder Einzelnen materialisieren. Und dies, weil aus dem Wissen um die genuinen Bedingungen des Lebens von Frauen, die Kraft zu leben und die Gründe zu handeln zu gewinnen sind, wie Simone de Beauvoir ([1949] 1992) schon vor mehr als einem halben Jahrhundert schrieb.

Literatur

Allmendinger, Jutta (2008): Frauen auf dem Sprung. Brigitte-Studie. (Hrsg.) BRIGITTE-Redaktion, Hamburg

Arendt, Hannah (1981): Vita Activa oder: Vom tätigen Leben. München: Piper

Beauvoir, Simone de ([1949] 1992): Das andere Geschlecht. Reinbek: Rowohlt

Beck, Ulrich (2002): Arbeit ist ein bewegliches Ziel. In: Die Zeit Nr. 7, 7. Februar 2002, 7.

Butler, Judith (2001): Antigones Verlangen. Verwandtschaft zwischen Leben und Tod. Frankfurt am Main: Suhrkamp

Dahrendorf, Ralf (2000): Globale Klasse und neue Ungleichheit. In: Merkur, Heft 11, 1057–1068

Dorn, Thea (2007): Die neue F-Klasse: Wie die Zukunft von Frauen gemacht wird. München: Piper

Eismann, Sonja (2007): Hot Topic. Popfeminismus heute. Mainz: Ventil

Engel, Antke (2009): Bilder von Sexualität und Ökonomie. Queere kulturelle Politiken im Neoliberalismus. Bielefeld: transcript

Gerhard, Ute (2001): Frauenbewegung – Frauenforschung – Frauenpolitik. Innovation und Selbstreflexion. In: Zwischen Emanzipationsvision und Gesellschaftskritik. (Re)Konstruktionen der Geschlechterordnung. (Hrsg.) Ursula Hornung/Sedef Gümen/Sabine Weilandt, Münster: Westfälisches Dampfboot, 21–41

Gramsci, Antonio (1997): Gefängnishefte (Band 7). Hamburg: Argument Verlag

Haaf, Meredith/Klingner, Susanne/Streidl, Barbara (2008): Wir Alphamädchen: Warum Feminismus das Leben schöner macht. Hamburg: Hofmann & Campe

Hark, Sabine (2007): ‚Überflüssig'. Negative Klassifikationen – Elemente symbolischer Delegitimierung im soziologischen Diskurs? In: Achsen der Ungleichheit. Zum Verhältnis von Klasse, Geschlecht und Ethnizität. (Hrsg.) Gudrun-Axeli Knapp/Cornelia Klinger/Birgit Sauer, Frankfurt am Main: Campus, 151–162

Hark, Sabine (2008): Die Scham ist vorbei – Feminismus Re-loaded. In: Femina Politica. Zeitschrift für feministische Politikwissenschaft 17/2, 111–115

Hark, Sabine/Kerner, Ina (2007): Konstruktionsfehler in der F-Klasse. In: Freitag, 04. Mai 2007, 17 (http://www.freitag.de/kultur/0718-introspektion)

Hark, Sabine/Genschel, Corinna (2003): Die ambivalente Politik von Citizenship und ihre sexualpolitische Herausforderung. In: Achsen der Differenz. Gesellschaftstheorie und feministische Kritik II. (Hrsg.) Gudrun-Axeli Knapp/Angelika Wetterer, Münster: Westfälisches Dampfboot 2003, 134–169

Hensel, Jana/Raether, Elisabeth (2008): Neue Deutsche Mädchen. Reinbek: rowohlt

Lenz, Ilse (Hrsg.) (2009): Die Neue Frauenbewegung in Deutschland. Abschied vom kleinen Unterschied. Eine Quellensammlung. Wiesbaden: VS Verlag für Sozialwissenschaften

Lewis, Jane (2002): Gender and Welfare State Change. In: European Societies, 4 (4), 331–357

Mohanty, Chandra Talpade (2002): Under Western Eyes Revisited: Feminist Solidarity through Anticapitalist Struggles. In: Signs: Journal of Women and Culture in Society 28/22, 499–535

Roche, Charlotte (2008): Feuchtgebiete. Köln: Dumont

Schaffer, Johanna (2008): Ambivalenzen der Sichtbarkeit. Über die visuellen Strukturen der Anerkennung. Bielefeld: transcript

Senghaas-Knobloch, Eva (2004): Vom Glück gegenseitiger Anerkennung. Das Jahrhundert des Feminismus: Menschenrechte und fürsorgliche Praxis. In: Frankfurter Rundschau, 24. Februar 2004, 7

Stöcker, Mirja (2007): Das F-Wort. Feminismus ist sexy. Königstein im Taunus: Helmer

Villa, Paula-Irene (Hrsg.) (2008): schön normal. Manipulationen am Körper als Technologien des Selbst. Bielefeld: transcript

Vogel, Bernhard (2001): Überflüssige in der Überflußgesellschaft? Sechs Anmerkungen zur Empirie sozialer Ausgrenzung. In: Mittelweg 36, 1/2001, 57–62

Wagner, Peter (1995): Soziologie der Moderne. Frankfurt am Main/New York: Campus.

Wichterich, Christa (2007): Paradoxie der Integration. In: taz, 24. September 2007, http://www.taz.de/index.php?id=digitaz-artikel&ressort=me&dig=2007/09/24/a0129&no_cache=1&src=GI (26. 12. 09)

Wodak, Ruth/Van Dijk, Teun (Hrsg.) (2000): Racism at the Top. Klagenfurt: Drava

Was kommt nach dem Feminismus?

Die gesellschaftliche und kulturelle Landschaft, die das vorliegende Buch analysiert, könnte man als postfeministisch bezeichnen. Dieser Begriff soll eine Situation beschreiben, die von einer neuen antifeministischen Stimmung geprägt ist und die sich von dem so genannten Backlash früherer Zeit – der Gegenreaktion gegen die scheinbaren Erfolge feministischer Aktionen und Kampagnen der 1970er und 1980er Jahre – deutlich unterscheidet. Etwas Unerwartetes ist eingetreten, so möchte ich behaupten: Elemente des Feminismus wurden aufgegriffen und spürbar in das politische Leben und in eine Reihe gesellschaftlicher Institutionen integriert. Unter Verwendung von Vokabeln wie ‚Ermächtigung‘, *empowerment,* und ‚Wahlfreiheit‘, *choice,* wurden diese Elemente in einen wesentlich individualistischeren Diskurs umgeformt und im neuen Gewand vor allem in den Medien und in der Populärkultur, aber auch von staatlichen Einrichtungen als eine Art Feminismus-Ersatz verwendet. Die damit verbundenen neuen und vorgeblich ‚zeitgenössischeren‘ Vorstellungen über Frauen, insbesondere über junge Frauen, werden ihrerseits auf aggressive Weise mit dem Ziel verbreitet, das Entstehen einer neuen Frauenbewegung zu unterbinden. ‚Der Feminismus‘ wird instrumentalisiert; westliche Regierungen eignen sich feministische Inhalte an und propagieren diese, nicht zuletzt als Signal an den Rest der Welt, dass feministische Ideen zentraler Bestandteil dessen sind, was heute Freiheit bedeutet. Dem Konzept der Freiheit wird mit Hilfe dieses Pseudo-Feminismus gewissermaßen neues Leben eingeflößt, es wird an die Gegenwart angepasst. Infolgedessen lassen sich die Trennlinien zwischen der westlichen Welt und dem ‚Rest‘ besonders deutlich anhand der vorherrschenden Geschlechterbilder und der gesellschaftlich gewährten sexuellen Freiheiten ziehen.

Möglicherweise erwecken diese Beobachtungen bei einigen LeserInnen den Eindruck einer Verschwörungstheorie. Eine der Aufgaben, die ich mir in diesem Buch daher stelle, wird darin bestehen, im Detail zu zeigen, wie die von mir diagnostizierte Entwicklung organisiert wird, wie auf vielfältigste Weise bei jungen Frauen um Zustimmung und Bereitschaft zur Teilnahme geworben wird und sie zu überzeugten Anhängerinnen eines Pseudo-Feminismus gemacht werden. Die Fragestellung deutet bereits an, dass ich nicht auf die Vorstellung *einer* zentralen Machtinstitution zurückgreife, die sich die Schwächung des Feminismus auf die Fahnen geschrieben hätte, auf dass er nie wieder zu Kräften komme. Zum einen ist vor allem auf der kulturellen Ebene eine prononcierte Ablehnung und Herabwürdigung des Feminismus zu beobachten, die ihn für jüngere Frauen höchst unattraktiv macht (so wird er in diesem Zusammenhang oft als grässlich und abstoßend beschrieben). Es wird ein Schreckgespenst dessen gemalt, was der Feminismus angeblich einst war; eine hässliche Fratze, die die heutigen jungen Frauen nur erschaudern lässt. Das ist jedoch nur eine Seite der Medaille: Der Verzicht auf feministische Inhalte zugunsten dessen, was Judith Butler die Intelligibilität als Frau nennen würde, wird mit Versprechungen von Freiheit und Unabhängigkeit reichlich vergolten. Am deutlichsten offenbart sich diese Belohnungstaktik darin, dass Frauen in der Fähigkeit bestärkt werden, ihren eigenen Lebensunterhalt zu verdienen. Das hat auch eine symbolische Dimension. Denn mit dieser Fähigkeit verbinden sich Ansehen, gesellschaftliche Teilhabe und die Berechtigung, Ansprüche zu stellen. Es findet also eine Art Tausch statt, ein Prozess der Verdrängung und Ersetzung. Jungen Frauen wird anstelle dessen, was ihnen eine modernisierte feministische Politik bieten könnte, eine Art rhetorische Gleichheit offeriert, die in Bildungs- und Beschäftigungschancen, in den Möglichkeiten zur Teilhabe an Konsumkultur und Bürgergesellschaft ihren konkreten Ausdruck findet.

Um dem möglichen Einwand zu begegnen, meine These sei abstrus oder zu vage, ist es ein weiteres Anliegen dieses Buches, auf schlüssige Weise zu belegen, dass tatsächlich eine Art Befriedung – so würde Stuart Hall es vermutlich nennen –, ein neuer Geschlechtervertrag im Spiel ist. Anders und vereinfacht ausgedrückt: Frauen machen die Hälfte der Weltbevölkerung aus; dennoch werden sie weiterhin zurückgesetzt und erfahren Ungleichheit – auch wenn sich gewiss manches verändert hat. Eine globale, aber zugleich höchst differenzierte feministische Politik wäre für das Weltwirtschaftssystem mit seiner gegenwärtigen Machtverteilung und ungebrochen patriarchalen Struktur in der Tat eine enorme Herausforderung. FeministInnen, die sich auch als solche bezeichnen und offen für ihre Sache eintreten, waren stets eine kleine Minderheit, doch ihre Prinzipien, Ideen und Überzeugungen sowie ihr Engagement haben in vielen Ländern auf der ganzen Welt das alltägliche Leben von Frauen und Mädchen beeinflusst. Dabei war stets deutlich, dass diese Bewegung eine von unten organisierte Politik war und ist; eine Politik, die von der Basis aus nach oben strebt und Auseinandersetzungen etwa über Fragen der Sexualität und des Familienlebens anstößt. Obwohl es sich um eine zahlenmäßig kleine Bewegung handelte, verfügte sie dennoch über ein beträchtliches Potenzial, alte Strukturen aufzubrechen und Veränderungen zu erreichen. Was Feminismus dabei jeweils konkret bedeutet, variiert buchstäblich von einer selbst erklärten Feministin zur nächsten, aber diese Tatsache verringert die Einflussmöglichkeiten des Feminismus nicht – ganz im Gegenteil. In meinen Augen ist es gerade dieses politische Potenzial, das bei denjenigen Körperschaften, Institutionen und Organisationen, die sich gegen eine Veränderung der vorherrschenden Machtverhältnisse und Geschlechterhierarchien stemmen, Unruhe,

Ängste und vorbeugende Gegenwehr auslöst. Um dieses Potenzial neu zu wecken und in politische Handlungen umzusetzen, so mein Argument, gilt es, die Kräfte, die eine (Re-)Aktivierung der politischen Energie des Feminismus verhindern wollen, genau zu analysieren, zumal sie neuerdings in moderner und aufgeklärter, das heißt hier in einer ‚gender-sensiblen' Form von Gouvernementalität auftreten.

Die vorliegende Studie ist auch Ausdruck der Veränderungen meines eigenen Denkens und enthält somit selbstkritische Elemente. Vor einigen Jahren war ich Anhängerin einer Position, die durch die Arbeiten von Michel de Certeau (1988) beeinflusst war. De Certeaus Bestreben zielte darauf ab, den Wert und Nutzen subversiver Strategien herauszuarbeiten, also der Wege, mittels derer ‚einfache', oft stark benachteiligte Menschen ihre Interessen vertreten. Diese Strategien entdeckte er gerade auch in jenen Oppositions- und Widerstandsformen, die in den Formationen des alltäglichen Lebens zu beobachten sind (de Certeau 1988). Es stellte sich jedoch heraus, dass sich diese Art von Argument sehr leicht in anderer Weise funktionalisieren ließ, und schließlich wurde ‚kulturpopulistisch' behauptet, Frauen begegneten jener Konsumkultur, die ihnen so viel bedeute und an der sie so intensiv teilnähmen, zugleich auf subversive Weise. Da begannen bei mir und vielen anderen die Alarmglocken zu schrillen. Feministische Vertreterinnen der Cultural Studies etwa verloren die Dynamiken von Machtausübung und -begrenzung aus dem Blick und begeisterten sich stattdessen für ‚gewöhnliche' Frauen und Mädchen, die es verstanden, aus den von der Konsumkultur angebotenen Elementen (zum Beispiel Fernsehsendungen wie *Sex & the City*) ihre eigenen, scheinbar autonomen weiblichen Lüste und Rituale zu formen. Wenn Subversion mit den Mitteln möglich war, die der Kapitalismus zur Verfügung stellt, gab es keinen wirklichen Grund, die Grundsätze anzuzweifeln, auf denen das System ruhte. Doch wie oppositionell waren diese vorgeblich subversiven Praktiken tatsächlich? Wie weit reichte ihre Gegenwehr? Wie hilfreich waren diese Praktiken im Hinblick auf die Macht- beziehungsweise Ohnmachtsverhältnisse, in die Frauen nach wie vor eingeschrieben sind? Welche Möglichkeiten der Verknüpfung mit Aktivitäten außerhalb der populärkulturellen Sphäre gab es? Das wachsende Unbehagen, das ich innerhalb dieses analytischen Rahmens empfand, erstreckte sich auf eine Reihe von Fragen: Gibt der Kapitalismus Frauen wirklich mehr oder weniger das, was sie möchten, wenn er sie mit solch unkomplexen und leicht verfügbaren narrativen Vergnügungen in Form einer populären Unterhaltung versorgt, die noch dazu feministische Themen in ihre Plots und Geschichten integriert? Wofür würde feministische Politik überhaupt noch gebraucht, wenn Frauen die Bedeutungen der sie umgebenden kulturellen Güter und Werte einfach umdeuten können? Würde das bedeuten, auf Kapitalismuskritik zu verzichten, die ja seit jeher ein wesentlicher Bestandteil des sozialistisch-feministischen Denkens ist?

Die von de Certeau geprägte medienwissenschaftliche Forschung ebenso wie entsprechende Beiträge der *Cultural Studies* waren ebenfalls weit von der früheren, psychoanalytisch inspirierten Forschung entfernt, wie sie etwa die Arbeiten von Cora Kaplan bestimmen. Kaplan (1986) analysierte eingehend die komplexe Situation, in der sie sich als feministische Leserin befindet, die es zugleich beunruhigt und fasziniert, welchen Gefallen sie an populären Liebesromanen findet, also an einem konservativen literarischen Genre. Ihr Beispiel ist Colleen McCulloughs Roman *Die Dornenvögel* (2003). Zum Ende des 20. Jahrhunderts sahen sich jene Vertreterinnen der feministischen Medienwissenschaften und *Cultural Studies*, die die Wirkmächtigkeit des populären Feminismus optimistisch einschätzten, mit aggressiveren Herausforderungen konfrontiert, so etwa mit der Tatsache, dass Pornographie zunehmend mit dem Anspruch auftrat, akzeptabel und normal zu sein – eine Ansicht, der die breite Masse kaum widersprach. Viele Feministinnen, die sich – wie auch ich – an den anti-pornographischen, Zensur fordernden Kampagnen der 1970er und 1980er Jahre nicht beteiligt hatten, nahmen den neuen Trend, der sich zum Beispiel darin äußerte, dass das so genannte *Pole Dancing* mit einem Mal als eine weitere Form weiblicher Selbstbemächtigung angepriesen wurde, dennoch mit Besorgnis wahr. Es geht nicht darum, dass ich plötzlich in Reaktion auf diese Phänomene eine puritanische Seite in mir entdeckte. Auffällig ist vielmehr, dass eine ernstzunehmende wissenschaftliche Diskussion der Teilhabe vieler Frauen an Sex-Entertainment ebenso wenig existiert wie eine Debatte darüber, was diese ‚Normalisierung des Pornographischen' für die früheren feministischen Ansichten über Pornographie und die Sex-Industrie bedeutet (McRobbie 2008).

In den 1990er Jahren schien es in den feministisch ausgerichteten Medienwissenschaften und *Cultural Studies* keine Theorie über vergeschlechtlichte Machtverhältnisse mehr zu geben. Man interessierte sich wenig für die komplexe Art und Weise, wie Frauen von der Konsumkultur – die sie bereits bestens in entsprechender Weise eingebunden hatte und ihnen ermöglichte, mit feministischer Stimme zu sprechen – dazu aufgefordert wurden, neue, darunter sexuelle, Freiheiten als ein Recht in Anspruch zu nehmen, das ihnen neuerdings gewährt wurde. Hatte also in Reaktion auf den Untergang des Sozialismus und die Konjunktur dessen, was für kurze Zeit ‚Politik des dritten Weges' genannt wurde, eine Art Annäherung an den Kapitalismus stattgefunden? Oder hatte das Bedürfnis nach Kritik einfach nachgelassen? Ich konnte in den feministischen Medienwissenschaften und *Cultural Studies*, wie sie sich seit Beginn der 1990er Jahre darstellten, keine Diskussion über eine derartige politische Verschiebung ausmachen. Und falls es eine Debatte darüber gab, wie sich eine neue linke, feministisch-sozialistische Politik an die globalen Veränderungen der politischen Kultur anpassen sollte, so fand sie jedenfalls nicht in diesem Bereich der feministischen Theorie statt. Wer sich für eine überzeugendere und sozial engagierte Kritik interessierte, verfolgte zunehmend die Debatten über Feminismus und die *micropolitics of becoming* in den Arbeiten feministischer Philosophinnen wie Rosi Braidotti und Claire Colebrook und beschäftigte sich mit postkolonialer feministischer Theorie (Gayatri Chakravorty

Spivak und Sara Ahmed) oder mit den psychosozialen Rekonzeptualisierungen von Geschlecht und Macht, die Judith Butler in ihren Arbeiten formulierte. In der Zwischenzeit trat zudem die *Queer Theory* auf den Plan, die ebenso wie die neue, von Gilles Deleuze beeinflusste Soziologie des Körpers äußerst fruchtbare Beiträge lieferte.[1] Die feministischen Medienwissenschaften haben sich nie wirklich mit der Psychoanalyse auseinandergesetzt, und dieses Defizit hat meines Erachtens bis heute Konsequenzen. Dabei hatte dieser Forschungsbereich eine groß angelegte Kultur- und Medienanthropologie in Aussicht gestellt, die über die Beschäftigung mit Publikum und Rezeptionsweisen neue Einsichten darüber versprach, wie Frauen sich am alltäglichen Leben beteiligen. Doch schien sich die kreative und forschende Energie, die ein solches Unterfangen verlangte, verflüchtigt zu haben. Stattdessen verlagerte sich das Interesse vom Alltagsleben hin zu affirmativen Studien über weibliche Populärkultur, die nun in großer Zahl publiziert wurden. Angesichts der Misere der feministischen *Cultural Studies* brachen eine ganze Reihe feministischer Wissenschaftlerinnen zu neuen Ufern auf und wechselten zu den Film- und Fernsehwissenschaften, wo sie viele wichtige, historisch angelegte Forschungsprojekte in einem Gebiet initiierten, das sich bald darauf zu einem blühenden neuen Wissenschaftszweig entwickeln sollte. Erst in jüngster Zeit hat sich eine ernsthaftere und kritischere Auseinandersetzung mit dem großen Sektor der für Frauen produzierenden Medien und mit speziell für Frauen entwickelten Genres entwickelt, in der die Zusammenhänge zwischen antifeministischen Elementen und den sich einer neuen Konjunktur erfreuenden Werten der politischen Kultur des Neoliberalismus gezeigt werden (vgl. Gill 2006).

An dieser Stelle ist es vermutlich geboten, meine eigenen Beiträge zu der hier skizzierten Entwicklung auszuweisen. Wesentliche Inhalte dieses Buches stellen Revisionen meiner früheren Positionen und Forschungsansätze dar. Diese Revisionen weisen auf die Notwendigkeit hin, die Machtwirkungen neuer Konstellationen auf dem Feld der vergeschlechtlichten Machtverhältnisse zu analysieren. Ich halte es daher für geboten, hier einige meiner Fehleinschätzungen darzulegen. So setzte ich beispielsweise, als ich in den 1990er Jahren über Frauen- und Mädchenzeitschriften schrieb, viel zu große Hoffnungen darauf, dass solche Publikationen sich feministischen Erfolgen langhin verpflichtet fühlen und sich im Sinne eines populären Feminismus den damit verbundenen Themen widmen würden. Naiv war auch der Enthusiasmus, mit dem ich davon ausging, die Einstellung von feministisch geprägten Absolventinnen würde einen Einfluss auf die politische Ausrichtung dieser Zeitschriftenredaktionen haben. Ich sah den gegebenen Realitäten nicht wirklich ins

---

[1] Allerdings ließen die meisten dieser Wissenschaftlerinnen – abgesehen von Gayatri Chakravorty Spivak, Judith Butler und Wendy Brown, auf deren Arbeiten ich mich in diesem Buch stütze – die Frage nach einer linksgerichteten Politik und danach, welche Auswirkung deren gegenwärtige Krise oder gar Ende auf den Feminismus habe, außer Acht.

Auge; eine dieser Realitäten war, dass der Kampf um Auflagenhöhen dazu führen konnte, dass eine Redakteurin gefeuert wurde, weil sie einem Unternehmen, das mit dem Verlag einen lukrativen Werbevertrag unterhielt, ein Dorn im Auge war. Ich habe auch nicht ausreichend berücksichtigt, dass Zeitschriften sich ständig neu erfinden müssen, was eben bedeuten kann, dass eine starke feministische Stimme nicht länger als zwei Modezyklen überdauert, um dann zugunsten eines neuen gegenläufigen Trends zum Schweigen gebracht zu werden. Ich musste schließlich gegen meinen Widerstand einräumen, dass das Zeitschriftenformat spezifischen, nahezu in Stein gemeißelten Parametern unterliegt. Dazu gehört etwa die Dominanz von Mode- und Schönheitsthemen, das Überwiegen der heterosexuellen Perspektive oder die hermetisch abgeschlossene Welt eskapistischer Vergnügungen, denen Frauen sich widmen. Ich machte mich vielleicht sogar mitschuldig, insofern ich, ohne meine feministische Haltung aufzugeben, das Genre der Frauenzeitschriften grundsätzlich unterstützte und die Schärfe und Intensität meiner Kritik zugunsten einer Kompromisshaltung abmilderte, von der ich mir versprach, dass sich auf diese Weise eine starke, aber trotzdem zur breiten Masse sprechende feministische Stimme neben den Standardthemen würde halten können.[2] Was tatsächlich passierte, war, dass feministische Inhalte durch einen aggressiven Individualismus, einen hedonistischen weiblichen Phallizismus auf dem Gebiet der Sexualität und durch eine obsessive Beschäftigung mit der Konsumkultur ersetzt wurden – Faktoren, die, wie ich in diesem Buch zu zeigen hoffe, eine entscheidende Rolle bei der Abwicklung *(undoing)* des Feminismus spielen. Es lässt sich durchaus die Meinung vertreten, dass der Sektor der Mädchen- und Frauenzeitschriften, indem er sich als eindeutig postfeministisch umdefinierte, sein Überleben sicherte und sich mit diesem Schritt quasi von einer schweren Last befreite.

Es ist an dieser Stelle vielleicht ebenfalls wichtig, anzumerken, dass auch meine optimistische Reaktion auf die Wahl der *New-Labour*-Regierung 1997 fehlgeleitet war. Ich nahm an, Tony Blair würde Frauenrechte unterstützen und die Zusammenarbeit mit jenen Feministinnen suchen, die sich für bestimmte politische Projekte engagiert und seinen Wahlkampf unterstützt hatten. In der ersten Phase der *New-Labour*-Regierung setzte ich für kurze Zeit gewisse Hoffnungen auf das politische Programm des so genannten Dritten Wegs. Ich hätte mir nicht träumen lassen, dass diese Regierung eine geradezu feindliche Haltung gegenüber Feministinnen einnehmen und tatsächlich versuchen würde, den Feminismus in seine Schranken zu weisen beziehungsweise aus dem Weg zu räumen. Während

---

[2] Sicherlich hatte diese Haltung damit zu tun, dass ich StudentInnen zu ermutigen suchte, die sehr darauf erpicht waren, in diesem Sektor Arbeit zu finden. Mittlerweile erkenne ich, dass es diese Form der ,Zusammenarbeit' mit der Zeitschriftenbranche und die dabei angestrebten Formen feministischen ,Wissenstransfers' erst noch besser zu verstehen gilt und dass all dies einer wissenschaftlichen Analyse unterzogen werden muss, die eine kritische Perspektive auf die Kulturindustrie eröffnet.

die Blair-Regierung den Feminismus mit Versprechen von scheinbar zeitgemäßeren Freiheiten, gepaart mit Konzepten wie der ‚work-life balance‘, ins Abseits zu drängen suchte, legte sie zeitgleich dazu einen offensiven Patriarchalismus alter Prägung an den Tag, der auf der politischen Ebene ungefähr dem Niveau von Herrenmagazinen entsprach und Frauen vor die Wahl stellte, sich anzupassen oder eine geradezu sibirische Verbannung zu riskieren, mit der das Bekenntnis zum Feminismus bestraft wurde (McRobbie 2000a).

Rückbesinnung und Erneuerung

Die folgenden Kapitel leisten zum Teil eine Rückbesinnung auf wichtige Ergebnisse der feministischen Wissenschaft. Insbesondere widme ich mich der psychoanalytisch ausgerichteten feministischen Forschung zum Film und zur Mode der 1980er Jahre. Mir ist es wichtig, die Bedeutung dieses Forschungszweigs hervorzuheben, denn er hat wesentliche Beiträge zum Verständnis der Mechanismen von Identifizierung und Begehren geliefert, die beim Konsumieren von Bildern zum Tragen kommen. Die diesbezüglichen Arbeiten sind in gegenwärtigen Diskussionen aus dem Blick geraten, und genau darin besteht eine der Schwächen der derzeit fruchtbarsten Forschungsbeiträge. Diese analysieren beispielsweise, wie junge Mädchen Bilder von sich selbst und in Zeitschriften veröffentlichte Fotos von Models und anderen Prominenten betrachten. Neuere, auf Gilles Deleuze zurückgreifende Arbeiten haben die rigiden Vorstellungen verworfen, die die Freudsche Psychoanalyse sich vom Begehren macht. Allein die Tatsache, dass jüngere Arbeiten auf Publikationen etwa von Leslie Rabine oder Diana Fuss verweisen, lässt deutlich werden, wie ungemein wertvoll deren Beiträge dafür waren, die Technologien der Bildkomposition zu verstehen, mittels derer die Entfesselung wie auch die Beschränkung des weiblichen Begehrens gesteuert werden sollte (Fuss 1994; Rabine 1994).

   In den folgenden Kapiteln wird eine Reihe von Konzepten vorgestellt, die ich jeweils im Rahmen meiner Analyse vertiefe. Dabei verknüpfe ich Elemente der feministischen Soziologie mit solchen der *Cultural Studies* mit dem Ziel, auf diese Weise das Feld der postfeministischen Populärkultur wie auch der entsprechenden politischen Kultur zusammenhängender zu erfassen – vor allem in Großbritannien, aber nicht nur dort. Die Kapitel sondieren verschiedene Terrains; ihnen liegen keine Einzeluntersuchungen zugrunde; sie sind weder empirisch noch ethnographisch. Stattdessen bieten sie einen Überblick über Entwicklungen in den Bereichen Film, Fernsehen, Populärkultur und Frauenzeitschriften und setzen sich mit der jüngsten Forschung auf diesen Gebieten auseinander. Verschiedene Teile dieses Buches greifen insbesondere auf die Bücher und Aufsätze von Judith Butler zurück und übersetzen ihre Theorien in ein soziologisches Vokabular, das sich auf konkrete soziale und kulturelle Phänomene anwenden lässt. In einer früheren Auseinandersetzung mit

Judith Butlers Buch *Antigones Verlangen: Verwandtschaft zwischen Leben und Tod*
(2001a) hatte ich einige Überlegungen zu einer „doppelten Verwicklung" vorgestellt:
Damit versuchte ich das Phänomen zu fassen, dass in den Bereichen Sexualität und
Familienleben gleichzeitig eine Liberalisierung seitens des Staates zu beobachten
ist – Schwulen und Lesben beispielsweise werden spezifische Familien- und Ver-
wandtschaftsrechte gewährt – und zugleich eine Neoliberalisierung des gleichen
Terrains stattfindet, die diejenigen, die nicht dem Lebensmodell der klassischen
Kleinfamilie folgen, tendenziell bestraft (McRobbie 2003). In ähnlicher Weise
zeichnete sich ab, dass einerseits bestimmte Ansichten des Feminismus mittlerweile Teil dessen sind, was Antonio Gramsci den „gesunden Menschenverstand"
nennt, der Feminismus zugleich aber mit Schmähungen bedacht, ja nahezu gehasst
wird. In dem vorliegenden Buch habe ich diese Überlegungen weiterentwickelt
und untermauere meine These einer ‚Komplexifizierung des Backlash' mit Hilfe
des Begriffs der ‚doppelten Verwicklung' und anderen Konzepten, darunter
mit dem der ‚Aufmerksamkeitsräume'. Mit diesem Begriff untersuche ich den
Scheinwerfer-Effekt, den Macht erzeugen kann, beziehungsweise, in der Sprache
von Deleuze, die ‚Luminositäten', die junge Frauen als individualisierte Subjekte
in den Vordergrund rücken und ihnen eine Palette von Fähigkeiten zuschreiben,
die sie als Akteurinnen des sozialen und kulturellen Wandels erscheinen lässt.

Damit ist zugleich das Terrain abgegrenzt, in dem jenes *undoing*, die ‚Abwicklung' des Feminismus, stattfindet. Ich möchte die These aufstellen, dass wir
gegenwärtig Zeugen einer Neudefinition von Geschlechterhierarchien werden, die
auch Auswirkungen auf die Kategorien soziale Klasse/Schicht sowie *race* und
Ethnizität hat. Das In-Erscheinung-Treten *(coming forward)* junger schwarzer
und asiatischer Frauen im Rahmen dieser Individualisierungsstrategien führt
dazu, dass ihnen ein ungewöhnlicher, wenn nicht einzigartiger Status gewährt
wird, während sich an anderen Stellen dieser ‚Zone der Luminositäten' (innerhalb
derer im Übrigen auch der Antirassismus zurückgedrängt wird) zugleich eine Art
‚nostalgischer Re-Privilegierung des Weißseins' offenbart und sogar ein Prozess
der kulturellen Rekolonialisierung zu beobachten ist. Um Stuart Hall abzuwandeln:
Weiße Frauen in Großbritannien bringen ihre soziale Stellung zunehmend darüber
zur Geltung, dass sie auf die Kategorien Gender und Weiblichkeit zurückgreifen.
Die soziale Einschreibung als (glamouröse) Frau besitzt gegenüber der Klassenzugehörigkeit eine stärkere Autonomie als früher; diese Zugehörigkeit wird nicht
mehr über ihre Rolle als Ehefrau des Mannes oder als Tochter des Vaters definiert.
Auch schwarze und asiatische Frauen sind in diesem Prozess der sich wandelnden
sozialen Einschreibungen gefangen. Sie definieren ihre Klassenzugehörigkeit über
die Kategorie *race*, wie Stuart Hall gezeigt hat, aber auch hier wird Weiblichkeit
vor dem Hintergrund einer zunehmend meritokratischen Gesellschaft zu einem
immer entscheidenderen Faktor, und zwar dergestalt, dass die Überschneidungen
von Gender und Ethnizität neue gesellschaftliche Bedeutungen annehmen. Ich

untersuche ferner eine bestimmte ‚Mobilisierung von Frauen'. Damit meine ich jedoch nicht etwa eine neue Frauenbewegung. Vielmehr ist hiermit ein zentraler Aspekt der neu entstandenen vergeschlechtlichten Machtverhältnisse angesprochen, die darauf abzielen, den Anforderungen einer globalisierten Ökonomie gerecht zu werden und die Verfügbarkeit weiblicher Arbeitskraft sicherzustellen, indem sie die entsprechenden sozialen Bedingungen für Frauen, insbesondere für junge Frauen, erzeugen und überwachen.

Im dritten Kapitel stelle ich eine Reihe von Konzepten vor, mit denen ich das Phänomen der postfeministischen Weiblichkeit zu fassen versuche, also – in der Sprache Foucaults – jene Technologien, die jungen Frauen im Rahmen eines Prozesses der Ersetzung und Verdrängung zur Verfügung gestellt werden und die ihnen gleichzeitig mehr Freiheiten und eine Veränderung ihres Status und ihrer Identität zu versprechen scheinen. Dies sind erstens die ‚postfeministische Maskerade', zweitens die Figur der ‚berufstätigen Frau', drittens die ‚phallische Frau' und viertens die ‚globale Frau'. Mein Argument ist, dass in diesen Technologien die Macht der Geschlechterdiskurse genau dadurch hervortritt, dass sie jungen Frauen bestimmte Fähigkeiten zusprechen. In einem späteren Teil dieses Buches untersuche ich, im Rückgriff auf Bourdieus Begriff der symbolischen Gewalt, die veränderten Klassen-, *race*- und Geschlechterdynamiken, die sich beispielsweise in den mittlerweile zu einem eigenen Genre gewordenen *make-over*-Fernsehsendungen manifestieren. Ich möchte in diesem Zusammenhang zeigen, dass auch hier mit Blick auf soziale Anerkennung und kulturelle Zugehörigkeit eine ‚Mobilisierung von Frauen' erzwungen wird.

Im letzten Kapitel widme ich mich dieser Mobilisierung von Frauen vor dem Hintergrund einer spezifischen Migrationsbewegung: Junge Frauen aus der ganzen Welt strömen in Städte wie London und an akademische Bildungseinrichtungen, um ihre Bildungsqualifikationen zu verbessern. Die Vielfalt dieser globalen Biographien ist derart groß, dass sie sich einem unmittelbaren soziologischen Verständnis verschließt; gleichzeitig stellt sich hier eine Reihe von neuen Fragen über weibliche Individualisierung, die neue internationale Arbeitsteilung, die gesellschaftlichen Rollen gut ausgebildeter junger Frauen und die ökonomischen Motive, die dieser Form weiblicher Migration zugrunde liegen. Gayatri Chakravorty Spivak zum Beispiel würde darin sicherlich eine kapitalistische Mobilisierung ‚globaler Frauen' im Dienst multinationaler Konzerne sehen, die zu Lasten jener in Armut lebenden Personen und Gesellschaften geht, die nicht einfach migrieren können, aber eine ganze Generation an gesellschaftlich potenziell radikalen Lehrkräften, Pädagoginnen, Ärztinnen usw. verlieren. In Spivaks Augen werden die bildungshungrigen jungen Frauen in eine Migrationsfalle gelockt (Spivak 2002).

Anhand dieser verschiedenen sozialen Anordnungen und Gruppenbildungen lässt sich eine Rekonfiguration des Status und der gesellschaftlichen Rollen junger Frauen erkennen. Man könnte in der Tat meinen, dass ein quasi verwandtschaftliches oder schwesterliches Verhältnis zwischen ihnen besteht; sie gehören zur selben Großfamilie. Alle vier Figuren stehen in einer Beziehung zueinander – die perfekt zurechtgemachte junge Frau in der Maskerade, die abenteuerlustige phallische Frau, die (fleißige) Erwerbstätige und ihr (vergnügungsorientiertes) globales Pendant.

Ferner haben die folgenden Kapitel jene Phänomene zum Gegenstand, die ich mit dem Begriff ‚Komplexifizierung des Backlash' zu fassen suche. Das erste Kapitel zeichnet eine doppelte Bewegung nach, die in den frühen 1990er Jahren gleichzeitig ‚drinnen', das heißt innerhalb feministischer Zusammenhänge an den Universitäten, und ‚draußen', in der Welt der Populärkultur, stattfand. An den Universitäten dekonstruiert sich der Feminismus – aus verständlichen theoretischen Gründen – selbst, indem er Universalismus und erkenntnistheoretische Fundamentalismen ebenso hinterfragt wie die vertrauten Forderungen nach Repräsentation. So wird beispielsweise nach den Mechanismen gefragt, die es Feministinnen vermeintlich erlauben, im Namen von anderen Frauen zu sprechen. Wer sind diese ‚anderen Frauen', die zu den Subjekten der feministischen Repräsentationsansprüche erklärt werden? Auf welche Hierarchien stützen sich einschlägige feministische Forderungskataloge? Parallel zu diesen Debatten war eine Abwicklung und Demontage des Feminismus in der Populärkultur zu beobachten, jedoch nicht im Sinne einer Rückkehr zur Tradition: Frauen sollten nicht zu Heim und Herd zurückgeschickt werden. Stattdessen wurde von vielen Seiten behauptet, der Feminismus werde nicht länger gebraucht, er sei mittlerweile Teil des Alltagsverstandes und junge Frauen kämen daher gut ohne ihn aus. Anhand einer Analyse des Films *Bridget Jones's Diary* versuche ich zu zeigen, wie dem Feminismus scheinbar Rechnung getragen wird. In diesem Film hat der Feminismus eine geisterhafte Präsenz; Bridget kann ihm dankbar sein, denn er hat ihr, wie Elisabeth Beck-Gernsheim (2008) sagen würde, „ein eigenes Leben" ermöglicht. Trotzdem ist sie sich nicht sicher, ob dieses Leben das ist, was sie will – das heißt, allein stehend und kinderlos sein mit Anfang Dreißig. Andererseits macht sie sich aber über die spießige Welt selbstzufriedener Ehepaare lustig. Die Heiratskultur, die natürlich auch im Zusammenhang mit der Expansion der Konsumkultur allgemein steht, schwimmt auf dieser Welle eines sich selbst feiernden Postfeminismus, der zu rufen scheint: „Gottseidank dürfen Frauen wieder weiblich und mädchenhaft sein, die Zeiten der Freudlosigkeit und des pausenlosen Herumkritisierens sind vorbei, und wer hätte denn auch irgendetwas gegen einen fröhlichen, harmlosen Junggesellinnenabschied einzuwenden?" Wer würde ernsthaft gegen den allgemeinen Konsens angehen wollen, dass die *Ladies' Night* im Pub um die Ecke mit männlichen Strippern ein Ausdruck der Gleichberechtigung von Frauen ist? Und seit Schwule und Lesben nun ebenfalls ‚eingeladen' sind, an der Heiratskultur teilzuhaben, gibt es noch weniger Anlass, diese Rituale der Freude zu hinterfragen.

Im zweiten Kapitel zeichne ich die Zusammenhänge zwischen der neuen Rechten, die ab Beginn der 1970er Jahre mit diversen Aktionen und Strategien gegen die Frauenbewegung Front machte – das wurde von Feministinnen wie Judith Stacey und Susan Faludi in den USA und Bea Campbell in Großbritannien dokumentiert – und neueren Praktiken nach, die auf Vereinnahmung und Instrumentalisierung zurückgreifen. Ich bediene mich dabei der Artikulationstheorie von Stuart Hall, um diesen Ansatz gewissermaßen gegen den Strich einzusetzen. Auf der Grundlage eines Konzepts der Desartikulation zeige ich, wie gruppenübergreifende Solidaritäten – etwa zwischen schwarzen und weißen Feministinnen und antirassistischen Initiativen oder zwischen alleinerziehenden Müttern, Lesben und Schwulen, die eine Lebensform jenseits der vertrauten Kleinfamilie gewählt haben – untergraben und die „Äquivalenzketten" (Laclau/Mouffe 1991) des Feminismus aufgebrochen werden. Desartikulation ist ein entscheidendes Charakteristikum des hier untersuchten Abwicklungsprozesses. Die Überschneidungen zwischen den Anliegen von Feminismus, Antirassismus und schwul-lesbischer Politik verschwinden auch im seriösen Journalismus aus der Geschichtsschreibung, und der vermeintlich männerfeindliche, überkritische Feminismus, der dann diffamiert und einer vergangenen Epoche zugeschrieben wird, ist die verkürzte, verstümmelte Version einer Bewegung, die in Wirklichkeit wesentlich vielfältiger und offener war. Ich stelle die Hypothese auf, dass sich diese verfälschenden Darstellungen zunehmend auch gegen die antirassistische und multikulturelle Politik jener Zeit richten und auch hier eine Reduzierung auf Klischees betrieben wird, und zwar auf jene Klischees, die im Rahmen der Kontroverse über ‚politische Korrektheit' in den Vordergrund gerückt wurden. Entsprechend stellt der Untergang dieser politischen Bewegungen den Beginn einer neuen Ära dar, in der eine vorgeblich aufgeklärtere und zeitgemäßere Form der politischen Partizipation *[community politics]* gerade dadurch möglich wird, dass die berechtigte Wut und die Selbstorganisation, wie es sie einmal gab, verdrängt werden. Stattdessen setzt die neue Politik wahlweise auf politische ‚Vorbilder', Mentoring-Programme, Assimilation und Integration oder auf Maßnahmen zum Erwerb von kultureller Führungskompetenz. Während *black politics* generell zu verschwinden scheinen, treten neue rassifizierende Pathologien hervor, darunter eine nostalgische Re-Privilegierung des Weißseins.

Das dritte Kapitel zielt darauf ab, einige der neuen Weiblichkeitstechnologien zu analysieren. Diese Technologien halten junge Frauen dazu an, in Erscheinung zu treten, während der Feminismus zunehmend in den Hintergrund rückt. Dabei ist gerade auch der theatrale Aspekt dieses Bemühens um Sichtbarkeit beziehungsweise Luminosität wichtig. Das zeigt sich etwa dann, wenn staatliche Institutionen und ihre willigen Helfer sowie der Mode- und Schönheitssektor junge Frauen an die Hand nehmen und sie in Richtung einer ‚zeitgenössischen' Form der Freiheit lenken. Die theatralen Auftritte in der Öffentlichkeit entfalten nicht zu unterschätzende dramatische Wirkungen: Jungen Frauen wird ein bestimmtes Spektrum an Fähigkeiten zugesprochen, und gleichzeitig wird von ihnen erwartet, dass sie bestimmte Lebenswege beschreiten, zu denen eine aktive Eingliederung in das

Arbeitsleben und das volle Eintauchen in die Konsumkultur gehören. Dieser neue Geschlechtervertrag gründet sich auf die ökonomische und kulturelle Partizipation von Frauen als Konsumentinnen und geht zu Lasten einer sich neu ausrichtenden feministischen Politik.

Das vierte Kapitel fokussiert unmittelbarer den pathologischen Zustand heutiger Weiblichkeit und auf die Tatsache, dass diesem Zustand in der zeitgenössischen Kultur große Aufmerksamkeit gewidmet, ja dass er geradezu normalisiert wird. Die Identitäten junger Frauen werden zunehmend in Anpassung an einen Erwartungshorizont konstituiert, der bestimmte ,Störungen' – Wut, bestimmte Pathologien – für natürlich erklärt und sogar als den hohen, aber notwendigen Preis ansieht, der für Freiheit bezahlt werden müsse. Ich versuche zu belegen, dass diese nicht lesbaren Wutgefühle und Pathologien Butlers Konzept der heterosexuellen Matrix zwar nahezu an seine Grenzen bringen, dass aber auf die besagten Phänomene in aller Regel in einem heteronormativen Raster reagiert wird beziehungsweise ihnen nach Maßgabe dieses Rasters Grenzen gesetzt werden. Demzufolge ist eine gesellschaftlich und kulturell erkennbare Einordnung als wenn auch kranke, magersüchtige junge Frau innerhalb einer ödipalen Familie, wie man sie kennt, immer noch der Alternative vorzuziehen, solche psychosozialen Ordnungen zu hinterfragen und aus ihnen auszubrechen.

Das fünfte Kapitel untersucht das Genre der *make-over*-Fernseh-Sendungen, dessen Charakteristik in der ,Wiederaufbereitung' herkömmlicher Fernsehformate mit einem frauen- oder klassenspezifischen ,Dreh' besteht und das seinerseits eine spezifische ,Mobilisierung von Frauen' betreibt. Meinem Argument zufolge verflechten diese Sendungen Klassen- und Geschlechterverhältnisse in einer spezifischen Art und Weise und zielen darauf ab, weibliche Subjektivität stärker zu individualisieren und glamouröser zu gestalten. Die neu erfundene Frau verkörpert die Werte des neuen aufstrebenden unteren Mittelstandes, in dem weibliche Identitäten mittlerweile autonomer existieren.

Das letzte Kapitel setzt sich mit jenen Strömungen des zeitgenössischen Feminismus auseinander, die die erzielten Fortschritte bejahen und optimistisch bewerten. Dazu gehört zum einen die Strategie des ,Gender Mainstreaming', zum anderen der *third wave feminism*. Darüber hinaus gibt es meines Erachtens soziologische Gründe, auch Rosi Braidottis Philosophie der feministischen Affirmation mit Vorsicht zu betrachten.

Zum Abschluss dieses Buches stelle ich einige Überlegungen vor, die aus Erfahrungen in meinen Seminaren an der Universität hervorgegangen sind, also an einem Ort, an dem der Feminismus ausdrücklich Zustimmung erfährt. Doch die Wirklichkeit richtet sich in aller Regel nicht nach den Erwartungen der Theorie. In einem Umfeld zu unterrichten, in dem heutzutage junge Frauen (und junge Männer) aus aller Welt zusammenkommen, ist Herausforderung und Privileg zugleich. Das Phänomen der Migration aus Bildungshunger – viele dieser jungen Leute hoffen, in London oder einer anderen Weltstadt Arbeit zu finden – wirft zahlreiche Fragen über die Rolle von Frauen innerhalb der neuen internationalen Arbeitsteilung und über die Folgen dieser Entwicklung für Familien- und Verwandtschaftsbezüge auf (etwa das Hinausschieben von Eheschließung und Kinderkriegen). Auch diese jungen Frauen setzen sich mit jenen feministischen Themen auseinander, die direkt und indirekt Gegenstand dieses Buches sind. Ihre eigene Situation ist gleichzeitig Teil dieser Themen und weit davon entfernt. Die Kräfte, die diesen Frauen aus Korea, Taiwan, Albanien oder Indonesien den Weg nach London weisen, befreien sie, so scheint es, von bestimmten Erwartungen und Beschränkungen, denen sie bis dahin unterliegen, und sie eröffnen ihnen einen Raum für Auseinandersetzungen über Macht und Sexualität, Geschlecht und Begehren.

Als letzten Punkt sollte ich betonen, dass diese Studie ungeachtet der Tatsache, dass sie sich stark auf Filme, Fernsehsendungen, Zeitschriften und die Populärkultur im Allgemeinen stützt, im Kern ein soziologisches Buch ist. Das zentrale Anliegen dieser Arbeit besteht darin, die Mechanismen freizulegen, die der Steuerung sozialen Wandels und den Machtwirkungen von Geschlechterdiskursen zugrunde liegen, und dabei jene Illusionen von Absolutheit und Fortschritt aufzudecken, die junge Frauen in ‚neue' alte Abhängigkeiten und Ängste einschließen.

Kapitel Eins

Postfeminismus und Populärkultur: Bridget Jones[1] und die neue Geschlechterordnung

Einführung: Komplexifizierung des Backlash?

Dieses Kapitel stellt verschiedene begriffliche Instrumentarien vor, mit deren Hilfe ein Phänomen untersucht werden soll, das hier als Postfeminismus bezeichnet wird. Allgemein gesprochen beschreibe ich mit diesem Terminus den Prozess der fortgesetzten aktiven Unterminierung der Erfolge des Feminismus in den 1970er und 1980er Jahren. (Was genau unter „Erfolgen des Feminismus" zu verstehen ist, wird in den weiteren Kapiteln dieses Buches erörtert.) Mein Ausgangspunkt ist die Beobachtung, dass bestimmte Elemente der zeitgenössischen Populärkultur die Errungenschaften des Feminismus untergraben und zersetzen. Mit der Unterstützung eines ganzen Aufgebots an konzertierten Kräften konnte dieser Prozess eine verheerende Wirksamkeit entwickeln und obendrein den Eindruck erwecken, eine fundierte und sogar gut gemeinte Reaktion auf die Forderungen feministischer Bewegungen und der Kritiken innerhalb der feministischen Theorie zu sein. In diesem Buch vertrete ich ferner die Ansicht, dass das *undoing* von Feminismus, die Zersetzung seiner Erfolge – wenn auch möglicherweise unbeabsichtigt –, durch soziologische Theorien befördert wird, so beispielsweise durch die Arbeiten von Anthony Giddens und Ulrich Beck. Diese beziehen zwar Gender-Aspekte in ihre Analysen des sozialen Wandels mit ein, tun dabei aber so, als hätten weder feministische Argumentationen und Theorien noch der jahrzehntelange Kampf von Frauen für ihre Rechte eine nennenswerte Rolle für gesellschaftliche Veränderungen gespielt. (Dieser Punkt wird in Kapitel 2 erörtert und erneut kursorisch in Kapitel 3 aufgegriffen.) Eine weitere Entwicklung, die dieses Buch unter die Lupe nimmt, ist die Strategie, feministische Positionen als überholt und damit verzichtbar abzustempeln, und zwar mit Hilfe einer Rhetorik, die sich auf die Tropen der

---

[1] Bridget Jones's Diary (dt.: *Schokolade zum Frühstück: Das Tagebuch der Bridget Jones,* 1999) war eine zuerst 1996 erschienene Kolumne in der britischen Zeitung *The Independent.* Später veröffentlichte Helen Fielding, die Autorin der Kolumne, die Tagebucheinträge in Buchform. Der Film *Bridget Jones's Diary* (dt.: „Bridget Jones – Schokolade zum Frühstück"; Regie: Sharon McGuire) kam 2001 in die Kinos. Ein zweiter Teil erschien im November 2004 unter dem Titel *Bridget Jones: The Edge of Reason* (dt.: „Bridget Jones – Am Rande des Wahnsinns"; Regie: Beebron Kidron).

Freiheit und der Wahl der eigenen Lebensgestaltung stützt – beides Motive, die heutzutage eng mit der Situation junger Frauen assoziiert werden. Der Feminismus wird so ins Abseits geschoben, wo er bestenfalls ein Schattendasein führen darf und von jungen Frauen, wenn überhaupt, ambivalent beäugt wird. Ansonsten aber werden jüngere Frauen zumindest in der Öffentlichkeit bemüht sein, Distanz zum Feminismus zu wahren, schon um ihrer eigenen gesellschaftlichen und sexuellen Anerkennung willen. Angesichts der hier dargelegten Entwicklungen schlage ich daher vor, die Backlash-These einer Revision zu unterziehen, die neue Differenzierungen und komplexere Betrachtungen ermöglicht. (Diese wird im folgenden Kapitel einer sorgfältigen Prüfung unterzogen.)

Susan Faludis Diagnose zufolge handelt es sich bei der konservativen Antwort auf die Fortschritte, die der Feminismus erkämpft hat, um eine konzertierte Aktion (Faludi 1992). Faludis Arbeiten, wie auch die von Judith Stacey und anderen, sind deshalb wichtig, weil sie jene antifeministischen Interventionen nachzeichnen, die zeitgleich mit feministischen Entwicklungen stattfanden (Stacey 1985/86). Meine Argumentation verfolgt einen anderen Weg. Der Postfeminismus, so möchte ich behaupten, beruft sich explizit auf den Feminismus, er trägt ihm Rechnung. Der Postfeminismus setzt den Feminismus für seine Zwecke ein, um ein ganzes Repertoire an neuen Inhalten zu propagieren, die allesamt suggerieren, letzterer habe seine Aufgabe erfüllt und werde nicht mehr benötigt, denn Gleichberechtigung sei längst erreicht.

Ein bezeichnendes Beispiel war die Kolumne *Bridget Jones's Diary* in der britischen Zeitung *The Independent* sowie die dazugehörige, unfassbar erfolgreiche Buchpublikation und die nachfolgenden Verfilmungen. Bridget Jones' ansteckende Mädchenhaftigkeit erzeugt eine generationsspezifische Logik, die eindeutig postfeministisch ist. Dem Feminismus zum Trotz träumt Bridget von romantischer Liebe, möchte den passenden Mann finden, heiraten und Kinder kriegen. Ihr größte Furcht ist es, als ‚alte Jungfer‘ zu enden. Bridget tritt in beruhigender Weise ‚einmal mehr‘ dezidiert weiblich auf. Ihre Karriere ist ihr nicht besonders wichtig, auch wenn sie weiß, dass sie eigentlich mehr Wert auf sie legen sollte. In dem Verlag, in dem sie arbeitet, leistet sie sich peinliche Anfängerfehler; sie weiß nicht, dass der bekannte Literaturkritiker F. R. Leavis längst tot ist, und hält bei einer Buchpräsentation einen chaotischen Vortrag. Sie scheint den Kopf voller alberner Gedanken zu haben, ist aber auf die ihr eigene feminine Art auch klug und geistreich. Doch mehr als alles andere möchte sie den richtigen Mann finden. Der Film stellt die Figur als schusselig dar und porträtiert ihre anrührende Weiblichkeit gewissermaßen nostalgisch, als sei sie in unserer Gesellschaft fast vollständig verloren gegangen. Gott sei Dank, scheint dieser Film zu sagen, gibt es diese traditionelle Weiblichkeit noch. Der Postfeminismus scheint hier die feministische Vergangenheit nur leise zu kritisieren und befürwortet außerdem einige seiner ‚akzeptablen‘ Elemente wie sexuelle Freiheiten, das Recht, Alkohol zu trinken, zu rauchen, sich in der Stadt zu amüsieren und wirtschaftlich unabhängig zu sein.[2]

Mein Argument ist nun, dass der Feminismus, damit ihm Rechnung getragen werden kann, als etwas Vergangenes betrachtet werden muss. Die Distanzierung, die diese Verschiebung in die Vergangenheit erzeugt, ist das Thema des vorliegenden Buches. Es handelt sich dabei um ein Phänomen, das quer durch die Populärkultur zu beobachten ist, die ich hier als einen Schauplatz verstehe, an dem „Macht an verschiedenen Verbindungsstellen innerhalb des alltäglichen Lebens rekonstituiert wird und dabei unser stets der neuen Versicherung bedürftiges Gefühl für den gesunden Menschenverstand herstellt" (Butler 2000a: 14). Einige eher beiläufige Anmerkungen in Judith Butlers kurzer Studie *Antigones Verlangen* (2001a) regten mich dazu an, den Postfeminismus als ‚doppelte Verwicklung‘ aufzufassen. Dieser Begriff beschreibt das zeitgenössische Nebeneinander von neokonservativen familienpolitischen Werten (z. B. US-Präsident George Bushs Unterstützung von Programmen für die Enthaltsamkeit von Teenagern und seine Äußerung im März 2004, die menschliche Zivilisation hänge vom Fortbestand der traditionellen Ehe ab) und die gleichzeitig ablaufenden Prozesse der Liberalisierung bei der Wahl von LebenspartnerInnen, der Gründung von Familien und der Gestaltung sexueller Beziehungen (lesbische und schwule Paare haben mittlerweile verschiedene Möglichkeiten, Kinder zu adoptieren, zur Pflege anzunehmen oder selbst zu zeugen, und besitzen zumindest in Großbritannien das Recht auf eine der Ehe vollständig gleichgestellte Lebenspartnerschaft). Zu dieser ‚doppelten Verwicklung‘ gehört auch, dass der Feminismus gewissermaßen zu einem Teil des Alltagsverstandes im Sinne Antonio Gramscis geworden ist, zugleich aber vehement abgelehnt, ja geradezu gehasst wird (McRobbie 2003). Dem Feminismus solchermaßen Rechnung zu tragen, ermöglicht die Demontage feministischer Politik und diskreditiert gelegentliche Aufrufe zu seiner Erneuerung schon im Vorfeld.

Die Selbstdemontage des Feminismus

Die Wirkung der doppelten Verwicklung, die in der Populärkultur wie in der politischen Kultur zutage tritt, fällt allerdings mit einer Phase zusammen, in der der Feminismus an den Universitäten es offenbar für geboten hält, sich selbst zu demontieren. Unterteilt man die Entwicklung der feministischen Theorie in

---

[2] Der Film thematisiert mehrfach Kernpunkte der feministischen Kritik, so etwa Belästigung am Arbeitsplatz, Geschlechterdiskriminierung und ungleiche Bezahlung. Diese Themen werden jedoch geschickt dann wieder fallen gelassen, wenn Bridget in vollem Bewusstsein darüber, was sie tut, mit ihrem Chef schläft und später eine Stelle annimmt, bei der ein sexuell aufreizendes Aussehen offensichtliche Einstellungsvoraussetzung ist. Ich danke Celeste Hawes für diesen Hinweis.

Phasen, so lässt sich das Jahr 1990 als jener Wendepunkt markieren, an dem die Selbstkritik in den Vordergrund tritt. Zu diesem Zeitpunkt sehen sich die Ansprüche auf gleichberechtigte Repräsentation, die das Kernprogramm des *second wave feminism* sind, einer grundlegenden Infragestellung durch postkoloniale Feministinnen wie Gayatri Chakravorty Spivak, Trin T. Minh-ha, Chandra Talpade Mohanty u. a. sowie durch feministische Theoretikerinnen wie Judith Butler und Donna Haraway ausgesetzt, die eine radikale Entnaturalisierung des postfeministischen Körpers einläuten (Mohanty 1988; Spivak 1988; Trinh 1989; Butler 1991; Haraway 1991). Unter Bezugnahme vor allem auf Michel Foucault verschieben diese Theoretikerinnen den Fokus der feministischen Theorie von den zentralisierten Machtinstitutionen – wie Staat, Patriarchat und Gesetz – hin zu weitaus schwieriger lokalisierbaren Schauplätzen, Ereignissen und Instanzen der Macht, die sie als fließend konzeptualisieren. Die Ströme der Macht sind durch spezifische Konvergenzen und Verfestigungen des Sprechens, der Diskurse und der Aufmerksamkeiten charakterisiert. Es sind nunmehr der Körper und das Subjekt, auf die sich das feministische Interesse richtet; nirgends wird das deutlicher als in den Arbeiten von Judith Butler. Der Begriff der Subjektivität und die Mechanismen, mittels derer kulturelle Formen und Anrufungen (beziehungsweise dominante soziale Prozesse) Frauen als vergeschlechtlichte Subjekte hervorbringen – während sie sie scheinbar nur als solche beschreiben –, hat unweigerlich zur Konsequenz, dass aus dem unproblematischen ‚wir' ein problematisches ‚sie' wird. Diese Verschiebung kennzeichnet den Entstehungsmoment dessen, was man als die Politik der postfeministischen (Selbst-)Befragung bezeichnen könnte (Butler 1991; 1993).

Für die feministisch ausgerichteten Bereiche der *Cultural Studies* markieren die frühen 1990er Jahre ebenfalls einen Moment feministischer Reflexivität. In ihrem Artikel *„Pedagogies of the Feminine"* hinterfragt Charlotte Brunsdon den (bis dahin als selbstverständlich angenommenen) Nutzwert der binären Opposition von Weiblichkeit und Feminismus für die feministische Medienforschung und stellt die Frage, inwieweit die ‚Hausfrau' oder ‚ganz normale Frau' implizit als Untersuchungsgegenstand der feministischen Forschung vorausgesetzt wurde (Brunsdon 1991). Rückblickend lässt sich erkennen, wie stark dieser Dualismus die Analysen bestimmte, obwohl er eigentlich nur spezifische Geschlechterarrangements beschrieb, in denen überwiegend weiße und relativ wohlhabende (das heißt eine Hausfrauenexistenz führende) heterosexuelle Frauen verortet werden können. Beide Kategorien – ‚Hausfrau' und ‚ganz normale' Frau – schienen zunächst eine intuitive Evidenz zu haben, doch in den späten 1980er Jahren wurden sie einer genaueren Prüfung unterzogen. Nicht nur war an beiden Polen dieses dualistischen Modells (Weiblichkeit und Feminismus) eine starke Homogenisierung am Werk; deutlich wurde zudem, dass es der Formulierung einer bestimmten feministischen Selbstdefinition diente. Dies gilt vor allem für die Medienforschung und die

Cultural Studies, die ihr Interesse auf die Intersektionen zwischen Medien und Alltag richteten und dabei von einem spezifischen Publikum ausgingen. Es wurde angenommen, das Publikum bestünde aus Hausfrauen, die von Feministinnen mit Empathie beforscht werden könnten. Tatsächlich eröffnete das Konzept der ‚Hausfrau' bestimmte feministische Forschungsperspektiven, aber zugleich wurde übersehen, dass diese Binarität nur eine partielle Analyse erlaubte und andere soziale Milieus und Konstellationen völlig außer Acht ließ.

Das Jahr 1990 war auch der Zeitpunkt, zu dem das Konzept eines populären Feminismus Verbreitung fand. Andrea Stuart untersuchte, in welchem Umfang feministische Wertvorstellungen in der Populärkultur zirkulierten, und zwar insbesondere in Zeitschriften, in denen diejenigen Fragen, die für die Entstehung der Frauenbewegung eine zentrale Rolle spielten – häusliche Gewalt, ungleiche Bezahlung, Belästigung am Arbeitsplatz – nun gegenüber einer sehr großen Leserschaft thematisiert wurden (Stuart 1990). Die Verbreitung feministischer Themen in einem weiteren Umfeld war zu dieser Zeit auch ein Schwerpunkt meiner eigenen Forschungsarbeit; insbesondere interessierte mich, inwieweit die neuen medialen Repräsentationen sich mit dem alltäglichen Leben junger Frauen überschnitten. Von ihnen als jene Subjekte, die dieser neue populäre Feminismus ins Leben gerufen hatte, wurde erwartet, dass sie selbstbewusstere (aber zugleich natürlich gescheiterte) Identitäten verkörpern würden. Dies nährte die Vorstellung, der Feminismus sei erfolgreich gewesen. Es wurde angenommen, populäre Massenmedien (wie beispielsweise Zeitschriften) seien tatsächlich offener für Veränderungen, als man zuvor vermutet hatte. Kurzzeitig erzeugte dies eine Woge des Optimismus: Veränderungen an den Universitäten durch eine Reformierung der Lehrpläne könnten sich, so die Hoffnung, auf andere gesellschaftliche Bereiche auswirken, sogar auf den kommerziellen Sektor. Allerdings zog die Behauptung solcher Erfolge natürlich sogleich deren Hinterfragung nach sich. Wie waren diese Erfolge zu bemessen? Welche Kriterien waren in Anschlag zu bringen, um den Grad feministischer Erfolge einzuschätzen?

Weiblicher Erfolg

Meine Einschätzung, dass der Feminismus auf Erfolge verweisen kann, könnte man zugegebenermaßen als gewagt bezeichnen. Es wäre vielleicht richtiger, auf das große Interesse hinzuweisen, das Massen- wie Qualitätsmedien der Frage nach den Erfolgen des Feminismus entgegenbringen (dahinter steht die Absicht, ein größeres weibliches Publikum für sich zu gewinnen). Feministische Werte haben mittlerweile in vielen Institutionen des Rechts- und Bildungssystems, zum Teil auch im Gesundheitswesen und der Medizin sowie in den Medien Einzug gehalten. Wenn diese Institutionen auf bekannte oder berichtenswerte Errungenschaften von Frauen verweisen, scheinen sie modern und zeitgemäß. Dies ist die Konstellation, in der der Feminismus Anerkennung erhält und auf die sich meine These stützt, dass ihm Rechnung getragen wird. Es handelt sich hierbei um einen liberalen Feminismus, der Chancengleichheit anstrebt, wohingegen der radikale Feminismus, der Sozialkritik artikuliert, statt die Verbesserung der Position der Frauen in einer ansonsten weitgehend unverändert gebliebenen sozialen Ordnung einzufordern, eine Negativfolie darstellt. Die Errungenschaften des Feminismus in seinen verschiedenen Ausrichtungen sind bisher nur sporadisch erörtert worden.

Im Bereich der Medienforschung und der *Cultural Studies* haben Charlotte Brunsdon und ich unabhängig voneinander aufgezeigt, dass der Feminismus, insofern er als Teil des universitären Curriculums mittlerweile kanonisiert ist, sich nicht wundern muss, wenn er mit den Konsequenzen seiner Forderungen nach Repräsentation und Beteiligung an der Macht konfrontiert wird und wenn junge Studentinnen die Aufforderung ablehnen, sich mit ihren feministischen Dozentinnen im Sinne eines ‚Wir‘ zu identifizieren (Brunsdon 1997; McRobbie 1999a). Die Dynamiken zwischen dem feministischen Lehrkörper und den weiblichen Studierenden wurden in feministischen Zeitschriften in den USA besonders im Zusammenhang mit dem Niedergang der *Women's Studies* diskutiert; auf dieses Thema komme ich im Abschlusskapitel des Buches zurück. In den frühen 1990er Jahren nahm ich, wie Judith Butler, bei jungen Frauen eine skeptische Haltung gegenüber dem Potenzial des Feminismus wahr, eine Distanz gegenüber der Möglichkeit, an einer lebendigen Auseinandersetzung über die weitere Entwicklung des Feminismus teilzunehmen (Butler 1993; McRobbie 1994). Stattdessen schien es geradezu in der Natur des Feminismus zu liegen, eine Desidentifizierung zu erzeugen, die die Bedingung der Möglichkeit seiner Existenz ist. Mehr als ein Jahrzehnt später scheint sich die Kluft zwischen dem Feminismus und dieser entschiedenen Desidentifizierung auf eine Weise verfestigt zu haben, die eher Zurückweisung denn Ambivalenz anklingen lässt. Vehemente Angriffe auf den Feminismus sind mittlerweile in allen Bereichen der populärkulturellen Gender-Debatte festzustellen. Dies ist der kulturelle Raum des Postfeminismus.

In einer solchen Situation erfordert es einiges an Vorstellungskraft und Optimismus, das Argument zu vertreten, die anhaltende aktive Ablehnung und die stete Zurückdrängung des Feminismus seien auch Zeichen dafür, dass letzterer weiterhin präsent ist und immer noch gefürchtet wird, beziehungsweise dass er sogar seine Langlebigkeit insofern unter Beweis stellt, als dass er in neuen Ausprägungen weiterexistiert. Damit möchte ich zum Ausdruck bringen, dass es unterschiedliche Formen von Zurückweisung und unterschiedliche Ziele gibt, die mit einer solchen ablehnenden Haltung verfolgt werden. Die sanfteren Denunziationen des Feminismus werden in der rechtskonservativen britischen Presse, besonders in der *Daily Mail*, allerdings von einer lautstarken Anpreisung junger Frauen als

Metapher für sozialen Wandel begleitet.[3] Die antifeministische Bestärkung weiblicher Individualisierung wird besonders typisch durch die Figur der ehrgeizigen Fernsehblondine verkörpert (McRobbie 1999b). Diese Vorzeigefrauen sind glamouröse Leistungsträgerinnen, von denen man selbstredend erwartet, dass sie in Oxford und Cambridge studieren; meist sind sie mit hervorragenden Zeugnissen in der Hand abgebildet. Man könnte sie als Idealfrauen bezeichnen, als Subjekte *par excellence* und Subjekte der Exzellenz. Solche Vorstellungen von weiblichem Erfolg sind im Übrigen nicht auf wohlhabende westliche Länder beschränkt (Spivak 1999; 2002). Junge Frauen sind eine gute Investition, man kann ihnen Kleinkredite anvertrauen, sie sind die privilegierten Subjekte des sozialen Wandels. Zu den Bedingungen dieser hohen Erwartungen seitens der Regierungen gehört jedoch, dass junge Frauen auf feministische Politik verzichten. Eine Konstante in diesen Darstellungen ist die Zurückdrängung des Feminismus als politische Bewegung. Es ist diese Entwicklung, die Butler mit ihrem von Trauer geprägten Text über Antigones Leben nach dem Tod thematisiert. Antigone ist nur noch ein Schatten ihres früheren Selbst; ihre einsame Existenz suggeriert, dass die feministische Wirkmächtigkeit nur noch geisterhaft sein kann; sie muss verstoßen, sogar begraben werden, damit das soziale Leben wieder intelligibel werden kann (Butler 2001a).

Unpopulärer Feminismus

Die Medien sind heutzutage der Schauplatz, an dem die sexuellen Verhaltenscodes bestimmt werden; sie formulieren Werturteile und bestimmen Spielregeln. Der Feminismus wird auf der ganzen Breite dieser Kommunikationskanäle regelmäßig verurteilt. Woher kommt dieser Hass? Warum reagieren junge Frauen schon allein auf den Begriff des Feminismus mit Ablehnung? Offenbar muss man sich, um als junge Frau ernst genommen zu werden, an dieser ritualhaften Denunzation beteiligen. Das lässt wiederum darauf schließen, dass eine der Strategien, dem Feminismus seine Schlagkraft zu nehmen, darin besteht, ihn zu historisieren, einer mittlerweile alt gewordenen Frauengeneration zuzuordnen und damit kurzerhand für überholt zu erklären. Es wäre vereinfachend, gemäß der jeweiligen Medienpräsenz ein Muster zu diagnostizieren, das vom populären Feminismus (der ‚Primetime-Feminismus' in Fernsehsendungen wie *LA Law*) der frühen 1990er Jahre über den

---

[3] *The Daily Mail* ist in Großbritannien die Zeitung mit der größten weiblichen Leserschaft. Das Blatt vertritt unzweideutig eine postfeministische Position, wie häufige Beiträge von reuigen, ehemals frauenbewegten Journalistinnen belegen, die dem Feminismus jene Probleme zur Last legen, die Frauen heutzutage typischerweise artikulieren. So veröffentlichte z. B. die berühmte Schriftstellerin Fay Weldon am 23.11.2003 einen Artikel mit dem Titel „Seht euch an, was wir gemacht haben", in dem sie behauptet, alles, was der Feminismus hervorgebracht habe, sei, „eine neue Generation von Frauen, für die Sex eine völlig freudlose und leere Angelegenheit ist". Vgl. hierzu auch Kapitel 2.

Nischenfeminismus (*BBC Radio 4, Woman's Hour* und die ‚Frauenseite' in der Zeitung *The Guardian*) Mitte der 1990er Jahre bis zum unpopulär gewordenen Feminismus (seit 2000) verläuft. Das würde eine Chronologie unterstellen, die im Rahmen einer „großen Show der Bewegung nach rechts" gesehen werden muss, wie Stuart Hall es einst in einem anderen Zusammenhang formulierte (Hall 1989). Um erklären zu können, wie sich zeitgleich eine starke feministische Präsenz in den populären Medien und eine Häufung von ambivalenten, ängstlichen Reaktionen auf den Feminismus entwickeln konnten, bedarf es eines differenzierteren begrifflichen Schemas. In jedem Fall ist es angebracht, die scheinbare Emanzipation und Befreiung von Frauen in den Ländern des Westens auszuweisen. Gleiches gilt für ihre wachsende Bedeutung als Publikum in allen Altersgruppen, als aktive Konsumentinnen von Medien und von Produkten, für die in diesen Medien geworben wird, und für ihre Rolle als qualifizierte Leistungsträgerinnen, als Erwerbstätige und als kaufkräftige Konsumentinnen. Ferner müssten wir in der Lage sein, jene weiblichen Errungenschaften theoretisch zu erfassen, die sich nicht der feministischen Bewegung verdanken, sondern einem ‚weiblichen Individualismus'; Errungenschaften also, die auf Erfolgen beruhen, die scheinbar auf die Aufforderung staatlicher Institutionen an junge Frauen zurückgehen, sich als freie Individuen zu betrachten und als privilegierte Subjekte einer neuen Meritokratie auf dem Bildungs- und Arbeitsmarkt mit den Männern zu konkurrieren. Haben wir es also mit einem *New Deal* für die jungen Frauen unter *New Labour* zu tun, mit einer weiblichen Individualisierung und einer neuen Meritokratie zu Lasten feministischer Politik?

Die Unterminierung des Feminismus in der Populärkultur tritt an verschiedenen Schauplätzen subtil zutage (vgl. Brunsdon 1997; 2005). Das *Wonderbra*-Werbeplakat, auf dem das Model Eva Herzigova mit Bewunderung auf ihr Dekolleté hinuntersieht, das der *Wonderbra* mit schwarzer Spitze fulminant in Szene setzt, war Mitte der 1990er Jahre in ganz Großbritannien auf großen Plakatwänden an zentralen Stellen im öffentlichen Raum zu sehen. Die Bildkomposition könnte einem Lehrbuch über sexistische Werbung entnommen sein (der ‚männliche Blick' wird vom Blick des weiblichen Models selbst dazu ermutigt, auf die Brüste zu schauen), so dass es fast naheliegend scheint, den MacherInnen des Plakats ein ironisches Spiel mit der feministischen Kritik an dieser Art von Werbung zu unterstellen (Williamson 1978). Das Bild trug dem Feminismus insofern Rechnung, als dass es ihn als vergangen codierte, auf provokative Weise ‚Sexismus inszenierte' und dabei zugleich auf bestimmte filmtheoretische Debatten über die Rolle von Frauen als Objekte des männlichen Blicks (Mulvey 1994) und über männliches Begehren verwies (de Lauretis 1988; Coward 1984). Mit seiner Film-Noir-Ästhetik und seinen Slogans (von ‚*Hello Boys*' zu ‚*Or Are You Just Pleased To See Me?*') spielt das Foto explizit auf Hollywood und die berühmten Sprüche der Schauspielerin Mae West an. So spiegelt es bestimmte, allgemein bekannte Aspekte der feministischen

Medienforschung, Filmtheorie und Semiotik an seine BetracherInnen zurück. Man könnte fast sagen, dass es eine (wenn auch krude) Einführung in Laura Mulveys Theorie über die Objektivierung von Frauen durch den voyeuristischen männlichen Blick leistet, eine Einführung, die auf die Fläche einer Werbetafel verengt ist, damit aber zugleich Teil des sichtbaren urbanen Raums wird. Gleichzeitig mobilisiert die Werbung den vieldiskutierten Begriff der ‚political correctness‘. Der Effekt dieser Mobilisierung steckt in den lebhaften Reaktionen, die gegen das scheinbar tyrannische Regime eines puritanischen Feminismus ausgelöst werden. Die BetrachterInnen und insbesondere junge Leute können erleichtert aufatmen. Zum Glück, scheint das Bild zu sagen, ist es wieder erlaubt, schöne Frauenkörper anzusehen. Zugleich spekuliert das Werbeplakat darauf, mittels einer kalkulierten Provokation gegen Feministinnen zusätzliche Aufmerksamkeit zu erregen. Jüngere Betracherinnen werden sich, soweit sie Sinn für Ironie haben und Bildsprache verstehen, ebenso wenig über ein Plakat mit solchen semiotischen Strategien aufregen wie die männlichen Betrachter. Stattdessen werden sie seinen Witz verstehen und seine verschiedenen Bedeutungsebenen zu schätzen wissen.

Eine ähnliche rhetorische Strategie kommt in einem Fernsehwerbespot von 1998/99 zum Tragen, in dem das Supermodel Claudia Schiffer die Hüllen fallen lässt, während sie die Treppe einer Luxusvilla zu ihrem neuen Citroën hinuntereilt. Der Spot scheint zu suggerieren, dass er ganz bewusst sexistisch ist. Auf die feministische Kritik am Sexismus wird gezielt angespielt. Dem Feminismus wird mit der Absicht Rechnung getragen, ihn sogleich für obsolet zu erklären. Warum? Weil der Eindruck entsteht, hier fände keine Ausbeutung statt, dieser Striptease sei nicht im Geringsten naiv. Die Frau zieht sich aus freien Stücken und zu ihrem eigenen Genuss aus. Die Szene funktioniert auf der Grundlage des beim Publikum vorausgesetzten Wissens, dass Claudia Schiffer eines der berühmtesten und bestbezahlten Models der Welt ist. Auch hier wird feministische Missbilligung evoziert (Striptease ist eine Form der Ausbeutung von Frauen), doch nur, um im gleichen Moment als etwas beiseite gewischt zu werden, was einer Vergangenheit angehört, in der Feministinnen sich über solche Bilder noch empörten. Heutzutage etwas gegen einen solchen Spot einzuwenden, würde lächerlich erscheinen. Mögliche Einwände werden mittels Ironie vorweggenommen. In all diesen Fällen wird an das Gespenst des Feminismus erinnert, um es genau dadurch unschädlich zu machen. Für männliche Betrachter wird wieder auf traditionelle Bildsprache zurückgegriffen, und es entsteht, in den Worten von Ulrich Beck (1986), eine „konstruierte Gewissheit“. Teenagern und jungen Frauen legt diese Werbung nahe, den Feminismus hinter sich zu lassen und einfach in eine entspanntere Phase zu treten, in der Frauen die Freiheit haben, ihre Entscheidungen selbst zu treffen.

Abwicklung des Feminismus?

Wenn man die Dynamiken beobachtet, mit denen die Teilnahme von Frauen an Freizeitaktivitäten und am alltäglichen Leben verläuft, wird man bald feststellen, dass wir Zeugen einer Hyperkultur kommerzialisierter Sexualität sind. Junge Frauen sind bereit, den ironischen Konsum von Pornographie zu normalisieren (beziehungsweise weigern sich, eine solche Normalisierung zu kritisieren); sie haben nichts gegen die Centerfold-Pin-ups in softpornographischen Männerzeitschriften (oder würden selbst gerne dort abgebildet sein); sie tragen T-Shirts mit direkt über den Brüsten platzierten Aufdrucken wie *‚Porn Queen'* oder *‚Pay To Touch'*; zumindest die jüngeren unter ihnen gehen gern in so genannte *Lap-Dancing*-Clubs (möglicherweise um zu demonstrieren, wie ‚cool' und überlegen sie sind); und die Zeitschrift *Cosmopolitan* denkt darüber nach, ob junge Frauen sich Macht verschaffen, wenn sie für einen Moment ihre Brüste in der Öffentlichkeit entblößen. Ein Aspekt dieser Entwicklung ist die Zurückweisung des Feminismus, der zwar aufgerufen, aber im gleichen Atemzug verworfen wird (vgl. Gill 2003; 2006). Eine postfeministische Identität äußert sich zum Beispiel darin, dass junge Journalistinnen sich weigern, die enorme Zunahme von *Lap-Dancing*-Clubs zu missbilligen. Sie wissen durchaus um die Existenz feministischer Kritik und Debatten (so jedenfalls meine Annahme), denn sie alle haben in der Schule beziehungsweise während des Studiums etwas darüber gelernt. Die meisten jungen Frauen haben heutzutage ein ‚Gender-Bewusstsein', wie Shelley Budgeon in ihrer Studie zeigen konnte (Budgeon 2001). Trotz seiner Freiheit ist das neue weibliche Subjekt also dazu aufgerufen, zu schweigen und Kritik zurückzuhalten, wenn es als moderne und kultivierte junge Frau gelten möchte. Das Zurückhalten von Kritik ist sogar die Bedingung für ihre Freiheit. In der Art und Weise, wie ‚Coolness' von dieser spezifischen Generation definiert wird, tritt ein konfliktscheues und komplizenhaftes Verhalten zutage. Hier zeigt sich eine unkritische Haltung gegenüber den dominanten, vom kommerziellen Sektor erzeugten und verbreiteten Repräsentationen von Sexualität, die aktiv und aggressiv gegen vermeintlich überholte feministische Positionen vorgehen. Das Ziel dieser Repräsentationen ist ein neues Regime sexueller Bedeutungen, das sich auf weibliche Zustimmung, Gleichheit, Teilhabe und Lusterfüllung stützt, dabei aber unpolitisch ist.

Weibliche Individualisierung

Mit dem Begriff „weibliche Individualisierung" schließe ich an das von den SoziologInnen Anthony Giddens (1996), Ulrich Beck und Elisabeth Beck-Gernsheim (2008) sowie Zygmunt Bauman (2001; 2003) ausführlich theoretisierte Konzept der Individualisierung an. Die Arbeiten dieser TheoretikerInnen unterscheiden sich von der unmittelbarer an Foucault anknüpfenden Version des Konzepts, wie Nikolas Rose (1999a; 1999b) es entwickelt hat. Während zwischen diesen beiden Theorierichtungen einerseits gewisse Gemeinsamkeiten bestehen, insofern sie alle in ihre Analysen die Erwartungen einbeziehen, die Individuen heutzutage an sich selbst haben und die sie beständig überwachen, und insofern sie davon ausgehen, dass Individuen ihr Leben scheinbar umfassender als früher selbst planen können, so lassen sich zugleich doch signifikante Divergenzen ausmachen. Beck und Giddens interessieren sich weniger dafür, wie die als persönliche Beratungsinstanz neu und freundlicher gewandete Macht ihre Wirkung erzielt, und betonen stattdessen den Zuwachs an Freiheit und Wahlmöglichkeiten. Rose hingegen versteht diese Modi der Selbstregulierung als Wege, die „Formung des Seins" abzustecken, und damit als „Einübung einer Lebensform" (Rose 1999a). Bauman wiederum beklagt, dass die reine Individualisierung ein in keiner Weise lebensfähiger Modus ist, wenn gleichzeitig die gesellschaftliche Einbindung (und die sozialstaatliche Unterstützung) immer stärker verloren geht und das Individuum damit einer Situation ausgesetzt ist, in der es nur noch sich selbst zur Verantwortung ziehen kann, wenn der Erfolg ausbleibt.

Ich stütze mich in meiner Analyse vor allem auf die Arbeiten von Giddens und Beck, weil ihre Beiträge ganz direkt die postfeministische Generation anzusprechen scheinen. Die Kämpfe, die der Feminismus und die Frauenbewegung für jene Freiheiten ausgefochten haben, derer sich junge Frauen in den westlichen Ländern heutzutage erfreuen, klingen bei diesen beiden Autoren, wenn überhaupt, nur noch ganz entfernt an. Die Spuren der vergangenen Kämpfe – auch der Kämpfe um Macht – kommen in ihren Texten ebenso wenig zum Vorschein wie die fortdauernden Ungerechtigkeiten, die das Verhältnis von Männern und Frauen nach wie vor bestimmen. All diese Tatsachen werden mit dem Argument in die Bedeutungslosigkeit verschoben, Emanzipationspolitik habe nunmehr einer ‚Lebenspolitik' Platz gemacht (beziehungsweise, in Becks Formulierung, der ‚Subpolitik' einzelner Interessengruppen). Für die Dynamik des sozialen Wandels liefern beide Autoren eine soziologische Erklärung im Sinne einer „reflexiven Modernisierung". Die frühere Phase der Modernisierung („erste Moderne") brachte den Wohlfahrtsstaat sowie eine Reihe von Institutionen (z. B. Bildungseinrichtungen) hervor, die es den Menschen in der „zweiten Moderne" erlaubten, unabhängiger zu werden und beispielsweise ihren eigenen Lebensunterhalt zu verdienen. Im Ergebnis dieser Entwicklung sind junge Frauen heutzutage aus den früheren Gemeinschaften, in denen die Geschlechterrollen klar definiert waren, ‚entbettet'. Da die traditionelle Struktur der gesellschaftlichen Klassen sich auflöst und im Kontext der späten beziehungsweise zweiten Moderne zunehmend an Bedeutung verliert, sind Individuen zunehmend dazu aufgerufen, ihre eigenen Strukturen zu schaffen. Diese Aufgabe müssen sie innerlich und individuell bewältigen; Praktiken der Selbstorganisation und -regulierung (Tagebuch, Lebens- und Berufsplanung) treten an die Stelle jener

Formen der Lebensbewältigung, die darin bestanden, vorgezeichneten Mustern zu folgen und sich in die vorhandenen Strukturen einzufügen. Selbsthilfepublikationen, persönliche Berater, *Lifestyle-Coaches* und -gurus sowie eine Vielzahl von Fernsehsendungen zur ‚besseren‘ und ‚erfolgreicheren‘ Lebensgestaltung sind die kulturellen Instrumente, mit deren Hilfe die Individualisierung als sozialer Prozess zum Tragen kommt. In dem Maß, in dem die überwältigende Macht der Struktur schwindet, vervielfältigen sich, so das Argument, die Möglichkeiten des Individuums, als Akteur beziehungsweise Akteurin in Erscheinung zu treten.

In der Folge dieser Entwicklungen müssen Individuen das Leben, das sie führen wollen, nunmehr selbst wählen. Junge Frauen sind aufgefordert, ihr Leben zu planen. Sie müssen mehr Reflexivität aufbieten als bisher, und zwar hinsichtlich sämtlicher Aspekte ihres Lebens – von der Wahl des richtigen Ehepartners bis zur Verantwortung für die eigene Karriere. Sie können es sich nicht leisten, auf eine einzige, lebenslang verfolgte berufliche Tätigkeit oder auf die Beschäftigung in den Mühlen einer gegen Veränderungen gefeiten Bürokratie einer großen Firma oder Institution angewiesen zu sein, die ihren Angestellten früher klar definierte und möglicherweise unveränderbare Rollen zugewiesen hätte. Sowohl Beck als auch Giddens setzen in ihrer Beschreibung der reflexiven Moderne individuelle Akzente, aber im Großen und Ganzen scheint ihre Argumentation ziemlich genau mit jenen Szenarien und Dilemmata übereinzustimmen, denen sich junge Frauen in den Narrativen der zeitgenössischen Populärkultur gegenübersehen. Was ihre Arbeiten unterschlagen, sind die sozialen und sexuellen Trennlinien, die Vorurteile gegen schwarze und asiatische Frauen und die Diskriminierung, der diese sozialen Gruppen immer noch ausgesetzt sind. Beck und Giddens schenken den regulativen Dimensionen der populärkulturellen Diskurse über persönliche Wahlfreiheit und die Optimierung der Lebensgestaltung kaum Aufmerksamkeit. In einer *Lifestyle*-Kultur ist Wahlfreiheit allerdings ein einschränkender Faktor. Denn das Individuum muss ein Subjekt sein, das in der Lage ist, die richtige Wahl zu treffen. So werden zwischen denjenigen, die für fähig gehalten werden, sich dem Diskursregime über persönliche Verantwortung unterzuordnen, und denjenigen, die diesbezüglich jämmerlich versagen, neue Trennlinien gezogen. Weder Giddens noch Beck leisten eine substanzielle Kritik dieser Machtbeziehungen, die gerade auf der Ebene der Verkörperung ihre Wirkmächtigkeit entfalten. Sie verstehen nicht, dass eben jene Machtbeziehungen neue Verletzungen und neue Ungerechtigkeiten hervorbringen.

Bridget Jones

In dem international erfolgreichen Film *Bridget Jones's Diary* fließen eine ganze Reihe dieser soziologischen Themen zusammen. Bridget ist Anfang dreißig, lebt und arbeitet in London und genießt diverse Freiheiten: Ledig und kinderlos, kann sie es sich leisten, sich in Pubs, Bars und Restaurants zu amüsieren. Sie ist insofern ein Produkt der Moderne, als dass sie von jenen Institutionen im Bildungssystem profitierte, die ihre Traditionen gelockert und ihre Türen für Frauen geöffnet haben. Dies ermöglicht ihr eine Entbettung aus der lokalen Eingebundenheit und den Aufbau eines Lebens in der Stadt, in der sie ihren Lebensunterhalt verdienen und ohne Scham und Angst unabhängig sein kann. Die neue Lebensform bringt allerdings auch neue Ängste hervor: Die Furcht vor Einsamkeit, das Stigma, Single zu bleiben, und das Risiko, nicht den richtigen Partner zu finden, der sich als Vater ihrer Kinder eignen würde. Die Öffnungssequenz des Films zeigt Bridget im Pyjama, wie sie sich Sorgen macht, allein zu bleiben und als alte Jungfer zu enden. Zu Jamie McNeals Soundtrack *All By Myself* lacht das Publikum in diesem Moment der Selbstzweifel gemeinsam mit Bridget. Als ZuschauerInnen verstehen wir unmittelbar, dass ihre Gedanken um die folgende Frage kreisen: „Was wird es für mich heißen, wenn ich nicht den richtigen Mann finde, wenn ich niemals heirate?" Bridget deckt das gesamte Spektrum der Techniken eines sich selbst regulierenden Subjekts ab: Sie vertraut sich FreundInnen an, führt Tagebuch, denkt pausenlos über die Schwankungen ihres Körpergewichts nach, schreibt auf, wie viele Kalorien sie zu sich nimmt, schmiedet Pläne, entwirft Szenarien und verfolgt Projekte. Außerdem ist sie tief darüber verunsichert, was die Zukunft ihr bringen wird. Trotz ihrer vielen Wahlmöglichkeiten sieht sie sich regelmäßig mit zahlreichen Risiken konfrontiert, zum Beispiel damit, dass ihr ein geeigneter Mann vor der Nase entwischen könnte. Deshalb muss sie ständig wachsam sein: Die Suche nach *Mr. Right* hat Vorrang vor der Arbeit. Denn das Risiko, nicht im richtigen Moment den geeigneten Partner zu erwischen, könnte bedeuten, dass sie ihre Chance verpasst, Kinder zu bekommen. Ihre biologische Uhr tickt. Ein weiteres Risiko besteht darin, dass Partnerlosigkeit sie gegenüber der Welt der glücklich verheirateten Paare marginalisieren würde.

Die Last des Selbstmanagements wiegt schwer auf Bridgets Schultern; die Fantasien, die sie darüber entwickelt, wie sie zu Glück und Erfüllung gelangen könnte, sind ausgesprochen traditionell. Während sie mit ihrem Chef flirtet, imaginiert sie sich bei ihrer Hochzeit im weißen Kleid, umgeben von Brautjungfern. Das Publikum lacht, denn so wie Bridget selbst wissen auch die ZuschauerInnen, dass es jungen Frauen heutzutage nicht mehr gut zu Gesicht steht, so zu denken. Die Intervention des Feminismus bestand gerade darin, solchen konventionellen Wünschen entgegenzuwirken. Doch ist es sicherlich entlastend, sich diesen dogmatischen politischen Vorgaben zu entziehen und unbeschwert genießen zu können, was man zuvor zu missbilligen hatte. Genau diese Reaktion lässt der Film nicht nur zu, sondern befördert sie und ermutigt sein Publikum dazu, die damit einhergehenden Gefühle zu genießen. Nun zeigt sich, dass die ehefeindliche Haltung des Feminismus ein großer Irrtum war. Der Feminismus wird beschworen und im gleichen Moment als überkommen abgetan. Es handelt sich dabei jedoch nicht um

eine simple Rückkehr zur Vergangenheit; es bestehen selbstverständlich erhebliche
Unterschiede zwischen den diversen weiblichen Charakteren in der gegenwärtigen
Populärkultur – von *Bridget Jones* bis zu den Protagonistinnen von *Sex & the
City* und *Ally McBeal* – und den Frauentypen, die man in Frauenzeitschriften aus
präfeministischen Zeiten vorfindet. Die jungen Frauen von heute verfügen über
genug Selbstbewusstsein, ihre Versagensängste hinsichtlich der Partnersuche
kundzutun; sie gehen aggressiven oder allzu traditionellen Männern aus dem
Weg; sie genießen Sex ohne Angst vor Doppelmoral. Darüber hinaus schaffen sie
es spielend, ihren eigenen Lebensunterhalt zu verdienen, und treten dem Schmerz
und den Kränkungen, denen sie durch ihre Umwelt ausgesetzt sind, solange sie
noch nicht verheiratet sind, mit einer selbstbewussten Sexualität entgegen.

Angesichts der Tatsache, dass wir es hier mit einer ausgesprochen seichten,
ironiegesättigten Form von Unterhaltung zu tun haben, die sich der Aufgabe
widmet, erfolgreiche Frauenformate in Film und Fernsehen neu zu erfinden, mag
es harsch erscheinen, sich auf die hier vollzogene Abwicklung des Feminismus
zu versteifen. Exemplarische Bedeutung kommt *Bridget Jones's Diary* als einem
Film für Frauen ja insofern zu, als dass er das Thema der romantischen Liebe in
einem spezifisch postfeministischen Kontext wieder einführt. Weder dieser Film
noch *Ally McBeal* noch *Sex & the City* betreiben antifeministische Hetze; vielmehr
tragen sie dem Feminismus Rechnung, um dann implizit oder explizit die Frage
zu stellen, wie es denn jetzt weitergehen soll. Alle drei Beispiele vermitteln deutlich das Bedürfnis junger Frauen, ihre Weiblichkeit wieder einzufordern, aber es
wird nicht näher erklärt, wie diese Weiblichkeit ihnen weggenommen wurde. Die
Protagonistinnen möchten sich mädchenhaft verhalten dürfen und ohne schlechtes
Gewissen Vergnügungen nachgehen können, die traditionell als typisch weiblich
gelten. Allerdings bleibt wiederum unklar, warum sie überhaupt das Gefühl haben,
sich dafür entschuldigen zu müssen. Gleichzeitig wird der Eindruck erweckt, dass
das Publikum ebenso wie die Charaktere im Film die Antwort auf diese Frage
längst kennt, denn sie ist mehr als offensichtlich. Der Feminismus, so wird suggeriert, hat die Frauen all jener Beschäftigungen beraubt, die ihnen am meisten Lust
bereiten: romantische Liebe, das Tratschen über andere Leute und die obsessive
Suche nach einem Ehemann.

Während ich diese Sätze zu Papier bringe, kommt mir die Mädchenzeitschrift
Jackie[4] in Erinnerung. Damals hatte ich für Leserinnen, die dieser Art von Publikation und ihren Traumwelten von romantischer Liebe und perfekter Ehe in die
Falle gingen, indirekt nur Kritik übrig (McRobbie 2000b). Es ist, als ob wir nun
mit der Rache der jüngeren Generation konfrontiert sind, die sich von feministi-

---

[4] Die wöchentlich erscheinende britische Mädchenzeitschrift *Jackie* erschien von 1964 bis 1993. Ihre
Blütezeit waren die 1970er Jahre, in denen der Inhalt der Zeitschrift aus einer Mischung aus Mode,
Schönheitstipps, Artikeln über Celebrities, Kurzgeschichten und Cartoons bestand.

schen Lehrerinnen und Uni-Dozentinnen vorwerfen lassen musste, das Falsche zu wollen. (Auf diese Generation von Feministinnen wird im Narrativ des Films deutlich angespielt, wie sich an den zahlreichen Verweisen auf Germaine Greer, Jane Austen, Salman Rushdie, Postmoderne und Literaturtheorie ablesen lässt.) Das postfeministische Moment von *Bridget Jones's Diary* fällt auch mit der neuen und von der Konsumkultur massiv geförderten Popularität von – auch schwulen und lesbischen – Hochzeiten zusammen. Die kulturellen Bezüge und der Humor dieser romantischen Komödie sind ganz auf der Höhe der Zeit: Junge Frauen betrinken sich, bis sie aus dem Taxi fallen; sie haben Sex, wann immer sie wollen (auch wenn sie nicht ihre beste Unterwäsche tragen) und so weiter.

Bekanntermaßen werden in Texten wie in Ritualen, auch in solchen, in denen es thematisch um Vergnügung und Ausgelassenheit geht, Machtbeziehungen neu geknüpft und verstärkt. Die hier beschriebenen Frauengenres in Film- und Printmedien spielen für die Etablierung eines neuen Gender-Diskurses eine entscheidende Rolle, und sie entfalten ihre Wirkung mit Hilfe der doppelten Verwicklung, die ich weiter oben erwähnt habe. Die hier diskutierten kulturellen Texte befürworten zudem voll und ganz das, was Nicholas Rose „ Ethik der Freiheit" nennt (Rose 2000). Die exponierten Subjekte dieser neuen Ethik sind junge Frauen. In der Absicht, sie mit Hilfe einer Sprache der persönlichen Wahlfreiheit einer erneuten Regulierung zu unterwerfen, normalisieren diese medialen Erzeugnisse postfeministische Ängste. Trotz einer gut durchdachten Lebens- und Berufsplanung und trotz sorgfältig geführter Tagebücher kann es vorkommen, dass auch diese gut regulierte Freiheit sich in ihr Gegenteil verkehrt (das löst dann komische Effekte aus). Letzteres wiederum lässt klar beschreibbare Pathologien entstehen (späte Mutterschaft, Versagen bei der Jagd nach dem richtigen Mann), die die Parameter dessen bestimmen, was für junge Frauen als ein lebbares Leben gelten kann, ohne dass dafür ein neuer Feminismus erfunden werden müsste.

Bridget Jones's Diary feiert die Wiederkehr des romantischen Liebesideals in einem eher flexiblen denn rigiden postfeministischen Setting. Bridget ist sympathisch pummelig und ruft dem Publikum eine ganze Reihe literarischer Vorgängerinnen in Erinnerung, vor allem Jane Austens Elizabeth Bennett. Sie ist voller Selbstironie, lässt sich über ihre eigenen Unzulänglichkeiten aus, und ihre witzigen Beobachtungen über das soziale Leben um sie herum schaffen eine warme Atmosphäre, die die ZuschauerInnen sofort auf ihre Seite rücken lassen, so auch etwa, wenn sie lernt, mit den Verhaltenscodes zurechtzukommen, die für sexuelle Beziehungen gelten. Obwohl sie sich selbst ständig als Versagerin sieht, sich sogar dumm stellt und dadurch Gelegenheiten verschenkt, in ihrem Job zu glänzen, obwohl sie wiederholt in öffentlichen Situationen das Falsche sagt, ist sie sich ihrer Fehler stets bewusst und macht sich immer wieder Vorwürfe. Die Komik des Films entsteht zu einem wesentlichen Teil durch ihre ständigen Bemühungen, die Art von Frau zu werden, die Männer – wie sie glaubt – gerne heiraten würden.

Der zentrale romantische Moment des Films ist daher die Szene, in der Mark Darcy ihr sagt, er möge sie so, wie sie ist. Das ist natürlich ein zentraler Moment, denn wer möchte nicht so angenommen werden, wie er oder sie ist (was auch immer das dann heißt)? *Bridget Jones's Diary* thematisiert weibliches Begehren, und in einer Form, die sich vollständig an den kommerziellen Interessen ausrichtet, die an ihn geknüpft sind, spricht der Film den Wunsch nach Geschlechtergerechtigkeit (beziehungsweise Fairness) auf dem Gebiet der Sexualität und der Liebesbeziehungen an. Auch hierüber schwebt der Geist des Feminismus. Bridget verdient es, das zu bekommen, was sie haben will. Das Publikum steht gänzlich auf ihrer Seite. Es wünscht ihr, dass sie den richtigen Mann findet, denn schließlich hat sie einen schwierigen Weg gemeistert: Sie hat es geschafft, unabhängig zu werden und ihren eigenen Lebensunterhalt zu verdienen. Sie weiß sich gegen herabsetzende Bemerkungen zu wehren, sie hat gegen alle Widrigkeiten ihren Witz und ihre gute Laune bewahrt, und das, ohne auf die Männer wütend zu werden oder ihnen gegenüber allzu kritisch zu sein – ohne ihre Weiblichkeit, ihre Sehnsucht nach Liebe und ihren Kinderwunsch aufzugeben und ohne ihren Sinn für Humor und ihre Verletzlichkeit zu verlieren, die die ZuschauerInnen so für sie einnehmen.

Kapitel Zwei

Ist der Feminismus am Ende?
Die Politik der Desartikulation

Die Desartikulation des Feminismus

Das erste Kapitel endete mit Bridget Jones, jener Heldin einer britischen Komödie, die sich als junge Frau von 32 Jahren hartnäckig wie ein Mädchen benimmt beziehungsweise glaubt, mädchenhaft sein zu müssen, weil dies für die Suche nach einem geeigneten Ehemann unverzichtbar ist. Das Publikum lacht über Bridget Jones' Missgeschicke, als sei sie eine eher unreife Achtzehnjährige. Nun stellen Eigenschaften, die als mädchenhaft gelten, nicht per se eine Beschädigung oder Gefährdung von Weiblichkeit dar, aber dennoch markieren sie in gewisser Weise eine Grenzziehung: Sie verbannen ein ernsthaftes Auftreten, Zorn und Verhaltensweisen, die eine Frau, gemessen an ihrem tatsächlichen Alter, möglicherweise alt erscheinen lassen – die also das Gegenteil von obligatorischer Jugendlichkeit sind –, in einen anderen, nicht näher bezeichneten Bereich. In der Populärkultur ist dieses Phänomen zum Imperativ geworden: Frauen müssen junge Frauen sein. Von Kylie Minogue beispielsweise wird erwartet, dass sie sich mit ihren 38 Jahren in der Öffentlichkeit wie ein alberner Teenager verhält. Wer darauf kritisch hinweist, knüpft an eine frühe Phase des Feminismus an, in der dieser Punkt auf eine uns heute als recht krude erscheinende Art und Weise diskutiert wurde: Wie sollen Frauen sich verhalten, um ernst genommen zu werden? Nahezu sämtliche Medien und Erzeugnisse der zeitgenössischen Populärkultur, die sich in irgendeiner Form mit Weiblichkeit beschäftigen, erwecken den Eindruck, dass sie die vom Feminismus der frühen 1970er Jahre hervorgebrachten Argumente ins Gegenteil verkehren oder aus dem Blickfeld der Öffentlichkeit drängen wollen.

In diesem Kapitel versuche ich darzulegen, was ich mit dem Begriff der „Abwicklung des Feminismus" meine. Ich führe das Konzept der Desartikulation ein, um verstehen zu können, wie die institutionellen Erfolge, die der Feminismus in den vergangenen 30 Jahren verzeichnen konnte, gegenwärtig ausgehöhlt und unterminiert werden. Die Erosion dieser Errungenschaften findet, jedenfalls im Kontext der politischen Kultur Großbritanniens, im Namen der gesellschaftlichen Modernisierung statt. Mit Modernisierung wiederum ist ein Aktivitätsfeld bezeichnet, das sich für Frauen, insbesondere für junge Frauen, vermeintlich als vorteilhaft erweist, insofern der durch die Modernisierung ausgelöste Wandel sogar als Ersatz für den Feminismus, als eine Art Pseudo-Feminismus gilt. Dieser Abwicklungsprozess lässt sich am deutlichsten in der privilegierten Sphäre der Kultur beobachten. Zugleich steht die Abwicklung des Feminismus im Zusammenhang mit dem, was Stuart Hall wiederholt als den wohlfahrtsstaatlichen Konsens der Nachkriegszeit bezeichnet hat, beziehungsweise ist als ein Teil des Zerfalls dieses Konsens aufzufassen (Hall 1989; 2003). In diesem und dem folgenden Kapitel werde ich genauer untersuchen, wie dieser Zerfall sich vor allem seit Mitte der 1990er Jahre beschleunigte und wie junge Frauen hierbei als eine Zielgruppe fungieren, der sowohl in diesem Zerfalls- wie auch im Modernisierungsprozess eine besondere Rolle zugedacht ist.

Das Konzept der Desartikulation erfüllt zwei Funktionen: Es verleiht dem Begriff des antifeministischen Backlash Tiefe und Komplexität und erlaubt zugleich eine Fortführung und Erweiterung der Arbeiten von Stuart Hall zur Politik der Artikulation. Hall seinerseits knüpfte an die Beiträge von Ernesto Laclau und Chantal Mouffe an, die Mitte der 1980er Jahre eine Theorie der Hegemonie und Vorschläge zu einer neuen sozialistischen Strategie ausgearbeitet und damit radikaldemokratischen Ansätzen wichtige Auffrischungsimpulse verliehen hatten (Laclau/Mouffe 1991). Hall entlieh den Arbeiten von Laclau und Mouffe den Begriff der Artikulation, um die Spezifik jener gesellschaftlichen Prozesse analysieren zu können, in denen unterschiedliche soziale Bewegungen (Gewerkschaften, feministische, antirassistische, schwule und lesbische Gruppen) ihre distinkte politische Identität und ihre „Horizonte der Intelligibilität" gerade dadurch verändern und weiterentwickeln, dass sie untereinander Verbindungen knüpfen und Allianzen bilden. Laclau und Mouffe legen ein poststrukturalistisches und psychoanalytisches Verständnis von Identität als grundsätzlich nicht-transparent, unabgeschlossen oder nicht-authentisch zugrunde; in diesem Modell ist Identität nie deckungsgleich mit den strukturellen Kategorien Klasse, Geschlecht und *race*. Entsprechend konstituiere sich eine gelebte soziale Identität stets aus einer Vielfalt instabiler und historisch kontingenter Elemente, die notwendigerweise überlappen und daher nie in reiner Form existieren. Wenn man Subordination vor allem von einer bestimmten Subjektposition aus versteht (beispielsweise ausgehend vom Geschlecht), und wenn aus dem kollektiven Verständnis dieser Subjektposition (unterdrückte Frauen) eine soziale Bewegung entsteht, die diese Subjektposition transformieren will, werden sich diese stets unabgeschlossenen Identitäten auf die Erfahrungen anderer, verwandter Kämpfe berufen (so zum Beispiel auf die Bürgerrechtsbewegung oder auf die Kämpfe der Arbeiterklasse) und sich in das einklinken, was Chantal Mouffe und Ernesto Laclau als „Äquivalenzkette" (1991) bezeichnen.

In Großbritannien war die Frauenbewegung in den späten 1960er Jahren und im folgenden Jahrzehnt stärker als in den USA maßgeblich von der Geschichte des Sozialismus und dessen Kämpfen geprägt. Die britische Frauenbewegung stützte sich zum Teil auf die Strategien des Klassenkampfes, modifizierte diese aber, indem sie die Produktionszentriertheit und patriarchale Ausrichtung ebenso in Frage stellte wie die Überdeterminierung der sozialen Klasse, in deren Folge Sexualität, *race* und Ethnizität stets unter dem übergreifenden Konzept der Klasse subsumiert wurden. Für Laclau und Mouffe dagegen ergeben sich aus den Überschneidungen und den wechselseitigen Solidaritäten radikaldemokratischer Bewegungen Äquivalenzketten, innerhalb derer keine Gruppe gegenüber einer anderen eine nennenswert privilegierte Position einnimmt. In Großbritannien hat diese Intersektionalität die feministische Forschung ebenso wie die *Women's Studies* und *Gender Studies* wesentlich geprägt. Das Konzept der Äquivalenzketten stellte eine theoretische Ausgangsbasis für die Erörterung der Frage dar, wie sich eine radikaldemokratische pluralistische Politik auf die Gesellschaft ausdehnen ließe und wie eine postsozialistische Strategie auf Seiten der radikalen Linken aussehen müsste, die nicht dem Kampf einer bestimmten Gruppe den Vorrang gibt. Ich versuche im Folgenden darzulegen, dass genau diese Art von progressiver, intersektionaler Politik zur Zeit desartikuliert wird. Mit Blick auf den Feminismus möchte ich zeigen, dass die Desartikulation zum machtstrategischen Kalkül eines neuen Gender-Diskurses gehört, der darauf abzielt, die gruppenübergreifende politische Nutzbarmachung von intersektionalen Differenzkategorien und die Weitergabe feministischen Denkens von einer Frauengeneration zur nächsten zu unterbinden. Die oben erwähnten Artikulationen werden entknüpft und aufgelöst, was zur Folge hat, dass eine neue feministische Politik immer weniger vorstellbar erscheint. Stattdessen ist im gesellschaftlichen und kulturellen Leben zu beobachten, wie benachteiligte soziale Gruppen, die sich möglicherweise zwecks einer Verfolgung gemeinsamer politischer Ziele hätten zusammenschließen können, immer weiter auseinanderrücken. Diese Entwicklung macht die Entstehung neuer Bündnisse und das Schmieden neuer Allianzen zunehmend unwahrscheinlich. So verschärft beispielsweise die Wahrnehmung junger Frauen in westlichen Kulturen als glückliche Teilhaberinnen an den sexuellen Freiheiten des Westens den Gegensatz zwischen dieser Gruppe und den Geschlechterordnungen anderer Kulturen, in denen die weibliche Sexualität spezifischen anderen Formen der Überwachung und Kontrolle unterworfen ist. Aus postfeministischer Sicht besteht die einzige mögliche Logik eines Bündnisses mit Frauen aus anderen, nicht-westlichen Kulturen darin, letztere als Opfer zu sehen. Die ehemaligen Allianzen scheinen ebenfalls unwiederbringlich zerbrochen zu sein, und Bündnisse zwischen Frauen unterschiedlicher Generationen erscheinen als wenig verlockend. Natürlich waren Allianzen innerhalb der feministischen Bewegung immer schon fragil und von Spannungen gekennzeichnet; offene Auseinandersetzungen und Konflikte gehörten genauso dazu wie Einheitsbekundungen. Doch der Desartikulationsprozess, den ich hier untersuche, nimmt nicht nur dem die Schlagkraft, was vom Feminismus noch übrig geblieben ist, sondern untergräbt zudem die noch verbliebenen Chancen des Feminismus, irgendwann wieder für eine deutlich größere weibliche Anhängerschaft zu sprechen. Stattdessen sehen wir uns mit einem Überangebot an postfeministischen Ersatzidentifikationen konfrontiert, die unablässig von der neuen, überall präsenten weiblichen Konsumkultur hervorgebracht werden.

Die bisher skizzierte Entwicklung ist durch ein doppeltes Moment von Desartikulation und Verdrängung gekennzeichnet und wird von Strategien der Substitution und Ersetzung begleitet. Die Desartikulation erstreckt sich auf einen Bereich der Sexualpolitik, der sich, wie im vorangehenden Kapitel gezeigt, aufgrund seiner eigenen Logik notwendigerweise immer stärker von selbst auflöste, dabei jedoch zugleich den Radius seiner Wirkungskraft ausdehnte. Mit Desartikulation bezeichne ich hier einen Vorgang, der bereits die Voraussetzungen eines solidarischen Zusammenschlusses negiert und für nicht vorstellbar erklärt (selbst wenn es sich um die Teilnahme an kontroversen Diskussionen handelt), und zwar mit dem gegenwärtig vielfach vorgebrachten Argument, für solche gruppenübergreifenden politischen Initiativen bestünde keine Notwendigkeit mehr. Meiner Einschätzung nach lässt sich der Prozess der Desartikulation in einem breiten Spektrum sozialer und kultureller Räume diagnostizieren. Indem man instabilen sexuellen Identitäten und gleichgeschlechtlichen Begehrensweisen die Anerkennung verweigert, wird eine aggressive Demontage gerade jenes Bewusstseins vorangetrieben, das junge Frauen dazu ermutigen würde, eine gemeinsame Stimme zu finden, und zwar über die Trennlinien zwischen Hetero- und Homosexualität hinweg.[1] Desartikulation wird darüber hinaus mittels einer Verbreitung von Ansichten vorangetrieben, die den Feminismus als eine von Wut und Feindschaft gegenüber Männern getragene Bewegung abstempeln. Eine feministische Haltung gilt als Ausdruck von Verbitterung, als unweiblich und abstoßend. So wird jungen Frauen beispielsweise davon abgeraten, sich auf politischer Ebene mit Sexarbeit und Pornographie zu beschäftigen, da man sonst bei Männern auf Ablehnung stoße und außerdem als Feministin gebrandmarkt werde. All dies führt dazu, dass Meinungsverschiedenheiten, kontroverse Diskussionen und solidarisches Verhalten unter jungen Frauen unterdrückt werden; das gilt beispielsweise für Unterschiede beim Zugang zu sexuellen Freiheiten und für den Schutz der damit verbundenen Rechte.[2]

Desartikulation, so lässt sich festhalten, sucht die Entdeckung gemeinsamer politischer Interessen und Ziele zu verhindern und verringert so die Wahrschein-

---

[1] In einer eher feuilletonistischen Darstellung des „neuen Feminismus" zitiert Natasha Walter eine Reihe von Adjektiven, mit der eine Gruppe von Schülerinnen ihr den Feminismus beschrieb. Walter zufolge waren die Schülerinnen einstimmig der Meinung, eine Feministin sei generell „groß, fett, haarig, lesbisch" (Walter 1998: 23).
[2] Siehe die von *BBC Radio 4* am 20. 03. 2007 ausgestrahlte Folge der Sendung „Woman's Hour". Von Magisterstudentinnen in einem „Gender and Culture"-Seminar wird anekdotisch berichtet, dass ihnen von KommilitonInnen davon abgeraten wurde, eine solche Veranstaltung zu belegen. Siehe auch Scharff 2008.

lichkeit, dass sich gruppenübergreifende Solidaritäten bilden. So kann der Eindruck entstehen, dass es sich hierbei um ein präventives Vorgehen handelt, das sich durchaus auf ein fundiertes Wissen über den Feminismus stützt. Im Hintergrund scheint dabei ein Bild einer zwar vergangenen, aber starken Frauenbewegung zu stehen, die es im Auge zu behalten gilt, weil die von ihr ausgehende Bedrohung reaktivierbar ist. Die Praxis der Desartikulation basiert folglich auf einer Version des Feminismus, die ihn geradezu hysterisch dämonisiert: Der Feminismus muss wirkungsvoll bekämpft werden, bevor er von der jungen Generation zu neuem Leben erweckt wird; dabei wird stets ein ungefähres Wissen über seine Inhalte und Ziele vorausgesetzt. Im Zuge dieser politischen Praxis entsteht ein neuer Gender-Diskurs, der seine Machtwirkung, so mein Argument, vor allem im Bereich der Populärkultur entfaltet. Die Sphäre der Freizeit- und Konsumkultur wird von einer Rhetorik der individuellen Wahlfreiheit beherrscht; hier ist der bevorzugte Schauplatz für hedonistische Aktivitäten aller Art, für fantasierte Identitäten, individuelle Wunscherfüllung und Entertainment. Diese Sphäre wurde hinlänglich als ein von Disziplinartechniken (Selbstmanagement, Entscheidungen zwischen Wahlmöglichkeiten etc.) gesättigter Bereich beschrieben. Ziel dieses Kapitels ist es, die Entwicklung der postfeministischen Desartikulation, wie sie in der Populärkultur praktiziert wird, in Ausschnitten nachzuzeichnen.

Die kulturellen Formen, die von der postfeministischen Logik der Ersetzung Gebrauch machen, sind zugleich geisterhafte Neuformulierungen ihrer feministischen Vorläufer, die allerdings in den Bereich der Populärkultur transportiert wurden. Sie propagieren eine höchst konservative Form weiblicher Selbstermächtigung, die es jungen Frauen ermöglichen soll, von gesellschaftlichen Veränderungen zu profitieren, das Recht auf Arbeit wahrzunehmen und neue, insbesondere sexuelle Freiheiten zu genießen. Der sich darin ausdrückende Konservatismus bringt eine Reihe von Beschränkungen mit sich, die solchen Freiheitsdiskursen konstitutiv eingeschrieben sind. ‚Unsere' jungen Frauen werden dazu angehalten, dankbar zu sein, dass sie Bürgerinnen moderner Staaten sind beziehungsweise in Kulturen leben, in denen ihnen, anders als in Ländern mit repressiven oder fundamentalistischen Regimen, solche Entfaltungsmöglichkeiten gewährt werden. Das begünstigt einen bestimmten Blick auf Frauen in anderen Kulturen und auf das Verhältnis zu ihnen: Es wird angenommen, es ginge ihnen weniger gut, weil sie keinen Zugang zu westlichen Freiheiten haben. Vor diesem Hintergrund kann man sie bestenfalls dazu ermutigen, auf jene Ziele hinzuarbeiten, die sich an diesen Freiheitsvorstellungen orientieren. Der Diskurs über die sexuellen Wertvorstellungen der aufgeklärten westlichen Welt, der diese stets im Kontrast zu scheinbar weniger fortschrittlichen Ländern beschreibt, findet sich bekanntermaßen seit langem in Frauenzeitschriften (vor allem in der *Marie Claire*). Insbesondere seit 2001 ist dieser Desartikulationsprozess deutlich sichtbarer geworden und hat an Beständigkeit gewonnen. In einer geradezu unheimlich anmutenden Weise ahmt die Medienberichterstattung über in bedauerlichen Verhältnissen lebende Frauen die Differenzdebatten innerhalb der feministischen und antirassistischen Bewegung nach; gleichzeitig werden diese Diskussionen verzerrt. Solche medialen Darstellungen desartikulieren von vornherein potenzielle Solidaritäten zwischen Gruppen aus unterschiedlichen Hintergründen. Die Grundlage für solche Zusammenschlüsse ist in der feministischen postkolonialen Kritik gegeben, die analysiert, wie westliche Vorstellungen über sexuelle Freiheit gezielt dazu eingesetzt werden, bestimmte Konzepte von Zivilisation und kultureller Überlegenheit durchzusetzen. Darüber hinaus setzen solche Darstellungen bereits hinterfragte Hierarchien von Zivilisation und Moderne erneut ins Recht. Ein typisches Beispiel hierfür wäre der Diskurs, der die Situation modebewusster westlicher Mädchen, die die Freiheit haben, String-Tangas zu tragen, mit dem Leben junger verschleierter Frauen vergleicht und dabei keine Zweifel aufkommen lässt, welche Lebensform die bessere ist. Auch hier handelt es sich um eine Desartikulation, die bestimmte politische Optionen, etwa den Austausch zwischen Frauen aus verschiedenen Kulturen und die Möglichkeit solidarischer Zusammenschlüsse, bereits im Vorfeld ausschließt. Modern lebende junge Frauen sehen sich entsprechend vom Aufstieg des Islam bedroht, und in Boulevard-Zeitungen wie der britischen *Daily Mail* werden solche Ängste regelmäßig zur Sprache gebracht. In den meisten Fällen, in denen junge afro-britische oder asiatisch-britische Frauen die Adressatinnen der neuen, westliche Werte unkritisch verfechtenden, Populärkultur sind, fallen Empathie und solidarische Verbundenheit hinter Assimiliationsforderungen zurück. Letztere sind oft mit der Empfehlung verbunden, Erfolg doch gemäß den Bedingungen und Möglichkeiten anzustreben, die die weibliche Konsumkultur bereitstellt: Karriere, glanzvolles Auftreten nach außen, Pflege des sexuellen Marktwerts.[3] Nicht zum Zuge kommen dagegen Vorschläge, die als Grundlage für eine Politik solidarischer Zusammenschlüsse dienen könnten und kulturelle Unterschiede ebenso berücksichtigen wie die von vielen Gruppen geteilte Kritik an einem Neo-Imperialismus, der die Gleichberechtigung von Frauen oftmals mithilfe symbolischer Gewalt für seine Zwecke instrumentalisiert. Anders formuliert: Alle neuen Einsichten, die die feministische postkoloniale Theorie hervorgebracht hat, werden durch die Populärkultur beziehungsweise durch eine neue, von der Konsumkultur dominierte weibliche Öffentlichkeit in ihr Gegenteil verkehrt, unterminiert und demontiert.

---

[3] Die Zeitung *Daily Mail* bringt regelmäßig Reportagen über erfolgreiche junge Asiatinnen, die sich bereitwillig zum westlichen Wertesystem bekannt und es auf der Karriereleiter weit nach oben geschafft haben. Zur typischen Erzählung gehören meist langjährige Konflikte und Kämpfe mit den Eltern. In einigen Fällen können diese beigelegt werden, in anderen führen sie dazu, dass die betreffende junge Frau sich in der Regel an der Seite eines englischen, nicht-muslimischen Ehemanns ihr eigenes Leben einrichtet.

Die bisher aufgezeigten sozialen Veränderungen lassen sich als Teil der Transformations- und Modernisierungsprozesse verstehen, die die *New-Labour-*Regierung vorangetrieben hat, seit sie 1997 an die Regierung gewählt wurde. In den USA hat im Zusammenhang mit dem scheinbar unaufhaltsamen Aufstieg des Neoliberalismus ein ähnlicher gesellschaftlicher Wandel stattgefunden. Feministische Theoretikerinnen wie Wendy Brown (2005) und Lisa Duggan (2003) haben die Gesellschafts- und Wirtschaftspolitik des amerikanischen Neoliberalismus in jüngerer Zeit eingehend unter die Lupe genommen. In ihrem Buch *The Twilight of Equality* (2003) legt Duggan eine höchst überzeugende Analyse dessen vor, wie sich die Logik des Neoliberalismus während der letzten 30 Jahre in den USA entfaltet hat. Sie nimmt dabei gerade auch auf die Unterminierung feministischer und antirassistischer Politikansätze Bezug. Auch wenn mein Augenmerk hier stärker auf Großbritannien und auf der Populärkultur als dem bevorzugten Terrain für die Implementierung neuer Gender-Diskurse und deren Machtentfaltung liegt, ist Duggans umfassende historische Analyse ausgesprochen hilfreich. Den Schlüsselmechanismus für die Implementierung dieser aggressiven Politik, deren Zielsetzung die Abschaffung des Wohlfahrtsstaates ist, sieht Duggan darin, dass Wirtschaftspolitik als ein gewissermaßen neutrales Gebiet definiert wird, in dem es ausschließlich darum geht, ExpertInnenwissen und bestimmte Steuerungstechniken umzusetzen. Es entsteht ein Eindruck von Kompetenz, Autorität und Vertrauenswürdigkeit, der die neoliberale Argumentationsstrategie unhinterfragbar und unangreifbar erscheinen lässt. Tatsächlich, so Duggan, sind die wirtschaftspolitischen Positionen des Neoliberalismus jedoch alles andere als neutral, sondern eindeutig darauf ausgelegt, in Bereiche vorzustoßen, die seit langem vom Feminismus diskutiert werden, nämlich Sexualität, *race* und Ethnizität, Familie und Kultur.[4] Darüber hinaus zielen die wirtschaftspolitischen Weichenstellungen des Neoliberalismus darauf ab, den (in Duggans Sprache) links-progressiven, auf die Neuverteilung der Ressourcen zielenden Politikansätzen der 1960er und 1970er Jahre entgegenzuwirken und sie zu untergraben. Der neoliberale Angriff auf die linke Wohlfahrtsstaatspolitik wurde bereits in den 1980er Jahren politisch umgesetzt, hat jedoch in den 1990er Jahren entscheidend an Terrain gewonnen und an Geschwindigkeit zugelegt.

Duggan legt in ihrem Buch eine besonders aufschlussreiche Fallstudie dar, die die Komplexität des Backlash gegen den Feminismus gut verdeutlicht. Sie untersucht den Protest eines rechtskonservativen Kuratoriumsmitglieds der *State University of New York* (SUNY), Candace de Russy, gegen die Inhalte einer dort

---

[4] Wie ich im nächsten Kapitel zeigen werde, geht die scheinbar neutrale Position, die die *New-Labour-*Regierung bei ökonomischen Themen unter Berufung auf die Expertise der TechnokratInnen einnehmen will, mit einer Rhetorik des Vertrauens und der Kompetenz einher, die sich auch auf gesellschaftliche Themen erstreckt. Ein bezeichnendes Beispiel für eine solche Rhetorik ist die Art und Weise, wie junge Frauen regelmäßig zu ihren Bildungserfolgen und beruflichen Ambitionen beglückwünscht werden.

ausgerichteten lesbisch-feministischen Konferenz. Dieses Ereignis wurde in diversen Medien ausführlich thematisiert. De Russys Intervention führte zum Rücktritt des Vizepräsidenten der SUNY und erzeugte ein Klima der Unzufriedenheit über den angeblichen Missbrauch öffentlicher Gelder. Diese negative Stimmung wiederum wurde von bestimmten Seiten als Legitimation dafür genutzt, auch anderen öffentlichen Institutionen die Budgets zu kürzen. Im vorliegenden Fall traf es die SUNY mit ihrem angeblich überflüssigen feministischen Curriculum. Die zentralen Merkmale des Neoliberalismus sind nach Duggan die Ausweitung des Marktprinzips auf sämtliche Bereiche des alltäglichen Lebens, die erbarmungslose Reformierung der sozialen Sicherungssysteme und die Förderung eines konsumorientierten Modells von Staatsbürgerschaft, von dem hauptsächlich die ohnehin schon privilegierten Schichten profitieren. Die Zurückdrängung der anti-hierarchischen Errungenschaften der neuen sozialen Bewegungen hat für neoliberale Diskurse ebenfalls einen hohen Stellenwert. Der damit einhergehende Angriff auf sozial benachteiligte Gruppen wird jedoch nach Duggan durch eine scheinbar nicht-rassistische und nicht-sexistische Sprache verschleiert, die mit Vokabeln wie ‚Selbstwertgefühl‘, ‚Selbstermächtigung‘ und ‚persönliche Verantwortung‘ operiert. (In Großbritannien werden diese Begriffe häufig verwendet, um den Ethos der ‚neuen Meritokratie‘ zu charakterisieren.) Die Senkung von Sozialausgaben verschärft jedoch die Schwierigkeiten, mit denen gering qualifizierte und schlecht bezahlte Frauen ohnehin schon zu kämpfen haben. Sie sind immer öfter gezwungen, ihre Kinderbetreuung privat zu organisieren, sich mit langen und ungünstigen Arbeitszeiten zu arrangieren und ohne Jugendclubs und andere soziale Einrichtungen für ihre Kinder auszukommen. In der Gesamtheit betrachtet, zielt die angeblich neutrale Wirtschaftspolitik jedoch, wie Duggan verdeutlicht, nicht nur darauf ab, öffentliche Ausgaben für Bildung, soziale Einrichtungen und Kunst und Kultur zu kürzen, sondern auch darauf, bestehende Bündnisse zwischen linken, feministischen und antirassistischen Bewegungen aufzubrechen. Zu diesem Zweck werden bestimmte Elemente dieser verschiedenen identitätspolitischen Ansätze für die Ziele der neoliberalen Agenda umfunktioniert. Die Voraussetzungen für diese Entwicklung wurden in den 1980er Jahren geschaffen, als einzelne Gruppierungen unter dem Druck der neoliberalen Offensive die Zusammenarbeit mit den neuen sozialen Bewegungen aufgaben und sich auf die ihnen am nächsten liegenden politischen Ziele konzentrierten, oftmals um ihr politisches Überleben und den Zugang zu öffentlichen Geldern zu sichern. Als Beispiele für die Umfunktionierung progressiver Identitätspolitik nennt Duggan die neoliberale Befürwortung der Gleichberechtigung von Frauen und die Akzeptanz von Homosexualität als ‚normale‘ Form von Sexualität. In ihren Augen sind diese Zugeständnisse Teil einer Strategie, scheinbar von der breiten Masse getragene politische Positionen für sich zu reklamieren – verbrämt von einer „Rhetorik des dritten Weges". Daran knüpft jedoch eine weitere Desartikulation linker Bewegungen an, die als „unverantwortlich beziehungsweise anachronistisch" charakterisiert und deren Forderungen zugunsten neoliberaler Narrative von Gleichheit, Vielfalt und Toleranz ins politische Abseits gedrängt werden. Duggan betont, dass man die linken sozialen Bewegungen nicht für diese Umfunktionierung und Aneignung von Identitätspolitik durch den Neoliberalismus verantwortlich machen kann, etwa weil man ihnen vorwerfen müsste, Sexualpolitik und Multikulturalismus als voneinander getrennte politische Anliegen unterstützt zu haben. Duggan widerspricht damit der Kritik von Wendy Brown, die bestimmten identitätspolitischen Ansätzen des Feminismus vorwirft, eine Opferperspektive einzunehmen und Benachteiligung und Viktimisierung zur Identitätsstiftung zu nutzen. Duggan wendet sich ebenfalls (und in meinen Augen mit überzeugenderen Argumenten) gegen Todd Gitlins Aufruf zu einer Rückkehr zu den alten (neuen) Werten der Linken. Gitlin möchte die angeblichen Exzesse und Eitelkeiten jener Bewegungen hinter sich lassen, die er als rein kulturelle Kräfte darstellt und die dadurch in seinen Augen zwangsläufig mit den *Cultural Studies* und deren Versagen im direkten Zusammenhang stehen. Erstaunlicherweise scheint Gitlin zu glauben, dass sich in der Bezeichnung „kulturell" eine „Verwässerung" oder Schwächung von etwas ausdrückt, das andernfalls stark und widerstandsfähig wäre. Duggan stellt sich mit ihrem Argument auf die Seite von Butler, indem sie zeigt, dass diese „Unterscheidung eine Art *List* des liberalen kapitalistischen Diskurses ist – eine List, die die enge Verzahnung von *race*, Gender und sozialer Klasse in den Institutionen der kapitalistischen Moderne verschleiert" (Duggan 2003: 83).

Duggans Analyse leistet eine wichtige Hilfestellung für die Erarbeitung des kritischen Begriffsapparates, mit dem ich die in diesem Kapitel thematisierten kulturellen Abwicklungsprozesse zu fassen suche. Obwohl das, was abgewickelt wird, fragil und scheinbar von inneren Konflikten zerrissen ist – und vermutlich immer war –, stellte es dennoch ein Terrain radikaler politischer Artikulationen dar. Die Gruppen, die auf diesem Terrain agierten, nahmen Ungerechtigkeiten und Unterdrückung über die Grenzen von Geschlecht, *race* und sozialer Klasse hinweg wahr und verstanden diese Kategorien nicht als Bezeichnungen für voneinander unabhängige, separate soziale Orte. Auf den folgenden Seiten konzentriere ich mich hauptsächlich, aber nicht ausschließlich auf die kulturelle Sphäre als zentraler Schauplatz der Desartikulation. Ich widme mich zunächst den Analysen des ‚Backlash gegen den Feminismus', die die feministische Theoretikerin Judith Stacey und die Journalistin Susan Faludi vorgelegt haben (Stacey 1986; Faludi 1992). Anschließend werde ich eher kursorisch die gegenwärtig beobachtbare nostalgische Re-Privilegierung von ‚Weißsein' und weißer Weiblichkeit erörtern, die in meinen Augen den Multikulturalismus und den schwarzen Feminismus untergräbt. Im letzten Abschnitt des Kapitels widme ich mich den soziologischen Arbeiten von Anthony Giddens, Ulrich Beck und Scott Lash und zeige, dass diese Autoren in ihren Analysen epochaler sozialer Transformationen das Entstehen einer postfeministischen Ära als eine erwartbare Konsequenz bereits annehmen. Dadurch entziehen sie der Vorstellung einer Erneuerung des feministischen Kampfes die Grundlage. Darüber hinaus steht ihre Analyse der Politik des poststrukturalistischen Feminismus an den Universitäten diametral entgegen. Anschließend komme ich noch einmal auf die Arbeiten von Mouffe und Laclau und auf die Beiträge von Butler zurück, die uns dabei helfen, die desartikulierende Logik der neoliberalen Kultur und ihre Auswirkungen auf den Feminismus zu verstehen.

Frühe Postfeministinnen

Duggans Arbeiten, wie auch die Beiträge von Stacey und Faludi, rufen uns in Erinnerung, dass – oftmals von verschiedenen Kräften gemeinschaftlich unternommene – Versuche, die Frauenbewegung zu unterminieren und außer Gefecht zu setzen, praktisch zeitgleich mit dem Entstehen des Feminismus auftraten. Alle drei Autorinnen beschäftigen sich in erster Linie mit dem US-amerikanischen Feminismus, auch wenn Faludi den britischen Kontext zum Teil in ihre Untersuchung mit einbezieht. Die Fokussierung auf die USA bedeutet zwar eine Begrenzung der Reichweite dieser Analysen, zugleich aber zeigen die detaillierten Ausführungen über den Aufstieg der Neuen Rechten und der *Moral Majority* sowie über die Angriffe dieser Bewegungen auf den Feminismus eine Reihe von zentralen Punkten auf. Wenn tatsächlich seit den späten 1970er Jahren eine fortwährende Unterminierung der egalitären Überzeugungen des Feminismus stattfindet, dann gilt es, zwischen diesen seit Langem andauernden Aushöhlungsversuchen und den heutigen Desartikulationsbemühungen zu unterscheiden. Dieser Frage werde ich mich mit Blick auf Großbritannien im nächsten Kapitel widmen. Nun möchte ich zunächst einen Blick auf Judith Staceys einflussreichen Artikel „The New Conservative Feminism" werfen, der erstmals 1985 veröffentlicht wurde und erneut 1986 unter dem Titel *„Are Feminists Afraid to Leave Home?"* in einer von Ann Oakley und Juliet Mitchell herausgegebenen Anthologie erschien (Stacey 1986). Stacey gehörte ihrerseits zu einem Team feministischer Wissenschaftlerinnen, die bereits seit 1978 auf den antifeministischen Backlash gegen den Feminismus aufmerksam gemacht hatten. In der Folge verwendete die *New York Times* den Ausdruck „Postfeminismus" 1982 in einem Feuilleton-Artikel. Der Terminus sollte eine neue Art von Geschlechterpolitik umreißen, die als vage feministisch galt, insofern sie sich auf die Seite der Frauen stellte, die aber den schrillen und wütenden Tonfall vermied, der vielerorts dem Feminismus zugeschrieben wurde.[5]

---

[5] Stacey zeigt im Detail auf, wie die Verbreitung des Begriffes Postfeminismus mit den seit den frühen 1970er Jahren auftauchenden neokonservativen Angriffen auf den Feminismus einhergeht. Sie verweist u. a. auf Susan Bolotins Artikel *„Voices from the Post-Feminist Generation"*, der im *New York Times Magazine* veröffentlicht wurde (17. 10. 1982, 28–31). Ihr eigener Essay über frühe

Die Strategie, an einer abgemilderten, medientauglichen Version des Feminismus festzuhalten, ist ein durchgängiges Merkmal des postfeministischen Backlash. Je emphatischer diese Strategie zum Zuge kommt, desto mehr entwickelt sie sich zu einem Statthalter für den Feminismus. Stacey weist darauf hin, dass die wieder erstarkte Neue Rechte in den USA seit dem Beginn des *second wave feminism* fortwährend antifeministische Diskurse und Aktivitäten initiiert. Sie ruft uns außerdem ins Gedächtnis, dass der Feminismus nicht nur von Männern, sondern auch von vielen Frauen vehement abgelehnt wird. Die mangelnde Akzeptanz des Feminismus bei weiten Bevölkerungsteilen verfestigt sich durch den Zusammenbruch der Linken und den Niedergang des Liberalismus in den USA.

Neben dieser Welle antifeministischer Stimmungsmache spielen auch Reaktionen auf den Backlash seitens ehemaliger Feministinnen wie Betty Friedan und Germaine Greer eine Rolle, die sich von ihren früheren Standpunkten distanzierten. Während Friedans und Greers Diskussionsbeiträge eher journalistischer Art sind, tritt die feministische Theoretikerin Jean Bethke Elshtain für eine Art konservativen Feminismus ein, der sich am Ideal der bürgerlichen Familie orientiert. Hier verschwindet die Kritik an der Ungleichbehandlung der Geschlechter und an der Vorherrschaft der Männer im öffentlichen Raum zugunsten einer – allerdings nicht theoretisch ausgearbeiteten – Aufwertung des familiären Zuhauses als Zufluchtsort in einer bürokratischen Welt sowie eines Lobliedes auf heterosexuelle Liebe, mütterliche Fürsorge und Häuslichkeit. In diesem Zusammenhang ist zu erwähnen, dass der exzentrische Seitenwechsel von Friedan und Greer für die meisten Feministinnen in Großbritannien auch damals keine große Überraschung war. Greer war zuvor bereits durch ihre Idealisierung der Großfamilie, der arrangierten Hochzeiten und der weiblichen Herrschaft im Haushalt aufgefallen. Friedan schien ihre früheren Schriften zu bereuen. Sie betonte nun die Werte der bürgerlichen Familie und plädierte für eine Beschwichtigungspolitik gegenüber Männern.[6] Der gemeinsame Vorwurf dieser bekannteren Ex-Feministinnen an ihre früheren Kampfgenossinnen ist sinngemäß, man habe die Dinge falsch angepackt beziehungsweise der Feminismus habe deshalb keinen Erfolg gehabt, weil er zu männerfeindlich, zu pro-lesbisch und viel zu familienfeindlich war. Diese Haltung, so Friedan, habe nicht nur die meisten Frauen vor den Kopf gestoßen, sondern sich auch gegen die Feministinnen selbst gewendet, weil diese damit auf die Freuden des Familienlebens, des Kinderkriegens und der Zugehörigkeit zu Gemeinschaften verzichtet hätten, die durch das Glück der Mutterschaft entstünden. Stacey setzt sich ihrerseits intensiv mit der zentralen Bedeutung der Familie für die feministische Politik auseinander und deutet, ohne die Gründe dafür jedoch genauer auszuführen,

---

antifeministische Backlashs, den sie zusammen mit anderen Autorinnen verfasst hat, ist in Breines/ Cerullo/Stacey (1978) erschienen.

[6] Großbritanniens bekannteste Ex-Feministin ist, wie bereits im ersten Kapitel erwähnt, Fay Weldon.

an, dass die radikale Beseitigung von Ungerechtigkeit in den Geschlechterbeziehungen in heterosexuellen Familienstrukturen ein sehr schwierig zu erreichendes, vielleicht sogar unrealistisches Ziel gewesen sei. Ferner kontextualisiert sie diese antifeministischen Positionen, indem sie die Biographien wichtiger Feministinnen wie Greer und Friedan analysiert. So verweist Stacey darauf, dass Greer und Friedan sich spät für eigene Kinder entschieden und in fortgeschrittenen Jahren alleinstehend und ohne die Stabilität einer funktionierenden Liebesbeziehung lebten. Als zweiten Punkt ihres Bemühens um Kontextualisierung untersucht Stacey, welche Haltung der Feminismus gegenüber den Bedürfnissen von Kindern einnahm und inwiefern er in den 1970er und frühen 1980er Jahren eine familienkritische Position vertrat und daher der kollektiven Kinderbetreuung den Vorrang gab. Stacey wirft denn auch die Frage auf, ob der Feminismus die Bedeutung von Elternschaft wieder stärker berücksichtigen müsse. Dabei bezieht sie auch die Argumente von schwarzen Feministinnen mit ein. Deren positivere Haltung gegenüber familiären Strukturen rührt ihrer Meinung nach daher, dass die Familie zum einen als halbprivater Schutzraum vor dem alltäglichen Rassismus auf der Straße verstanden wird und zum anderen als ein Raum weiblicher Stärke, besonders in Haushalten mit alleinerziehenden Müttern. Dessen ungeachtet tendiert der postfeministische *Backlash* Stacey zufolge dazu, Experimente mit alternativen Familienstrukturen abzulehnen und stattdessen die gegebenen patriarchalen Verhältnisse nicht anzufechten. Das Ergebnis sei eine defensive, sentimentale Verklärung von Weiblichkeit und besonders von Mütterlichkeit. Ebenso diagnostiziert sie eine Kritik an der lesbischen Bewegung, die mit ihren diversen Angriffen auf die Bastionen männlicher Vorherrschaft zu weit gegangen sei, sowie den Vorwurf, das dadurch entstandene Bild des Feminismus habe diesen zutiefst unpopulär und für die breite Masse der Frauen unannehmbar gemacht. Stacey zufolge hat die Sexualpolitik durch diese Entwicklungen ihren Schwung verloren. Lesbische und heterosexuelle Frauen hätten sich in entgegengesetzte Lager gespalten; letzteren würde gar von Lesben vermittelt, sie hätten das falsche Begehren. Auch unter den Feministinnen an den Universitäten trete die Fragmentierung immer offener zutage. Der Tenor von Staceys Argument ist, dem konservativen, die bürgerliche Familie bejahenden Feminismus sei es gelungen, die feministische Debatte so grundlegend zu verändern, dass sie einen defensiven, vielleicht sogar hilflosen Eindruck erwecke. Stacey sieht in dieser Situation aber auch eine drängende Herausforderung für alle, die sich dem Kampf für Geschlechtergerechtigkeit nach wie vor verpflichtet fühlen und ihn in seinen vielfältigen Dimensionen weiter verfolgen möchten.

Bereits die Verwendung des Begriffs ‚Gender' ist für diejenigen, die auf der Seite des konservativen Feminismus stehen, ein rotes Tuch. Dieser Fraktion geht es darum, den Unterschied zwischen den Geschlechtern und ihren gesellschaftlichen Rollen wieder voll und ganz zu bejahen und insbesondere die Mutterschaft wieder aufzuwerten. Noch zwanzig Jahre nach dem Erscheinen des hier zitierten

Aufsatzes von Stacey wird die Leistung dieses Textes erkennbar: Er sucht nicht nur eine Auseinandersetzung mit der Neuen Rechten – die so stark ist, dass sie eine auf den Feminismus zurückgehende Definition zeitgenössischer Weiblichkeit für sich reklamieren kann –, sondern zeichnet zugleich nach, wie der Feminismus zum Teil selbst insbesondere durch die Aufgabe wichtiger feministischer Positionen und Forderungen zu seinem eigenen Niedergang beigetragen hat. Staceys Aufsatz entstand noch vor dem Aufkommen der *queer politics* und deren Ausstrahlung auf eine jüngere Generation von Frauen, die damit zum einen die Anerkennung ihres sexuellen Begehrens verband, sich für diesen politischen Ansatz aber auch noch aus einem anderen Grund interessierte: Ein Feminismus, dessen implizite Adressatinnen vor allem Mütter sind, hat natürlich eine geringere Relevanz für junge Frauen, die es nicht eilig haben, Mutter zu werden, oder sich gegen eigene Kinder entscheiden (McRobbie 2005: 75–77). Stacey widmet sich nur kursorisch den Einflüssen der schwarzen und der postkolonialen feministischen Theorie; ihr Text beschäftigt sich vor allem mit der Situation weißer mittelständischer US-Amerikanerinnen und mit deren ablehnender Haltung gegenüber dem Feminismus. Das wirft die Frage nach dem Einfluss verschiedener Richtungen des Feminismus in unterschiedlichen kulturellen Kontexten auf. In den USA war in den 1980er Jahren ein sehr lebendiger schwarzer Feminismus und die *Chicana*-Bewegung zu beobachten. In Europa konnte bis in die 1990er Jahre hinein ein sozialistisch geprägter Feminismus seinen Einfluss geltend machen. Danach wandelte er sich entweder zu einer Politik des Gender Mainstreaming, die die Gleichstellung der Geschlechter auf allen gesellschaftlichen Ebenen anstrebte, oder er transformierte sich im universitären Feld unter dem Einfluss poststrukturalistischer und postkolonialer Theorien in eine radikale postmarxistische Politik, die die Kategorien Gender, *race* und soziale Klasse gleichermaßen umfasste.

1992 erschien Susan Faludis Buch *Backlash: The Undeclared War Against Women* [dt.: *Backlash. Die Männer schlagen zurück*, 1993], eine Studie, die großen Beifall erhielt und zum Bestseller wurde. Die Autorin steht in der Tradition des feministischen Journalismus, der in vielerlei Hinsicht dem Feminismus außerhalb der großen Institutionen seine Gestalt gab und so zum Entstehen dessen beitrug, was Nancy Fraser eine feministische Gegenöffentlichkeit nennt (Fraser 2007). Wie bei Stacey liegt der Schwerpunkt von Faludis Analyse auf dem weißen Amerika. Auch sie untersucht den Aufstieg der Neuen Rechten und deren fortgesetzte Angriffe auf feministische Prinzipien. Faludi zeigt, wie die Medien sich zu dieser Zeit gehäuft auf Statistiken und Umfragen beriefen, die sich im Nachhinein als ungenau oder methodologisch zweifelhaft erwiesen und verzerrt oder unsolide ausgewertet worden waren. Faludi legt zudem dar, wie antifeministische JournalistInnen und AktivistInnen jede Gelegenheit nutzten, um wissenschaftliche Arbeiten für ihre Zwecke zu instrumentalisieren. Publikationen von ForscherInnen an berühmten Universitäten wie zum Beispiel *Yale* waren ihnen dafür besonders willkommen. Häufig handelte es sich bei den AutorInnen um junge und noch nicht etablierte WissenschaftlerInnen, die bereit waren, für eine entsprechende landesweite oder internationale mediale Aufmerksamkeit ihre wissenschaftliche Reputation zu riskieren, vermutlich weil sie sich davon einen Vorteil versprachen. Faludi verfolgt zurück, wie häufig diese WissenschaftlerInnen später die Medien einer falschen Darstellung ihrer Arbeit beschuldigten, wie oft sie eingestanden, dass sie gedrängt worden waren, die Ergebnisse von noch nicht abgeschlossenen Studien zu veröffentlichen und so fort. Trotzdem wurde konsequent auf dieses Material zurückgegriffen, um beispielsweise zu belegen, dass (heterosexuelle) Frauen über 30 nur geringe Chancen hätten, einen Partner zu finden, dass es eine Unfruchtbarkeitsepidemie gebe, dass der Feminismus die Ursache für eine Reihe von frauenspezifischen Erkrankungen und Beschwerden sei, dass einverständliche Scheidungen eine Verarmung der Frauen mit sich brächten und dass Beschäftigungsverhältnisse mit geringen oder keinen Aufstiegs- beziehungsweise Beförderungschancen die am häufigsten bevorzugte Option für berufstätige Mütter seien. Ein Schlüsselwort in diesem Zusammenhang ist ‚Trend' – ein Terminus, in dem sich das Vermögen dieser Phänomene ausdrückt, kulturelle Werte besonders bei jungen Frauen in Richtung Angst und Nervosität zu verschieben. Dass bei der Darstellung solcher Trends auf Genauigkeit weitgehend verzichtet wird, verdeutlicht auch, wie mit dem Renommee der Wissenschaft und der Kompetenz von ExpertInnen Glaubwürdigkeit hergestellt wird. Eine faktenbasierte Darstellung der Lebensumstände von Frauen verschwimmt mit Entertainment, Lifestyle und Populärkultur. So wird eine aufsehenerregende Titelüberschrift, die sich auf die wissenschaftlichen Erhebungen einer Eliteuniversität beruft, zu einem wirksamen Instrument, um dem Lifestyle-Journalismus zu publizistischem Erfolg zu verhelfen. Behauptungen wie jene, es gebe einen Männermangel und eine Unfruchtbarkeitsepidemie und Frauen hätten das Verlangen, zu Heim und Herd zurückzukehren, werden zu vermeintlichen Tatsachen und fließen schließlich in den Alltagsverstand ein. Faludi verweist ferner darauf, dass viele Frauen, die sich an vorderster Front für einen neuen Traditionalismus und für die Rückkehr der Frau zur Häuslichkeit einsetzen, selbst höchst erfolgreiche, berufstätige Mütter sind. Das gilt insbesondere für Frauen, die für die Kampagnen der Neuen Rechten arbeiten. Gerade deren Partner stecken oftmals bereitwillig zurück, damit sich ihre Ehefrauen ganz dem Kampf für die traditionellen Familienwerte widmen können. Dieser Widerspruch wird, wie Faludi betont, in der Regel übersehen und sogar als irrelevant angesehen, und zwar mit dem Argument, diese Frauen setzten sich ja für eine Sache ein, die ihre Männer voll und ganz unterstützten – und noch dazu seien sie in ihrer Arbeit vermutlich erfolgreicher als die Männer. Parallel, so Faludi, entsprächen die Beschränkungen der Bildungs- und Berufschancen für Frauen aus einkommensschwachen Verhältnissen, denen die Möglichkeit genommen werde, ihr Leben zu verbessern und sich gegenüber ihren männlichen

Partnern zu emanzipieren, voll und ganz den Zielen der Neuen Rechten. Diese rechtskonservative Bewegung wolle bekanntlich gesellschaftliche Hierarchien neu errichten und Wohlfahrtseinrichtungen und Sozialversicherungssysteme zugunsten von Eigeninitiative und individueller Verantwortung abschaffen.

Zu diesem Befund passen auch die Ergebnisse einer Untersuchung über die US-amerikanische Sitcom *thirtysomething*, die in postfeministischer Manier die Situation von Frauen weichzeichnet. Die Schauspielerinnen und Produzentinnen, die an der Serie mitarbeiteten, gaben Faludi gegenüber zu Protokoll, dass sie sich mit den von der Serie propagierten Wertvorstellungen unwohl fühlten, weil sie selbst damit zu kämpfen hätten, Kinderbetreuung und das Verdienen ihres Lebensunterhalts unter einen Hut zu bringen. Auf die Gestaltung des Drehbuchs hatten sie jedoch keinerlei Einfluss; ihre Handlungsoptionen beschränkten sich darauf, dort kleine Änderungsvorschläge zu machen, wo es jeweils um ihren spezifischen Seriencharakter ging.[7] Ähnlich gelagert ist auch der Film *Fatal Attraction* [dt.: *Eine verhängnisvolle Affäre* (1982), Regie: Adrian Lyne], der in den Augen vieler Feministinnen den Beginn der Dämonisierung des weiblichen Singles und die erneute Aufwertung des Kleinfamilienmodells in der Populärkultur markierte. Wie Faludi zeigt, wurde das Drehbuch erheblich geändert. In dem ursprünglichen Entwurf war die Figur der Alex, von Glenn Close gespielt, wesentlich weniger negativ besetzt. Auch dieses Beispiel zeigt, dass vor allem der Populärkultur – dazu zählen Frauenzeitschriften, die Mode- und Schönheitsindustrie sowie für das weibliche Publikum produzierte Film- und Fernsehformate – die Rolle zuteil geworden ist, als Multiplikator für den neuen Traditionalismus zu fungieren. Faludi widmet auch dem Motiv des Rückzugs ins Private (*cocooning*) und dem Reiz, den dieses Motiv auf weibliche Leserinnen von Lifestyle-Magazinen auszuüben scheint, große Aufmerksamkeit. Ein Beispiel hierfür ist der Film *Baby Boom* von 1987 [dt.: *Baby Boom – Eine schöne Bescherung*, Regie: Charles Shyer], in dem Diane Keaton eine Frau spielt, die sich vom hektischen Großstadtleben verabschiedet und es gegen Mutterglück und romantische Liebe auf dem Land eintauscht, wo sie zudem zur erfolgreichen Herstellerin von gesunder Babynahrung wird.

Im fünften Kapitel werde ich auf die Fantasien von trautem Heim und Familie in den Kochsendungen des britischen Fernsehens zurückkommen. Deren prominentestes Aushängeschild ist die als „häusliche Göttin" vermarktete Nigella Lawson (Brunsdon 2005). Die fantasmatische Dimension der wohligen Szenarien, die diese Sendungen mobilisieren, ist bisher viel zu sehr vernachlässigt worden. Faludi versteht solche populärkulturellen Produkte vielleicht vorschnell und zu einseitig als Phänomene, die als Teil des großen Backlash gegen den Feminismus

---

[7] Als eine der ersten Theoretikerinnen im Bereich der feministischen Cultural Studies beschrieb Elspeth Probyn in ihrer Analyse von *thirtysomething* den Postfeminismus als Re-Traditionalisierung (Probyn 1988/1997).

fungieren. Aber wir müssen nach den Motiven für solche Fantasien fragen. Wovon träumen die Zuschauerinnen, wonach sehnen sie sich, wenn sie sich begeistert anschauen, wie eine glückliche Familie das sonntägliche Mittagessen genießt, das eine glamouröse und noch dazu ungestresste Mutter zubereitet hat? Judith Stacey hat erkannt, dass es einer psychoanalytischen Herangehensweise bedarf, wenn man die Attraktivität von Fantasien über das häusliche Leben, Mutterschaft und gute Haushaltsführung erfassen will. Im Gegensatz dazu liefert Faludi eine eher eindimensionale Erklärung, die die hier beschriebenen populärkulturellen Phänomene als Teil eines Zermürbungskriegs gegen feministische Standpunkte und gegen die davon ausgehende potenzielle Bedrohung gesellschaftlicher und sexueller Hierarchien versteht. Faludi legt außerdem dar, wie antifeministische Werte als in einem postmodernen Sinn ‚aufgeklärt‘ und ‚durch Erfahrung überlegen‘ präsentiert werden. Sie beschreibt die Strategien, mittels derer junge Kulturschaffende den Feminismus als überholt und ‚uncool‘ etikettieren, und betont, dass sie dabei bewusst Risiken eingehen und als tabubrecherisch auftreten. Gerade weil es gewagt ist, Frauen wieder auf herabsetzende Weise darzustellen, überschreitet eine wachsende Zahl von jungen kreativen Leuten diese Grenze. Bei Vorwürfen können sie stets Ironie vorschützen und suggerieren, es sei ja gar nicht so gemeint gewesen. In der Gesamtheit betrachtet ist Faludis Arbeit eine umfangreiche Analyse jener Strategien, derer sich die US-amerikanische Kultur und Politik in den 1980er Jahren bediente, um die Frauenbewegung als kritische Kraft – denn als solche galt sie seit den späten 1960er Jahren, als sie eine Zeitlang an Boden gewann – in Verruf zu bringen, um sie lächerlich zu machen, zu desavouieren und sozusagen vorbeugend zu entwaffnen. In den folgenden Kapiteln werde ich viele dieser Themen wieder aufgreifen. Dabei werden insbesondere folgende Fragen im Vordergrund stehen: Wie müsste eine Antwort auf das aussehen, was ich als Politik der Desartikulation bezeichne, wenn man gleichzeitig den offenbar unumkehrbaren Wandel des Arbeitsmarktes berücksichtigen will, dem junge Frauen sich heutzutage gegenübersehen? Wie verlaufen die beschriebenen Abwicklungsprozesse unter den Bedingungen der zeitgenössischen britischen Gesellschaft? Wie gelingt es dem von Stacey beschriebenen konservativen Feminismus, sich in einen staatlich gestützten „neuen Geschlechtervertrag" für junge Frauen zu verwandeln, obwohl er doch das bürgerliche Familienideal hochhält?

Weibliche Singles, gefährlicher Sex

Der Film *Fatal Attraction* gilt weithin als ein Schlüsselwerk, das in der Populärkultur eine Reaktion gegen sexuell emanzipierte und zielstrebige, unverheiratete, möglicherweise psychisch instabile Frauen in Gang brachte. Zu den weiteren Merkmalen dieser Frauen gehört, dass sie wirtschaftlich unabhängig sind, in der Großstadt leben und die Existenzen von Männern und Frauen bedrohen, die sich für jene Lebensform entschieden haben, die Faludi und andere als neuen Traditionalismus bezeichnen. Damit ist die klassische Kleinfamilie aus einem berufstätigen männlichen Familienernährer und einer Ehefrau und Mutter gemeint, die ihrem Mann scheinbar gleichgestellt ist, sich aber dafür entschieden hat, zu Hause zu bleiben. *Fatal Attraction* ist in erster Linie ein Unterhaltungsfilm, der die Geschichte über eine Sexaffäre in der Großstadt mit dem Genre des Thrillers vermischt. Sein überwältigender Erfolg hatte sicherlich damit zu tun, dass er eine neue Ausgestaltung der durchtriebenen, geradezu monströsen Frau erfand, die ihre sexuelle Ausstrahlung dazu benutzt, das Leben eines anständigen (wenn auch für eine Affäre offenen), fleißigen und liebevollen Familienvaters zu zerstören.[8] Die enorme Faszination, die der Film ausübte, führte dazu, dass die Erzählhandlung ebenso wie die zentralen Elemente der Dramaturgie (darunter die Szene, die als die berühmte Bunny-Boiler-Episode bekannt wurde[9]) in den Diskurs der Populärkultur eingingen und intertextuell in anderen populärkulturellen Erzeugnissen wieder auftauchten, etwa in dem Film *Bridget Jones's Diary* und in der Fernsehserie *Sex & the City*. Die von Glenn Close gespielte Alex, eine boshafte, wahnsinnig gewordene Hassfigur (eine zeitgenössische Hexe), wurde ebenfalls Teil der allgemeinen Vorstellungswelt junger Frauen. So wie Alex durfte man im eigenen Streben nach Unabhängigkeit, nach Liebe, Sex, einem Ehepartner und Mutterschaft unter keinen Umständen werden.

Im Zusammenhang mit den hier diskutierten Themen ist folgende Beobachtung wichtig: Für das Narrativ des Films ist es unerlässlich, dass die Figur der Alex die moralische Ökonomie des neuen Traditionalismus stört und seine Funktionsfähigkeit bedroht. Alex stellt die sexuellen Privilegien in Frage, die Männern in weißen Mittelstandsfamilien in ihrer Rolle als Familienernährer und liebender Vater in der Vergangenheit zukamen. Unabhängig davon, ob es um gelegentliche Affären oder um eine langjährige Geliebte geht, tritt in solchen Konstellationen eine unausgesprochene Prämisse zutage, eine Realität, auf der die Überlebensfähigkeit der modernen Kleinfamilie beruht: Lebenslange Monogamie steht grundsätzlich im Widerspruch zum männlichen Begehren. In sozialen Zusammenhängen, in denen der Ehemann und Vater gleichzeitig auch der Geldverdiener ist, wird Untreue daher mit Hilfe verschiedener Arrangements quasi institutionalisiert, führt aber natürlich auch oft zur Scheidung. Der Film *Fatal Attraction* suggeriert, dass das Doppelleben von sexuellem Begehren einerseits und der Beziehung zu einer liebevollen, treuen

---

[8] Der Film ist von FilmwissenschaftlerInnen bereits ausgiebig analysiert worden. Eine Interpretation jüngeren Datums findet sich in Williams (2004).
[9] Eine vollständige Zusammenfassung der Erzählhandlung des Films einschließlich der Szene, in der Alex in das Haus von Dan und Beth einbricht und das Kaninchen der Tochter tötet, um es dann in einem Kochtopf zu garen, findet sich unter en.wikipedia.org/wiki/Fatal_Attraction.

Gattin andererseits durch die Herausbildung eines neuen Frauentyps destabilisiert wird. Dabei handelt es sich um die alleinstehende, sexuell unersättliche Frau, die zur psychischen Instabilität neigt und sich in ihrer Rolle als Geliebte nicht mehr an die Regeln hält. Die Partnerschaft zwischen Ehemann und Ehefrau, die bisher scheinbar gleichberechtigt war und sich durch gegenseitigen Respekt auszeichnete, gerät ins Wanken, wenn die Geliebte aus ihrer unterwürfigen Rolle ausbricht. Unter dem Einfluss feministischer Werte hat sie sich zu einer fordernden und in den Wahnsinn abgeglittenen, lebensbedrohlichen Figur entwickelt, die das Böse schlechthin verkörpert. Die Tatsache, dass der Film bei seinen ersten Vorführungen in US-amerikanischen Kinos männliche Zuschauer zu Zwischenrufen wie „Bring die Schlampe um!" provozierte, lässt erahnen, in welchem Maß die sexuellen Privilegien des Mannes hier zur Disposition stehen und welche Wut und Aggression diese Infragestellung hervorruft. Die Doppelmoral wird entlarvt und von der Geliebten verworfen. Wenn Frauen als Subjekte des sexuellen Begehrens auftreten und ihr Verhalten dank des Feminismus auch noch als ein ihnen zustehendes Recht auffassen, müssen die Männer sich vorsehen. Vor allem bei bestimmten Frauen müssen Männer die möglichen Folgen ihres eigenen Begehrens sorgfältig abschätzen, wenn sie sich auf ein sexuelles Abenteuer einlassen: Gefährlich sind Frauen, die Selbstbewusstsein an den Tag legen, finanziell unabhängig sind, eine komplexe Persönlichkeit aufweisen und möglicherweise sogar schwanger werden wollen, um sich ihren eigenen Kinderwunsch zu erfüllen. Außerehelicher Sex wird damit zu einer Angelegenheit, die Vorsicht, Abwägung und Berechnung erfordert.

In *Fatal Attraction* kam eine männliche Wut zum Ausdruck, die sich unterschwellig möglicherweise schon seit dem Beginn der feministischen Kämpfe angestaut hatte. Der Film lieferte diesem latenten Ressentiment die Rechtfertigung, sich offen zu zeigen. Jenes männliche Begehren, das sich selbst gerne als unschuldig betrachtet und bisher auf die Folgenlosigkeit eines *One-Night-Stands* oder einer Affäre zählen konnte, erlebt nun das Ende dieser Unschuld. Der Mann kann sich nicht mehr darauf verlassen, dass die Frauen dankbare, passive Empfängerinnen seiner sexuellen Leidenschaft sind. *Fatal Attraction* lässt ein kulturelles Bewusstsein entstehen, das es Männern erlaubt, sich von Frauen ungerecht behandelt zu fühlen oder sie zumindest mit der Möglichkeit konfrontiert, dass Frauen sie ungerecht behandeln könnten. Von nun an müssen sie auf der Hut sein und sich dagegen schützen, von Frauen gewaltsam sexuell ausgebeutet zu werden. Diese Sichtweise stellt eine Rechtfertigung für die wachsende Popularität von unverhohlen aggressiven, männlichen Werten bereit, die sich seit den späten 1980er Jahren beispielsweise in Organisationen wie *Fathers for Justice*[10] oder in Männer-

---

[10] F4J ist eine Gruppe so genannter Väterrechtler, denen es offiziell um die Verbesserung der Umgangsregeln für Scheidungsväter geht. Viele dieser Gruppen vertreten jedoch eine massiv antifeministische Agenda. Eine Untersuchung dieser Initiativen im deutschen Kontext findet sich in Anja Wolde: *Väter*

zeitschriften widerspiegelt. Die Furcht vor sexueller Ausbeutung durch Frauen ist auch der Nährboden für einen wieder auflebenden Sexismus, der sich etwa in der wachsenden Akzeptanz von Verhaltensweisen zeigt, die Frauen zum Objekt machen. Allerdings ist diese Entwicklung von einer ironischen Haltung begleitet, die die Beleidigung abmildern und den Vorwurf des Sexismus entkräften soll. Der Film *Fatal Attraction* schien eine Rechtfertigung dafür zu liefern, dass Männer nunmehr ohne schlechtes Gewissen feindliche Gefühle gegenüber Frauen hegen dürfen, da diese nun scheinbar zu selbstbewusst und zu unabhängig sind und zudem selbst die Fähigkeit zur sexuellen Ausbeutung entwickelt haben. Wie Faludi dokumentiert, setzte der Film, der ein riesiger kommerzieller Erfolg war – er spielte in den ersten vier Monaten nach dem Kinostart 100 Millionen Dollar ein – männliche Ressentiments frei und verlieh der Politik des *Backlash* gegen den Feminismus zusätzlichen Schub. Die ProtagonistInnen des Films bilden ein Dreieck, in dem jede der Figuren eine wichtige Funktion für die Dämonisierung des Feminismus übernimmt: Der Ehemann Dan hat sich trotz seiner Untreue grundsätzlich für Frau und Familie entschieden; er wird alsbald von seinem Fehltritt entlastet, einer sexuellen Versuchung nachgegeben zu haben. Seine Ehefrau wiederum verkörpert genau jene Eigenschaften perfekter mittelständischer Weiblichkeit, die etwa von Jean Bethke Elshtain in ihrem Plädoyer für einen konservativen, familienbejahenden Feminismus gepriesen wird. Alex hingegen ist verbittert und instabil und wird von ihren unersättlichen sexuellen Begierden und vom Alleinsein geplagt. Dem männlichen Zuschauer wird signalisiert, dass er nicht heiraten sollte, wenn ihm an gelegentlichem Sex und unverbindlichen Begegnungen gelegen ist. Das Thema taucht häufig in Frauenzeitschriften und anderen kulturellen Produkten auf, die sich vorwiegend an Frauen richten. Alle diese Texte schildern die spezifischen Schwierigkeiten, denen sich junge, von Ehe und Elterndasein träumende Frauen heutzutage gegenübersehen. Der Film legitimiert männliche Klagen über das Verhalten von Frauen und liefert auf der narrativen Ebene eine Rechtfertigung für männliche Wut und sogar offene Aggression.

Die ‚Sex Wars' an den US-amerikanischen Universitäten

Während *Fatal Attraction* als Hollywood-Kassenschlager auf ein Massenpublikum abzielte, war David Mamets 1992 uraufgeführtes Theaterstück *Oleanna* für ein eher mittelständisches, theaterinteressiertes Publikum geschrieben, auf das es allerdings eine ähnlich fulminante Wirkung hatte. Auch hier kam es laut Berichten zu Empörung und wütenden Reaktionen unter den Zuschauern. Das kontrovers diskutierte

im Aufbruch? Deutungsmuster von Väterlichkeit und Männlichkeit im Kontext von Väterinitiativen. Wiesbaden: VS 2007.

Stück handelte davon, was passieren kann, wenn der Feminismus zu weit geht. In dramatischer Form wird hier das gleiche Thema wie in *Fatal Attraction* bearbeitet: die Aushöhlung der Privilegien weißer Männer. Das Theaterstück, das ein Jahr nach dem Skandal um Anita Hill und Clarence Thomas Premiere hatte, setzte sich mit den zerstörerischen Folgen der so genannten *political correctness* auseinander.[11] Dieser Begriff ist, wie der des *Backlash,* für meine Analyse der Mechanismen, derer sich die Desartikulation auf der kulturellen Ebene bedient, von zentraler Bedeutung. Mit der Kritik an der *political correctness* ist stets der Vorwurf ver-bunden, dass sie vernünftige und tragbare Ideen, wie etwa die Gleichberechtigung der Geschlechter, verzerrt und überdehnt, dass also grundsätzlich gutzuheißende Forderungen missbraucht und in monströse, dogmatische und autoritäre Vorstel-lungen verkehrt würden. Der rhetorische Impetus dieses Vorwurfs zielt darauf ab, eine Rückkehr zur Normalität zu rechtfertigen und zu verhindern, dass der gesunde Menschenverstand außer Kraft gesetzt wird. Dahinter steht die Absicht, Zweifel an jeglicher Form von Radikalismus zu säen. Die Frauenbewegung ebenso wie die antirassistische Bewegung werden als extremistische Phänomene abgewertet, die nur auf irrationale und gefährliche Personen eine Anziehung ausüben würden. Das Schlagwort der *political correctness* ist nicht nur ein Instrument, dessen sich die US-amerikanische Neue Rechte und die Konservativen in Großbritannien bedienen. Es wird auch von der politischen Mitte in Anspruch genommen, sogar von der *New-Labour*-Partei, seit diese sich Mitte der 1990er Jahre politisch neu positionierte. Als Schauplatz für die Kritik an der *political correctness* wählt das Theaterstück *Oleanna* die Universität.[12] Die beiden Hauptfiguren des Stücks besitzen im Gegensatz zu den holzschnittartigen Charakteren in *Fatal Attraction* Tiefe und Komplexität. Der männliche Protagonist ist ein Universitätsdozent na-mens John, der von Carol, einer Studentin in seinem Seminar, um Hilfe bei ihrer Arbeit gebeten wird. Wie Dan in *Fatal Attraction* hat John trotz offensichtlicher Schwächen die Moral auf seiner Seite. Er ist ein fürchterlich pedantischer Pädagoge mit einer absurd anmutenden intellektuellen Eitelkeit, der seine Autorität und seine Auftritte vor den Studierenden genießt und in seine patriarchale Rolle geradezu

---

[11] In dem berühmten Rechtsstreit in den USA zwischen Anita Hill und dem Richter Clarence Thomas beschuldigte erstere Thomas, sie sexuell belästigt zu haben. Hill bezeugte dies vor dem Justizausschuss des Senats, der sich jedoch mit knapper Mehrheit zugunsten von Thomas aussprach. Die Kontro-verse kam kurz nach Thomas' Berufung an den Obersten Gerichtshof auf. David Brock, einer der prominentesten JournalistInnen, die über den Fall berichteten, gab später zu, dass er im Auftrag der Neokonservativen, für die er arbeitete, versuchte hätte, Hill zu diffamieren. Während der Anhörungen hatte er u. a. geschrieben, Hill sei „ein bisschen verrückt und ein bisschen hurig" *(„a little bit nutty and a little bit slutty').* Vgl. für eine detaillierte Auseinandersetzung Toni Morrison (Hg.): *Race-ing Justice, En-gendering Power: Essays on Anita Hill, Clarence Thomas, and the Construction of Social Reality,* New York: Pantheon 1992.

[12] Für eine vollständige (englische) Synopsis siehe en.wikipedia.org/wiki/Oleanna_play.

verliebt ist. Während seiner Treffen mit der schüchternen, wenig selbstbewussten Carol, die ihm klar zu machen versucht, dass sie seine Sprache und sein abstraktes Vokabular nicht versteht, wird John mehrfach von seiner Frau angerufen, die mit ihm die Details des Hauses besprechen will, das die beiden gerade kaufen. Diese Anrufe vermitteln dem Publikum, dass John ein glücklicher Familienernährer, Ehemann und Vater ist. Im ersten Akt wird seine unsympathische Aufgeblasenheit in Szene gesetzt, mit der er auch Carol intellektuell zu beeindrucken sucht. In seiner Missachtung der pädagogischen Regeln seines Instituts gefällt er sich in einem vermeintlichen Radikalismus. Am Ende des zweiten Aktes tritt Carol in den Vordergrund. Sie entpuppt sich als gefährliche und seelisch gestörte Person, die ihr Umfeld nicht nur zu manipulieren versucht, sondern auch Böses im Schilde führt.

Die Moral ist konstant auf Seiten des an humanistische Ideale glaubenden, fürsorglichen, wenn auch überheblichen John. Als Intellektueller ist er stets bereit, die Grundlagen seines eigenen Wissens und seiner Urteile in Frage zu stellen und pädagogische Vorgaben und akademische Abläufe kritisch zu analysieren. Wie allen Studierenden, die sich an ihn wenden, tritt er auch Carol offen und vorbehaltlos gegenüber. John ist die zentrale Figur, die das Stück zur Verteidigung akademischer Freiheit und Redlichkeit ins Feld führt. Genau diese Werte werden von den rigiden und dogmatischen Ansichten bedroht, von denen Carol zunehmend beeinflusst wird und die von der so genannten ‚Gruppe' vertreten werden, die sie wiederholt erwähnt. Der dramatische Höhepunkt des Stücks ist der Moment, in dem Carol John mitteilt, dass sie eine Beschwerde gegen ihn eingereicht habe, was sie mit dem Vorwurf begründet, sein Verhalten stelle eine Vergewaltigung dar. Die Anklage bezieht sich auch auf die Zusammenkünfte in Johns Büro. Für das Publikum waren die dortigen Treffen eindeutig als nicht-sexuelle Begegnungen erkennbar. Aufgrund der Beschwerde wird John die Festanstellung an der Universität verweigert, was im Weiteren dazu führt, dass er auf den Hauskauf verzichten muss; sein Leben, so wird suggeriert, ist zerstört. Carol provoziert John so sehr, dass er schließlich in rasender Wut zuschlägt. Die Figur der Carol gewinnt im Lauf dieser Auseinandersetzungen immer mehr an Selbstbewusstsein. Das scheint allerdings ebenso sehr auf die Zugehörigkeit zu der Gruppe boshafter Feministinnen zurückzuführen zu sein wie auf die intellektuellen Gespräche mit John. Im Verlauf der Handlung sendet Carol mehrfach Signale aus, die vom Publikum als warnende Anzeichen erkannt werden sollen. Ein romantisches oder sexuelles Interesse an John lässt Carol zu keinem Zeitpunkt erkennen, aber sie zeigt ein übertriebenes Interesse an seinem Privatleben. John tritt in die Falle und erzählt ihr mit männlichem Stolz von seiner Frau und seinem Sohn. Carol verfolgt seine Worte mit größter Aufmerksamkeit, sie ist von seinen intellektuellen Ergüssen hingerissen. Wie Dan in *Fatal Attraction* wird John vom Publikum als unschuldig wahrgenommen. Er wird von einer jungen Frau hereingelegt, die weit mehr von Manipulation versteht, als ihr mädchenhaftes und eher prüdes Auftreten vermuten lässt. *Oleanna* handelt von einer Desillusionierung über die Chancen, das Ideal der Gleichberechtigung der Geschlechter zu verwirklichen, und von der damit einhergehenden Enttäuschung der Liberalen.[13] Johns Männlichkeit ist in keiner Weise inhärent aggressiv oder anderweitig anstößig; ihm widerfährt Unrecht durch einen Feminismus, der, so wird impliziert, keine Grenzen kennt und ihn seines Wohlergehens, seines rechtmäßigen Status und letzten Endes seiner materiellen Lebensgrundlage beraubt.

Die Politik der Desartikulation, die Mamet mit *Oleanna* verfolgt, zielt auf den universitären Feminismus ab. Der Autor prangert insbesondere jene Feministinnen und Frauengruppen an, die aus seiner Perspektive dogmatische Positionen vertreten und böse Absichten verfolgen. Das Theaterstück verfolgt eine geschickte, sich ihres Tuns durchaus bewusste Strategie und mobilisiert zahlreiche Wortspiele und genau jene Art von intensiver kritischer Auseinandersetzung, die dem universitären Selbstverständnis entspricht. So treibt es einen Keil zwischen die VerteidigerInnen liberaler Werte und akademischer Freiheit einerseits und militante AktivistInnen und ExtremistInnen andererseits. Letztere streben eine Veränderung der Verhältnisse an und gehen gegen das – als eigentlich recht harmlos dargestellte – patriarchale Autoritätsgefüge und gegen die alltägliche Wichtigtuerei männlicher Professoren an. Jeder vernünftige Mensch, so suggeriert *Oleanna*, hat für Johns Wut über die unfaire Beschuldigung Verständnis und findet es auch nachvollziehbar, dass er schließlich zur Gewalt greift. Parallel dazu schwindet jegliche Sympathie, die das Publikum möglicherweise zunächst noch für Carol hat, in dem Moment, in dem Anzeichen einer Art von Gehirnwäsche durch ihre Gruppe zutage treten und ihr Interesse am Privatleben des Dozenten als psychologisch auffällig erkennbar wird. Sie kritisiert ihn dafür, dass er seine Frau am Telefon ‚Baby' nennt, was ihn wiederum erbost. Andererseits scheint er diesen Kosenamen bewusst zu verwenden, um sie zu provozieren. Beide Figuren des Stückes wissen zu diesem Zeitpunkt, was bei den Anspielungen auf die familiäre Idylle auf dem Spiel steht. Ein scheinbar intaktes Familienleben ist genau das, was John Carol voraushat und was sie aufgrund ihrer vehementen feministischen Überzeugungen möglicherweise nie erreichen wird.

Mamets Theaterstück ist eine Herausforderung für die liberalen Überzeugungen des Publikums und ermutigt es, sich jeglicher Sympathien für den Feminismus zu entledigen. Feministische Ansichten und Forderungen werden als dogmatisch, aggressiv und gefährlich entlarvt. Insbesondere macht das Stück auf die Existenz feministischer Kreise an Hochschulen aufmerksam und legt dabei die Schlussfolgerung nahe, die liberale Universität werde von innen untergraben, weil sich ein militanter Feminismus in ihr eingenistet habe. Diesen universitären Feminismus diffamiert Mamets Stück, indem es suggeriert, feministische Aktivitäten auf dem

---

[13] Der Titel des Stückes verweist auf eine gescheiterte sozialistische Kommune in Pennsylvania, die der Norweger Ole Bull Mitte des 19. Jahrhunderts dort gründen wollte.

Campus seien das Werk von Extremistinnen und Männerhasserinnen. Mit der starken Wirkung, die das Stück erzeugt, bereitet es einen Nährboden für Missverständnisse und Feindseligkeit, und zwar nicht nur unter feministisch orientierten oder am Feminismus interessierten Studenten und Studentinnen, sondern auch bei Personen, die nichts mit dem universitären Milieu zu tun haben, und sogar bei einem ansonsten politisch eher liberalen Publikum. Das Stück stützt eine Politik der Desartikulation, indem es den universitären Feminismus dämonisiert. Es verleitet darüber hinaus zu vorschnellen Schlüssen über die politischen und sozialen Auswirkungen, die der Feminismus vermeintlich jenseits der Campusmauern entfalten könnte. Damit schafft das Stück günstige Voraussetzungen für weitere Angriffe, etwa von jenen Stimmen, die die *Women's Studies* des Männerhasses bezichtigen. Die erbitterten Kontroversen an amerikanischen Universitäten, die in der Öffentlichkeit als *culture wars* bekannt wurden, werden von Mamets Stück unmittelbar angeheizt (Gitlin 1995).

Postfeminismus als Rache der Tochter

Der Anfang von Fay Weldons Roman *Big Women*, der 1999 zu einer vierteiligen *Channel-4*-Serie verfilmt wurde, porträtieren eine Londoner Selbsterfahrungsgruppe im Jahr 1971, deren Treffen in einem großzügigen Haus stattfinden. Vier attraktive und schicke Frauen hängen an den Lippen einer Vortragenden, die wie eine universitäre Intellektuelle aussieht (sie wirkt ernst, ist schmucklos gekleidet und trägt eine Brille) und einen langen Vortrag über Marxismus und Frauenunterdrückung hält. Die Geschichte dreht sich im Folgenden um die Gründung eines feministischen Verlags (*Medusa*, angelehnt an das reale Vorbild *Virago*), um die Konflikte innerhalb der Frauengruppe und die Unentrinnbarkeit von Hierarchien (letztere zeigen sich an der Dominanz der selbstbewussten und charismatischen Layla, die von der Schauspielerin Daniella Nardini gespielt wird), um die emotionalen Verwicklungen und Widersprüche, die mit freier Liebe und offenen Beziehungen einhergehen, und um die Tragödie der eher konventionell lebenden Zoe, die der Gewalt ihres Ehemanns ausgeliefert ist, schließlich Selbstmord begeht und einen jungen Sohn und eine Tochter zurücklässt.

In der dritten Folge der Serie ist Zoes Tochter Saffron zu einer selbstsicheren Blondine und gut gekleideten Redakteurin einer Frauenzeitschrift herangewachsen. Saffron entspricht in jeder Hinsicht dem Bild einer Postfeministin: Sie ist jung, rücksichtslos und individualistisch, für Solidarität mit anderen Frauen hat sie keine Zeit. Saffron ist allerdings auch damit beschäftigt, ihre Mutter zu rächen, und wird schließlich zur Ernährerin und Stütze ihres mittlerweile alkoholabhängigen Vaters und ihres Bruders. Die Erzählung reicht von den spezifischen historischen Umständen des vor allem von mittelständischen Frauen getragenen Feminismus der 1970er Jahre – dazu gehören auch die Versuche, unabhängige Verlagshäuser zu gründen – über den Niedergang dieses Idealismus während der Thatcher-Jahre bis zum Untergang feministischer Standpunkte in der Gegenwart. Das symptomatische Beispiel für diesen Untergang stellen in der Serie die zahlreichen heutigen Frauenzeitschriften dar, die aber auch bestimmte feministische Wertvorstellungen übernommen haben. So gesehen spiegelt die Erzählhandlung von *Big Women* die Thematik des vorliegenden Buchs. Der Roman verzichtet auf Angriffe auf den Feminismus, die von jener Aggression gekennzeichnet wären, wie sie sowohl *Fatal Attraction* als auch *Oleanna* charakterisiert. In der Tat schildert Weldon die feministischen Umtriebe der 1970er Jahre mit Humor und Wohlwollen. Allerdings weisen Text und Verfilmung zugleich eine Reihe von narrativen Strategien und stilistischen Elementen auf, die den Feminismus eindeutig als vergangenes Phänomen markieren: eine chronologische Erzählweise, Rückblenden und einen Retro-Stil in den Sequenzen, die in den 1970er und 1980er Jahren spielen. All das steht im scharfen Kontrast zu den Schlussszenen, die unter Verwendung von Archivmaterial den 1997er-Wahlkampf und den Sieg von New Labour zeigen. Die Momente der Wärme und Solidarität lassen sich nicht in die Gegenwart holen, und die Nachfolgerinnen des Feminismus sind junge, selbstbewusste und materialistisch denkende Postfeministinnen wie Saffron.

Der Niedergang des Feminismus wird mit dem Aufstieg eines konsumorientierten Kapitalismus kontrastiert. Letzterer wird in der Serie als eine Ideologie charakterisiert, die sich inzwischen bestimmter weiblicher Anliegen angenommen hat und viele der Themen und Forderungen, die zuvor einem separatistischen Feminismus zugeschrieben wurden, zu Angelegenheiten der breiten Masse gemacht hat. In den letzten beiden Folgen von *Big Women* tauchen in den Streitgesprächen und Auseinandersetzungen unter den Protagonistinnen immer wieder Schlagworte und Phrasen wie „Backlash gegen den Feminismus" und „*mainstreaming* von Frauenthemen" auf. Es hat sich herausgestellt, dass unabhängige Frauenverlage kaum eine Überlebenschance haben, und den Feministinnen dämmert es, was für einen altmodischen und überholten Eindruck ihre Bücher und Standpunkte mittlerweile erzeugen. Weldon betont außerdem die Kontinuität zwischen der Figur der Layla, die für den rücksichtslosen Individualismus der klassischen Feministinnen steht, und Saffron, ihrem postfeministischen Pendant in der Gegenwart. Um ihre Träume zu verwirklichen, war Layla zur Blütezeit des Feminismus zu ähnlichen Kompromissen bereit wie bestimmte ehrgeizige Frauen heutzutage: Für die Finanzierung des Verlags schlief sie mit dem Geldgeber. Allerdings wird nicht simplifizierend behauptet, die kollektive Gesinnung des guten alten Feminismus sei einem verwerflichen neuen weiblichen Individualismus gewichen. Vielmehr legt der Roman nahe, dass die früheren feministischen Kooperativen genauso viele versteckte Hierarchien aufwiesen und dort ähnlich viele Kompromisse gemacht wurden wie in der glitzernden Welt des Turbo-Kapitalismus der 1980er Jahre.

Dessen wettbewerbsorientierter Gesellschaftsentwurf sei letztlich transparenter und ehrlicher. Außerdem habe der Kapitalismus in der Zwischenzeit die Bereitschaft entwickelt, für die Anliegen von Frauen einzutreten. Layla fungiert als das eigentliche Vorbild für Saffron: Sie ist tyrannisch, arrogant und selbstsüchtig. Im Zuge ihrer Historisierung des Feminismus betrachtet Weldon diesen nunmehr als eine Art politischen Opportunismus, als eine Möglichkeit zur Selbstverwirklichung, die ehrgeizige oder starke Frauen früher hatten. Ungeachtet der Tatsache, dass die Figuren der Erzählung häufig auf sozialistische und linke feministische Ideale Bezug nehmen, sind Weldons Ansichten fest in den Vorstellungen des liberalen Feminismus verankert und beinhalten das Streben nach Gleichberechtigung und den Ethos weiblicher Ermächtigung.[14] Berufliche Eigenständigkeit und materieller Erfolg ersetzen das, was sich in Weldons Schilderung ohnehin als oberflächlicher Idealismus erwiesen hat. In der populärkulturellen Form der Fernsehserie erzählt Weldon eine Geschichte, die bei aller gelegentlich aufflackernden Empathie die politische Integrität des Feminismus und die vermeintliche Solidarität unter Frauen über soziale Grenzen hinweg in Frage stellt. Weldon verkennt, dass die spezifische Qualität dieser weiblichen Solidarität darin lag, sich über hinderliche gesellschaftliche Barrieren hinwegzusetzen. Alice, die Figur der intellektuellen Feministin, die der Gruppe in den 1970er Jahren langatmige Vorträge hielt, hat sich zur exzentrischen New-Age-Hippiefrau gewandelt, die allein in einem Wohnwagen lebt, während die einst idealistische Steffi im Gegensatz zu ihrer langjährigen besten Freundin Layla eine unglückliche und verbitterte Lesbe geworden ist. Steffi kann sich den neuen Zeiten nicht anpassen und den unvermeidlichen Trend zum Gender Mainstreaming, das heißt zur Gleichstellung der Geschlechter auf allen gesellschaftlichen Ebenen, nicht anerkennen. Ebenso hadert sie mit der selektiven Inkorporierung feministischer Werte in die kommerzielle Welt einer überwiegend weiblich orientierten Konsumkultur.

Antirassismus unter Beschuss

Auch wenn ich in meinen Darlegungen sehr häufig den Terminus ‚junge Frauen‘ verwende, ist dabei stets zu berücksichtigen, dass diese Kategorie von den Differenzachsen *race*, Ethnizität, soziale Schicht und sexuelle Identität durchkreuzt wird. Alle Protagonistinnen in *Fatal Attraction*, *Oleanna* und *Big Women* sind weiß. Ein Schnelldurchlauf durch die Produkte der zeitgenössischen Medien- und Populärkultur macht unmittelbar deutlich, dass die Dominanz weiblichen Weißseins als unsichtbare Strategie zur Zurückdrängung antirassistischer Politiken fungiert.

---

[14] Saffron betritt ihr Büro in der Redaktion der Frauenzeitschrift zum Soundtrack der *Spice Girls*.

Die gegenwärtig beobachtbare nostalgische Re-Privilegierung des Weißseins kann in diesem Kontext als ein Schlüsselelement gelten. So wie im Zusammenhang mit bestimmten Dynamiken eine scheinbare Liberalisierung des Alltagslebens zu verzeichnen ist – dazu gehört auch, eine feministische Grundhaltung als Teil des *common sense* anzusehen –, so besteht auch die Notwendigkeit, jene kulturellen Weiblichkeitsanforderungen, die Mädchen und junge Frauen heutzutage erfüllen müssen, neu zu definieren. Im Zuge dieser Entwicklung wurde die Chance vertan, den Feminismus weiterhin als politisches Imaginäres in der Diskussion zu halten. In der Folge gelten bestimmte Erfahrungen als ‚privat' und ‚individuell', statt als geteilte Erfahrung diskutiert zu werden. Die große mediale Aufmerksamkeit für unternehmerische Erfolge schwarzer und asiatischer Frauen spricht eine ähnliche Sprache, ebenso wie die Tatsache, dass Großbritannien sich als pluralistische Gesellschaft definiert, in der offenkundig rassistische Äußerungen wie beispielsweise von Jake Goody, einem *Big-Brother*-Kandidaten, der seine Konkurrentin Shilpa Shetty rassistisch attackierte und mobbte, nicht toleriert werden. Gleichzeitig wird jedoch das politische Vokabular des linken Multikulturalismus als altmodisch und irrelevant verworfen und durch neue Assimilationsmodelle ersetzt. Wenn von sozialer Wut getragene *politics of race* aus den Debatten verschwinden, wird auch eine Rückkehr zum Weißsein als Norm wieder möglich. Weißsein wird erneut vollständig ‚entethnisiert' (Ware 1992; Dyer 1997). Eine nostalgische Re-Privilegierung des Weißseins kommt ebenso in den Auftritten des Burlesque-Stars Dita Von Teese im Stil der Hollywoodstars der 1940er Jahre zum Vorschein wie in den neueren Werbeanzeigen von Prada in der *Vogue*. Es handelt sich dabei um eine Rückschau auf jene ‚unbeschwerten' Zeiten, als man noch nicht auf *race politics* und Multikulturalismus Rücksicht nehmen musste. Früher konnte Weißsein einfach stillschweigend vorausgesetzt werden und war die ethnisch unmarkierte Norm, gegenüber der alle anderen ‚anders' waren. *Race* oder Ethnizität bedeutete immer nur ‚Nicht-Weißsein'. Die zur Zeit zu beobachtende *whiteness* kommt durch ein spezifisches Make-Up besonders stark zur Geltung und scheint von der Notwendigkeit, ihre eigene Ethnizität zu markieren, völlig unberührt.

Auch jene billigen Boulevardblätter, die sich auf das Leben von Celebrities konzentrieren, zelebrieren Weißsein. Es dominieren blonde Haare und weiße Haut; schwarze oder asiatische Frauen kommen kaum vor. Die etwas edleren Zeitschriften wie beispielsweise die *Vogue* feiern ihrerseits die weiße Schönheit der neuen Generation osteuropäischer und russischer Models. In all diesen Medien schwingt eine subtile Provokation mit. Die längst als überkommen und bedeutungslos geltenden Forderungen des Multikulturalismus und die antidiskriminatorischen Prinzipien, die einen Anspruch auf gleichberechtigte Repräsentation beziehungsweise auf gesellschaftliche Sichtbarkeit für benachteiligte Gruppen und Minderheiten verfechten, werden hier mit Verve und mit allen Mitteln der politischen Unkorrektheit beiseitegefegt. Die hier beschriebenen Entwicklungen in den Medien und der Populärkultur und die dort dominierende nostalgische Rückkehr zu einer Sprache aus vergangenen Zeiten muss man als eine Zurückdrängung des Antirassismus verstehen. Es werden nur geringe Anstrengungen unternommen, auf die Bedürfnisse schwarzer oder asiatischer Konsumentinnen einzugehen. Stattdessen werden Angehörige ethnischer Minderheiten aufgefordert, ihre kulturelle ‚Andersheit' abzulegen und Lebensformen zu entwerfen, die es ihnen ermöglichen, sich mit der Mehrheit zu identifizieren. Diese Haltung wird auch von der Assimilationspolitik der gegenwärtigen britischen Regierung unterstützt. Wenn diese Gruppen sich nicht der Mehrheitskultur anpassen und beispielsweise ihre eigenen afro-britischen oder afro-asiatischen Zeitschriften bevorzugen, dann gilt auch das als individuelle Entscheidung, in der sich eine Verfestigung bestehender Grenzen und eine Konsolidierung der Spaltung zwischen weißer und schwarzer Kultur manifestiert. Lola Young hat dargelegt, wie in Zeitschriften für schwarze Frauen, so zum Beispiel in der *Pride*, zunehmend häufig darüber diskutiert wird, wie sich die sozialen und beruflichen Aufstiegschancen schwarzer Frauen verbessern, wenn sie auf ethnisch stark kodierte Frisuren und Kleidung verzichten (Young 2000). Die ‚aufstiegsorientierte schwarze Frau' grenzt sich von ihren ‚zu schwarzen' Pendants ab, die „sehr afrikanisch wirkende Zöpfe, riesige Ohrringe und zentimeterlange rote Fingernägel" tragen, „die mich 200 Jahre zurückwerfen würden" (Blackwood/Adebola 1997; zitiert in Young 2000: 422). Gleichzeitig machen sich Young zufolge Wut und Ressentiments gegenüber eher hellhäutigen schwarzen Frauen breit, denen es „immer besser ging als uns. Sie haben auf der Stirn geschrieben, dass sie uns überlegen sind, und glauben, dass sie […] jeden Mann haben können, den sie wollen" (ebd.: 423). Young bestätigt ferner, dass Zeitschriften für schwarze Frauen die einstige feministische Solidarität zunehmend als altmodisch empfinden und daher aufkündigen. Stattdessen breche wieder der vertraute, „im Kolonialismus wurzelnde Selbsthass auf die eigene rassifizierte Identität" durch.

Zusammenfassend lässt sich feststellen, dass man in Frauenzeitschriften ebenso wie im populärkulturellen Sex-Entertainment, etwa in der Burlesque-Kultur, zur Zeit eine Desartikulation feministischer und antirassistischer Kritik beobachten kann. Stattdessen gelten KonsumentInnen als sachkundig, differenzierungs- und handlungsfähig; sie sind entsprechend in der Lage, alle für sie relevanten Entscheidungen zu fällen. Dies trifft insbesondere auf Frauen zu. Dieser Diskurs über selbstbewusste Konsumentinnen unterminiert eine Erneuerung des Feminismus und begünstigt Apathie und Entpolitisierung. Die Welt der Populärkultur, einschließlich des Sex-Entertainments, muss jenen Stimmen, die gegen sexuelle oder rassistische Diskriminierung aufbegehren, keine Beachtung mehr schenken. In der Tat sind diese kritischen Stimmen mittlerweile weitgehend verstummt. Die rekolonialisierenden Mechanismen in der gegenwärtigen Populärkultur lassen neue rassistische Hierarchien unter Frauen entstehen. Diese Entwicklung wird besonders stark durch den nostalgischen Gestus begünstigt, mit dem Weißsein im gesamten Bereich der visuellen Medien erneut zur Norm erklärt wird.[15]

Undoing durch Re-Traditionalisierung

Im ersten Kapitel wurde die Figur der Bridget Jones mit den Theorien von Anthony Giddens zusammengeführt. Bridget Jones' Lebensstil und -gewohnheiten stimmen in mehrfacher Hinsicht so genau mit Giddens' Analyse der sozialen Transformationen in der späten Moderne und mit der damit einhergehenden Erzeugung neuer Formen des Selbst überein, dass Giddens fast selbst der Autor der Zeitungskolumne beziehungsweise des Romans und Drehbuchs hätte sein können. Dieses Kapitel hat nun die Frage zum Gegenstand, inwieweit die Arbeiten von Giddens und Beck für den Prozess der postfeministischen Desartikulation von Bedeutung sind. Becks wegbereitende Arbeiten und sein Konzept der Risikogesellschaft sind die Folie, vor der Giddens seine Analysen über Entbettungs- und Individualisierungsprozesse, den Niedergang von Gemeinschaft, Tradition und gesellschaftlicher Einbettung sowie über die Herausbildung des sich selbst überwachenden Subjekts entwickeln konnte (Beck 1986; Giddens 1996). Sowohl Beck als auch Giddens kommen zu dem Ergebnis, dass die neue beziehungsweise zweite Moderne Menschen hervorbringt, deren Lebensmuster nicht mehr ausschließlich von den Rollen bestimmt sind, die ihnen die traditionellen Klassen-, Geschlechter- und *race*-Strukturen zuschreiben. Die erste Moderne produzierte mit ihren Bildungseinrichtungen und mit den Unterstützungsleistungen des Wohlfahrtsstaates jene Bedingungen, die den nachfolgenden Generationen eine Verringerung ihrer Abhängigkeiten ermöglichten und eine größere gesellschaftliche Durchlässigkeit entstehen ließen. In der zweiten Moderne, die durch den Wandel der wirtschaftlichen Strukturen hin zu postfordistischen Produktionsweisen geprägt ist, sind die Individuen zu einer stärkeren Reflexivität gezwungen. Sie sind dazu aufgefordert, über die komplexen Regeln, Begrenzungen und strukturellen Faktoren nachzudenken, denen sie unterliegen, und sie als notwendige Mechanismen für die Selbstverwirklichung anzusehen. Darüber hinaus müssen sie Selbstreflexivität erlernen, d. h. die Fähigkeit entwickeln, sich selbst zu beobachten und zu beurteilen, ihre Lebenswege zu planen und permanent die sich ihnen bietenden Gelegenheiten zur persönlichen und beruflichen Weiterentwicklung

---

[15] Siehe hierzu beispielsweise die Fotografie von Annie Leibovitz in *Vanity Fair* (8. Dezember 2006), auf der die Schauspielerinnen Scarlett Johansson und Keira Knightley gemeinsam nackt posieren. Im Stil der höfischen Erotik des späten 18. Jahrhunderts sind die Körper der beiden Schauspielerinnen mit Puder weiß geschminkt. Das Foto suggeriert, dass weiße Hautfarbe im Trend liegt, und vermittelt darüber hinaus eine nostalgische Sehnsucht nach Weißsein. Man kann sich unschwer vorstellen, dass dieses Bild sehr andere Bedeutungen produzieren würde, wenn stattdessen zwei bekannte schwarze Schauspielerinnen posiert hätten.

wahrzunehmen. Keine Institution und keine andere Person wird ihnen von nun an diese Verantwortung abnehmen. Die soziologischen Arbeiten von Giddens und Beck ebenso wie von Scott Lash, die sämtlich im letzten Viertel des 20. Jahrhunderts entstanden und die tiefgreifenden Veränderungen und Transformationen in den wohlhabenden westlichen Ländern untersuchten, waren einflussreich genug, um ihrerseits eine Wirkung auf das kulturelle und politische Leben der untersuchten Regionen auszuüben (Beck/Giddens/Lash 2007). Anthony Giddens übernahm 1997 in der *New-Labour*-Regierung eine Beraterposition und wurde weithin als Architekt des Dritten Weges gefeiert, jener politischen Strategie, die er bereits in seinen soziologischen Texten ausgearbeitet hatte. Sein Kollege Ulrich Beck half seinerseits der rot-grünen Regierung in Deutschland, die Politik der *Neuen Mitte* zu konzipieren. In den LeserInnen von Zeitungen wie *The Independent, The Guardian* und *The New Statesman* fanden die Ideen dieser beiden Vordenker ein begeistertes Publikum. In den Danksagungen zu ihrem Roman *Bridget Jones's Diary* bedankt Helen Fielding sich bei ihrem Lektor Charles Leadbeater dafür, sie ermutigt zu haben, eine Kolumne über ihre eigene Generation zu schreiben.[16] Charles Leadbeater gehörte wie Giddens zu den einflussreichsten BeraterInnen der Blair-Regierung.[17]

Mich interessiert an dieser Stelle die Frage, ob Giddens, Beck und Lash mit ihrer Theorie der reflexiven Modernisierung als eine politische Verschiebung, die die klare Trennung zwischen links und rechts aufhebt, auch soziologisch den Weg für die Abwicklung des Feminismus bereiteten. Begünstigen ihre Arbeiten diesen Abwicklungsprozess, indem sie den Feminismus dem linken Radikalismus zuschreiben? Nach Giddens ist die emanzipatorische Politik dieses Radikalismus das Ergebnis der Entbettung, die durch die sozialen Institutionen des Wohlfahrtsstaates ermöglicht wurde. Emanzipationspolitik ist in seinen Augen jedoch mittlerweile durch die von ihm so genannte Lebenspolitik eingeholt worden.[18] Meine Frage kann daher auch wie folgt formuliert werden: Tragen diese Autoren, indem sie für eine Überwindung der traditionellen linken Politik plädieren, auch zur Etablierung einer Gesellschaftstheorie innerhalb der Soziologie bei, die den Feminismus deshalb für erledigt hält, weil sich scheinbar neue weibliche Subjekte herausgebildet haben, die die Frauenbewegung nicht mehr brauchen? Was haben diese Theoretiker über Frauen zu sagen? Sind *Gender Studies* und feministische Theorie – jedenfalls in den Ausprägungen, in denen sie in die Argumentation die-

---

[16] Diese Kolumne über die Probleme von jungen, auf die 30 zugehenden Frauen bildete die Vorlage des Romans, vgl. Kap. 1.

[17] Anthony Giddens und Charles Leadbeater galten als diejenigen Wissenschaftler und Berater, die Blairs Team in der frühen Phase der neuen Regierung besonders nahe standen; so nahmen sie beispielsweise an vielen Podiumsdiskussionen, Konferenzen und anderen Veranstaltungen teil.

[18] Zum Begriff der Lebenspolitik als Politik der Selbstaktualisierung vgl. Giddens 1996.

ses Buches eingeflossen sind – mit der Soziologie der reflexiven Modernisierung nicht zu vereinbaren? Stellt die soziologische Lehre, die diese Autoren vertreten, tatsächlich eine Gegenposition zum Feminismus dar? Unterminiert sie die marxistisch beeinflussten feministischen *Cultural Studies*, deren theoretische Ansätze für die bildenden Künste und für die Geistes- und Sozialwissenschaften seit den frühen 1980er Jahren so wichtig ist?

In ihrem Buch *Riskante Freiheiten* (2008) vertreten Ulrich Beck und Elisabeth Beck-Gernsheim in der Tat die These, der Feminismus sei überholt. Man kann zwar nicht behaupten, dass die Frauenbewegung aus dieser Soziologie komplett ‚herausgeschrieben' ist und stattdessen einzig jene strukturellen und epochalen Verschiebungen zum Agens erklärt werden, die die neuen Freiheitsbedingungen und Wahlmöglichkeiten für Frauen geschaffen haben. In jedem Fall jedoch wird die zentrale Rolle, die der Feminismus beim Kampf um Gleichberechtigung im Bildungssystem, in der Familie und im politischen Leben gespielt hat, von dieser Theorierichtung nicht berücksichtigt. Stattdessen wird impliziert, der Wandel der gesellschaftlichen Situation von Frauen sei mit Hilfe eines nicht näher definierten, aber scheinbar ‚schmerzlosen' Übergangs vonstatten gegangen. Der Kapitalismus hat diesem Narrativ zufolge gleichzeitig die Notwendigkeit und die Voraussetzungen für die Befreiung der Frauen hergestellt. Es wird suggeriert, die sozialen Institutionen des Wohlfahrtsstaates, die immer stärker die alten Absicherungsmechanismen ersetzen, welche die Menschen zuvor in Gemeinschaften zusammenhielten, hätten ihre Macht allmählich an junge Frauen übergeben. Diese sehen sich nun der Aufgabe gegenüber, ihr Leben selbst organisieren zu müssen. Frauen, die ihre entbetteten privaten und beruflichen Lebenswege absichern und gestalten wollen, müssen nun mehr Verantwortung und eine aktive Rolle bei der Schaffung der dafür erforderlichen individualisierten Strukturen übernehmen. Giddens verweist in diesem Zusammenhang auf die Rolle von Therapie- und Selbsthilfeangeboten als neue Formen der individualisierten Anleitung zu einer eigenverantwortlichen Lebensgestaltung; Beck und Beck-Gernsheim betonen stärker die neuen Möglichkeiten, die sich für Frauen durch den Ausbau und die Öffnung des Bildungssystems ergeben. In ihren Augen erfuhren weibliche Lebenswege dadurch, dass Frauen zunehmend stärker aus familiären Bindungen entlassen wurden, einen ‚Individualisierungsschub'. Frauen hätten infolgedessen eine Entwicklung für sich nutzbar machen können, die in der funktionalistischen Theorie als eine Verlagerung von ‚zugeschriebenen' zu ‚erworbenen' Rollen beschrieben würde (Beck/Beck-Gernsheim 2008). Sie räumen zwar ein, dass das Geschlechterverhältnis weiterhin durch Ungerechtigkeiten geprägt ist, und äußern Skepsis gegenüber Fortschrittsnarrativen; trotzdem hätten qualitative Veränderungen zu einer gerechteren Behandlung und mehr Rechten geführt. Ferner machen sie geltend, die reflexiven Eigenschaften dieser neuen „Normalbiographien" seien darin erkennbar, dass sie auf die gesellschaftlichen Strukturen insgesamt zurückwirkten. Zur Reflexivität fähige junge Frauen verfügen in ihren Augen also mittlerweile über ausreichend Handlungsfähigkeit, um die Gesellschaft, in der sie leben, mitgestalten zu können. Obwohl sie ihren Text mit einer Auflistung der politischen Forderungen beenden, die die Frauenbewegung nach wie vor stellt, kommen Beck und Beck-Gernsheim in ihrer Analyse scheinbar dennoch zu dem Schluss, dass die westlichen Gesellschaften auf nicht näher benannte Weise prädisponiert dafür waren, Frauen mehr Gleichberechtigung zuzugestehen. Bei Beck und Beck-Gernsheim finden sich keine Hinweise darauf, dass patriarchale Strukturen und andere Machtformen das Leben von Frauen bestimmt haben und dies in vielerlei Hinsicht auch weiterhin tun. Sie beschreiben den sozialen Wandel als eine harmlose Entwicklung, die zumindest eine Verbesserung weiblicher Existenzen mit sich bringt. So gesehen ist es keine Überraschung, dass die AutorInnen in ihrer Darstellung der zweiten Moderne und der selbstreflexiven Subjekte Faktoren wie soziale Zwänge und Beschränkungen ebenfalls außer Acht lassen. Stattdessen betonen sie, wie viel größer der Spielraum für Frauen geworden ist, zwischen verschiedenen Möglichkeiten zu wählen und selbstbestimmte, individualisierte Lebenswege zu beschreiten.

Kurz gefasst: Die politischen Kämpfe der Frauenbewegung und insbesondere die Untersuchungen marxistischer Feministinnen zu den Intersektionen zwischen sozialer Klasse, Ethnizität, Geschlecht und Sexualität haben in der Beckschen Soziologie keinen Platz. Es überrascht daher kaum, wenn in der besseren, geschlechtergerechten Welt keine dringende Notwendigkeit für neue Formen der feministischen Kritik besteht. An einigen Stellen wird oberflächlich festgestellt, die Arbeit der Frauenbewegung würde sicherlich fortgesetzt werden. Angesichts der Tatsache, dass Ulrich Becks Gesellschaftstheorie einen erheblichen Einfluss auf die zeitgenössische Soziologie hat, ist anzunehmen, dass seine Betonung der vermeintlichen gesellschaftlichen Verbesserungen sich auf die politischen Anliegen des Feminismus kontraproduktiv auswirkt. Becks Arbeiten dürften dazu beigetragen haben, dass die Sorge um die erneute Etablierung von Geschlechterungleichheiten und um das Aufkommen neuer Formen der Regulierung des Geschlechterverhältnisses aus dem analytischen Blickfeld gerückt ist. Stattdessen begünstigt seine Soziologie einen postfeministischen Geschlechtervertrag auf der Grundlage von Wahlfreiheit und Zustimmung.

Die Theorien von Beck und Beck-Gernsheim sowie Giddens stehen in einem deutlichen Widerspruch zu den in diesem Buch dargelegten Argumenten. Es handelt sich hier um eine neue Variante des soziologischen Funktionalismus. Becks und Giddens' Gesellschaftstheorien entwerfen ein majestätisches Gesamtbild, eine gesellschaftliche Totalität, die sich in Übereinstimmung mit bestimmten Entwicklungen in Technik, Kommunikation und Wissensproduktion entfaltet und dabei die Strukturen der ersten Moderne übernimmt. Dem einzelnen (auch weiblichen) Subjekt erschließen sich neue Handlungsmöglichkeiten; Frauen gehören zu den NutznießerInnen der zweiten Moderne. Diese Form der soziologischen Analyse stellt die marxistischen und neomarxistischen Ansätze, die vom historischen Materialismus und vom dialektischen Denken geprägt waren und in der Soziologie und den *Cultural Studies* erheblichen Einfluss hatten, unmittelbar in Frage – und damit auch den zentralen Standpunkt, dass soziale Transformationen ein Produkt des Widerspruchs zwischen Kapital und Arbeit sind. In der Behauptung von Beck, Beck-Gernsheim und Giddens, es seien mehr Freiheiten gewonnen worden und Frauen hätten heutzutage mehr Handlungs- und Wahlmöglichkeiten, wird eine entscheidende Tatsache außer Acht gelassen: Geschlechterhierarchien bestehen nicht nur fort, sondern werden zudem fortwährend reproduziert, wenn auch mittlerweile auf subtilere Weise.

Zu den scharfen KritikerInnen der TheoretikerInnen der zweiten Moderne gehört Lisa Adkins. Ihre Überlegungen besitzen eine erhebliche Relevanz für die vorliegende Untersuchung über die Abwicklung des Feminismus (Adkins 2002). Im Folgenden möchte ich Adkins' feministische Kritik der zweiten Moderne erweitern und zeigen, dass ein zentraler Befund ihrer Kritik – die Re-Traditionalisierung – in der Tat auf einen wieder erstarkenden Patriarchalismus verweist, der in der Gestalt eines scheinbar positiven gesellschaftlichen Wandels daherkommt. Gerade weil Beck und Giddens ihre jeweilige Darstellung der neuen Ära der reflexiven Moderne nicht nur theoretisch ausarbeiten, sondern auch mit konkreten politischen Zielsetzungen verbinden, unterstützt ihr soziologischer Ansatz, so mein Argument, die Abwicklung des Feminismus als Kraft, die gesellschaftliche und politische Veränderungen initiiert. Darüber hinausgehend vertrete ich zudem die Ansicht, dass ihre Soziologie eine Argumentationshilfe für den Aufstieg des Neoliberalismus ist und den Rechtsschub in den westlichen Demokratien legitimiert.[19] Beide Autoren haben ihre Gründe, die Ära der Neuen Linken (und der mit ihr verbundenen sozialen Bewegungen) zu desavouieren. Beck und Giddens stehen dem Feminismus und feministischen Zusammenhängen an den Universitäten nicht offen feindlich gegenüber; die Schlagkraft ihrer Soziologie entfaltet sich vielmehr darüber, dass ihr Erklärungsmodell mit dem Anspruch auftritt, Gegenwart und Zukunft der Gesellschaftstheorie neu bestimmen zu können. Das Vokabular der reflexiven Moderne und insbesondere der Begriff der individualisierten Handlungsmacht werden als die relevanten Konzepte für die Analyse der heutigen Zeit präsentiert. Der soziale Wandel hat nach dieser Darstellung in seiner Gesamtbewegung dazu geführt, dass Frauen per Definition und über die Grenzen der sozialen Schicht und *race* hinweg neuerdings die Möglichkeit haben, Entscheidungen zu treffen und eine

---

[19] Trotz der von mir betonten Gemeinsamkeiten gibt es feine Unterschiede im politischen Denken von Beck und Giddens. Beck hält im Sinne des demokratischen Liberalismus an einem Bekenntnis zu Wohlfahrtsinstitutionen und staatlicher Arbeitslosenunterstützung fest, während Giddens eine Mitte-Links-Position zur Frage der Modernisierung vertritt, mit der er zur Ausgestaltung des eindeutig ‚post-linken' Programms von *New Labour* beitrug.

aktive Rolle in der Gestaltung ihres Lebenswegs einzunehmen. Daraus folgt, dass
für kämpferische oder von Wut über gesellschaftliche Verhältnisse getragene Poli-
tikstile, zu denen auch der Feminismus gehört, keine Notwendigkeit mehr besteht.
    Aus Adkins' Sicht vernachlässigen die drei hier diskutierten SoziologInnen
in unzulässiger Weise die Frage, inwieweit Frauen von den Auswirkungen der
reflexiven Modernisierung auf die Ökonomie und die Arbeitswelt betroffen sind.
Beck und Giddens zufolge wächst die Bereitschaft zur Reflexivität mit der Destabilisierung der Strukturen der alten sozialen Ordnung, und in der Folge eröffnen sich
Frauen neue Handlungs- und Wahlmöglichkeiten (wobei allerdings zu fragen wäre,
für welche Frauen und wo das tatsächlich der Fall ist). Adkins bringt dagegen vor,
dass die so genannte Enttraditionalisierung und Individualisierung in Wirklichkeit
eine Re-Traditionalisierung der Geschlechterverhältnisse erzeuge. Präziser lässt
sich dies als die Re-Etablierung von Geschlechterhierarchien durch die subtile
Wiedereinsetzung der patriarchalen Macht beschreiben. So kann die Entbettung
aus alten Institutionen (zum Beispiel aus der Verwaltung, in der nach wie vor
Antidiskriminierungsvorschriften gelten) durchaus bedeuten, dass die betroffen
Angestellten sich in einer neuen Umgebung wiederfinden, in der – wie Scott Lash
selbst bemerkt – eine Rückkehr zu älteren, vormodernen und an Familienstrukturen
orientierten Organisationsformen stattgefunden hat. Adkins greift diesen Punkt
natürlich auf und führt Lash vor Augen, dass es sich in solchen Fällen stets um
eine Rückkehr zu den Normen des patriarchalen Haushalts handelt. Ihr zufolge
kann der Ehemann von der neuen Reflexivität der Netzwerk-Sozialität der *New
Economy* (Wittel 2006) beispielsweise dann profitieren, wenn seine Frau als Ge-
schäftspartnerin mitarbeitet und mit Überstunden und ungünstigen Arbeitszeiten
konfrontiert ist, die ihr als Angestellte etwa in der kommunalen Verwaltung nie
zugemutet worden wären. Feministische Strategien und Politiken, die gegenwärtig
möglicherweise noch in die verbliebenen sozialen Institutionen eingebettet sind,
werden in der flexibleren *New Economy* abgewickelt oder desartikuliert. Lash weist
immerhin darauf hin, dass Frauen zu den VerliererInnen der neuen Reflexivität
gehören. Adkins stellt entsprechend die Frage, ob die vormaligen, nach Klasse und
Geschlecht segregierten Strukturen in fordistischen Arbeitsverhältnissen für Frauen
nicht sogar das kleinere Übel bedeuten. Lash räumt auch ein, dass die *New Economy*
für Frauen, MigrantInnen und gering Qualifizierte möglicherweise einen Abstieg
in eine niedrigere soziale Schicht mit sich bringt. Solche Einsichten führen ihn
jedoch nicht dazu, kritisch und im Detail zu analysieren, wie die Errungenschaften
der politischen Linken und des Feminismus in der Arbeitswelt untergraben und
für irrelevant erklärt werden. Stattdessen verschließen Beck, Giddens und Lash
vor diesen negativen Entwicklungen ihre Augen und vermitteln ihren LeserInnen,
dass die damit einhergehenden Rückschritte, wie etwa die Wiedereinführung
traditioneller, präfeministischer Geschlechternormen, für die Forschung nicht
von Bedeutung seien. Adkins' Argument der Re-Traditionalisierung erweitere ich

hier dahingehend, dass ich die von ihr analysierte Entwicklung als eine gezielte Unterhöhlung feministischer Erfolge und als den Versuch eines wieder erstarkten Patriarchalismus beschreibe, die Errungenschaften der Frauenbewegung am Arbeitsplatz und in der häuslichen Sphäre zunichte zu machen. Adkins vertritt die Ansicht, dass in diesen „Beschäftigungsformen, die außerhalb traditioneller Angestelltenverhältnisse angesiedelt" sind, „neue soziale Herrschaftsformen" entstehen (Adkins 2002: 61). Ich möchte einen Schritt weiter gehen und Beck, Giddens und Lash eine Art soziologische Komplizenschaft unterstellen: Sie umgehen die wichtige Frage, inwiefern die von ihnen analysierten Prozesse, die sie als unvermeidlich und unaufhaltsam charakterisieren und die die Menschen in ihren Augen befreien und ihnen neue Möglichkeiten eröffnen, in einer neuen und komplexen Weise dafür sorgen, dass die männliche Vorherrschaft zementiert wird. Zugleich tragen sie dazu bei, dass die Vormachtstellung der Männer weder in der Soziologie noch in der Gesellschaft von einem möglichen neuen Feminismus bedroht wird.

Das „Ende einer radikalen Sexualkultur" (Butler 2009)

Die Soziologie, für die Beck, Giddens und Lash stehen, zeichnet sich auch durch eine Verengung der disziplinären Grenzen der Soziologie aus. Sie steht in einem deutlichen Kontrast zur dekonstruktivistischen Dynamik der interdisziplinär arbeitenden feministischen *Cultural Studies* und des feministischen Poststrukturalismus. Während ersterer eine Deutungshegemonie für die Soziologie an den Universitäten, in der Politik und in der Kultur anstrebt, verfolgen die letztgenannten Projekte die detaillierte Analyse neuer oder im Entstehen begriffener Machtpraktiken, die in einer Reihe von sich überschneidenden Feldern zutage treten. Die neue Soziologie verschleiert ihre aggressive anti-linke und antifeministische Agenda mit der gleichen Strategie wie *New Labour:* Sie bietet der breiten Masse der Frauen einen Ersatz für den Feminismus an. Giddens' Soziologie und die Geschlechterpolitik von *New Labour* arbeiten kongenial darauf hin, die feministische Kritik zu ersetzen, aus dem Weg zu räumen und zu marginalisieren. Damit richten sie sich nicht nur an diejenigen Frauen, die sich von der Radikalität feministischer Forderungen vielleicht ohnehin hätte abschrecken lassen, sondern auch an Studentinnen der Soziologie und Sozialwissenschaften wie auch an all jene jüngeren berufstätigen Frauen, für die die Lebensplanung ein integraler Bestandteil ihres individualisierten Selbst ist. Wenn wir es hier tatsächlich mit einer Gegenbewegung zur radikalen feministischen Soziologie und zu den feministischen *Cultural Studies* zu tun haben, dann müssen wir umgekehrt auch nach den neuen Entwicklungen in der postmarxistischen und feministischen Theorie fragen, die nach wie vor Gleichberechtigung und Geschlechtergerechtigkeit verfechten. Wie können diese Theorien dazu beitragen, dass wir Desartikulationsprozesse besser verstehen? Chantal Mouffe und Ernesto Laclau haben einen Weg aufgezeigt, wie linke und feministische Ideale mit Hilfe des Konzepts einer radikaldemokratischen pluralistischen Politik neu formuliert und weiterentwickelt werden könnten. Diese Politik, die sich maßgeblich auf Antonio Gramscis Theorien stützt und auch Stuart Halls Arbeiten erheblich prägt, verstehe ich als eine sehr grundsätzliche Kritik am Kapitalismus und an neuen Formen biopolitischer patriarchaler Macht. Ein zentraler Aspekt dieser neuen Spielart eines demokratischen Pluralismus ist die Strategie der tagtäglichen Auseinandersetzung und Kritik. Das ist weder als Alternative zu einer Revolution im herkömmlichen Sinn gedacht – die angesichts des Niedergangs des Sozialismus unrealistisch ist – noch als eine Art theoretisierter Version dessen, was früher als Reformismus bezeichnet wurde. Vielmehr geht es um eine dauerhafte Mobilisierung der gesamten Bandbreite an radikalen sozialen Bewegungen einschließlich des Feminismus, die darauf abzielt, gemeinsame Interessen zu definieren, voneinander zu lernen, die Forderungen anderer Gruppierungen einzubeziehen und als Ergebnis dieses Austausches die eigenen Zielsetzungen zu modifizieren.

Anna-Marie Smith zeigt in ihrer Interpretation der Arbeiten von Mouffe und Laclau, dass der radikaldemokratische Pluralismus Elemente der sozialistischen Tradition und der liberalen Demokratie beinhaltet und daraus einen radikalen postsozialistischen Ansatz entwickelt (Smith 1998). Daraus folgt ein Kampf um Bedeutungen ebenso wie die Notwendigkeit, neue radikale Vorstellungswelten zu formulieren, die den Menschen und insbesondere benachteiligten Gruppen Instrumente an die Hand geben, mit deren Hilfe sie mögliche Auswege aus der privatisierten und hoffnungslos individualisierten Benachteiligung imaginieren können. Es müssen soziale Räume eröffnet werden, die es Menschen ermöglichen, ihre Lebensumstände als eine Form von Unterdrückung zu verstehen, die sie mit anderen teilen. Solche radikalen Vorstellungswelten sind eine Quelle der Hoffnung, ein Ort, der Worte, Konzepte, Geschichten, Erzählungen und Erfahrungen bereitstellt, die nicht nur die Ursachen für eine missliche soziale Lage oder Machtlosigkeit verdeutlichen, sondern dabei helfen, Wege zu finden, diese Lebensumstände zu überwinden. Das Rohmaterial für die Entwicklung solcher radikalen Vorstellungswelten hat natürlich häufig die Form von Büchern, Filmen, Musik oder Kunstwerken. Wenn die erinnerte Geschichte der vergangenen Kämpfe (beispielsweise die Geschichte der Bürgerrechtsbewegung in den USA in den 1960er Jahren oder die Geschichte der Frauenbewegung in den 1970er und 1980er Jahren) tatsächlich zu der Entwicklung radikaler Vorstellungswelten beitragen könnte, so bedeutet die Verhinderung solcher Möglichkeiten im Umkehrschluss eine aggressive Politik der Desartikulation. Meine Analyse der verschiedenen Mechanismen, mit denen Zusammenschlüsse und Bündnisse aufgebrochen und verhindert werden, führt mich zu dem Schluss, dass hier eine Umkehrung jener Politik der Artikulation betrieben wird, für die Stuart Hall streitet. Anna-Marie Smith ruft uns ins Gedächtnis, dass Paul Gilroy auf die wichtige Rolle hingewiesen hat, die die schwarze Musik über Generationen für die Weitergabe der Geschichte der Sklaverei und der brutalen Ausbeutung der afroamerikanischen Bevölkerung gespielt hat (Smith 1998). Die Unterdrückung solcher Formen der Geschichtsschreibung zugunsten des Angebots, an Macht und Konsum teilzuhaben, ist eine der Schlüsselstrategien, mit denen ein radikaldemokratischer Pluralismus gegenwärtig verhindert beziehungsweise präventiv demontiert wird. Wenn wichtige historische Befreiungsmomente sich nicht mehr an nachfolgende Generationen vermitteln lassen, lächerlich gemacht, trivialisiert und dem Vergessen preisgegeben werden, heißt das möglicherweise, dass die Bemühungen, eine radikaldemokratische Politik zu entwickeln, sich in einer Krise befinden. ,Politik der Artikulation' bedeutet, eine ständige Auseinandersetzung um Bedeutungen zu führen. Die antagonistischen Kräfte, die ich in diesem Kapitel beschrieben habe, werden jedoch dazu mobilisiert, die politische Vorstellungswelt eines radikalen Feminismus als Quelle politischen Wissens zu leugnen und stillzulegen. Frauen werden so der Möglichkeit beraubt, eine andere Welt zu imaginieren als die, in der sie gegenwärtig leben. Meine vorläufige Schlussfolgerung lautet, dass Frauen zur Zeit durch genau jene Ermächtigungsdiskurse geschwächt werden, die ihnen als Ersatz für den Feminismus angeboten werden.

Zum Abschluss dieses Kapitels möchte ich anhand eines spezifischen Beispiels das analysieren, was Butler „den verlorenen Horizont der Sexualpolitik" nennt (Butler 2009). Butlers Formulierung beschreibt eine Entwicklung, die im Zusammenhang mit der Debatte über die Bedeutung von Verwandtschaft und mit dem Kampf für die Homoehe zu beobachten ist. Butler zeigt in aller Breite auf, wie stark Schwule und Lesben auf dem Gebiet des Familienrechts diskriminiert wurden und werden; die Benachteiligungen Homosexueller hinsichtlich Lebenspartnerschaft, Adoptionsrecht etc. lassen den Kampf um rechtliche Anerkennung sehr nachvollziehbar erscheinen. Ein entscheidender Einwand in ihrem Aufsatz „Ist Verwandtschaft immer schon heterosexuell?" (Butler 2009: 167–214) ist jedoch, dass rechtliche Anerkennung ein komplexes Gefüge neuer Regulationsdynamiken entstehen lasse, von denen man in vielen Fällen behaupten könne, dass sie ihrerseits soziale Grenzen ziehen. Normativität entstehe folglich auch dann, wenn nicht-heterosexuellen Personen Eherechte gewährt werden, und dies, so Butler, habe bestimmte Effekte. Dazu zählt nicht nur die Einmischung des Staates in die nun rechtlich anerkannten gleichgeschlechtlichen Familien. In ihren Augen schafft die erkämpfte Anerkennung zudem neue Normen im Diskurs über ,gesunde Sexualität' und führt dazu, dass die Zweierbeziehung auch in schwulen und lesbischen Lebensweisen zu jenem Modell wird, das diese neuen Normen am besten verkörpert. Beziehungsformen, die nicht diesem Schema entsprechen, würden noch stärker marginalisiert und noch weniger beschreibbar als vorher, und es sei damit zu rechnen, dass sie zunehmend auf Unverständnis stoßen. Die Anerkennung der Homoehe hat natürlich Implikationen für jene radikalen politischen

Vorstellungswelten, in deren Zentrum eine Kritik der normativen Familienform und die Schaffung alternativer Verwandtschaftsverhältnisse und Communities steht. Das ist im Kontext dieses Kapitels von großer Relevanz.

Butlers Aufsatz stellt in vielerlei Hinsicht den argumentativen Rahmen für dieses Kapitel bereit. Den von mir verwendeten Terminus ‚Abwicklung', *undoing*, benutzt sie selbst sehr häufig. Was wird ‚abgewickelt', was geht verloren, wenn Schwule und Lesben in die Welt der Familien, Ehen und Zweierbeziehungen integriert werden? Hier geht es nicht nur um die überfällige Ausweitung von Rechten auf eine unterdrückte soziale Gruppe, die jahrelang für die Anerkennung ihrer Menschenrechte gekämpft hat. Es geht auch um mehr als um die Erkenntnis, dass Anerkennung an bestimmte Bedingungen geknüpft ist. Die Konsequenz ist vielmehr, dass alternative Familienkonstellationen außer Sichtweite geraten und es immer schwieriger wird, neue Formen von Verwandtschaftsverhältnissen, Modellen des Zusammenlebens und Arrangements für das Aufziehen von Kindern zu imaginieren. Butler weist zu Recht darauf hin, dass westliche Gesellschaften ihre Anstrengungen zur Normalisierung des Familienlebens just in einer Zeit verstärken, in der globale Migrationsbewegungen erhebliche Sorgen über die Zukunft von ‚Bevölkerungen', Nationalstaaten und der Reproduktion von ‚Kultur' auslösen. Die Integration von Schwulen und Lesben in die glückliche Welt der klassischen Kleinfamilien kann auch als ein Versuch verstanden werden, diese Welt gegen solche neuen vermeintlichen Bedrohungen zu wappnen. Ähnliche Motive dürften eine Rolle dafür spielen, dass die zeitgenössische Hochzeitskultur und die sich daran knüpfenden Feierlichkeiten und Rituale, von denen Schwulen und Lesben früher ausgeschlossen waren, in den liberalen Demokratien mit so großer Begeisterung gepflegt werden. Die Dinge, von denen Bridget Jones, *single thirtysomething*, träumt – ein weißes Kleid, Brautjungfern, Konfetti und Hochzeitsglocken – stehen für Traditionen, an denen neuerdings alle gesellschaftlichen Gruppen teilhaben dürfen.

Die Regulierung von Verwandtschaftsverhältnissen durch die fortgesetzte Unantastbarkeit der Familie wird jedoch nicht nur durch Vereinnahmung erzielt. Sie führt auch dazu, dass bereits der Wunsch nach alternativen feministischen oder schwullesbischen Lebensweisen im Keim erstickt wird. Schon die Vorstellung von einem Leben in einer größeren Gemeinschaft oder in einer alternativen Familienkonstellation gilt als widersinnig und absurd. Für mich ist hier vor allem der Umstand von Bedeutung, dass lesbische und schwule Paare, wenn sie sich für die Ehe entscheiden, ehemalige politische Positionen und Bündnisse aufkündigen, in denen beispielsweise die alleinerziehende Elternschaft über die Grenze zwischen Hetero- und Homosexualität hinweg als gleichberechtigtes Modell von Familie galt. Es ist kein Zufall, dass das am stärksten dämonisierte Lebensmodell und das deutlichste Gegenstück zur klassischen Familie sich in der alleinerziehenden Mutter verkörpert. Keine andere Gruppe von Frauen in Großbritannien wird sprachlich stärker diffamiert. Dabei hat gerade das Modell der alleinerziehenden Mutter Möglichkeiten für Frauen eröffnet, selbstbestimmte Lebens- und Gemeinschaftsformen zu erschaffen, die jenseits der engen Normen der Kleinfamilie lagen. Auch in feministischen politischen Diskursen wurde versucht, Lebensweisen jenseits der patriarchalen Herrschaft zu entwickeln. In solchen Bestrebungen und Debatten trafen sich Lesben, heterosexuelle Feministinnen und schwarze Frauen, deren Lebensformen ebenfalls häufig von dem Modell der Kernfamilie abwichen und zum Beispiel das Zusammenleben von mehreren Generationen beinhalteten. Schwarze Frauen haben solche alternativen Familien- und Gemeinschaftsmodelle als Überlebensstrategie in einem von Armut und Rassismus geprägten Umfeld entwickelt. Wenn solche alternativen Familienkonstellationen aber, wie gegenwärtig, desavouiert werden, bleibt nur die klassische Paarbeziehung übrig, und dort, wo diese sich als nicht von Dauer oder als unmöglich erweist, drohen, wie Butler anmerkt, die Scham und das Stigma des Versagens. Nach Alternativen zum normalen Familienleben sehen sich die meisten Frauen erst dann verzweifelt um, wenn ihre Suche nach einem idealen Partner beziehungsweise einer idealen Partnerin endgültig gescheitert ist. Es gibt heutzutage viele junge Frauen, die keine Kinder haben beziehungsweise gerne Kinder hätten, die aber, aus welchen Gründen auch immer, nicht den richtigen Partner finden können. Oftmals bleiben sie daher unverheiratet und sind aus der romantisierten Welt der Kleinfamilie ausgeschlossen. Diesen Frauen bieten sich nur wenige Alternativen an, und jenes radikale politische Imaginäre, das frühere Generationen von Feministinnen entworfen haben und in dem Alternativen zum klassischen Familienleben noch vorstellbar waren, schwindet vom Horizont. Früher wurden alternative Lebensmodelle explizit unter dem Gesichtspunkt diskutiert, Verwandtschaft in einer Form neu zu definieren und zu leben, die nicht die Strukturen der patriarchalen heterosexuellen Familie wiederholt. Heutzutage geraten solche Vorstellungen ins Vergessen, weil sie als politisch wertlos gelten. Auch von Seiten des lesbischen Feminismus gibt es kaum Anzeichen für ein Interesse an der Fortführung solcher Debatten. Die Strategie, die radikalen Entwürfe der Vergangenheit aus dem Blickfeld zu drängen und stattdessen einer sexuellen Minderheit die etablierten, also leichter regulierbaren und staatlich geförderten Lebensmodelle zugänglich zu machen, entspricht genau der Logik der vielen anderen Phänomene und Prozesse, die ich in diesem Kapitel aufgezeigt habe.

Deutlich geworden ist hoffentlich, dass der Schwerpunkt in diesem Kapitel darauf lag, Desartikulationsprozesse und Regulierungsformen aufzuzeigen, die sich innerhalb eines spezifischen Bezugssystems herausgebildet haben. Dessen zentrale Elemente sind individuelle Kompetenz, Freiheit, gesellschaftliche Veränderung und Gleichberechtigung. Die Machtwirkung der zeitgenössischen Geschlechterdiskurse liegt darin, dass sie jene Sexualpolitiken verleugnen, die noch vor relativ kurzer Zeit Relevanz besaßen. Sie verdrängen die von diesen Politiken entwickelten progressiven gesellschaftlichen Vorstellungen und etablieren stattdessen neue sexuelle Hierarchien. Die spezifischen Machteffekte der neuen Geschlechterdiskurse zeigen sich vor allem in Abwicklungs- und Desartikulationsprozessen, die Bündnisse zwischen Frauen aufbrechen. Differenzen zwischen Frauen hinsichtlich Herkunfts- und Wohnorten, Alter und soziale Klasse, Ethnizität und Sexualität werden von den neuen Geschlechterdiskursen so stark betont und auch aktiv hergestellt, dass es für diejenigen, die eigentlich ähnliche politische und gesellschaftliche Ziele verfolgen, zunehmend schwierig wird, gemeinsam für ihre Anliegen zu kämpfen.

Kapitel Drei

Top Girls? Junge Frauen und der neue Geschlechtervertrag

> „Da früh getroffene Bildungs- und Berufsentscheidungen sich auf die
> späteren Chancen auswirken, sind es ausschließlich jüngere Frauen,
> die viele der wesentlichen Arbeits- und Lebensentscheidungen vor
> dem Hintergrund gerichtlich einklagbarer Gleichstellungspolitik
> treffen können. Das Alter ist also ein entscheidender Faktor bei
> neuen Formen von Unterschieden und Ungleichheiten zwischen
> Frauen." (Walby 1997: 41)

> „Bildungschancen für Mädchen sind wahrscheinlich der wich-
> tigste Katalysator für gesellschaftliche Veränderungen." (Augusto
> Lopez-Claros, Chief Economist beim Weltwirtschaftsforum, zit.
> im *Guardian* vom 18.5.2005: 8)

> „Und jetzt ist klar, daß die Gefahr sich gewandelt hat." (Foucault
> 1987: 268)

Das Wiedererwachen des Patriarchats und das Zurückweichen der Geschlechterpolitik

Dieses Kapitel widmet sich der Analyse des neuen Geschlechtervertrags, mit
dem zur Zeit vor allem jungen Frauen aus den westlichen Ländern das Angebot
gemacht wird, öffentlich sichtbar zu werden, die Möglichkeiten des Arbeitsmarkts
zu nutzen, sich weiterzubilden, reproduktive Selbstbestimmung zu praktizieren
und genug Geld zu verdienen, um an der Konsumkultur teilzuhaben, die sich
ihrerseits gerade zu einem der bestimmenden Züge zeitgenössischer Modelle
weiblicher Staatsbürgerschaft entwickelt.[1] Die Untersuchung umfasst die Bedin-

---

[1] Ich verwende den Begriff „Geschlechtervertrag" so, wie ihn Stuart Hall vielleicht verwenden würde:
als Verweis auf eine Form der Macht, die kulturelle und soziale Verhandlungen mit sich bringt, die
Vereinbarungen auf dem Feld der Sexualität zum Ziel haben. Im Kontext dieses Kapitels ermöglicht
dieser Begriff die Analyse einer Bündelung verschiedener Kräfte, die eine konstituierende Rolle in an
junge Frauen gerichtete Botschaften spielen. So kann ein ‚Aufmerksamkeitsraum' analysiert werden,
dessen regulative Dynamiken sich in einer Sprache zeigen, die diese Aufmerksamkeit als Folge einer
progressiven Sorge um die Gleichberechtigung der Geschlechter einschließt.

gungen und Voraussetzungen, die Einschlüsse und Ausschlüsse und die sozialen und politischen Folgen dieses Vertrags. Um jene Aufforderung zur Sichtbarkeit zu artikulieren, kommen bestimmte Technologien zur Verwendung; eine Art Scheinwerferlicht wird auf junge Frauen gerichtet und macht sie sichtbar. Hier ist Deleuzes Begriff der Luminosität hilfreich, die sich als Überwachungsmodus an die Stelle des Foucaultschen Panoptikums setzt (Deleuze 1986). Dieser bewegliche Scheinwerfer hat theatrale Effekte: Er lässt die regulativen Dynamiken in einem weicheren Licht erscheinen, setzt sie in Szene und verschleiert sie gleichzeitig. Ich verwende auch den Begriff der ‚Aufmerksamkeitsräume', um diese Luminositäten in unserem Alltag analysieren zu können.

Den Ausgangspunkt dieses Kapitels bilden einige Anmerkungen feministischer Theoretikerinnen aus den letzten Jahren. Zunächst möchte ich die im vorhergehenden Kapitel diskutierte Bemerkung von Butler erwähnen, die radikalen *sexual politics* seien im Niedergang begriffen. Dies konstatierte Butler im Zusammenhang ihrer ergiebigen, komplexen und mehrdeutigen Reflexionen hinsichtlich der so genannten ‚Homoehe' und im Kontext ihrer Überlegungen zu Verwandtschaftspolitiken (Butler 2009). Zum Zweiten denke ich an Mohantys zentrales Argument in ihrem Aufsatz von 2002, *„Under Western Eyes Revisited":* Die Neustrukturierung des flexiblen globalen Kapitalismus ist inzwischen auf die willige Arbeitskraft von Mädchen und jungen Frauen angewiesen. Die Folgen hiervon sind, so Mohanty, eine entscheidende Umdefinierung der Geschlechterverhältnisse und eine Art Rückzug von „Patriarchaten und hegemonialen Männlichkeiten" (Mohanty 2002).[2] Mohanty zeigt, dass jungen Frauen zwar eine Schlüsselrolle auf dem neuen globalen Arbeitsmarkt zugesprochen wird, dass ihr entsprechendes In-Erscheinung-Treten aber mit dem Zurückweichen des Feminismus und der Frauenbewegung einhergeht: Der wichtigste Schauplatz für die Austragung der Kämpfe um die Gleichberechtigung der Geschlechter habe sich nach der Weltfrauenkonferenz in Peking (1995) auf die globalisierungskritische Bewegung verlagert.

An die Stelle des Feminismus traten die Frauenrechte, die ihrerseits weitgehend in den Menschenrechtsdiskurs integriert wurden. Hier eröffnet sich, so Mohanty, ein weites Themenfeld für die feministische Theorie, die aus der Perspektive der ärmsten Frauen untersuchen könnte, wie global agierende Unternehmen Wissen und Ressourcen enteignen (das heißt: Biopiraterie betreiben) und so die Benachteiligung und Abhängigkeit von Frauen aus Zweit- und Drittweltländern verstärken. In diesen Wissensformen und den dazugehörigen Bildungsstrategien sieht Mohanty die Möglichkeit für eine neu entstehende transnationale, grenzüberschreitende feministische Solidarität. Allerdings, so erinnert sie sich, habe es, als sie „Under Western Eyes" schrieb, noch eine „sehr lebendige transnationale Frauenbewe-

---

[2] Berufstätigkeit und Erwerbsfähigkeit sind zentrale Themen dieses Kapitels.

gung gegeben, während der Schauplatz, von dem aus ich jetzt schreibe, ein ganz anderer ist" (Mohanty 2002: 499). Mohanty stellt die umfassende konservative weltpolitische Wendung und das Zurückweichen sozialstaatlicher Modelle in einen Zusammenhang mit „Prozessen, in denen die Kultur und die Identität von Menschen rekolonialisiert wird" (Mohanty 2002: 515). Ich werde im Laufe des Textes noch auf den Begriff der Rekolonialisierung zurückkommen.

In den Beobachtungen von Butler und Mohanty klingt auch die Analyse von Geschlecht, Medien und Populärkultur an, die im ersten Kapitel dargelegt wurde. Dort versuchte ich zu zeigen, dass die scheinbaren postfeministischen Freiheiten in Form von neuen Sichtbarkeiten, die jungen Frauen vor allem in der Ersten Welt und auf kulturellem Gebiet zugestanden werden, faktisch eine Gelegenheit zur Abwicklung, zum *undoing* des Feminismus bieten. Die vielfältigen politischen Themen, die im Feminismus diskutiert werden, gelten gemeinhin als mittlerweile umfassend etabliert und abschließend bearbeitet (sie gehören zum feministischen Basiswissen), so dass es in der gegenwärtigen politischen Kultur für den Feminismus keinen Platz mehr gibt. Diese Verleugnung des Feminismus ermöglicht jedoch die schleichende Aktualisierung ungerechter Geschlechterverhältnisse, während patriarchale Normen, sprungbereit zur Rache, ebenfalls wieder artikuliert werden. Diese Ungleichheiten und Normen lassen sich leicht übersehen oder ignorieren – auch von den ExpertInnen der *sexual politics*, die aber mittlerweile des Kämpfens müde geworden sind und sich vielleicht von dem schillernden Diskurs über die Freiheit, wie sie heutzutage der Kategorie der ‚jungen Frauen' zugeschrieben wird, haben überzeugen lassen. Auf dieser Grundlage kann der Postfeminismus als eine ‚doppelte Bewegung' beschrieben werden: Das Zurückweichen (emanzipatorischer) Geschlechterpolitik wird paradoxerweise durch die umfassende Verbreitung von Diskursen über weibliche Freiheit und durch das, was Jean-Luc Nancy den „Anschein der Gleichheit" nennt, abgesichert (Nancy 2003). Kurzum: Junge Frauen können unter der Bedingung in Erscheinung treten, dass Feminismus von der Bildfläche verschwindet.

Sylvia Walbys Erklärung für den Wechsel von früheren, autonomeren feministischen Praxen hin zu einer Positionierung im politischen Mainstream auf nationaler und globaler Ebene steht in einem deutlichen Widerspruch zu der vorliegenden Analyse der neuen Grenzen der Gleichberechtigung (Walby 2002). Walby meint, aufgrund diverser feministischer Errungenschaften sei es nun an der Zeit, feministische Politik im Mainstream zu verankern. Der Feminismus hat die Arena der globalen Menschenrechte entscheidend beeinflusst und ihre Agenda tatsächlich transformiert. Ebenso hat er auf der nationalstaatlichen Ebene die umfassende Integration von Geschlechterthemen in die verschiedenen Politikfelder erreicht. Mit diesen Veränderungen und mit der Teilhabe von Frauen am Arbeitsleben entsteht ein neues „Geschlechterregime". Walbys Modell ist also akkumulativ (es verzeichnet eine Reihe von Errungenschaften) und linear: Der Feminismus

bewegt sich aus der Domäne der lokalen Aktionen und der Autonomie auf die
Bühne der Welt; und angesichts dieser Präsenz und Partizipation und im Licht
der Möglichkeiten, die die Globalisierung zu bieten hat, transformiert sich der
Feminismus selbst und umfasst nun Netzwerke für politische Interessenvertre-
tung, Allianzen und Koalitionen, die sich auf (kultur-)spezifische Anforderungen
zuschneiden lassen. Walby spricht sich für ein Modell mehrdimensionaler Gender
Mainstreaming-Politik auf der Grundlage institutioneller Anerkennung aus und
verficht einen *Top-Down*-Ansatz der Professionalisierung und Institutionalisierung
des Feminismus.[3] Allerdings weicht das Modell eines solchen Geschlechterregimes
von dem, was ich in diesem Kapitel erörtere, erheblich ab. Das liegt daran, dass
Walby annimmt, Institutionalisierung, Kompetenzerwerb *[capacity building]* und
Teilhabe sowie die Zunahme feministischen Wissens und die weltweite Präsenz
berufstätiger Frauen seien per se eine progressive Entwicklung. Die Bedingungen,
unter denen Frauen Erfolg haben dürfen, und den Preis, den sie dafür zahlen, lässt
sie unerwähnt. Ebenso wenig befasst sie sich mit den neuen Zwängen, die diese
Teilhabe mit sich bringt, und – allgemeiner gesprochen – mit der Formierung
neuer Ungleichheiten zwischen den Geschlechtern, einem integralen Bestandteil
der wieder auflebenden globalen neoliberalen Wirtschaftspolitiken. Auf Gender
Mainstreaming komme ich im Schlusskapitel zurück; an dieser Stelle soll nur
festgehalten werden, dass Walby zwar den zentralen Platz von Frauen als Arbeits-
kräfte und Produzentinnen in der globalen Ökonomie anerkennt, ihre Bedeutung
als Konsumentinnen einer globalen Kultur aber übersieht, obwohl die Prozesse
der Transformation und Restabilisierung von Geschlechterverhältnissen gerade
in der Konsumsphäre am sichtbarsten sind.

   In diesem Kapitel frage ich, wie sich die gesellschaftlichen, kulturellen und
ökonomischen Transformationen einordnen lassen, die eine neue Kategorie junger
Frauen hervorgebracht haben. Wenn solche Transformationen sich während der
letzten zehn bis 15 Jahre in Großbritannien (und anderswo) zu einem wahrnehm-
baren Trend konsolidiert haben, wie ist dann die deutliche Neupositionierung junger
Frauen zu interpretieren, die dies scheinbar nach sich zieht? Transformationen der
Art, wie ich sie weiter unten beschreibe, werden meistens positiv bewertet. Quer
durch die politischen Lager werden die offensichtlichen Errungenschaften junger
Frauen als Zeichen einer gut funktionierenden Demokratie bewertet, als greifbarer
Beweis dafür, dass Frauen heutzutage ein besseres Leben haben und dass soziale
Reformen und die Gesetzgebung wirklich die gewünschten Effekte erzielt haben.
Aber die feministische Perspektive, die ich hier vorlege, ist wachsam gegenüber
den Gefahren, die entstehen, wenn eine Koalition politischer und kultureller Kräfte
darauf hinarbeitet, ein bestimmtes Set feministischer Werte und Ideale in eine weit

---

[3] Walby leistete in der *UK Women's Budget Group* wichtige Arbeit.

reichende Umformung von Weiblichkeitskonzepten zu integrieren, so dass diese sich in neue bzw. gerade entstehende (neoliberalisierte) soziale und ökonomische Ordnungen einpassen lassen. Im Zusammenhang mit dem deutlichen politischen Rechtsruck in weiten Teilen Europas und in den USA lässt sich dies zudem auch als eine Strategie einordnen, den ‚zerstörerischen' Kräften des Feminismus mit einer Restabilisierung der Geschlechterverhältnisse zu begegnen. Die Uhr wird also nicht zurückgestellt, sondern nach vorne gedreht, so dass eine postfeministische Vereinbarung über die Regulierung der Geschlechterverhältnisse getroffen werden kann: ein neuer Geschlechtervertrag.[4]

Jungen Frauen wird zur Zeit in öffentlichen Debatten mit Faszination, Enthusiasmus, Besorgnis, Angst und lustvoller Aufregung begegnet (vgl. Harris 2004). Dass der Grad an Aufmerksamkeit so hoch ist wie nie zuvor, ist nicht allein auf die Expansion populärer und so genannter Qualitätsmedien zurückzuführen und ebenso wenig auf die Tatsache, dass mittlerweile ein wesentlich größeres weibliches Publikum existiert, eine große Zahl von Konsumentinnen (Mütter wie Töchter), an die das entsprechende Material adressiert ist. Und genauso wenig lässt sich diese besorgte Aufmerksamkeit nur im Kontext der periodisch auftretenden moralischen Panik verorten, die sich in bestimmten Abständen auf einen scheinbar gefährlichen Bevölkerungssektor richtet und ihn dämonisiert und anschließend, in der Regel entlang einer neuen Achse der Angst, eine Intensivierung der sozialen Kontrolle nach sich zieht. Die Bedeutungen, die um die Figur des ‚Mädchens' oder der ‚jungen Frau' herum entstehen, weisen vielmehr in Richtung Kompetenz, Erfolg, Leistung, Genuss, Rechte und Ansprüche, soziale Mobilität und Teilhabe. Die Dynamik von Regulation und Kontrolle orientiert sich weniger daran, was junge Frauen nicht tun sollen, sondern eher daran, was sie tun können. Die Produktion jugendlicher Weiblichkeit beinhaltet inzwischen einen anhaltenden Strom von Aufforderungen und Anreizen, sich in einer ganzen Reihe spezifischer Praxen zu engagieren, die gleichzeitig als progressiv und trotzdem zweifelsfrei (also beruhigend) weiblich gelten. Was diese Praxen zu untermauern scheint, ist die Behauptung, junge Frauen hätten den Kampf um Gleichberechtigung mittlerweile gewonnen: Ihre Anerkennung als Subjekte gouvernementaler Aufmerksamkeit verdrängt jegliche Notwendigkeit einer feministischen Kritik dessen, was Mohanty ‚hegemoniale Männlichkeiten' nennt. Der Verzicht auf Kritik am Patriarchat ist eine der Bedingungen des neuen Geschlechtervertrags, der an jenen zentralen institutionellen Schauplätzen ausformuliert wird, an denen die Kategorie der jungen Frau produziert wird.[5] Die Figur

[4] Der Begriff orientiert sich an Carol Patemans wichtigem Buch *The Sexual Contract* (1984); ich verwende ihn allerdings in einer etwas anderen Perspektive.

[5] Ich verwende den Begriff ‚Patriarchat' nicht ohne Zögern. Innerhalb des Feminismus wurde er häufig zur Universalisierung und Homogenisierung eingesetzt, als Mittel zur Beschreibung einer vermeintlich von allen Frauen der Welt geteilten Unterdrückungserfahrung. Diese Verwendungsweise

der jungen Frau tritt in einer Reihe sozialer und kultureller Räume als Subjekt in Erscheinung, in das es sich zu ‚investieren' lohnt. In der Sprache der britischen *New-Labour*-Regierung kann die Frau, die von der ihr angebotenen Chancengleichheit profitiert hat, nun als Verkörperung der Werte der neuen Meritokratie mobilisiert werden. Der Begriff der Meritokratie wurde zur Chiffre für die stärker individualistischen und wettbewerbsorientierten Werte, die *New Labour* vor allem im Bildungssektor propagiert. Heutzutage scheint der Erfolg junger Frauen dank ihrer enthusiastischen Einstellung zu Berufstätigkeit und Karriereplanung ökonomische Prosperität zu versprechen. Insofern ist ein hervorstechendes Merkmal zeitgenössischer Modelle junger Weiblichkeit die Zuschreibung von Kompetenzen, die im Bodyshop-Slogan des ‚*can do girl'* verdichtet zur Sprache kommt (Harris 2004). Daran schließt sich die Frage an, was in diesem Prozess, in dem das neue weibliche Subjekt mit Kompetenzen ausgestattet wird, auf dem Spiel steht. Die Zuschreibung von Freiheit und Erfolg als Reihe von Anrufungsprozessen an junge Frauen nimmt entlang der Grenzen von Klasse, Ethnizität und Sexualität unterschiedliche Formen an und bringt eine Abfolge miteinander interagierender rassifizierter und klassenspezifischer Konfigurationen junger Weiblichkeit hervor. Dieser feierliche Diskurs ist so emphatisch und wird so konstant wiederholt, dass er zu einem der zentralen Mechanismen der sozialen Transformation wird. Während von Frauen früher immer angenommen wurde, dass sie auf die Ehe, die Mutterschaft und eine begrenzte wirtschaftliche Partizipation zusteuern, werden sie nun mit ökonomischen Kompetenzen ausgestattet. Innerhalb spezifischer gesellschaftlicher Umstände und politischer Zwänge sehen sich immer besser ausgebildete Frauen mit unterschiedlichen ethnisierten und sozialen Hintergründen mit der Forderung konfrontiert, als ökonomisch aktive Staatsbürgerinnen zu agieren. Sie sind dazu aufgefordert, sich selbst als privilegierte Subjekte des sozialen Wandels zu sehen; vielleicht wird von ihnen sogar Dankbarkeit für die Unterstützung erwartet, die sie bekommen haben. Die gefällige, lebhafte, kompetente und anständige junge Frau – Schwarze, Weiße oder Asiatin – ist nun die attraktive Vorbotin der sozialen Transformation.

Dieses Bild jugendlicher Weiblichkeit fungiert sicherlich nicht zum ersten Mal als Signal des Fortschritts und der Modernität. Auch in den 1920er Jahren waren junge Frauen ein ähnlicher Referenzpunkt. Barlow et al. kritisieren in einer jüngeren Untersuchung, die „die vergeschlechtlichte Moderne auf einer internationalen Ebene neu skizziert", die falsche Gleichsetzung der „modernen Frau" mit westlich-urbaner Modernität und zeigen, dass „die moderne Frau überall auf die rassifizierte Formierung der Nation oder Kolonie verwies, in der sie lebte"

---

wurde eingehend kritisiert, und vor diesem Hintergrund spreche ich mich dafür aus, den Begriff unter Bezugnahme auf Chandra Mohantys (2002) Terminologie und ihren Gebrauch des Wortes ‚Patriarchate' partikularistisch zu verwenden.

(Barlow et al. 2008: 247). Weiter unten in diesem Kapitel werden die rassifizierten Ausformungen zeitgenössischer Weiblichkeitskonzepte einer eingehenderen Analyse unterzogen. Hier möchte ich zunächst darauf hinweisen, dass diese jüngere Entwicklung in den vorherrschenden westlichen Diskursen neue Züge aufweist. Ein scheinbar postfeministisches Vokabular dient zur Neuregulierung der Geschlechterverhältnisse, zum Entwurf eines *New Deals* für Frauen. Mit einer Reihe von Präventivmaßnahmen weist diese Strategie die Notwendigkeit einer Erneuerung autonomer Sexualpolitiken entschieden von sich. Auf den folgenden Seiten betrachte ich diesen neuen Status junger Frauen vor dem Hintergrund von vier „luminosen" Aufmerksamkeitsräumen, die alle dazu beitragen, die von Butler so genannte heterosexuelle Matrix aufrechtzuerhalten und ihr neues Leben einzuflößen. Gleichzeitig setzen sie auf subtile Weise die Normen der rassifizierten Hierarchie und neu konfigurierte Klassenunterschiede wieder ein und untermauern sie, so dass ihre vergeschlechtlichte Dimension nun autonomer als bisher zutage tritt. In meiner Definition dieser Aufmerksamkeitsräume als Luminositäten stecke ich folgende Bereiche ab: Zuerst beschreibe ich den Mode- und Schönheitskomplex (Bartkys *fashion-beauty complex*, vgl. Bartky 1990), aus dem eine postfeministische Maskerade entsteht, eine distinkte Seinsweise vorgeschriebener weiblicher Handlungsfähigkeit; zweitens den luminosen Bereich von Bildung und Erwerbstätigkeit, in dem sich die Figur der berufstätigen Frau bewegt. Als drittes nehme ich den Bereich der Sexualität, Fertilität und Reproduktion in den Blick, aus dem die phallische Frau in Erscheinung tritt. Als vierten Aufmerksamkeitsraum definiere ich schließlich den Raum der Globalisierung und darin vor allem die Produktion warenförmiger Weiblichkeiten in den Entwicklungs- und Schwellenländern, d. h. sowohl in armen Ländern als auch in Staaten wie der Volksrepublik China, die derzeit eine rasante Transformation erleben. Diese vierte Luminosität schließt einen *New Deal* für die ‚globale' Frau ein, der sich in den so genannten Drittweltstaaten an die Stelle anderer, an den Prinzipien der Sozialdemokratie, des Gender Mainstreaming und der Menschenrechte orientierter Modelle des sozialen Wandels und der Transformation der Geschlechterverhältnisse setzt. Ein solcher *New Deal* stellt eine rabiate und konsumorientierte Erneuerung und Übersetzung des liberalfeministischen Modells dar und wird gegenwärtig als ein Stil globalisierter Weiblichkeit verfügbar gemacht. In seiner globalisierten Ausformung zeigt sich dieser Geschlechtervertrag am greifbarsten in den internationalen Ausgaben von Frauenzeitschriften wie *Elle, Marie Claire, Grazia* und *Vogue.* In diesen markiert die freundliche (also harmlose), schöne und gewissermaßen formbare globale Frau, die Wohlwollen und guten Willen ausstrahlt, die Räume der Abwicklung des Feminismus sowie der kritischen postkolonialen Pädagogik und der postkolonialen feministischen Kritik. Zumindest könnte man behaupten, dass dies das unterschwellige (und rekolonialisierende) Ziel der Forcierung globaler jugendlicher Weiblichkeit durch die internationalen Medien, die Konsumsphäre (das Mode- und Schönheitssystem) und durch spezifisch neoliberale Formen der Gouvernementalität ist.

Im Scheinwerferlicht: Die postfeministische Maskerade

Junge Frauen sind äußerst aktiv in einem Kontext sozialer, politischer und ökonomischer Transformationen positioniert worden, deren privilegierte Subjekte sie selbst zu sein scheinen. Wir können sie uns als hoch effiziente Knotenpunkte der Produktivität vorstellen. Auch hier lässt sich eine Verschiebung diagnostizieren: In Regierungsdiskursen finden neben den reproduktiven inzwischen auch die produktiven Fähigkeiten von Frauen Erwähnung. In Großbritannien werden junge Frauen von PolitikerInnen dazu ermutigt, schlecht bezahlte ‚Frauenberufe' wie Friseurin zu vermeiden. Die tiefe Diskrepanz zwischen dem hohen Bildungsgrad von Frauen und ihrem häufig auftretenden niedrigen Selbstwertgefühl ruft in der Politik Besorgnis hervor.[6] Dort, wo noch Lohnungleichheit und mangelnde Anerkennung die Situation von Frauen auf dem Arbeitsmarkt kennzeichnet, nimmt die Regierung dies zur Kenntnis, sie ignoriert es also nicht. Frauen werden so angesprochen, als seien sie aufgrund der Gleichstellungsmaßnahmen im Bildungssektor bereits gendersensibel. Ausgestattet mit diesem scheinbaren feministischen Rüstzeug werden sie nun nachdrücklich in die Unabhängigkeit und Eigenständigkeit gedrängt (Budgeon 2001; Harris 2004). Zu diesen gehören die genaue Selbstbeobachtung, die Erstellung eines personalisierten Plans und die Suche nach individuellen Lösungen. Diese weiblichen Individualisierungsprozesse fordern jungen Frauen ab, sich selbst als wichtig wahrzunehmen. In stressigen Phasen sollen sie sich in Therapie begeben und Beratungs- und Hilfsangebote wahrnehmen. Sie sind die intensiv gemanagten Subjekte der postfeministischen, gendersensiblen biopolitischen Praxen einer neuen Gouvernementalität. Wie lässt sich diese Aufmerksamkeit einordnen? Zielt sie im Grunde darauf ab, retraditionalisierte Modelle normativer Weiblichkeit einzusetzen, trotz aller Änderungen im Geschlechterverhältnis (Probyn 1988/1997; Adkins 2002)? Das ist sicherlich eine mögliche Interpretation dessen, wie die geballte Schlagkraft des triumphierenden Neokonservatismus zu Frauen spricht. Was sich mit dem Begriff der Retraditionalisierung allerdings nicht ganz greifen lässt, ist die Inkorporierung und Aneignung liberalfeministischer Prinzipien. Diesen wird solcherart Rechnung getragen, dass sie als ‚nicht länger relevant' abgeschrieben werden können. Feminismus, dem Rechnung getragen wird, ist indes auch Feminismus *undone*, und in dieser Volte können neu konfigurierte und spektakuläre Modi von Weiblichkeit ins Scheinwerferlicht treten.

---

[6] Rt Hon Tessa Jowell (Kulturministerin von 2000–2007) äußerte sich im Zusammenhang des *Body Image Summit* (21/6/2000) zu diesem Phänomen. Vgl. www.sizenet.com.

In seinen Erörterungen über das, was Foucault als Sichtbarkeiten bezeichnet, schlägt Deleuze vor, diese weder als „Objektformen noch als Formen [zu begreifen], die unter dem Licht sichtbar werden, sondern eher als Formen der Luminosität, die vom Licht selbst geschaffen werden und es einem Gegenstand oder Objekt ermöglichen, nur als Aufleuchten, als Funkeln oder als Schimmern zu existieren" (Deleuze 1986: 52). Mit diesem Konzept lässt sich erfassen, wie junge Frauen derzeit einen Prozess der Sichtbarwerdung erleben. Die Macht, die sie kollektiv zu besitzen scheinen, wird ‚vom Licht selbst geschaffen' (ebd.). Diese Luminositäten behaupten subtil eine postfeministische Gleichberechtigung, definieren und beschränken jedoch gleichzeitig ihre Bedingungen. Sie sind Lichtkegel, in denen junge Frauen gewissermaßen zum Leuchten gebracht werden und die zugleich das Terrain des unzweifelhaft und beruhigend Weiblichen abstecken. In diesen Lichtkegeln werden Frauen dazu angehalten, aktiv die Produktion ihrer selbst zu verfolgen. Sie müssen zu gnadenlosen Richterinnen ihrer selbst werden. Die visuellen (und verbalen) Diskurse öffentlicher Weiblichkeit erobern sich zunehmend spektakuläre Räume in Form von Schauplätzen, Ereignissen, Narrativen und Veranstaltungen im Kulturbereich. Die Konsumsphäre produziert eine Ausweitung und Vervielfältigung von Anrufungen an junge Frauen – und bestraft, so scheint es, diejenigen, die diesen Anrufungen nicht nachkommen wollen oder können, härter denn je.[7] In der Folge wird es zunehmend schwieriger, als weibliches Subjekt zu funktionieren, ohne sich den Selbsttechnologien zu unterwerfen, die für das spektakulär Weibliche konstitutiv sind. Neue Normen für das Aussehen und die Selbstdarstellung bestehen nicht nur im Freizeitbereich und im Alltag, sondern auch am Arbeitsplatz, und die Regierung kümmert sich ihrerseits mit Hilfe diverser Initiativen um diesen Aspekt des Selbstmanagements.[8]

Im Rückgriff auf Lacans Konzept des Symbolischen als Grundlage der patriarchalen Autorität, d. i. jene ödipale Instanz, die als Bedingung für den Erwerb von Sprache und sexueller Identität die Unterwerfung unter ihre Ordnung verlangt, mutmaßte Judith Butler bereits, dass diese patriarchale Macht (das Symbolische) in den vergangenen Jahren durch den Feminismus herausgefordert wurde, der Feminismus also gleichsam jener Macht als politischer Antagonismus erwuchs (Butler 200a). Mit Hilfe von Butlers Analyse lässt sich also geltend machen, dass die feministische Herausforderung einige Änderungen im Bereich des Symbolischen erzwingen konnte. Diese erzwungene Verschiebung wiederum geht mit

---

[7] Zu den Intersektionen zwischen dem zeitgenössischen Mode- und Schönheitssystem und lesbischer Sexualität vgl. Lewis (1997).
[8] Die britische *New-Labour*-Regierung führte ein Modell für die Rückführung arbeitsloser alleinerziehender Mütter in den Arbeitsmarkt ein, das sich an der US-amerikanischen Initiative *Dress for Success* orientierte (vgl. http://www.dressforsuccess.org/). Dort wurden Gutverdienerinnen dazu aufgefordert, ihre abgelegten bürotauglichen Kleidungsstücke zu spenden. Die britische Version umfasst Second-Hand-Shops und Outlets wie den *Camden Job Train Shop* in London NW5.

Transformationen in der ökonomischen Sphäre einher, so dass die Berufstätigkeit von Frauen in den Ländern des reichen Westens nun über die Grenzen von Alter, Geschlecht, Klasse und Ethnizität hinweg als normal und nützlich gilt. Natürlich haben Frauen, und vor allem arme Frauen in allen Ländern der Welt, immer gearbeitet – in der Regel für niedrige Löhne in wenig angesehenen Arbeitsmarktsektoren. Mein Punkt ist hier aber, dass Berufstätigkeit und Erwerbsfähigkeit mittlerweile dominante Faktoren für die Selbstidentität von Frauen geworden sind, statt ihr nur untergeordnet zu sein, und dass diese Tatsache im Feld der Macht unausweichlich Wellen schlägt. Das Symbolische ist mit dem Problem konfrontiert, wie die Herrschaft des Phallozentrismus aufrechterhalten werden kann, wenn die Logik des globalen Kapitalismus dazu führt, dass Frauen sich von den ihnen zugeschriebenen Rollen lösen und einen gewissen Grad ökonomischer Unabhängigkeit erlangen können. (Natürlich schließt sich hier die Frage an, ob sich der Zugang zu Berufstätigkeit und Lohn mit der Möglichkeit gleichsetzen lässt, Unabhängigkeit zu erlangen. Für die globale Frau, die 18 Stunden täglich in einer Textilfabrik in einer Exporthandelszone arbeitet und den Großteil ihres Lohns nach Hause schickt, sieht Unabhängigkeit wohl sehr anders aus.)

Das Symbolische sieht sich also einer dreifachen Bedrohung ausgesetzt: erstens durch die mittlerweile veraltete und damit nur noch als Phantasma anwesende Frauenbewegung, also durch Aktivismus; zweitens durch die aggressive Neupositionierung von Frauen aufgrund der ökonomischen Prozesse der weiblichen Individualisierung; drittens durch eine neuere Bedrohung, die aus der feministischen Theorie selbst entstanden ist und im Speziellen aus Butlers Arbeiten und deren Popularität. Diese dritte Bedrohung besteht darin, dass Butler eben jene Elemente der heterosexuellen Macht freilegt und analysiert, die normalerweise unerklärbar und unhinterfragt bleiben. Hier liegt, grob gesagt, die Gefahr, der das Symbolische durch die Queer Theory ausgesetzt ist. Das Symbolische muss neue Strategien entwickeln, um seine Autorität auszuüben, und beginnt sie zu delegieren. Wenn sich Macht (auch souveräne Macht) in der Spätmoderne auf immer mehr Institutionen und Instanzen verteilt und sich in dieser gestreuten Form auf die Körper (der Individuen) richtet – auf ihr Wohlergehen, auf ihre produktiven und reproduktiven Fähigkeiten –, liegt die Vermutung nahe, dass auch das Symbolische selbst sich streut und gouvernementalisiert. Die Luminositäten des Weiblichen sind die Räume, in denen diese Autorität erneut ausagiert werden kann. Das Symbolische konzessioniert seine Aufgaben gewissermaßen, es überträgt sie auf die Konsumsphäre (Schönheit, Mode, Zeitschriften, Körperkult etc.), die damit für junge Frauen zur einer Institution der Autorität und der Beurteilung wird. Die wachsende Bedeutung der obligatorischen Weiblichkeitsrituale und eine Intensivierung der vorgeschriebenen heterosexuell codierten Formen von Lust und Spaß gehören zu den wichtigsten Elementen dieses dezentrierten Symbolischen. In der Sprache von ‚Gesundheit' und ‚Wohlergehen' übernimmt der globale Mode- und Schönheitskomplex die Aufgabe, sicherzustellen, dass sich die Geschlechterverhältnisse weiterhin wie erwünscht gestalten. Dieses Feld der Verhaltensanweisungen und der Luststeuerung koordiniert die weiblichen Individualisierungsprozesse und die damit einhergehende notwendige Zurückweisung des Feminismus, der zu einer Bastion des Hässlichen, Geschmacklosen und Monströsen stereotypisiert wird. Die ständigen Aufforderungen, ein Register vorgeschriebener Verhaltensweisen an den Tag zu legen, um die Illusion eines erfolgreich und eindeutig vergeschlechtlichten Selbst zu bestätigen, wurden von Butler natürlich dahingehend interpretiert, dass sie für die soziale Fiktion der Geschlechterdifferenz unabdingbar sind. Es gibt immer Raum zum Scheitern, und die Notwendigkeit der Wiederholung führt uns vor Augen, dass Weiblichkeit nicht immer so einfach zu gewährleisten ist (Butler 1991; 1995). Aufgrund der zeitgenössischen Dominanz der Konsumsphäre und des Zurückweichens der staatlichen Institutionen lässt sich eine Intensivierung dieser disziplinierenden Anforderungen ebenso feststellen wie neue Dynamiken der Aggression, der Gewalt und der Selbstbestrafung. Diese Zusammenhänge werden im nachfolgenden Kapitel näher ausgeführt.

Angesichts der Perspektive, dass Frauen im Zuge ihrer Partizipation auf dem Arbeitsmarkt weniger abhängig von Männern werden, und angesichts der damit einhergehenden möglichen Destabilisierung der Geschlechterhierarchie wird es für das Symbolische um so wichtiger, die Matrix des heterosexuellen Begehrens erneut abzusichern. In die Aufrechterhaltung und Konsolidierung der männlichen Hegemonie wird ein erheblicher Grad an Energie investiert – eben weil es Kräfte gibt, die ihre Vorherrschaft zu bedrohen scheinen. So erklärt sich auch die gesteigerte Sichtbarkeit von Hochzeitsritualen und -accessoires in der Populärkultur, die ab dem Moment zu verzeichnen ist, in dem die Ehe in Frage gestellt wird. Wenn das Überleben westlicher Frauen und das Wohlergehen ihrer Kinder nicht mehr davon abhängt, einen Partner zu finden, der die Familie ernährt, verringert sich die Bedeutung der Ehe ganz erheblich. Hier liegt das Dilemma der Sozialstaaten: Wenn der Staat für die Frauen und Kinder aufkommt und damit den Familienernährer ersetzt, wird die (ökonomische) Rolle des Ehemanns überflüssig. Einige feministische Theoretikerinnen haben herausgearbeitet, inwiefern die so genannte Krise des Sozialstaats vor allem in den USA und Großbritannien als panische Reaktion auf dieses Szenario gedeutet werden kann (vgl. z. B. Brown 1995; Fraser 2007). Bei jüngeren, kinderlosen Frauen wirkt sich dieser Grad an Unabhängigkeit in Form einer neuen Spannung im Feld der vorherrschenden Heterosexualität aus. Hier wird das, was aus ökonomischer Perspektive nicht mehr zentral ist, eben deswegen kulturell unverzichtbar. Im Angesicht dieses Szenarios entsteht außerdem ein ganzes Minenfeld neuer Konflikte auf dem Feld der Geschlechterverhältnisse, weil Frauen nicht mehr primär an ihrem Wert auf dem Heiratsmarkt gemessen werden können, weil ihre Intelligibilität nicht mehr an diesen Wert gebunden ist.

Die Auswirkungen der sozialen Ängste, die aus diesem Szenario entstehen, zeigen sich auf dem gesamten kulturellen Feld.

In diesem Rahmen, der sich auf verschiedenen Ebenen als postfeministisch beschreiben lässt, übernimmt die Konsumsphäre durch die Aufmerksamkeit, die sie dem weiblichen Körper zukommen lässt, die Arbeit des Symbolischen.[9] Die autoritäre Stimme der Konsumkultur ist vertraut, schmeichelnd und anspornend. Durch ihre Ansprache produziert sie einen bestimmten Typ weiblicher Subjektivität. Die Schönheits- und Modeindustrie erzeugt Unzufriedenheit mit dem eigenen Körper und reagiert damit unmittelbar auf den verstörenden Zustand der Nichtidentität, in dem wir uns alle befinden. Diese Nichtidentität gründet auf dem Gefühl eines unermesslichen Verlusts; sie ist der Preis, der für den Erwerb der Sprache und der sexuellen Identität gezahlt werden muss. Die junge Frau, die diesen Verlust durch ein neues Regime der Selbstverbesserung (d. i.: die Herstellung und permanente Optimierung ihrer selbst) wettzumachen hofft, wird beglückwünscht, ermahnt und ermutigt. Jetzt, da sie ihre eigenen Entscheidungen treffen kann, scheint es, als ob das angstbesetzte Terrain der männlichen Bestätigung hinter dem neuen Horizont selbstauferlegter kultureller Weiblichkeitsnormen verschwindet. Patriarchale Autorität existiert nun umgeformt innerhalb eines Regimes der Selbstkontrolle, an dessen strengen Kriterien Frauen sich immer und ständig messen müssen, von ihren jüngsten Jahren bis ins fortgeschrittene Alter.[10] Eines der zentralen Anliegen des Mode- und Schönheitssystems in diesem neuen postfeministischen Gefüge ist sein Versuch, die Kontrolle über die gestörten Zeitlichkeiten zurückzuerobern, die den geplanten Ablauf zentraler Ereignisse im Leben von Mädchen und Frauen durcheinandergebracht haben: Sexuelle Freiheiten, Verhütungsmittel, die Verschiebung des Heiratsalters nach hinten, späteres Kinderkriegen, eine niedrige Geburtenrate, die Möglichkeit, unverheiratet zu bleiben etc. sind die zentralen Merkmale dieser neuen Zeitlichkeit. Der Mode- und Schönheitskomplex als Stellvertreter des Symbolischen hat nun die Aufgabe, dem Leben von Frauen einen neuen Zeitrahmen zu verleihen. Man kann eine Vervielfältigung von Aktivitäten und Produkten verzeichnen, mit denen diese neuen Zeitlichkeiten durchgesetzt werden, dazu gehören beispielsweise Kosmetikprodukte, die routinemäßig an sehr junge Mädchen vermarktet werden, und so genannte Anti-Ageing-Produkte für Frauen, die kaum die 20 überschritten haben. Ein weiterer Gegenstand größter Besorgnis ist die Fruchtbarkeit von Frauen; weiterhin sei an dieser Stelle auf die Produktion neuer, sehr spezifischer weiblicher Pathologien hingewiesen (beispielsweise die Anorexie

---

[9] Butler hebt in *Das Unbehagen der Geschlechter* (1991) hervor, dass das Symbolische so sehr mit der dominanten Kultur verschmilzt, dass man die beiden Instanzen nicht mehr auseinanderhalten kann.
[10] Vgl. auch Naomi Wolf, *The Beauty Myth* (1991), dt.: *Der Mythos Schönheit* (1993).

im Erwachsenenalter).[11] Die Möglichkeit, berufstätig und finanziell unabhängig zu sein, wird so durch den Imperativ weiblicher Identität konterkariert, dass der Körper das ganze Leben lang sorgfältig bearbeitet werden muss. Zeitlichkeit wird so von einem Rhythmus neu definiert, der überwiegend eine Erfindung des Mode- und Schönheitssystems ist. Dieses System kann die anderen Störungen infolge der Öffnung des Arbeitsmarkts, die ihrerseits die heterosexuelle Matrix destabilisieren und sie in eine Krise stürzen könnten, verwalten und überwachen. Es herrscht also Spannung im Feld der Zeitlichkeiten, und in der Folge wird für junge Frauen eine neue Zeitlichkeit geschaffen.

Mit ihrem Konzept des lesbischen Phallus versucht Butler sich an einer Übertragung des Lacanschen Symbolischen in einen gesellschaftlichen Kontext. In *Körper von Gewicht* (1995) leistet sie eine Tiefenanalyse der Mittel, mit denen Lacan sein Konzept des Symbolischen als universell postuliert. An dieser Stelle kann leider nicht eingehend diskutiert werden, wie Butler bei dieser Übertragung vorgeht. Allerdings geht sie diesem Thema in ihrem späteren Buch *Antigones Verlangen* (2001a) nach und hebt die zwangsläufige Verstrickung psychischer Prozesse mit Transformationen in der sozialen und politischen Kultur eindringlich hervor.[12] Ich möchte hier die These formulieren, dass das Symbolische angesichts der möglichen Aufbrechung der stabilen Geschlechterbinarität und der darin liegenden Bedrohung der patriarchalen Autorität die Strategie verfolgt, einen nicht unbeträchtlichen Teil seiner Macht an den Mode- und Schönheitskomplex zu delegieren, aus dem, als eine ,große Luminosität', die postfeministische Maskerade als eine neue kulturelle Dominante hervortritt. Diese zentrale Strategie stellt sich der Bedrohung entgegen, die Butlers Arbeiten zur Fiktionalität, Künstlichkeit und performativen Existenz von Geschlecht im täglichen Leben darstellen, und verweist diesen Ansatz wieder in seine Schranken. Sie ermöglicht eine Distanzierung von der unerträglichen Nähe der Weiblichkeit, wie Mary-Ann Doane (1994) sie beschrieben hat, und vollzieht eine legitime, ironische und pseudofeministische Besetzung von Weiblichkeit als Exzess, so dass deren Fiktionalität nun offen anerkannt wird. Hier zeigt sich deutlich, wie anpassungsfähig und schnell das Symbolische reagieren kann, wenn es Handlungsweisen und Entwicklungen, die die untergeordnete Position des Weiblichen aufzubrechen versuchen, wieder in ihren genau abgesteckten Bereich zurückweist. Die postfeministische Maskerade wirkt wie eine unmittelbare Antwort auf die theoretischen Arbeiten Butlers

---

[11] Neuere Zeitungsartikel weisen darauf hin, dass Magersucht mittlerweile auch jenseits der Teen- und Twenjahre bis ins mittlere Alter diagnostiziert wird. Hier lässt sich ein Zusammenhang mit den oben erwähnten Debatten und der Allgegenwart solcher Werbebilder, wie Ros Gill sie bei einer Konferenz im Juni 2006 analysiert hat, wohl kaum von der Hand weisen. Gills Beispiel zeigte eine ältere Frau im Bikini, in der Rückansicht fotografiert; in der Bildunterschrift kommentiert die Tochter diesen unansehnlichen Körper damit, sie liebe zwar ihre Mutter, aber nicht deren Cellulite (vgl. Gill 2006).
[12] Vgl. McRobbie 2003.

und Doanes. Die Maskerade erkennt den fiktiven Status des Weiblichen offen an, feiert ihn sogar, entwickelt aber gleichzeitig neue Strategien zur Durchsetzung der Geschlechterdifferenz. Die Maskerade, wie Joan Riviere sie 1929 definierte, mit der sich Doane in ihrem einflussreichen Aufsatz „Film und Maskerade. Zur Theorie des weiblichen Zuschauers" (1994) auseinandersetzte und die bei Butler 1991 wieder auftauchte, kehrt als ein hochgradig selbstreflexives Mittel zurück, mit dem junge Frauen dazu aufgefordert werden, sich an der Restabilisierung normativer Geschlechterrollen zu beteiligen, um die Errungenschaften des Feminismus rückgängig zu machen und sich von dieser mittlerweile diskreditierten politischen Identität zu distanzieren. Als Psychoanalytikerin interessierte sich Riviere dafür, wie „Frauen, die sich die Männlichkeit wünschen, möglicherweise eine Maske der Weiblichkeit aufsetzen, um die Angst und die Vergeltung der Männer abzuwenden" (Riviere [1929] 1994; zit. in Butler 1991: 87). Riviere versteht Weiblichkeit und Maskerade als ununterscheidbar; die von Natur aus weibliche Frau, die sich hinter der Maske versteckt, existiert nicht. Butler interessiert sich für die „Homosexualität der maskierten Frau" und für die Frage, was genau die Maskerade verbirgt, wenn es keine authentische Weiblichkeit ist. Sie schreibt, Riviere verleugne die Komplexität und Ambivalenz des Begehrens in der Maskerade, und bezeichnet dies als Schauplatz der „Zurückweisung der weiblichen Homosexualität und [der] hyperbolische[n] Einverleibung der weiblichen Anderen, die zurückgewiesen wird" (Butler 1991: 88).

Einige Seiten später entwickelt Butler aus dieser Überlegung heraus das Konzept der heterosexuellen Melancholie. Das ist zwar eine überzeugende Auseinandersetzung mit Riviere; ich lote hier jedoch die postfeministische Maskerade als eine neue Form vergeschlechtlichter Machtverhältnisse aus, die die heterosexuelle Matrix neu inszeniert, um die Existenz des patriarchalen Gesetzes und der männlichen Hegemonie erneut abzusichern; diesmal allerdings aus einer ironischen, pseudo-feministischen Distanz und im Gewand der Weiblichkeit.[13] Während das Symbolische sich darauf vorbereitet, die feministische Gefahr abzuwenden,

---

[13] Meine Perspektive ist hier stark von Mary Ann Doanes Aufsatz von 1982 geprägt. Doane greift auf die Texte der feministischen Psychoanalysetheorie zurück, in denen Weiblichkeit als ‚klaustrophobische Nähe', als ‚Präsenz bei sich selbst', als ‚räumliche Nähe' problematisiert wird, als Schauplatz einer entweder masochistischen oder narzisstischen Überidentifizierung. Wenn das so ist, argumentiert Doane, dann kann die gefährliche Nähe, die Frauen in diese starre Position einschließt, durch Distanz schaffende Strategien, so wie die Maskerade, irgendwie aufgebrochen und gelöst werden. „Die Maskerade stellt Weiblichkeit zur Schau und hält sie so auf Distanz" (Doane 1994). Doane postuliert, die Maskerade stelle die Weiblichkeit aus oder justiere sie neu, so dass eine Lücke oder eine Distanz entsteht. Dies ermöglicht eine Neupositionierung der Frau jenseits ihrer untergeordneten, machtlosen Stellung im Raum des männlichen Begehrens innerhalb der vorherrschenden Heterosexualität. Diese Bewegung wird durch die „Hyperbolisierung der Ausrüstung der Weiblichkeit" ermöglicht (ebd.), die den männlichen Blick irritiert, die ihn seltsam und fremd und womöglich unpassend macht. Die Maskerade ist also, kurz gesagt, eine Distanz schaffende Strategie, und ich stelle hier die Behauptung

lässt es eine feministische Geste zu. Riviere diagnostiziert eine aufschlussreiche Diskrepanz zwischen der Wirklichkeit der Maskerade als deutlich sichtbares Phänomen bei ihren Patientinnen und deren Beziehungen einerseits und den kulturellen Bildern von Weiblichkeit andererseits. Diese Intersektion zwischen den Erscheinungsbildern von Weiblichkeit, die Riviere im Alltag beobachtet, und denjenigen, die in der weiblichen Populärkultur dargestellt werden, ermöglicht mir hier, die postfeministische Maskerade als Modus der weiblichen Einschreibung auf der gesamten Oberfläche des weiblichen Körpers zu lesen, als Anrufungstechnik, die in der Konsumsphäre als gut sichtbarer, vertrauter (nostalgischer, retro), unbeschwerter (nicht ernstzunehmender) Refrain der Weiblichkeit operiert. Die Maskerade wurde ironisch in das Repertoire der Weiblichkeit zurückgeführt: Die Kleider werden jetzt in Anführungszeichen getragen. So wird signalisiert, dass die übersteigerte Weiblichkeit der Maskerade, die Frauen scheinbar wieder in traditionelle Geschlechterhierarchien einschließt – beispielsweise, indem sie sie in schwindelerregend hohe Stilettos und enge Röcke zwingt –, eigentlich gar keinen Zwang darstellt (wie es vermeintlich die Feministinnen von einst kritisierten), sondern dass es sich mittlerweile um eine freie Wahl handelt. Das Motiv der Wahlfreiheit wird zum Synonym für eine bestimmte Form des Feminismus. Aber junge Frauen entscheiden sich nicht nur für die Teilhabe an der Konsumkultur. Kein Aspekt des äußeren Erscheinungsbilds darf übersehen werden. Die postfeministische Maskerade erfordert eine mikroskopische Aufmerksamkeit für Details. Je mehr obskure Schönheitsprozeduren angeboten werden, desto stärker werden traditionelle weibliche Körperpraxen wie Maniküre und Pediküre auch als Normen weiblicher Körperpflege neu eingesetzt. Solche routinemäßigen Praxen werden allen Frauen abverlangt, die als echte Frauen gelten wollen, und diese Rituale konstituieren die postfeministische Maskerade als eine weibliche Totalität.

Die neue Maskerade verweist ständig auf ihre eigene Künstlichkeit. Frauen tragen sie wie ein Statement. Die Frau in der Maskerade zeigt deutlich, dass sie ihren Stil *frei* gewählt hat. Die postfeministische Maskerade fürchtet sich nicht vor der Bestrafung durch Männer. Stattdessen ist es hier die maßregelnde Struktur des Mode- und Schönheitssystems, das als autoritäres Regime agiert; daraus erklärt sich auch das scheinbare Desinteresse an männlicher Anerkennung, vor allem dann, wenn das Outfit und der Stil von Personen aus der Modebranche bewundert werden.[14] Denjenigen Frauen, die sich in das Feld der Erwerbstätigkeit, der

---

auf, dass diese subversive Möglichkeit mittlerweile als Zeichen für weibliche Unabhängigkeit und Ermächtigung von der Konsumkultur vereinnahmt und sogar unterstützt wurde.

[14] In *Sex & the City* ist es ein wiederkehrendes Motiv, dass Carries alberner Hut von ihren potenziellen Männern nicht wahrgenommen wird. Sie weiß: Nur ModekennerInnen können ihn wertschätzen. Das Tragen oder Nichttragen des Huts führt zu ausgiebiger Selbstreflexion. Soll sie ihn tragen oder lieber nicht? Carrie hält, als Zeichen ihrer eigenen unabhängigen Identität, oft an solchen scheinbar bedeutungslosen Gegenständen fest. Aber wir (die Zuschauerinnen) wissen, dass diese Gegenstände

Berufstätigkeit und der Öffentlichkeit begeben haben, die bis dato als männliche Bereiche gekennzeichnet waren, stellt die Maskerade einen Habitus zur Verfügung. Die Maskerade verleugnet die phantasmatischen, mächtigen und kastrierenden Figuren der Lesbe und der Feministin, mit denen berufstätige Frauen sonst in einen Zusammenhang gebracht werden konnten. Sie befreit Frauen von der Bedrohung durch diese Figuren, indem sie das Schauspiel der Weiblichkeit triumphierend als Exzess reinszeniert (auf der Grundlage der finanziellen Unabhängigkeit durch Berufstätigkeit), und bestärkt gleichzeitig die hegemoniale Männlichkeit, indem sie diese öffentliche Weiblichkeit befürwortet, die die neue Macht, die Frauen aufgrund ihrer ökonomischen Teilhabe zukommt, unterminiert oder zumindest erschüttert.

Die postfeministische Maskerade hat viele Erscheinungsformen (ist jedoch immer makellos); im Wesentlichen vollzieht sie eine Neuanordnung der Weiblichkeit in dem Sinn, dass altmodische Stile (Vorschriften über Hüte, Taschen, Schuhe etc.), die die Unterwerfung unter eine unsichtbare Autorität oder unter ein undurchsichtiges Regelwerk signalisieren, neu eingesetzt werden.[15] In der Praxis zeigt sie sich als die nervöse Gestik junger Frauen (ich denke hier beispielsweise an Bridget Jones' Minirock, an ihr Flirtverhalten bei der Arbeit, an ihre Vorwürfe an sich selbst als ‚Dummkopf'), die sich darüber bewusst geworden sind, dass ihr In-Erscheinung-Treten und die Konkurrenz zu Männern als ihresgleichen, in die sie sich auf dem Arbeitsmarkt begeben, Konsequenzen hat. Sie sind nervös, weil sie noch nicht daran gewöhnt sind, Macht zu besitzen; Macht steht ihnen nicht, sie sind unerfahren, sie können es sich nicht leisten, ihre Macht entspannt oder zwanglos einzusetzen, sie befürchten, dass Macht sie unweiblich macht. Es handelt sich weniger um Angst denn um die Akzeptanz der Tatsache, dass die Aneignung dieser Macht, die sie plötzlich besitzen, ihre Verhandlungen im heterosexuellen Feld und ihre Attraktivität potenziell negativ beeinflussen können. Die postfeministische (antifeministische) Maskerade ist die Retterin der jungen Frauen, ein Relikt aus der Vergangenheit, das ihnen einen Stil vorgibt; sie geben sich beispielsweise „dumm und konfus" (Riviere 1994), um auf dem Terrain der hegemonialen Männlichkeit navigieren zu können, ohne ihre sexuelle Identität

---

ihrer Weiblichkeit letztlich positiv zuarbeiten. Sie machen Carrie begehrenswerter. Ihr exzessiver Charakter zeugt von Carries Verletzbarkeit und von ihrer kindlichen Freude am Verkleiden. Wenn sie danebengreift und ein bisschen albern aussieht, liegt das daran, dass sie noch ein Mädchen ist, dem es an Selbstsicherheit fehlt, wenn es sich als Frau verkleidet. Das Danebengreifen ist also ein Zeichen ihrer Mädchenhaftigkeit, und dieses Scheitern macht sie für Männer um so begehrenswerter.

[15] ModejournalistInnen in der seriösen Presse, vor allem bei *The Independent* und *The Guardian*, wechseln häufig in einen selbstironischen Tonfall, wenn sie Empfehlungen darüber geben, was man tragen und wie man aussehen soll. Sie unterstellen bei sich selbst und bei ihrer liberalen bis linken LeserInnenschaft der Mittelschichten eine ironische Distanz zu der stärker didaktischen, autoritären und bewertenden Sprache des Modejournalismus. Aber diese Ironie schützt solche JournalistInnen natürlich auch vor Kritik.

aufs Spiel zu setzen. Diese sexuelle Identität kann für Frauen ein Schauplatz der Verletzbarkeit werden, wenn sie sich tatsächlich und legitimerweise innerhalb der institutionalisierten Arbeitswelt befinden, von der sie früher zumindest teilweise ausgeschlossen waren: Ihnen kann das Gefühl vermittelt werden, sie seien zu alt, über das beste Alter hinweg, eine alter Jungfer etc. Sie haben auch zu befürchten, durch ihre Sichtbarkeit als starke Frau als aggressiv unweiblich zu gelten und/oder fälschlicherweise für eine Feministin gehalten zu werden, und geben sich deshalb mädchenhaft, unaufmerksam und etwas konfus; sie überladen sich mit Taschen, Schuhen, Armbändern und anderem dekorativen Schnickschnack, um den sie sich ununterbrochen kümmern müssen. Sie suchen fast zu sehr nach Bestätigung. Die neue Maskerade lenkt die Aufmerksamkeit bewusst auf ihre Konstruiertheit und ihre Performativität. Die postfeministische Maskerade, verkörpert in der Figur der so genannten *Fashionista*, ist eine selbstreflexive Strategie, die ihren Verzicht auf Zwang herausstellt, ein perfekt gestyltes und frei gewähltes Weiblichkeitskostüm. Aber der theatrale Charakter der Maskerade – der alberne Hut, der zu kurze Rock, die zu hohen Absätze – illustrieren ein weiteres Mal, wie schon die klassischen Hollywood-Komödien, die Verwundbarkeit, die Zerbrechlichkeit, die Unsicherheit und die tief sitzenden Ängste von Frauen: ihre Panik davor, durch ihr In-Erscheinung-Treten als Frauen das männliche Begehren zu verwirken.

Riviere und Butler verweisen beide auf die sublimierte Aggression gegenüber der Männlichkeit und der männlichen Dominanz, die sie in der Maskerade sehen. Riviere beschreibt den weiblichen Zorn, der sich hinter der Fassade der exzessiven Weiblichkeit verbirgt, mit den Worten „Triumph", „Überlegenheit" und „Feindseligkeit"; sie nimmt die Wut der berufstätigen Frau wahr, die ihre Unterwerfung im Verhalten ihrer männlichen Kollegen gespiegelt sieht. Diese Affekte transformieren sich in die Maske aus Make-Up und dem zur Perfektion gebrachten Look. Diese Strategie kehrt heute unter sehr anderen Umständen zurück. Frauen haben sich die männlichen Sphären erobert und stehen im täglichen Wettbewerb mit Männern. Dank gleichstellungspolitischer Maßnahmen und neuerdings auch dank meritokratischer Belohnungssysteme, wie *New Labour* sie verficht, befinden sie sich mit Männern auf Augenhöhe. Die Frau in der Maskerade begehrt eine Position als „Subjekt in der Sprache" (also die Partizipation am öffentlichen Leben), statt nur als „Frau als Zeichen" zu existieren (Butler 1991). Eben weil Frauen nun als Subjekte in der Sprache funktionieren können (d.h. weil sie an der Arbeitswelt partizipieren können), existiert die neue Maskerade – um Konflikte im Feld der Geschlechterverhältnisse zu verwalten und Frauen als Zeichen wieder einzusetzen. Die erfolgreiche junge Frau muss sich nun endlos und immer wieder zurechtmachen, so als müsse sie ihre Rivalität mit den Männern in der Arbeitswelt (also ihren Wunsch nach Männlichkeit) maskieren und die Konkurrenz, die sie nun darstellt, verbergen: Nur mit Hilfe solcher Rückversicherungstaktiken kann sie sicher sein, dass sie sexuell begehrenswert bleibt. Sie befürchtet, nicht mehr begehrt zu werden, und macht sich deswegen zurecht; aber während das früher noch eine Notwendigkeit war, ist es nun eine persönliche Entscheidung, und die Bestätigung durch Männer wird nur indirekt angestrebt. Auf jeden Fall haben das Patriarchat und die hegemonialen Männlichkeiten diesen Schauplatz verlassen und wurden durch den kulturellen Bewertungshorizont des Mode- und Schönheitssystems ersetzt. Hier liegt jetzt die Quelle der Maßregelung, hier wird Strafe zugemessen. Frauen verbergen ihr Machtstreben mit der Maskerade; die patriarchale Autorität zieht sich vom Schauplatz der Bewertung zurück und delegiert ihre Macht an das Mode- und Schönheitssystem, das konstante Selbstbewertung und Selbstkritik vor einem Horizont rigider kultureller Normen einfordert. So wirkt es, als ,täten Frauen es für sich selbst'. Als das Patriarchat sich zu Rivieres Zeiten dem Machtstreben von Frauen vehement entgegenstellte und ihnen mit Bestrafung drohte, konnten Frauen diese Bestrafung nur dann abwenden, wenn sie das Streben nach Macht aufgaben, sich auf das Terrain der beruhigenden Weiblichkeit zurückzogen und den Männern so zeigten, dass sie keine Bedrohung darstellen. Aber die Notwendigkeit der Maskerade in einem postfeministischen Rahmen bleibt eine Quelle sublimierter Wut, die privatisiert oder unlesbar bleibt, weil Frauen, die Männlichkeit kritisieren, in die Ecke der verworfenen Feministinnen verwiesen werden. So erklärt sich die Suche nach einem angemessenen kulturellen Raum, in dem diese Wut ausgelebt werden kann. Die narzisstische Selbstbezogenheit perfekt gestylter junger Frauen beinhaltet eine Geste des ,Ihr könnt mich mal' an die Männer. Die Elemente der Kontrolle und der Beschränkung in der postfeministischen Maskerade zeugen von der Anerkennung und Ausübung einer Kritik der Männlichkeit und sogar von der heterosexuellen Melancholie, wie Butler sie beschrieben hat. Diese Melancholie liegt dicht unter der Oberfläche und droht sich in Wut zu verwandeln, wie ich im nächsten Kapitel darlege. In ihren Tagebüchern artikulieren die Heldinnen der populären Frauenliteratur *[chick lit]* regelmäßig Zorn, Empörung und Frustration darüber, dass sie sich immer noch und schon wieder unterwerfen müssen, um Männern zu gefallen.

Durch die übertriebene Zurschaustellung ihres Geschlechts und ihrer Sexualität, die die Aufmerksamkeit auf die Objekte und das Beiwerk ihrer Weiblichkeit lenkt, maskiert die Frau, so Riviere, ihr Streben nach männlicher Macht und nimmt gleichzeitig von diesem Streben Abstand. Sie hat Angst vor Ernsthaftigkeit (daher der komödiantische Charakter der spektakulären Weiblichkeit), und selbst wenn sie sich in einer Autoritätsposition befindet, betont sie ihre Weiblichkeit, so dass sie in der Logik des männlichen Begehrens erkennbar bleibt.[16] Riviere beschreibt,

---

[16] Cherie Booth, die Ehefrau des ehemaligen Premierministers Tony Blair, hat diesen Aspekt der postfeministischen Maskerade exemplarisch verkörpert. Bei jeder Gelegenheit lenkte sie die Aufmerksamkeit auf ihren exzessiven Gebrauch weiblicher Paraphernalia, als wolle sie von ihrem Status und ihrer Macht als Anwältin ablenken. Im Juli 2003 lud sie eine Redakteurin von *Marie Claire* in

wie eine profilierte Frau ihre berufliche Kompetenz bei einem öffentlichen Vortrag demonstriert, den Effekt ihrer Leistung und ihres Expertinnenwissens aber mit einer übertriebenen Zurschaustellung von ‚Koketterie' und weiblichen Gesten unterminiert. Sie gibt ihren männlichen Kollegen die Rückversicherung, dass sie trotzdem eine echte (also unterworfene) Frau bleibt. Die Maskerade fungiert als Rückversicherung männlicher Machtstrukturen, indem sie die Präsenz und das wettbewerbsorientierte Handeln von Frauen in Autoritätspositionen wieder entschärft. Sie restabilisiert die Geschlechterverhältnisse und die heterosexuelle Matrix, wie Butler sie definiert hat, indem sie Frauen wiederholt und rituell in das wissende und selbstreflexive Feld der hochstilisierten Weiblichkeit zurückruft. Angesichts der Störungen durch das neue Geschlechterregime leistet die postfeministische Maskerade Präventionsarbeit für das Symbolische. Sie operiert mit einer doppelten Bewegung: Ihre ‚freiwillige' Struktur arbeitet daran, das immer noch aktive Patriarchat unsichtbar zu machen, während die Anforderungen des Mode- und Schönheitssystems sicherstellen, dass Frauen in Wahrheit ängstliche Subjekte bleiben, getrieben vom Bedürfnis nach „absoluter Perfektion" (Riviere 1994: 42).

Unbedingt gestellt werden muss auch die Frage nach dem rassifizierten Subtext der postfeministischen Maskerade.[17] Wie wird Weißsein in diese Neuordnung des Weiblichen eingeschrieben? Inwiefern fühlen sich schwarze und asiatische Frauen von den Aufforderungen angesprochen, die Körpernorm der ‚absoluten Perfektion' zu erfüllen? Die postfeministische Maskerade ist auch ein Mittel, mit dem Weißsein als kulturelle Dominante im Feld des Mode- und Schönheitssystems wieder eingesetzt wird. Auch hier handelt es sich um ein tiefgreifendes *undoing*, eine Form der Rekolonialisierung mithilfe einer Reihe komplexer Strategien, die sich innerhalb der visuellen Diskurse der Populärkultur identifizieren lassen. Was meine ich mit Rekolonialisierung? Was meine ich mit *undoing*, mit Abwicklung? In den kulturellen und medialen Botschaften an junge, nicht-weiße Frauen findet sich vielfach die Unterstellung bzw. Annahme, der Kampf gegen rassistische Diskriminierung sei nicht länger relevant. Offensiver Antirassismus im Zusammenspiel mit Feminismus wird der Vergangenheit zugerechnet, den wütenden 1970er und 1980er Jahren vor den aufgeklärteren Zeiten unter New Labour. Wie ich bereits im vorangegangenen Kapitel ausgeführt habe, verschränkt sich diese Perspektive mit der Verlagerung des Regierungsdiskurses von Multikulturalismus und antirassistischen Politikstrategien hin zu der Förderung neuer Konzepte von Integration und Assimilation, bei denen der Erfolg von Schwarzen und AsiatInnen natürlich als ein Kernelement der neuen Meritokratie gefeiert wird.

---

ihr Schlafzimmer ein und ließ sie sogar einen kurzen Blick in ihren Kleiderschrank werfen, der, wie erwartet, voller Rüschenunterwäsche war.

[17] In ihren Arbeiten zur Maskerade reproduziert Riviere unkritisch das rassistische Stereotyp der Ängste (und Fantasien) weißer Frauen, von einem Schwarzen angegriffen zu werden.

Die neue Integrationspolitik gibt sich einen zeitgenössischen (post-9/11-) Anstrich. Dabei setzt sich die Sichtbarkeit von Schwarzen und AsiatInnen einschließlich ‚moderner' junger Frauen in einer Ökonomie, in der Erfolg von Talent abzuhängen scheint, idealerweise an die Stelle einer Auseinandersetzung über institutionalisierten Rassismus und die weite Verbreitung und Reproduktion rassistischer Diskriminierung. Das spezifische Element der Abwicklung, das hierin für Weiblichkeitsdiskurse relevant ist, lässt sich ganz handfest in dem anhaltenden, ausgeprägten Desinteresse verorten, das hauptsächlich weiße HerausgeberInnen, JournalistInnen und andere zentrale Figuren aus dem Medien- und Kulturbereich sowie MitarbeiterInnen sozialer Institutionen jenen Themen entgegenbringen, die unter den Stichworten Gleichstellung und Repräsentation verhandelt werden (vgl. Kapitel 2). In den letzten Jahren hat die Anzahl von Abbildungen schwarzer und asiatischer Frauen in Frauen- und Mädchenzeitschriften merklich abgenommen – gleichzeitig wird darüber nicht mehr geredet.

Die Thematisierung der quantitativen Repräsentation von Schwarzen und AsiatInnen in den Medien versetzt uns unmittelbar in die Anfänge feministischer und antirassistischer Forschung und Lehre in den Geistes- und Sozialwissenschaften zurück. So unterkomplex will man eigentlich gar nicht mehr argumentieren. Wenn ich hier die Beobachtung anführe, dass es immer weniger schwarze Models gibt und dass die weibliche Populärkultur Themen, die sich an nicht-weiße Frauen richten, zunehmend selten verhandelt, so ist das nicht mehr und nicht weniger als die intuitive Wahrnehmung der Tatsache, dass sogar in der liberalen Presse, die Mode- und Schönheitsthemen mittlerweile so viel Platz einräumt und die so bemüht um eine weibliche Leserschaft wirbt, kaum schwarze und asiatische Körper auf den endlosen Seiten über Mode, Schönheitspflege und kosmetische Chirurgie zu sehen sind. Es scheint so, dass von HerausgeberInnen und JournalistInnen in einem gesellschaftspolitischen Klima, in dem *Political Correctness* mittlerweile offen kritisiert wird, nicht mehr erwartet bzw. verlangt wird, sich mit gleichstellungspolitischen Themen zu beschäftigen. Stattdessen kehren sie zu den Normen und Konventionen zurück, von denen ihre Arbeit vor dem Aufkommen feministischer und antirassistischer Politik geprägt war. Entsprechend ist in der Presse und quer durch die populären Medien eine Abwicklung antirassistischer und feministischer Kulturpolitik zu verzeichnen. Das hat unter anderem zur Folge, dass schwarze und asiatische Frauen in der Reihe der verschiedenen Weiblichkeitstypen, die sich die postfeministische Maskerade einverleibt hat, kaum vorkommen. Die Luminositäten der Weiblichkeit sind selbstbewusst und unabänderlich weiß. Die Lichtkegel, die sich auf die Figuren des weiblichen Erfolgs und auf die *Top Girls* richten, können sich an schwarze und asiatische Weiblichkeit anpassen, aber nur unter der Bedingung, dass Differenz unter westlichem Glamour subsumiert wird, so dass sie den spezifischen Anforderungen genügt, die das Mode- und Schönheitssystem ständig wiederholt. Auch das Andere *[Otherness]* wird anerkannt: Kulturelle Differenz bekommt auf genau vorgezeichneten Wegen und in einem genau abgesteckten Rahmen ihren Platz zugewiesen (beispielsweise in der Gestalt der schwarzen *Celebrity,* die in Zeitschriften als Stilikone gefeiert wird). Aber im Großen und Ganzen setzt die postfeministische Maskerade implizit normatives Weißsein wieder ein, schließt Diversität und *Otherness* brutal aus, erweckt vergeschlechtlichte und rassifizierte Grenzziehungen im Kulturbereich zu neuem Leben und verleiht ihnen eine neue Stärke.

Man könnte also sagen, dass die postfeministische Maskerade die Mechanismen der Unterwerfung weißer Weiblichkeit unter weiße Männlichkeit neu festschreibt, während sie gleichzeitig rassistische Grenzziehungen untermauert, indem sie durch den Ausschluss nicht-weißer Weiblichkeiten aus dem starren Repertoire der Selbstverschönerungsmaßnahmen jegliches Multikulturalismusversprechen weit von sich weist. Hier setzt ein Prozess der doppelten Resubordination ein, wieder von der Unterstellung begleitet, dass feministische und antirassistische Politiken durchgesetzt sind, dass ihnen Rechnung getragen wurde: Junge schwarze und asiatische Frauen können heutzutage erreichen, was sie wollen, so wie ihre weißen Pendants. Natürlich richtet sich die Aufforderung, die ‚absolute Perfektion‘ zu erreichen, auch an sie. Dieses Element des selbstbewussten In-Erscheinung-Tretens, das in den dominanten Gouvernementalitätsdiskursen eine so zentrale Rolle spielt, macht es um so schwieriger, überhaupt wieder von Diskriminierung, Ungerechtigkeit und Ausschlüssen zu sprechen. Aber die Vorstellung der absoluten Perfektion, die sich in der postfeministischen Maskerade verkörpert, ist für nicht-weiße Frauen, so scheint es, kaum zu greifen und nicht lebbar – beziehungsweise nur dann, wenn sie fast alle Signifikanten der rassifizierten Differenz ablegen und Ethnizität unter das dominante Repertoire normativer weißer Weiblichkeit subsumieren.

Die zeitgenössischen Anrufungen schwarzer weiblicher Subjekte durch das Mode- und Schönheitssystem erwecken unter feministischen Theoretikerinnen nicht in der Weise Aufmerksamkeit, wie es in den 1980er und 1990er Jahren der Fall war (vgl. Young 2000). Die weibliche Konsumsphäre operiert mit einer begrenzten und somit ausschließenden Ansprache; sie bietet jungen (hellhäutigen) schwarzen und (respektablen, zurückhaltenden) asiatischen Frauen ein Abkommen über eine Minimalrepräsentation innerhalb dieser visuellen Ökonomien an. Die einzige Option für diese Leserinnenschaft ist die Anpassung an die Normen der hegemonialen, weißen, glamourösen und perfekt gestylten Weiblichkeit. Es gibt nur sehr wenige schwarze Celebrities, deren alltägliches Leben in den Hochglanzzeitschriften im Detail diskutiert wird. Die Filmfassung von *Bridget Jones* spielt sich in einer völlig weißen Landschaft ab; London als multikulturelle Stadt kommt quasi nicht vor. Keine der Hauptdarstellerinnen von *Sex & the City* ist schwarz; keine Darstellerin in *Friends* ist schwarz (manchmal hat jemand ein Date mit einer Schwarzen). Es gibt eine erfolgreiche asiatische *chick lit*, und es gibt eine Handvoll schwarzer Models, die ‚absolute Perfektion‘ verkörpern;

aber der Lichtstrahl, der mit Hilfe der postfeministischen Maskerade Ordnung und Stabilität für junge Frauen in die Landschaft der sozialen Transformation zu bringen versucht, hat für nicht-weiße Frauen nur die Option der Mimikry, Gefälligkeit, Anpassung und Modifizierung zu bieten. Diese Form rassistischer Gewalt innerhalb der euphorischen weißen visuellen Ökonomien des Mode- und Schönheitssystems fällt in der Regel kaum auf. Die postfeministische Maskerade bezieht ihre Bedeutung aus der Blütezeit des weißen Hollywood-Glamours und aus den Konventionen der besseren Modezeitschriften wie *Vogue*. Die Nostalgie für diese Art des Weißseins sorgt dafür, dass die neue Maskerade für schwarze oder asiatische Frauen entweder gar nicht verfügbar ist oder wenn doch, dann nur unter der Bedingung, dass Mode- und Schönheitsstile, die mit *Blackness*, kultureller Diversität und ethnischer Differenz konnotiert sind, negiert werden (Dyer 1997). Das Mode- und Schönheitssystem operiert im Sinn der patriarchalen Autorität und stellt so die Stabilität der heterosexuellen Matrix sicher – vor allem dann, wenn diese durch die sozialen Transformationen bedroht ist, die das In-Erscheinung-Treten von Frauen auf dem Arbeitsmarkt nach sich zieht. Ebenso fungiert dieses System als zentraler Mechanismus bei der Produktion und Reproduktion rassifizierter Differenz. Und auch in den Formen der weiblichen Populärkultur, in deren Zentrum die Verhandlung von Sexualität, Begehren, Liebesbeziehungen und Nähe steht, ist die Anrufung der Heterosexualität gleichzeitig eine Anrufung, die rassifizierte und ethnifizierte Differenz hervorbringt und bestärkt. Diese Systeme rassifizierter Bedeutung sind so tief in die dominante Sprache der Liebe und in die Diskurse darüber eingeschrieben, was junge Frauen tun müssen, um einen Freund oder Mann abzubekommen (die so genannten ‚Regeln'), dass die einzige innerhalb der Konsumsphäre verfügbare Logik der Differenz die Hervorbringung eines entsprechenden weiblichen Populärkultursystems für schwarze oder asiatische junge Frauen ist. Daraus erklärt sich auch die Ausbreitung von Selbsthilfebüchern für schwarze oder asiatische Frauen, von schwarzen Modezeitschriften, asiatischen Modelabels, asiatischer *chick lit* und so weiter.

Bildung und Berufstätigkeit als Schauplätze der Leistungsfähigkeit: Die Sichtbarkeit der hoch gebildeten berufstätigen Frau

Die Luminositäten der postfeministischen Maskerade und der Lichtstrahl, den das Mode- und Schönheitssystem auf die Figur der jungen Frau wirft, finden ihre Entsprechung in den Sichtbarkeiten, die die gebildete junge Frau und die berufstätige Frau hervorbringen, und werden manchmal auch von ihnen übertrumpft; regelmäßig verschränken sich die beiden Phänomene. Sie sind zwei zentrale Elemente des neuen Geschlechtervertrags.

Die Erwerbsfähigkeit junger Frauen ist die Grundlage für die rasant wachsende Konsumsphäre: Der Konsum lebt von den Möglichkeiten, die durch das verfügbare Einkommen junger Frauen entstehen. Von ihnen wird nicht mehr nur erwartet, einen Beruf auszuüben. Stattdessen sollen sie das Verdienen des eigenen Lebensunterhalts als höchste Priorität setzen und so ihren sozialen Status verbessern, ihre finanzielle Unabhängigkeit sicherstellen und sich den Zutritt zu der Welt weiblicher Güter und Dienstleistungen erarbeiten. Die Fähigkeit, sich den eigenen Lebensunterhalt zu verdienen, ist das wichtigste Kennzeichen der sozialen und kulturellen Transformationen, als deren privilegierte Subjekte junge Frauen gelten. Die (britische) Regierung arbeitet darauf hin, junge Frauen fit für den Arbeitsmarkt zu machen, was sich darin äußert, dass sie im Hinblick auf sämtliche vorstellbaren Talente und Fähigkeiten zur Aktivität gedrängt werden (Rose 1999b, Allen 2008). Wie ich zu zeigen versuche, sorgt die Art und Weise des vorgeschriebenen Kompetenzerwerbs im Rahmen des Modernisierungsprojekts der britischen Regierung auch für die Restabilisierung von Geschlechterhierarchien. In diesem Abschnitt betrachte ich, wie Bildung und Berufstätigkeit die Funktion einnehmen, junge Frauen als kompetente Subjekte zu bestimmen, die davon absehen werden, bestehende Geschlechterhierarchien in Frage zu stellen, wenn sie in Erscheinung treten und eine Position der Sichtbarkeit einnehmen können. Junge Frauen sind nun ein integraler Faktor des sozialen Wandels und der sozialen Umstrukturierung – mit allen Folgen, die diese Transformationen im Hinblick auf soziale Grenzziehungen, auf das wachsende Gefälle zwischen Reichtum und Armut und auf New Labours neue Meritokratie nach sich ziehen.

Während gut ausgebildete Frauen sich ihren unabhängigen Mittelklassestatus erobern, werden sie auch dazu ermutigt, sich von den ihnen sozial Unterlegenen zu distanzieren und ihren eigenen Erfolg als individuellen Erfolg zu feiern. Wie ich im 5. Kapitel zeige, wird im Unterhaltungssektor, in der Populärkultur und in den Medien wieder eine Form der Hierarchie und des Klassenhasses gegenüber dem Lebensstil und dem Erscheinungsbild schlecht verdienender Frauen akzeptabel. Diese Herablassung ist eine Auszeichnung für Frauen, die auf Solidarität verzichten können, weil sie nun Erfolg haben und sich am Wettbewerb beteiligen können. Diesem populärkulturellen Diskurs (in Fernsehsendungen wie BBCs *What Not To Wear*) liegt die implizite Annahme zugrunde, dass das Leben von Frauen sich dramatisch verändert hat. Frauen aus den arbeitenden Klassen werden dazu gedrängt, ihre fatalistischen Vorstellungen über die Unausweichlichkeit des Alterns, den Verlust der Attraktivität und die traditionelle Aufopferung als Mütter und Ehefrauen zu verwerfen. Der Imperativ der Selbstoptimierung setzt sich an die Stelle feministischer Werte wie Solidarität und Unterstützung und fördert stattdessen weibliche Individualisierung und die Verurteilung derjenigen, die nicht in der Lage oder nicht willens sind, sich selbst zu helfen. Die neuen Zeitlichkeiten im Leben von Frauen äußern sich darin, dass sie nun dazu aufgefordert sind, sich um ihr Erscheinungsbild und um ihre persönlichen Fähigkeiten zu kümmern, damit sie langfristig vorzeigbar und arbeitsmarkttauglich bleiben. Ihre berufliche Identität und die Erlangung von Qualifikationen führen dazu, dass junge Frauen nicht mehr primär anhand ihrer Positionen in familiären und verwandtschaftlichen Strukturen klassifiziert werden. Ihre gut sichtbaren Körper sind nun durch den Besitz von Abschlüssen, Qualifikationen und beruflichen Identitäten gekennzeichnet. Im Zuge ihrer Eroberung des Bildungssystems wird der Erwerb von Qualifikationen stärker bei jungen Frauen verortet als bei gleichaltrigen Männern. Bis in die späten 1980er Jahre hinein hatten nur einige wenige, hauptsächlich weiße junge Frauen aus den mittleren Schichten das Privileg, die stolzen Besitzerinnen guter Schulabschlüsse zu sein; entsprechend wurden sie in der Öffentlichkeit kaum zur Kenntnis genommen. Das hat sich dramatisch verändert. Die Auswirkungen von Klassendiskriminierung, Rassismus und der schieren Beständigkeit unüberwindbarer Hindernisse für Mädchen aus armen Verhältnissen verschwinden völlig aus dem öffentlichen Bewusstsein, wenn der Blick sich stattdessen auf Verbesserung, Erfolg und die signifikante Steigerung des Frauenanteils unter Studierenden richtet.[18] Diese Transformationen stehen in dem Prozess des In-Erscheinung-Tretens junger Frauen und in ihrer Wahrnehmung als Profiteurinnen von Regierungsbemühungen stark im Vordergrund. Das Bildungssystem verhält sich jungen Frauen gegenüber wohlwollend und belohnt sie für ihren Einsatz. Infolgedessen gelten junge Frauen als potenzielle Leistungsträgerinnen, als aktive und ehrgeizige Subjekte im Bildungssystem und als Personifizierungen der neuen meritokratischen Werte, deren Durchsetzung eines der Ziele der Schulpolitik unter New Labour war. Diese Neupositionierung ist ein entscheidender Passus des neuen Geschlechtervertrags. Die vertragliche Dimension äußert sich in der Form eines Angebots an junge Frauen, das diese nicht ablehnen können, ohne schmerzhafte Konsequenzen in Kauf zu nehmen. Hier bedarf es einer genaueren Analyse und Kontextualisierung. Wie haben beispielsweise feministische Theoretikerinnen auf eine Situation reagiert, in der unterstellt wird, junge Frauen hätten nun eine gleichberechtigte Stellung im Bildungssystem inne und könnten dementsprechend keinen Ungerechtigkeiten oder Diskriminierungen mehr ausgesetzt sein?

Bildung ist ein Schauplatz, auf dem lange Jahre feministischer Kämpfe tatsächlich zu einigen Erfolgen geführt haben. Die Zweite Frauenbewegung legte einen ihrer Schwerpunkte auf die Benachteiligung von Frauen im Schulsystem, und sozialistische Feministinnen sowie schwarze feministische Theoretikerinnen leuchteten diese Diskriminierungsachse auch in ihrem Zusammenspiel mit Klasse und Ethnizität aus. Dieser lange Kampf um Gleichberechtigung auf dem Bildungssektor hat in Walbys Begriffen dazu geführt, dass Geschlechterthemen

---

[18] Detaillierte Untersuchungen über Transformationen im Feld des Qualifikationserwerbs finden sich in Arnot et al. 1999 und in Allen 2008.

mittlerweile auch im breiteren politischen Mainstream verhandelt werden. Dass vor allem junge Frauen die oben erwähnten Bildungsqualifikationen erlangt haben und dass zunehmend mehr Mädchen Abitur machen und studieren, ermöglicht es der New-Labour-Regierung, ihre Bildungspolitik als Erfolg zu verkaufen.[19] Dies ist ein weiteres Beispiel dafür, wie junge Frauen öffentlich sichtbar werden und wie der Feminismus auf der Grundlage von der Bildfläche verschwindet, dass sein Auftrag erfüllt sei, dass ein ausreichendes Maß an Gerechtigkeit erreicht wurde und dass die noch bestehenden Ungleichheiten nun durch das Wirken des politischen Mainstreams beseitigt würden. Ich möchte mich hier jedoch auf einen anderen Punkt konzentrieren. Dabei begnüge ich mich nicht mit dem Hinweis auf die Ungleichverteilung des Erfolgs, auf die Diskrepanz zwischen Erfolg und Scheitern in Abhängigkeit von der Klassenherkunft und auf die anhaltenden fatalen Effekte der rassistischen Benachteiligung junger schwarzer und asiatischer Frauen quer durch alle sozialen Schichten. Die massiven Negativauswirkungen rassistischer Vorurteile auf die Bildungschancen schwarzer und asiatischer Frauen unterhöhlen nach wie vor jegliche feministische Errungenschaften im Bildungssektor, vor allem dann, wenn diese in den Begriffen von Gender Mainstreaming beschrieben werden. Es braucht eine wesentlich detailliertere empirische Studie über die Erfahrungen junger schwarzer und asiatischer Frauen im britischen und europäischen Bildungssektor. Jeglicher verfrühte Optimismus im Hinblick auf Erfolg und soziale Mobilität würde sich mit ziemlicher Sicherheit sofort verflüchtigen. Was man allerdings sagen kann, ist, dass das In-Erscheinung-Treten junger Frauen und die Zuschreibung von Kompetenzen auf diese scheinbar privilegierten Subjekte in der Modernisierungsagenda von New Labour eine Schlüsselrolle spielen: Hier zeigt sich, dass New Labour immer noch ein ehrliches sozialdemokratisches ‚Herz' hat und dass die kluge Investition in die Bildung insbesondere bei einer spezifischen sozialen Gruppe Früchte getragen hat, nämlich bei jungen Frauen, die bis dahin dazu bestimmt waren, Bildungsverliererinnen zu sein.

Eine Reihe von Studien aus den USA, Großbritannien, Australien und Europa beschreiben detailliert, wie die Transformationen wohlfahrtsstaatlicher Regimes, das Zurückweichen der staatlich finanzierten Bildung und das Aufkommen meritokratischer Belohnungssysteme neue Ungerechtigkeiten produzieren. Hier zeigt sich, wie Privatisierungen und die Umorientierung der bildungspolitischen Richtlinien hin zu einem auf Effizienz und Output basierenden System sich nachteilig auf den Bildungserfolg junger Frauen aus einkommensschwachen Familien auswirken (Walkerdine et al. 2002). Mädchen aus der Mittelschicht und aus privilegierten asiatischen und schwarzen Familien (die natürlich immer noch Diskriminierung

---

[19] Vgl. die Dissertation von Kim Allen, Goldsmiths College 2008. Ich danke Kim Allen außerdem für den Hinweis auf die Seite www.dfes.gov.uk/regateway/DB/SFR/s000708/SFR04, auf der Informationen über die Erwerbstätigkeitsquoten junger SchulabgängerInnen zur Verfügung gestellt werden.

erfahren) werden Teil der neuen Wettbewerbselite, während von Mädchen aus der unteren Mittelschicht und aus den arbeitenden Klassen erwartet wird, einen Hochschulabschluss zu machen und entsprechenden Berufen nachzugehen. Kim Allen diagnostiziert für ganz Großbritannien in den ersten Jahren des 21. Jahrhunderts eine stark gesteigerte auf Mädchen abzielende Aktivität in Schulen, in der Berufsausbildung, in der Weiterbildung, in der höheren Bildung und auf dem Arbeitsmarkt. Nur 2 % der Mädchen verlassen die Schule ohne Abschluss und werden in der Folge stärker als zuvor als Bildungsversagerinnen ausgesondert (Allen 2008). Diese Verteilung junger Frauen entlang ihrer Bildungsqualifikationen sieht nach einer simplen Reproduktion bestehender Klassenunterschiede aus, aber es finden zwei Verschiebungen statt: Erstens erobern sich Frauen nun durch Berufstätigkeit und Qualifikationen ihre eigene Klassenidentität, zweitens lassen sich spezifisch weibliche Verlaufswege sozialer Mobilität feststellen.[20] Die (Nicht-)Erlangung von Qualifikationen fungiert so als Zeichen einer neuen Geschlechtergrenze.

Junge Frauen werden nun entsprechend ihrer Fähigkeit beurteilt, Qualifikationen zu erlangen, die ihnen eine Identität als weibliche Leistungssubjekte verleihen. (Manche Mädchen streben obsessiv nach guten Noten.) Die Prinzipien des neuen Geschlechterregimes verlangen von jungen Frauen im Schulsystem und stärker noch auf dem Arbeitsmarkt ein hohes Maß an Einsatzbereitschaft, Motivation und Begabung. Mit der Aufmerksamkeit, die New Labour und andere Regierungen jungen Frauen zukommen lassen, scheinen sie einige der Hoffnungen früherer Generationen von Feministinnen zu erfüllen; tatsächlich jedoch fördern sie weibliche Aktivität als eine neue Form sozialer Mobilität. Die Regierung tritt an die Stelle des Feminismus und vermittelt anstelle dieser nicht mehr zeitgenössischen Werte eine Form der weiblichen Wettbewerbspartizipation, was unter anderem zur Folge hat, dass die Verschränkungen von *race*, Klasse und Geschlecht sich modernisieren und gleichzeitig weniger sichtbar werden.[21] Die Sprache und die Vorstellungen, die im kulturellen Feld im Zusammenhang mit dem Arbeitsleben junger Frauen zirkulieren, sind so stark von persönlichen Narrativen, schillernden

---

[20] An diesem Punkt gehen die Meinungen sicherlich auseinander. Während die meisten SoziologInnen bestreiten, unter New Labour, also seit 1997, habe es in Großbritannien tatsächlich soziale Mobilität gegeben, so legt doch die Erwerbstätigkeitsquote und der Frauenanteil in Weiterbildungsmaßnahmen und in der Hochschulbildung im Zusammenspiel mit dem kulturellen Bild des beruflichen Erfolgs und der Herausbildung einer ehrgeizigen Persönlichkeit nahe, dass das, was ich hier als den neuen Geschlechtervertrag bezeichne, eine Aufforderung an junge Frauen beinhaltet, sozial mobil zu sein oder zu einem gewissen Grad sozial aufzusteigen. Das wird sich statistisch vielleicht erst in vielen Jahren niederschlagen, aber wenn gerade so viele junge Frauen Hochschulabschlüsse erlangen, erscheint das Argument, es gäbe keine soziale Mobilität, fragwürdig (Devine et al. 2004, Skeggs 2005, Walkerdine 2004).

[21] Arnot et al. 1999 verweisen auf eine Studie, in der sich zeigte, dass die jungen asiatischen Frauen, die interviewt wurden, soziale Mobilität nach oben und qualifizierte Berufe anstreben.

‚Autobiographien' und Fernsehsendungen wie *Fame Academy* und *The Appren-tice* geprägt, in denen individuelles Talent, Entschlossenheit und Siegeswille im Vordergrund stehen, dass es immer schwieriger wird, die tatsächlichen sozialen Intersektionen struktureller Faktoren wie Ethnizität, Klasse und Geschlecht im Leben junger Frauen zu verstehen. In den individualisierenden Narrativen der Populärkultur wie beispielsweise in der *Daily Mail* richtet sich ein Großteil der Aufmerksamkeit auf die exemplarische schwarze oder asiatische junge Frau, die es dank ihres Bildungshungers, ihres Gefallens an harter Arbeit und ihres Wunsches nach materiellem Erfolg schafft, ihren Weg zu gehen.

Die hohen Erfolgsquoten bei der Erlangung von Qualifikationen sind zum Maßstab der bisher erreichten Gleichberechtigung geworden. Es wird angenommen, dass Diskriminierung aufgrund von Geschlecht kaum bis gar nicht vorkommt, so dass junge Männer heutzutage scheinbar die eigentlichen Verlierer sind und sogar diskriminiert werden. Folglich ist ein Argument des Backlashs gegen den Feminismus, er sei zu weit gegangen, er habe seine Grenzen überschritten und aufgrund seiner Gleichstellungserfolge und im Zuge der Feminisierung des Bil-dungssystems Jungen zu Schulversagern gemacht.[22] Dieses Argument wird so stark von der Regierung mitgetragen, dass es fast unmöglich ist, sich weiterhin gegen die Benachteiligung junger Frauen einzusetzen, die diese trotz ihrer augenscheinlichen schulischen Erfolge immer noch erfahren. Diverse soziologische Studien haben die sensationsheischenden Schlagzeilen über weiblichen Erfolg und männliches Schei-tern nachdrücklich in Frage gestellt und sind den Übertreibungen der Presse mit Fakten begegnet (vgl. Arnot et al. 1999; Bettie 2003; Budgeon 2001; Driscoll 2002; Harris 2004: Safia-Mirza 1997). In ihrer Arbeit über das britische Bildungswesen kontextualisieren und historisieren Madeleine Arnot et al. den weiblichen Erfolg. Sie zeigen, wie die feministischen Praxen, mit denen LehrerInnen seit Mitte der 1970er Jahre arbeiteten, schrittweise von einem deutlich wettbewerbsorientierten, thatcheristischen, an Output und Rechenschaftslegung ausgerichteten Regime verdrängt wurden. Allerdings konnten die immer noch intakten Überreste der feministischen Pädagogik so transformiert werden, dass sie der Logik der neuen Meritokratie entsprachen, so dass junge Frauen sowohl von alten feministischen Politiken als auch von New Labours Bildungspolitik profitieren konnten. Arnot et al. beschreiben, wie der Angriff der Neuen Rechten auf die als links und femi-nistisch geltende pädagogische Praxis die LehrerInnen dazu zwang, sich von dem ihnen vertrauten Vokabular abzuwenden und über Mädchen im Schulsystem nur noch in Begriffen des Erfolgs, der Ziele und externer Ratings zu sprechen. Der

---

[22] Das macht es umso schwieriger, darauf zu bestehen, dass es wichtig und relevant bleibt, gegen die neuen wie die alten Ungleichheiten zu kämpfen, denen junge Frauen heutzutage begegnen. Ein Beispiel ist das signifikant schlechtere Abschneiden von Mädchen in den naturwissenschaftlichen Fächern in sämtlichen EU-Mitgliedsstaaten. Vgl. www.europa.eu/research/science-society/women/Wir.pdf.

Feminismus musste sich den neuen Werten der Konkurrenz und der Exzellenz unterordnen, so dass das erfolgreiche Mädchen zu der Verkörperung der Verbesserungen und der Transformationen des gesamten Bildungssystems wurde. Trotz der fortdauernden eklatanten Ungerechtigkeiten in der höheren Schulbildung schreiben die Autorinnen: „Mehrere Generationen von Mädchen wurden durch den ökonomischen und sozialen Wandel und durch den Feminismus herausgefordert." (Arnot et al. 1999: 150) Worin genau diese Herausforderung besteht, bleibt unklar. Das neue, auf Mädchen abzielende Bildungsvokabular ist tatsächlich so aggressiv in seinen Versuchen, die Spuren des Feminismus auszulöschen, dass die feministische Pädagogik in die Vergangenheit verwiesen werden kann: als Relikt aus der Geschichte der Bildungssysteme und als Kennzeichen einer kurzen Phase des überkommenen Radikalismus. Dies fällt mit neueren Versuchen zusammen, antirassistische Pädagogik in der Absicht mit einer ähnlichen Bedeutung zu belegen, im Nachklang von 9/11 Möglichkeiten zu schaffen, das Vokabular der Assimilation und der Integration wieder gegen die Diskurse der kulturellen Differenz und des Multikulturalismus stark zu machen. Für schwarze und asiatische Mädchen hat es also einen doppelten Effekt, wenn die radikalen Werte, die ab Mitte der 1970er Jahre bis in die Mitte der 1990er Jahre das Schulsystem und teilweise die Lehrpläne prägten, diskreditiert werden.

Das Bild, das ich bis hierhin von dem Wandel des Bildungssystems gezeichnet habe, ist sicherlich schematisch. Mir geht es vor allem darum, darauf aufmerksam zu machen, dass die Debatten inzwischen weniger um die Probleme von Mädchen im Schulsystem kreisen als um die Annahme, das Bildungssystem sei mittlerweile vor allem auf junge Frauen ausgerichtet, die entsprechend als Leistungssubjekte gelten: als Subjekte, die es in dieser Gesellschaft zu etwas bringen können. Der momentane Zustand des Bildungswesens und das Aufkommen neuer Ungerechtigkeiten verdienen selbstverständlich eine gründlichere Betrachtung. Hinsichtlich der Entwicklung junger Frauen zu Leistungssubjekten lässt sich hier jedoch auf das verweisen, was Gayatri Spivak zu dem Zusammenhang gesagt hat, der zwischen den britischen Werten der Wettbewerbspartizipation und der Individualisierung auf der einen Seite und jenen pädagogischen Konzepten auf der anderen Seite besteht, die die westliche Entwicklungshilfe für das Wohl der neuen globalen Frau vorsieht. Spivak ruft (im Gegensatz zu Martha Nussbaum) zur Vorsicht gegenüber der Unterstützung der Bildungsprogramme für Mädchen durch die Regierungen verarmter Drittweltländer und des reichen Westens auf (Nussbaum 2003b, Spivak 2002). Wenn man die Investition in Mädchen als Bildungssubjekte als Fortschritt begreift, sagt Spivak (gegen Walby gerichtet), übersieht man leicht, dass diese Mädchen nun aller Wahrscheinlichkeit nach in Übereinstimmung mit jenen pädagogischen Prinzipien erzogen werden, die den Werten des neoliberalen globalen Kapitalismus restlos angepasst sind. Spivak hinterfragt die Bedeutung solcher Wissensformen und den Paternalismus, von dem es zeugt, Mädchen als

Objekte von Bildungsinvestitionen zu sehen. Natürlich sagt sie nicht, Mädchen sollten Bildungsangebote zurückweisen; aber die genauen Ausformungen und Bedingungen dieses Angebots sollten einer präzisen Betrachtung unterzogen werden. Die Aufmerksamkeit, die die westlichen Regierungen der sozialen Kategorie des Mädchens entgegenbringen, zeigen, in welchen Ausmaß die globale Frau mittlerweile die Versprechen verkörpert, die im Zuge der neuen internationalen Arbeitsteilung auftauchen. Die globale Frau, die einst für ihre geschickten Finger bekannt war, tritt jetzt als neues Subjekt auf die Bildfläche: als Empfängerin von Mikrokrediten, Gender-Trainings und Fortbildungen zur Unternehmenskultur und mit familienplanerischer Kompetenz ausgestattet (Spivak 1999; 2002a; 2002b; Mohanty 2002).

Wenn Bildung in den Ländern des reichen Westens der privilegierte Raum für die Propagierung weiblicher Teilhabe ist, dann haben die jüngeren Versuche der Regierung, durch das Verweisen auf Berufserfahrung, Praktika, Erwerbsfähigkeit und Unternehmenskultur direktere Zusammenhänge zwischen Bildung und Berufstätigkeit herzustellen, für junge Frauen eine besondere Bedeutung. Diverse neuere Untersuchungen über die Selbstidentität junger Frauen zeigen deutlich, dass das berufliche Ansehen ein wesentlicher Faktor in ihrem Selbstbild geworden ist. Über die Grenzen von Klasse und Ethnizität hinweg sind die Befragten motiviert und ehrgeizig, wissen vom jüngsten Alter an genau, welchen Weg sie später einschlagen wollen, und verweisen häufig auf die Unterstützung durch ihre Eltern und vor allem durch ihre Mütter (Budgeon 2001; Harris 2004). Ein gut durchgeplantes Leben kristallisiert sich als soziale Norm zeitgenössischer Weiblichkeit heraus. Im Gegenzug wird das Nichtvorhandensein dieser Formen von Selbstorganisation zum Indikator einer Pathologie, zu einem Zeichen des Scheiterns, zu einem Symptom persönlicher Schwierigkeiten. Anita Harris und weitere AutorInnen konnten außerdem zeigen, dass dieses gouvernementale Vokabular der Eigenverantwortlichkeit Benachteiligungen personalisiert und Armut bzw. finanzielle Notlagen als familieninternes Problem und Dysfunktionalität darstellt statt als sozial produzierte Phänomene. Für diejenigen jungen Frauen, die über die soziale Fähigkeit des selbstbewussten Auftretens und über Ehrgeiz verfügen, stellt sich die Frage, wie sie diese Fähigkeiten an den Arbeitsplatz mitnehmen können. Für die, die eben jene Fähigkeiten nicht haben, bringt der Übergang ins Arbeitsleben ziemlich sicher mit sich, dass sie in schlecht bezahlte und unqualifizierte Berufe gedrängt werden – immerhin mit dem Versprechen, dass denen, die ihre Chancen auf dem Arbeitsmarkt verbessern wollen, tatsächlich Wege in Richtung Weiterbildung, Freistellung und Trainings offenstehen. In der Konsequenz werden Leistungsversagerinnen und Frauen, die nicht das erforderliche Maß an Motivation und Ehrgeiz haben, sich selbst zu verbessern, für ihren Mangel an Status und ihre sonstigen Fehler wesentlich entschiedener verurteilt als zuvor.

Am anderen Ende der Skala kann man die Frage stellen, in welcher Position auf dem Arbeitsmarkt sich die jungen Frauen aus der Mittelschicht und der unteren Mittelschicht wiederfinden, die, wie Arnot et al. sagen, erst vom Feminismus der 1960er und 1970er Jahre profitiert haben und dann von New Labours meritokratischem Wettbewerbsethos als Hochleistungssubjekte adressiert wurden. Wenn dieser Teil der weiblichen Population die Gewinnerinnen stellt, können sie dann auch Verliererinnen sein? Gibt es Grund zur Annahme, dass auch hier, hinter einer Fassade der Chancen und der Leistung und trotz des hohen Maßes an Aufmerksamkeit, die in der Umgebung der Figur der berufstätigen Frau oder der jungen Karrierefrau spezifische Sichtbarkeiten produziert, Geschlecht unsichtbar gemacht wird?

Eine dieser populärkulturellen Luminositäten im Umfeld der berufstätigen Frau ist die hart arbeitende und ehrgeizige junge Frau, die vom Feminismus profitiert hat und es sich jetzt leisten kann, die feministischen Werte hinter sich zu lassen, um ihre eigenen Ziele zu verfolgen. Sie ist ausnahmslos weiß, und sie ist das Subjekt zahlloser Narrative in Filmen, Fernsehserien und Reportagen in Mädchen- und Frauenzeitschriften. In ihren Arbeiten aus den 1990er Jahren über Filme wie *Working Girl* (*Die Waffen der Frauen* (1989), Regie: Mike Nichols) zeigt Charlotte Brunsdon genau, wie die Narrative, die die Auswirkungen der Frauenbewegung auf das Leben ganz normaler Frauen und ihre Eroberung der Arbeitswelt anerkennen oder zumindest auf sie verweisen, einen Raum erschaffen, der in populären Filmen für ein weibliches Publikum postfeministische Inhalte vermittelt (Brunsdon 1991; 1997). Brunsdon analysiert die Verleugnung des Feminismus in einer Reihe von Hollywood-Genrefilmen aus den 1980er und frühen 1990er Jahren. Ich knüpfe im vorliegenden Buch an ihren Begriff der Verleugnung an vielen Stellen an und denke ihn weiter, indem ich analysiere, wie dem Feminismus aktiv Rechnung getragen wird, damit er abgewickelt werden und endgültig in die Bedeutungslosigkeit verwiesen werden kann. Die starke Präsenz starker und attraktiver berufstätiger Frauen in der kulturellen und medialen Landschaft und die Inkorporierung der beruflichen Identität als integraler Bestandteil der postfeministischen Maskerade werden zum Maßstab, an dem junge Frauen ihre eigene Leistungsfähigkeit in der Arbeitswelt messen sollen.

Der Film *Working Girl* erzählt, wie junge Frauen diese Räume der Luminositäten erobern und wie sie dabei in Erscheinung treten. Tatsächlich vollzieht dieser Film am Beispiel der zwei miteinander konkurrierenden weiblichen Hauptfiguren den Übergang von der Maskerade zur *postfeministischen* Maskerade nach. Die leitende Angestellte Katherine, gespielt von Sigourney Weaver, kommt aus der Mittelschicht und weist feministische Züge auf. Im Verlauf des Films wird sie von ihrer Bürorivalin und Untergebenen (Melanie Griffith) in den Hintergrund gedrängt. Diese beobachtet ihre Vorgesetzte eingehend und lernt, sich so anzuziehen, dass auch sie die „absolute Perfektion" verkörpert, bleibt dabei aber liebenswert weiblich und hat deshalb im Beruf und in der Liebe Erfolg. Melanie Griffith spielt Tess McGill, eine Büroangestellte ohne jeglichen Sinn für schicke Kleidung. Dann bietet sich Tess eine Gelegenheit (ihre Vorgesetzte hat einen Skiunfall), nicht nur Katherines perfekten Stil zu kopieren, sondern auch ihren Freund zu verführen und sich selbst mit Hilfe einer Mischung aus altmodischer weiblicher List und instinktiver Intelligenz in eine gleichermaßen mächtige Führungskraft zu verwandeln. Tess' postfeministische Maskerade beinhaltet die Aneignung und Anwendung aller möglichen Modetipps, aber sie bleibt nervös, unsicher und gefallsüchtig, und weil sie diese Eigenschaften übertrieben ausspielt, zieht sie das Interesse des attraktiven leitenden Angestellten (Katherines Freund) auf sich, der von Harrison Ford gespielt wird. Dies ist nur eines von vielen ‚Working Girl'-Narrativen, aber der Film ist, wie so viele Mainstream-Hollywoodfilme, eine hellsichtige Vorwegnahme vieler zentraler Diskurse im Zusammenhang mit dem Wandel der Geschlechterrollen, der Gesellschaft und des Kulturbereichs in den letzten 20 Jahren. Dazu gehören das Motiv des postfeministischen Wettbewerbs und der ungezügelten Rivalität zwischen Frauen, weibliche soziale Mobilität, die Ambitionen der unteren Klassen und die postfeministische Maskerade als Weiblichkeitsperformance, die für Tess deswegen funktioniert, weil sie versteht, warum Katherine trotz ihrer exklusiven Garderobe scheitert, wenn es um Männer und Sex geht: Katherine wirkt zu feministisch. Mit ihrem Stil und ihrem Habitus stellt sie sich auf Augenhöhe mit den Männern, und in der Liebe wird sie von ihrer weniger gebildeten Rivalin geschlagen, die sich den Anforderungen der männlichen Herrschaft besser anpasst.[23]

Die postfeministische Maskerade fordert der berufstätigen Frau also eine Art Kompromiss ab. Sie kann ihren Platz auf dem Arbeitsmarkt einnehmen und ihren Status als berufstätige Frau genießen – solange sie dabei nicht zu weit geht. Sie muss ersichtlich fragil bleiben, und wenn sie eine konventionelle weibliche Verletzbarkeit an den Tag legt, kann sie sichergehen, weiterhin für Männer begehrenswert zu bleiben. Dieser Kompromiss im kulturellen Feld findet seinen Ausdruck auch als ‚sozialer Kompromiss' in der Arbeitswelt. Den Begriff des sozialen Kompromisses entleihe ich Rosemary Crompton, um beschreiben zu können, wie der neue Geschlechtervertrag am Arbeitsplatz operiert und damit Partizipation und Teilhabe begrenzt (Crompton 2002). Rosemary Crompton interessiert sich vor allem für Mütter und deren Neupositionierung auf dem Arbeitsmarkt, wenn sie nach der Geburt ihrer Kinder wieder in die Erwerbstätigkeit zurückkehren. Ihre Arbeit ist deswegen hier relevant, weil sie zeigt, wie zugunsten des Kompromisses von einer Kritik der männlichen Hegemonie abgesehen wird. Es scheint, als schreckten junge berufstätige Mütter vor jeglicher Auseinandersetzung über ungleich verteilte Hausarbeit zurück, um stattdessen mit der Unterstützung der

---

[23] Charlotte Brunsdon leistet in mehreren Aufsätzen (1997; 2005) eine hellsichtige Analyse des Aufkommens eines postfeministischen Bewusstseins im Kino und im Fernsehen.

Regierung Mittel und Wege zu finden, ihre Doppelbelastung zu bewältigen. Hier lässt sich an die obige Diskussion der postfeministischen Maskerade als Strategie des *Undoing* anknüpfen, als Rekonfiguration normativer Weiblichkeit, diesmal unter Einbeziehung von Mutterschaft zum Zweck der Anpassung an die männliche Herrschaft. Der soziale Kompromiss birgt insofern auch wieder einen Prozess der Restabilisierung tradierter Geschlechterverhältnisse. Rosemary Crompton weist auf den signifikanten Anteil der britischen Frauen hin, die ihren Arbeitsplatz nach der Geburt ihrer Kinder gar nicht oder nur für sehr kurze Zeit verlassen. Dies entspricht dem Grad an Aufmerksamkeit der Regierung für die Erwerbsfähigkeit von Frauen und für den Übergang von Frauen in die lebenslange Erwerbstätigkeit als Gegenentwurf zu der traditionellen ökonomischen Abhängigkeit von einem männlichen Familienernährer. Der Kompromiss verlangt, dass Frauen eine zweifache Rolle einnehmen: Sie sollen einer Erwerbsarbeit nachgehen und gleichzeitig hauptverantwortlich für Kinder und das häusliche Leben zuständig sein (Crompton 2002). Statt die traditionelle Erwartungshaltung in Frage zu stellen, dass Frauen zu Hause die Hauptverantwortung übernehmen, findet eine Verlagerung dahingehend statt, dass von einer Kritik des Patriarchats abgesehen wird und Frauen stattdessen heldinnenhaft versuchen, ‚alles zu schaffen‘, während sie für die fast unmögliche Bewältigung dieser Aufgabe auf staatliche Unterstützung hoffen. Der Übergang zu diesem weiblichen Aktivitätsmodus wird durch eine Reihe von Luminositäten (die glamouröse berufstätige Mutter, die sexy Mutter, die urbane Überfliegerin, die gleichzeitig Mutter ist etc.) sowie durch Bilder, Texte und populäre literarische Genres hervorgebracht, beispielsweise durch Bestseller wie *Working Mum* (*I Don't Know How She Does It*, Pearson 2003).

Die britische Regierung ersetzt gewissermaßen die Feministin. Sie modifiziert ihr Vokabular und interveniert als Helferin berufstätiger Mütter, die in Erscheinung treten; sie beteiligt sich daran, jede mögliche Kritik von Frauen an ihrer Doppelbelastung auszuhebeln, und stabilisiert damit die heterosexuelle Matrix.[24] Das Regierungshandeln schützt also die männliche Hegemonie, indem Frauen in ihrer Doppelbelastung unterstützt werden, während die Medien und die Populärkultur sich darum bemühen, berufstätigen Ehefrauen und Müttern mit Hilfe postfeministischer Selbstverbesserungsmaßnahmen, Hypersexualität und Leistungsfähigkeit zu neuem Glamour zu verhelfen. Dieser Teil des neuen Geschlechtervertrags verlangt im Job wie zu Hause den Kompromiss. Trotz der heroischen Rhetorik über die Vereinbarkeit von Beruf und Familie sind diverse Institutionen, in deren Aufmerksamkeitsfokus die junge berufstätige Frau steht, daran beteiligt, deren berufliche Ambitionen mit dem Beginn der Mutterschaft

---

[24] Vgl. die Arbeiten der Women and Work Commission 2006 (www.womenandequalityunit.gov.uk/ women_work_commission), in denen implizit Frauen die Schuld dafür zugeschrieben wird, dass sie die falschen Karriereentscheidungen treffen und sich damit in den Niedriglohnsektor katapultieren.

herunterzuschrauben und durch einen Management-Diskurs zu ersetzen. Im Licht dieser neuen Verantwortlichkeiten wird jungen Frauen dazu geraten, von ihrem Arbeitgeber Flexibilität einzufordern. Die Regierung ermutigt Frauen ganz sicher nicht, zu Hause zu bleiben, nachdem sie Kinder bekommen haben. Stattdessen bietet der neue Geschlechtervertrag Unterstützung und Ratschläge an, so dass die Rückkehr an den Arbeitsplatz (oft in Teilzeit) in Form einer so genannten Work-Life-Balance erleichtert wird. Hier ist ein impliziter Kompromiss im Spiel: Was die berufstätige Mutter vom Arbeitgeber will oder braucht, ist die Anerkennung ihrer Doppelbelastung und ein gewisses Maß an entsprechenden Zugeständnissen. Die Work-Life-Balance steht nun auf einer stabileren Grundlage in Form von Gesetzen über Teilzeitstellen und Rentenregelungen für Frauen.

Ebenso bemüht sich die Regierung nach Kräften darum, Männer zu ermutigen, bessere Väter zu werden und den Wert des Familienlebens anzuerkennen. Doch so wichtig diese Initiativen auch sein mögen, so stellt doch die Erwartung, die Regierung solle berufstätige Mütter unterstützen, eine neue Dimension in feministischen Politikdebatten über den Staat als Ersatz für den Ehemann dar, d. h. über den ,Mann im Staat'. Aber in diesem Szenario interveniert der Staat nicht, um den Ehemann zu ersetzen (indem er alleinerziehende Mütter unterstützt), sondern um dem Ehemann zu ermöglichen, seine Karriere weiterhin zu verfolgen, ohne dass seine Frau sich beschwert und ohne dass von ihm verlangt wird, weniger zu arbeiten, um sich gleichberechtigt am Haushalt beteiligen zu können. Hier herrscht eine Art postfeministischer Realismus bzw. Pragmatismus. Im Idealfall widmen Männer ihrer Familie mehr Zeit, aber das muss eine persönliche Entscheidung bleiben. Man könnte also sagen: Frauen treten als bereitwillige Subjekte ökonomischer Leistung in Erscheinung und nehmen es gleichzeitig auf sich, weiterhin ihre traditionelle Rolle im Haushalt zu erfüllen, statt die Teilung der Reproduktionsarbeit radikal anzufechten, wie es Feministinnen seit Mitte der 1970er Jahre mit einigem Erfolg getan haben. Wie gut die individuelle heterosexuelle Frau es schafft, bei der Hausarbeit und Kinderbetreuung die Gleichberechtigung zu erkämpfen, wird so zu einer persönlichen Frage oder zum Anzeichen dessen, ob sie bei der Partnerwahl ein gutes Händchen hatte oder nicht. Wenn ja, so wirkt sich ihr Lebensplan an diesem Punkt zu ihrem Vorteil.

Der soziale Kompromiss, wie Crompton ihn definiert, ist also ein zentrales Element des neuen Geschlechtervertrags. Dieser basiert auf einer Reihe biopolitischer Strategien, die Geschlecht und Sexualität dahingehend managen, dass eine erneute feministische Herausforderung der patriarchalen Autorität verhindert wird. Ein solches Arrangement lässt sich natürlich auch als Teil von Gender Mainstreaming verstehen. New Labour hat die Bedürfnisse von Frauen mittlerweile vollständig in ein umfassendes politisches Modernisierungsprogramm integriert: Frühere feministische Forderungen wurden zur Kenntnis genommen und ernsthaft auf der Ebene nationaler Politik angegangen. Das mag zu einem gewissen Maß stimmen;

gleichzeitig kommt die alte feministische ‚Forderung', Männer sollten einige ihrer Privilegien im Beruf und im Privatleben aufgeben, damit es in der häuslichen Sphäre zu Gleichberechtigung kommen kann, in diesen Debatten so gut wie gar nicht vor. Vor einem Jahrzehnt forderte Nancy Fraser, Männer müssten im Hinblick auf ungerechte Arbeitsteilung im Haushalt wieder stärker zur Rechenschaft gezogen werden (Fraser 1997); ich haben hier zu zeigen versucht, welche Kräfte gegen diese Erwartung bzw. Möglichkeit kämpfen. Fraser wies auch darauf hin, dass das Alleinverdienermodell gegenüber dem *Caregiver*-Modell früherer Sozialstaatsregimes zunehmend an Bedeutung gewinnt. Das Care-Modell berücksichtigte die Rolle von Frauen als Caregiver und die Grenzen, die diese Rolle den Möglichkeiten zur ökonomischen Aktivität setzt (Fraser 1997). Die Care-Funktion spielte in feministischen Debatten seit Mitte der 1970er Jahre eine wichtige Rolle und ist immer noch Diskussionsgegenstand (Lister 2002; Williams 2002). Im Kern wiesen diese Debatten auf der Seite derjenigen, die das Caregiver-Modell verteidigten, eine Tendenz zum maternalistischen Essentialismus auf. Aber was der soziale Kompromiss mittlerweile nahelegt, ist, dass das Alleinverdienermodell Frauen eine doppelte Verantwortung (für Familie und Erwerb) abverlangt, die zudem mehr oder weniger garantiert, dass sie hinsichtlich ihrer Erwerbsfähigkeit auf dem Arbeitsmarkt lebenslang benachteiligt sind. Gleichzeitig ist das In-Erscheinung-Treten von Frauen auf dem Arbeitsmarkt für die Regierung eine willkommene Gelegenheit, die langfristigen Kosten der Wohlfahrtsstaatlichkeit zu senken.

Wenn wir dieses Modell der weiblichen Doppelbelastung auf das Feld der neuen flexibilisierten Ökonomie ausdehnen, stellt sich die Frage, wie es Frauen unter diesen neuen, stärker wettbewerbsorientierten und prekären Bedingungen ergeht. Angesichts von Frauen, die mit Qualifikationen ausgerüstet sind und dazu ermutigt werden, Enthusiasmus und die Bereitwilligkeit auszustrahlen, ihre Karrieren als Beweis ihrer neuen und unabhängigen Geschlechtsidentität zu verfolgen, wird die Teilhabe von Frauen zu einem zentralen Kennzeichen des Erfolgs der neuen Ökonomie. Die lebenslange Partizipation am Arbeitsmarkt verringert die Kosten der sozialstaatlichen Maßnahmen, die auf Frauen als traditionelle Geringverdienerinnen abzielen, und kann im Optimalfall die hohe Altersarmut von Frauen auffangen. Zudem produziert das Eintauchen von Frauen in die Berufstätigkeit eine aufblühende, auf Frauen zugeschnittene Konsumkultur. Vor diesem Hintergrund lässt sich sagen, dass junge Frauen die privilegierten Subjekte ökonomischer Leistungsfähigkeit sind, und auf dieser Grundlage ist außerdem zu erwarten, dass die soziale Mobilität bei kinderlosen Frauen stärker ausgeprägt ist.

Es wurde bereits darauf hingewiesen, dass der soziale Kompromiss bei berufstätigen Müttern zu einer Restabilisierung der Geschlechterverhältnisse führt. Erleben auch junge kinderlose Frauen diese Unterwerfung unter ein neues Arbeitsregime, in dem ihre Anwesenheit und ihr In-Erscheinung-Treten gleichzeitig der Anlass für ihre Resubordination ist? Der offensichtlichste Indikator für die anhaltende Ungleichheit auf dem Arbeitsmarkt ist natürlich der *gender pay gap*, d. h. die beträchtliche Diskrepanz zwischen dem, was Männer und Frauen jeweils verdienen. Er ist ein Charakteristikum des Arbeitsmarkts, der in der Tat in den letzten Jahren die gesteigerte Aufmerksamkeit der Regierung erweckt hat. Aber der Abbau der Bürokratie, des öffentlichen Dienstes und der Gewerkschaften im Zuge der Privatisierung und Deregulierung sowie die wachsende Ökonomisierung der Gesellschaft tragen sämtlich dazu bei, dass Antidiskriminierungsmaßnahmen auf dem Arbeitsmarkt in den Hintergrund treten. Bereits im 2. Kapitel wurde auf Scott Lashs Bemerkung hingewiesen, Frauen seien die „Reflexivitätsverliererinnen" der Informationsgesellschaft (Lash 2007). Und Lisa Adkins untersuchte genauer, wie retraditionalisierte Geschlechterverhältnisse in deregulierten Arbeitsverhältnissen und im Zuge der Rückkehr zu kleinen Familienunternehmen, die eine wichtige Grundlage der globalen Konsumkultur bilden, zu neuem Leben erwachen (Adkins 2002). Auch informelle Netzwerke, die in den prekären FreiberuflerInnen-ökonomien des kulturellen und kreativen Sektors eine Schlüsselrolle spielen, produzieren neuen Ausschlüsse. Wittels Analyse der „Netzwerksozialität" nimmt in den Blick, wie diese Netzwerke soziale Eliten reproduzieren und diejenigen, die nicht über das soziale und kulturelle Kapital verfügen, das es zur Teilhabe braucht, vor materielle Barrieren stellt (McRobbie 2002; Wittel 2006).

Projektbezogene Arbeit, informelle Rekrutierungswege, undurchsichtige Strukturen und Wege in den neuen Medien und in der Kulturarbeit sowie die auf aggressiver Konkurrenz basierende Kultur der unbegrenzt langen Arbeitstage werden in der Ära der Deregulierung und Privatisierung immer mehr zur Normalität (vgl. z. B. Sean Nixons jüngere Darstellungen haarsträubend ungleicher Geschlechterverhältnisse und die ohne jegliche Scham neu erstarkende Kultur männlicher Hegemonie in der britischen Werbebranche, Nixon 2003). So kommt es zu der paradoxen Situation, dass junge Frauen genau in dem Moment sichtbar in Erscheinung treten und auf den Arbeitsmarkt strömen, in dem die sozialdemokratischen Bedingungen, die diese Entwicklung förderten, demontiert werden. Der neue Geschlechtervertrag verlangt von Frauen, dass sie bei ihren Karriereplänen Zugeständnisse machen, um ihren häuslichen Pflichten nachzukommen; im Klartext heißt das, dass sie sich in die bestehenden Geschlechterhierarchien einfügen müssen. Außerdem müssen sie die individualisierten Fähigkeiten erlangen, die es braucht, um den Anforderungen der neuen flexibilisierten Ökonomie zu genügen, und jene Wege zum Erfolg gehen, die von der wettbewerbsorientierten Unternehmenskultur vorgegeben werden, statt zu versuchen, die anonymeren Arbeitsplatzkulturen und die weniger individualistischen Werte des öffentlichen Sektors und der Bürokratie zurückzubeschwören oder aufrechtzuerhalten.

Phallische Frauen: Sex als Freizeitspaß, Sex als Reproduktion

Die postfeministische Maskerade und die Figur der berufstätigen Frau sind zwei der Strategien, mit denen sich der neue Geschlechtervertrag Frauen als ein Drängeln zur Aktivität anbietet. In diesem Unterabschnitt stelle ich eine weitere Figur vor, die phallische Frau[25], und im letzten Abschnitt dieses Kapitels die globale Frau.

Butler betrachtet die „phallische Lesbe" als eine politische Figur, die dem allmächtigen Symbolischen ein wenig Macht abringt. In einem Interview, in dem sie gefragt wird, ob heterosexuelle Frauen sich den Phallus ebenfalls auf diese Weise aneignen könnten, antwortet sie, das könne ein wichtiger Schritt sein (Butler 1994). Aber in der jüngeren Vergangenheit und auf dem Terrain westlicher postfeministischer Kultur reagiert das Symbolische schnell auf den Antagonismus, der nicht nur im Feminismus besteht, sondern auch in Butlers lesbischem Phallus und in der Queer Theory. Die Strategie besteht darin, junge Frauen präventiv mit der Fähigkeit auszustatten, sich den Phallus anzueignen und so eine lizenzierte Mimikry ihrer männlichen Pendants zu performen. Dies verhindert eine radikale Neuordnung der Geschlechterhierarchie, trotz oder gerade wegen dieser ‚vorgetäuschten' Gleichheit, die es jungen Frauen scheinbar ungestraft erlaubt, sich in der Öffentlichkeit aggressiv und unweiblich zu verhalten. Die phallische Frau scheint die Gleichberechtigung mit Männern erlangt zu haben, weil sie wie ihr männliches Gegenüber geworden ist. Aber diese Aneignung des Phallus beinhaltet keine Kritik der männlichen Hegemonie.

Ich habe einige Aspekte dieses Szenarios bereits ansatzweise ausgeleuchtet: In der britischen Populärkultur verkörpert es sich in der Figur der so genannten ‚Ladette' (McRobbie 2005). Ihr werden die Freiheiten, die zu männlicher Sexualität gehören, nicht nur zugestanden, sie wird zudem zu ihrer Aneignung ermutigt und beglückwünscht. Für die ‚Ladette' ist Sex lustvoll und sorglos, eine Freizeitbeschäftigung, hedonistisch, ein Sport, eine Belohnung und ein Statussymbol. Eine Luminosität fällt auf die Frau, die sich einen männlichen Habitus zulegt, die exzessiv trinkt, pöbelt, raucht, sich prügelt, unverbindlichen Sex hat, ihre Brüste in der Öffentlichkeit entblößt, verhaftet wird, Pornographie konsumiert, gerne in Stripclubs geht etc., die dabei aber weiterhin für Männer begehrenswert bleibt. Eine solche scheinbare Männlichkeit macht sie sogar noch begehrenswerter, weil sie ähnlich viel Lust auf Sex hat wie ihre männlichen Pendants. Allerdings bewegt sie sich auf einem schmalen Grat: Sie soll Männlichkeit performen, ohne ihre Weiblichkeit aufzugeben, die sie für Männer so begehrenswert macht. Wenn die postfeministische Maskerade die Macht von Frauen, die in der Arbeitswelt in Erscheinung treten, dadurch unterhöhlt, dass sie sie dazu auffordert, ein weiteres

---

[25] Vgl. Bennetts und Woollacotts (1987) Analyse des Phallizismus der Bond-Girls in den Romanen und Filmen mit Flemings *James Bond 007*-Charakter.

Mal die Maske der Unterwerfung und der Dienstbarkeit aufzusetzen und Zeit und Energie in den Entwurf eines Selbst zu investieren, das ihr Begehrtwerden sicherstellt, dann ist der (stets jugendliche) weibliche Phallizismus die selbstbewusstere und dezidiertere Alternative zur Maskerade. Dies lässt sich auch als strategisches Zugeständnis an junge Frauen interpretieren, als Mittel, ihnen einen gewissen Grad an Leistungsfähigkeit zuzugestehen, aber nur unter ganz bestimmten Bedingungen, die die Geschlechterhierarchie unter dem Strich restabilisieren. Die tabubrechende phallische Frau tritt auch gegenüber der verworfenen Feministin und gegenüber der phantasmatischen Figur der „Lesbe mit dem Phallus" (Butler 1995) als eine Herausforderung auf die Bildfläche. An der betrunkenen, fluchenden und anzüglichen junge Frau, die es schafft, sich ein paar männliche Attribute anzueignen und Sex mit anderen Frauen nicht abgeneigt ist, zeigt sich, dass unter der Vorherrschaft der symbolischen Autorität vieles möglich ist. Dieser Raum des weiblichen Phallizismus erlaubt eine bestimmte Form des lesbischen Begehrens, solange es visuell so codiert ist, dass es den Anforderungen des Mode- und Schönheitssystems entspricht – jenes System, das, wie schon gezeigt wurde, Bewertungen abgibt, die männliche Hegemonie ersetzt und das Management der (in diesem Fall sexuellen) Leistungsfähigkeit übernimmt, die jungen Frauen zugebilligt wird.[26]

Diese lizenzierte Transgression wird außerdem nicht nur durch das Mode- und Schönheitssystem begünstigt, sondern auch durch die ganze Freizeitindustrie im weiteren Sinn, die mit Verve auf die Möglichkeiten reagiert hat, die sich durch das verfügbare Einkommen von Frauen eröffnen. Und tatsächlich stellt sich diese Branche als Verfechterin von Frauenrechten dar. Gemeinsam ermutigen die Konsumkultur, die Boulevardpresse, der Mädchen- und Frauenzeitschriftenmarkt, die Männerzeitschriftenbranche und das Krawall- und Trashfernsehen junge Frauen im Namen der vermeintlichen sexuellen Freiheit dazu, die traditionelle Doppelmoral zu durchbrechen und das selbstbewusste und hedonistische ,männliche' Sexualverhalten nachzuahmen. Dieses Phänomen ist in Großbritannien vor allem an Ferienorten und in der urbanen Freizeitkultur zu beobachten, die um abendliches Trinken kreist und sich aus der Lockerung der Gesetze zum Alkoholkonsum entwickelt hat. Dieser scheinbare Phallizismus produziert außerdem eine neue Dimension der moralischen Panik, der lustvollen Aufregung und des Voyeurismus in Form von Sensationsnachrichten und Infotainment.

Die unmittelbarste Verkörperung der phallischen Frau ist das so genannte Glamour-Model, die ihr Geld hauptsächlich damit verdient, sich für die Softporn-Seiten der Zeitungen und Zeitschriften ablichten zu lassen und die sich, wenn es ihr gelingt, auch als Label vermarktet und ihren Namen und ihr Gesicht an

---

[26] In Helen Walshs Roman *Brass* macht sich die Hauptfigur Millie einen ,lizenzierten' lesbischen Phallizismus zu eigen: Sie konsumiert erhebliche Mengen Drogen und Alkohol und hat Sex mit Prostituierten, Walsh 2004.

verschiedene Produkte verleiht: Unterwäsche, Make-Up, Parfum und andere Modeartikel. Bei ihrem ganz normalen Gegenstück, dem Mädchen von nebenan, äußerst sich Phallizismus meistens einfach darin, dass sie exzessiv trinkt, sich prügelt, sich in der Öffentlichkeit übergibt, pöbelt und ausfällig wird, sehr kurze Miniröcke, High Heels und knappe Oberteile trägt, unverbindlichen Sex hat, auf der Straße ohnmächtig wird und von FreundInnen oder der Polizei nach Hause gebracht werden muss. Als vorgetäuschte und von der Konsumkultur begünstigte Gleichberechtigung ist der weibliche Phallizismus tatsächlich eine Provokation gegen den Feminismus, eine triumphierende Geste des neu erstarkenden Patriarchats. Frauen, die diese Form der Freiheit wählen, wird aber auch Feindschaft entgegengebracht. Wenn die phallische Frau in Erscheinung tritt und sich als jemand präsentiert, die Lust auf Sex hat, setzt sie sich auch den altbekannten sexistischen Beleidigungen und der Feindschaft von Männern aus, denen sie gefallen will und die sie zugleich nachahmt. Im Rückgriff auf das populärkulturelle Feld und die Unterhaltungsindustrie nimmt das Symbolische ein paar feministische Forderungen nach dem Recht auf sexuelle Freiheit in sich auf, so zum Beispiel die Kritik an der alten Doppelmoral. In der Folge werden Frauen zwar nicht mehr so streng bestraft wie früher, wenn sie ihr Begehren ausleben, aber dieses ‚Recht' ist völlig abgelöst von jeglichem Begriff eines erneuerten Feminismus, steht diesem sogar fast entgegen. Die Galionsfiguren dieser neuen Freiheit, die phallischen Frauen wie die Fernsehmoderatorin Denise van Outen, das Glamour-Model Jodie Marsh und sogar das Spice Girl Geri Halliwell, verunglimpfen den Feminismus alle lautstark.[27]

Solange sie sich nicht fortpflanzt, während sie unverbindlichen und lustvollen Sex hat, hat die junge Frau das Recht darauf, ihr Begehren scheinbar straffrei zu verfolgen. Der angemessene Gebrauch der Lüste wird entsprechend in den vielen Ratgebern und Handbüchern vorgeschrieben, die zu den Klauseln und Bedingungen des neuen Geschlechtervertrags gehören. Dass junge Frauen später heiraten und später ihr erstes Kind bekommen, hängt unmittelbar mit ihrem In-Erscheinung-Treten auf dem Arbeitsmarkt zusammen. Aus dieser Bewegung von Frauen, die sich in den letzten Jahren beschleunigt hat, erklärt sich die Fokussierung auf ihre reproduktiven Fähigkeiten. Jugendliche Mutterschaft ist nun über die Grenzen von Klasse und Ethnizität hinweg mit einem ganzen Set negativer Bedeutungen von gescheiterter Weiblichkeit und mangelnder Rücksichtnahme auf das Kindeswohl versehen. Da arme weiße und schwarze junge Frauen gleichermaßen die deutlich größte Gruppe schwangerer Teenagerinnen stellen (während gleichzeitig die Geburtenrate bei gebildeteren und etwas älteren Frauen sinkt), bilden sie hier die

---

[27] In einem kürzlich erschienenen Interview im *Guardian* nach ihrem demütigenden Auftritt bei *Big Brother*, wo ihr ‚tussiges' Erscheinungsbild und ihr Ruf als ‚Schlampe' sie zur Zielscheibe einer Reihe feindseliger und sexistischer Bemerkungen machten, richtete Jodie Marsh ihre Wut trotzdem gegen „diese feministischen Schlampen", www.guardian.com/media/2006/jas/25/broadcasting.bigbrother.

Hauptzielscheibe der Regierung. Die Zugehörigkeit zur Mittelschicht schließt Mutterschaft im Teenageralter quasi aus; die Befolgung dieser Norm wird mit erheblichem Aufwand sichergestellt. Da junge Frauen mittlerweile als ein Zentrum der Produktivität gelten, werden sie entsprechend scharf verurteilt, wenn sie sich auf unerwünschte Art fortpflanzen. Das Konzept der Familienplanung nimmt in liberalen westlichen Demokratien die Form eines Appells an junge Frauen an, die Mutterschaft nach hinten zu verschieben, sich durch Berufstätigkeit und berufliche Identität einen ökonomischen Vorteil zu erwirtschaften und damit zur Lösung der Krise der Sozialstaaten beizutragen. Alleinerziehende Mütter gelten als nutzlos oder werden dafür angegriffen, dass sie ihrem Kind das ‚Menschenrecht' auf einen Vater verwehren. Wie Harris u. a. beschrieben haben, begünstigen die Verfügbarkeit und die Kostenübernahme für künstliche Befruchtung und die Investition in Reproduktionstechnologien implizit diese Verschiebung des Kinderkriegens auf über 30 und lassen diese Entwicklung als ein Zeichen der Achtbarkeit, der sozialen Verantwortung und der staatsbürgerlichen Reife erscheinen (Harris 2004).

Trotz oder eher aufgrund der Vervielfältigung von Verwandtschaftsbeziehungen in Gesellschaften, die zunehmend von kultureller und sexueller Diversität geprägt sind, erscheint das Ehepaar einmal mehr als die bevorzugte Form des Familienlebens. Auch hier handelt es sich um eine Restabilisierung von Geschlechternormen im Angesicht der Bedrohung durch nichtwestliche Formen der Verwandtschaft, durch den Feminismus und durch die Schwulen- und Lesbenbewegung. Denjenigen, die die Regeln der verantwortungsbewussten Elternschaft befolgen, stehen Interventionsprogramme zur Seite. Entsprechend werden in Großbritannien jene jungen Karrierefrauen, die dem Rat von New Labour folgen und den Zeitpunkt der Familiengründung auf jenen Zeitpunkt verschieben, zu dem ihr Einkommen gesichert ist, damit belohnt, dass ihnen suggeriert wird, sie verdienten es, dass ihretwegen in die Reproduktionsmedizin investiert wird.[28] Ohnehin stehen die fruchtbaren Jahre stärker als früher unter der intensiven Beobachtung der Regierung: 12-jährigen Mädchen wird die Pille verschrieben, lesbische Paare können auf genetische Elternschaft hoffen und auch Frauen über 50 können sich künstlich befruchten lassen. Unter der Bedingung, dass sie sich nicht außerhalb einer Ehe oder einer Lebenspartnerschaft fortpflanzt und dass sie nicht die alleinerziehende Mutter mehrerer Kinder wird, darf die junge Frau als Subjekt einer selbstbestimmten, aktiven Lust und sexuellen Identität in die Öffentlichkeit treten. In Großbritannien ist es der Regierung so wichtig, zu vermeiden, dass Teenager Mütter werden, dass die meisten weiblichen Teenager problemlos an Verhütungsmittel und die ‚Pille danach' kommen. Eine selbstbe-

---

[28] Der Londoner *Evening Standard* brachte im Mai 2006 die Schlagzeile „Fruchtbarkeitstest für Karrierefrauen", wie um zu suggerieren, dass ausschließlich Karrierefrauen es verdienen, auf ihre Fruchtbarkeit getestet zu werden.

stimmte und lustvolle Sexualität unter Anwendung effektiver Verhütungspraktiken und Safer-Sex-Maßnahmen ist eines der sichtbarsten Kennzeichnen der heutigen so genannten ‚weiblichen Freiheit'.

Kontextualisiert man jedoch diese Aktivität in einem größeren sozialen Rahmen, in dem die deregulierte dominante (Konsum-)Kultur auf bereits bestehende Muster von Klassen- und rassistischer Ungleichheit trifft, so zeigen sich unerwartete Folgen wie eine Zunahme von Geschlechtskrankheiten, Alkoholmissbrauch und Konflikten sowie von Ängsten und Unsicherheiten bei jungen Frauen im Hinblick darauf, was sie innerhalb der heterosexuellen Matrix von Sex und Intimität erwarten können. Die scheinbare Freiheit der phallischen Frau, ihre Offenheit für sexuelle Abenteuer, ist eigentlich ein Mittel für die Neukonstituierung und Verstärkung von Differenzen zwischen heterosexuellen und lesbischen Frauen, die im Angesicht dessen, dass diese Grenzen möglicherweise verwischen, erneut notwendig werden. Die ‚echte Lesbe' wird genauso verachtet wie die verschmähte Feministin. Die unerbittlichen Anforderungen der Konsumsphäre an junge Frauen können von jungen Lesben nicht erfüllt werden, und so fungiert die phallische Frau, wie ihre Pendants in der postfeministischen Maskerade, als Vertreterin der Dominanzkultur: Sie zieht alte Grenzen neu nach und trägt so dazu bei, dass das Leben außerhalb der heterosexuellen Matrix die Produktion deutlich abweichender queerer Räume und Zeitlichkeiten verlangt – trotz der in der Konsumsphäre verbreiteten Illusion, schwule und lesbische Identitäten seien mittlerweile Teil des Mainstreams geworden (Halberstam 2005).

Die globale Frau

Meine Darstellung von Sex als Freizeitvergnügen der phallischen Frau und von der Art und Weise, wie reproduktiver Sex mittlerweile von der Regierung noch intensiver überwacht wird, soll verdeutlichen, wie die Umstände und Bedingungen, unter denen junge Frauen in Erscheinung treten, die Form einer Einladung zu spezifischen Modi der Selbstaktualisierung annehmen. Der weibliche Phallizismus ist ebenso restriktiv wie die postfeministische Maskerade, nämlich insofern, als dass er sich in seiner Forcierung von Zügellosigkeit und auffälligem Verhalten auf einem Feld der Freizeitbeschäftigung bewegt, das ein weißes weibliches Subjekt voraussetzt. Diese Figurationen jugendlicher Weiblichkeit fungieren in der Populärkultur auch als Grenzziehungen. Es ist eine Sache, wenn junge weiße Frauen die der Doppelmoral entstammenden Grenzen zwischen der Heiligen und der Hure spielerisch einreißen; am Beispiel der Aneignung des Erscheinungsbilds und des Auftretens einer Sexarbeiterin zeigt sich jedoch überdeutlich, welche Grenzen zwischen weißer privilegierter Weiblichkeit und ihrem schwarzen, immer noch benachteiligten Pendant bestehen. Für afrokaribische Frauen, deren Sexualität dem

Staat schon immer als suspekt gilt, stellen öffentlicher Alkoholkonsum, auffälliges Verhalten und ‚nuttiges' Aussehen Risiken dar, auf die man besser verzichtet. Diverse schwarze Feministinnen haben darauf hingewiesen, dass in einem Kontext, der von rassistischen Vorstellungen dominiert ist, im Feld des Begehrens Konzepte der Achtbarkeit und Einschränkung in die sexuellen Identitäten schwarzer Frauen eingebettet wurden. Dies lässt sich als eine Antwort auf den massiven Rassismus deuten, der ihnen sexuelle Verfügbarkeit und Appetit unterstellt und behauptet, Armut führe mit großer Wahrscheinlichkeit zu Prostitution oder Abhängigkeit (Noble 2000). Von daher überrascht es nicht, dass junge schwarze Frauen den Ausdruck ihrer sexuellen Autonomie und Lust tendenziell in Richtung schwarzer Musik-Subkulturen wie Hip Hop kanalisieren oder in spezifischen Freizeitkulturen der schwarzen Community lokalisieren (beispielsweise bei Jamaican-Dancehall-Partys).[29] Was junge asiatische Frauen angeht, so ließe sich vermuten, dass der weiße weibliche Phallizismus als Provokation gegenüber der unterstellten Norm der Unterwürfigkeit unter die patriarchale und religiöse Autorität fungiert. Diese wiederum werden in einer rassistischen Vorstellungswelt typischerweise denjenigen asiatischen Frauen zugeschrieben, die keinen westlichen Kleidungsstil und keine westliche Sexualmoral an den Tag legen. Die phallische Frau ist eine Verdichtung der sexuellen Freiheiten, die jungen westlichen Frauen mittlerweile zugestanden werden. Ihr Verhalten scheint sämtliche Grenzen weiblicher Fügsamkeit zu durchbrechen, obwohl, wie ich oben gezeigt habe, ihre aktive Suche nach sexueller Lust nicht nur vollständig der patriarchalen Autorität und Beurteilung unterworfen bleibt, sondern auch absolut kompatibel mit den Anforderungen einer neu justierten und scheinliberalisierten heterosexuellen Matrix ist. Es gibt also gute Gründe, warum das Schauspiel knapp gekleideter, betrunkener, grölender schwarzer oder asiatischer Frauen, die nachts im Stadtzentrum herumlaufen und ihre Brüste entblößen, wenn eine Gruppe schwarzer oder weißer junger Männer vorbeiläuft, und die schließlich von der Polizei aufgegriffen und in die Ausnüchterungszelle verfrachtet werden, ein unwahrscheinliches Szenario ist.

Diese Überlegungen lassen anklingen, dass die Figurationen der postfeministischen Maskerade wie auch der phallischen Frau auf subtile Weise Ausschluss- und Rekolonialisierungsprozesse abstecken. In diesen rekonfigurierten Räumen der Weiblichkeit zeigen sich Muster von rassistischer Grenzziehung. Die postfeministische Maskerade erfüllt die Funktion dieser Restabilisierung, indem sie die Tugenden vorgetäuschter weiblicher Schwäche und Zerbrechlichkeit positiv herausstellt. Aber dieses Spiel mit der Tradition, diese Aneignung eines Stils von Weiblichkeit, der eine Zurschaustellung ritterlicher Männlichkeit, Galanterie,

---

[29] Die überbordende Sexualität von Kelis in dem Video zu ihrer Single *Milkshake* wie auch die expliziteren Softporn-Videos für diverse Hip-Hop-Acts verdienen eine ausgiebigere soziologische und kulturelle Analyse als bisher (vgl. Noble 2000, Rose 1994).

Macht und Kontrolle provoziert, richtet erneuerte Normen der weißen Heterosexualität auf, von denen schwarze Frauen und Männer im Lauf der Geschichte gewaltförmig ausgeschlossen waren. Seit den ersten Einwanderungswellen nach dem 2. Weltkrieg haben schwarze Frauen in Großbritannien immer gearbeitet und, in der Regel in schlecht angesehenen Jobs, für ihren Lebensunterhalt gesorgt. Die schwarze feministische Geschichtsschreibung konnte im Zusammenhang mit der Ausbeutung der Arbeitskraft schwarzer Frauen von der Sklaverei bis zur zeitgenössischen internationalen Arbeitsteilung zeigen, dass das Vortäuschen weiblicher Schwäche ein Kennzeichen rassistischer Privilegien war. Die postfeministische Maskerade als eine kulturelle Strategie zur Restabilisierung der Geschlechterverhältnisse in der heterosexuellen Matrix produziert eine neue Schnittstelle zwischen Berufsleben und Sexualität, die implizit weiß ist und Verwandtschaftsbeziehungen voraussetzt, die sich an der westlichen Kernfamilie orientieren. Im Einklang mit dem neuen Ethos der Assimilation und Integration, der sich an die Stelle des gescheiterten Multikulturalismus der 1980er und 1990er Jahre setzt, sind schwarze Frauen, als Leserinnen von Zeitschriften wie *Grazia* und als Zuschauerinnen von Fernsehsendungen wie *Friends* oder Filmen wie *Bridget Jones*, dazu aufgefordert, dieses Modell nachzuahmen.

Die globale Frau tritt also in Erscheinung, vor allem in den Werbekampagnen von *Benetton* und ähnlichen Unternehmen und auch in den unterschiedlichen Ausgaben der internationalen Modezeitschriften wie *Elle, Marie Claire, Vogue* und *Grazia*, die in ihren je spezifischen Zuschneidungen auf ihre Zielländer emblematisch zeigen, wie sich mit dem Zusammenspiel von Multikulturalismus und Unternehmenskultur Macht und Erfolg erzielen lassen. Hier werden junge Frauen aus Drittweltstaaten in ihrem Enthusiasmus darüber präsentiert, zu einem bestimmten Typus globaler Weiblichkeit zu gehören. In diesem Mode- und Schönheitssystem herrscht gleichzeitig Differenz und Homogenität, ähnlich wie es die Studie von Barlow et al. für die ‚modernen‘ Frauen der 1920er und 1930er Jahre zeigen konnte (Barlow et al. 2005). Die Modernität der heutigen globalen Frau zeigt sich in ihren neuen Freiheiten, in ihrer Erwerbsfähigkeit, in ihrer Freude und Teilhabe an der Schönheits- und Populärkultur sowie in ihrem angenehmen und zurückhaltenden Auftreten. Weder eignet sie sich eine ironische Weiblichkeit an, wie ihr postfeministisch maskiertes Gegenüber, noch performt sie eine aggressive und mackerhafte Sexualität wie die phallische Frau. Globale Frauen verkörpern vielmehr ein Ineinandergreifen von Qualitäten, in denen sich das Natürliche und Authentische mit einer wesenhaft weiblichen Liebe zur Selbstverschönerung und das verspielt Verführerische mit dem Unschuldigen verschränken; hier kann eine Sexualität unterstellt werden, die jugendlich, latent und bereit zur Erweckung ist. So zeichnet sich eine subtile Positionierung ab, eine Rekolonialisierung und Reproduktion rassistischer Hierarchien im Feld der normativen Weiblichkeit.

Aber bei der Mobilisierung der globalen Frau spielt auch ein weiteres raum-zeitliches Moment eine Rolle: Anders als ihre britischen oder US-amerikanischen Pendants wird diese Figur der Weiblichkeit kaum von Regierungsdiskursen propagiert. Das liegt daran, dass die globale Frau selbst immer mobiler wird und insofern oft eine Art transnationalen Status innehat. Die Vorstellung eines Ge-schlechtervertrags als eine Verdichtung von Aufmerksamkeiten, die eine Reihe körperlicher Aktivitäten umfassen und Formen des In-Erscheinung-Tretens unter der Bedingung erlauben, dass sich auch noch der letzte Rest von *sexual politics* in Luft auflöst, ist eine Artikulation des Westens, die sich an diejenigen richtet, denen die volle Staatsbürgerschaft und das Bleiberecht in dem Land ihrer Wahl zugestanden werden. Dieser Vertrag rückt die ökonomische Aktivität in den Vor-dergrund, während Politik an den Rand der Bedeutungslosigkeit gedrängt wird, weil es erstrebenswerter scheint, Staatsbürgerschaft vor allem über Konsumfähigkeit zu leben. Trotzdem kann man vermuten, dass für diejenigen, die von diesem privile-gienbasierten Freiheitsmodell ausgeschlossen sind, dessen Grundlage die staatlich geförderte Schul- und Weiterbildung und die Partizipation am Arbeitsmarkt ist, andere Aufmerksamkeitsräume und nicht näher benannte Orte und Randzonen vorgesehen sind, in denen Brutalität, Grausamkeit und Härte regieren. Ich möchte hier auf die globalen Ströme junger Frauen verweisen, die, wenn sie es schaffen, vom Land in die Stadt, aus dem Osten in den Westen oder aus dem Süden in den Norden zu gehen, sich ebenfalls in Grenzgebieten wiederfinden. Sie sind die Sub-jekte einer globalisierten politischen Ökonomie, die diese anderen Weiblichkeiten in Abhängigkeit von den Ängsten vor der ‚migrantischen Fruchtbarkeit' immer wieder neu anordnet. In diesem Zusammenhang fungiert der konsumorientierte Diskurs über die globale Frau als ein Ideal: Diese Frauen bedrohen den Westen nicht durch Migration und unkontrollierte Fruchtbarkeit, sondern bleiben dort, wo sie sind, und sehnen sich nach den Mode- und Schönheitsprodukten, die zu der westlichen Weiblichkeit und Sexualität gehören (Hoefinger 2005).

In diesem Kapitel habe ich versucht, die Mittel darzustellen, mit denen junge Frauen im zeitgenössischen gesellschaftlichen Regime dazu aufgerufen werden, als Subjekte von Handlungsfähigkeit und Leistung in Erscheinung zu treten. Dies geschieht mit Hilfe einer Reihe kommerzieller und gouvernementaler Formen der Aufmerksamkeit und wird von einer postfeministischen Geste begleitet, die impliziert, dass dem Feminismus Rechnung getragen wurde und dass die Gleichheit zwischen den Geschlechtern so gut wie erreicht sei. Die Voraussetzung dafür ist, dass jene politischen Identitäten aufgegeben werden, die auf der Kritik an Ungleichheiten auf dem Feld von Geschlecht und Sexualität beruhen; Formen des Feminismus also, denen Rechnung getragen und die zugleich verworfen und verunglimpft wurden. Das Kapitel zeichnete den Prozess nach, in dessen Verlauf der Feminismus durch massive Interventionen und Aufmerksamkeit in Richtung junger Frauen, deren Erwerbsfähigkeit ihnen eine neue gesellschaftliche Bedeutung verleiht, abgewickelt wird. Jungen Frauen wird ein neuer Geschlechtervertrag angeboten. Dieser hält sie dazu an, vor allem im Feld der Bildung und Berufstätigkeit aktiv zu werden und so ihre Teilhabe an der Produktion einer erfolgreichen Weiblichkeit, Sexualität und vielleicht auch Mutterschaft sicherzustellen. Die Konsumsphäre verlangt von jungen Frauen, ihre sexuelle Intelligibilität in der Logik des heterosexuellen Begehrens durch massiven Konsum abzusichern. Darin überschneidet sie sich mit der neoliberalen Wendung der gegenwärtigen (vor allem britischen) Regierung inklusive ihrem Fokus auf Staatsbürgerschaft als Konsumfähigkeit und fördert diese zugleich, wie wir im nächsten Kapitel sehen werden. Die Aufmerksamkeitsräume und Luminositäten, die ich beschrieben habe, verdrängen die verschiedenen Formen von politischer Mobilisierung, die den Feminismus als soziale Bewegung geprägt haben, und setzen sich an ihre Stelle. Zudem verweisen sie die Politik an den Rand des Lebens von Frauen, und die politische Kultur wird zunehmend von einer technokratischen ‚Management- und Unternehmensperspektive‘ dominiert. Wie Chantal Mouffe gezeigt hat, gefährdet diese Marginalisierung der Sphäre der formalen Politik die zivilgesellschaftliche Arena (Mouffe 2008).

In meiner Fokussierung auf die Verknüpfung gouvernementaler und kommerzieller Diskurse wollte ich in diesem Kapitel herausarbeiten, wie *sexual politics* als irrelevant dargestellt werden. Weiterhin ging es mir um die jungen Frauen, die als globale Frauen die Subjekte verschiedener Formen von Aufmerksamkeit sind, deren Erwerbsfähigkeit im Rahmen der internationalen Arbeitsteilung sie jedoch als aufstrebend und anständig kennzeichnet. Ich wollte schließlich herausstellen, dass diese ‚Bewegungen junger Frauen‘ oder dieses ‚In-Erscheinung-Treten‘ in den verschiedenen Figurationen, die ich beschrieben habe, und die ebenfalls mit Hilfe spezifischer ‚Aufmerksamkeitsräume‘ hervorgebracht werden, als eine Art Schattenfeminismus fungieren, ein Substitut und Palliativ für die ansonsten massiv forcierte Preisgabe eines neuen feministischen politischen Imaginären.

Kapitel Vier

Unlesbare Wut: Postfeministische Störungen

Einführung: Normatives Unbehagen

> „[D]er Staat kultiviert die Melancholie unter seinen Bürgern eben als Weg zur Verschleierung und Verschiebung seiner eigenen idealen Autorität." (Butler 2001b: 177)

Um das zeitgenössische Feld ‚weiblicher Beschwerden' anzusprechen, kehre ich in diesem Kapitel zur feministischen Psychoanalyse der 1980er und frühen 1990er Jahre zurück und bringe sie mit Judith Butlers Begriff der „Geschlechtermelancholie" in einen Zusammenhang. Ich möchte eine neue Debatte um gegenwärtige Formen weiblichen Unwohlseins anstoßen, allerdings nicht im herkömmlichen soziologischen Stil. So lege ich weder eine Analyse moralischer Paniken vor, noch konzentriere ich mich auf die Medienberichterstattung über Alkoholexzesse von Teenagerinnen oder andere offensichtlich deviante und selbstverletzende Verhaltensweisen. Ich beschäftige mich zwar mit dieser Art weiblicher Störungen, von den eher leichten bis zu sehr schwerwiegenden, aber ich betrachte sie nicht primär empirisch. In Form einer Reihe von Reflexionen versuche ich mich stattdessen an einer kulturellen Lesart. Unter anderem möchte ich die Hypothese aufstellen, dass der Feminismus für junge Frauen auf kaum wahrnehmbare Weise ein Objekt von Verlust und Melancholie geworden ist. In jedem der Kapitel dieses Buches bin ich bereits auf Feminismus als Verlust zu sprechen gekommen. Die Frage muss deswegen lauten: Was genau wird verloren? Was ist dieses Ding „Feminismus", das verloren gegangen ist?

Es ist mit Sicherheit nicht meine Absicht, eine Art Nostalgie für eine heilige Vergangenheit und ein goldenes Zeitalter des *second wave* Feminismus nahezulegen. Im öffentlichen Bewusstsein gibt es die Auffassung, forciert von der Rechten, den Medien und der *New-Labour*-Regierung, dass der Feminismus etwas Abscheuliches ist, das entsprechend leicht verteufelt werden kann. Einen solchen Feminismus hat es nie gegeben, und er ist natürlich auch nicht der Feminismus als ein Objekt des Begehrens, auf den ich hier als etwas verweise, das verloren und melancholisch bewahrt wird. Das bringt uns in die Nähe der linken Melancholie, wie Wendy Brown sie diskutiert (Brown 2000). Aber meine Argumentation nimmt noch eine andere Wendung. Ich zeige, wie junge Frauen gesellschaftlich gezwungen werden, die Trauer um den Feminismus aufzugeben, wenn sie als echte junge Frauen wahrgenommen werden wollen. Der Feminismus wird mitsamt seiner Kritik an männlicher Herrschaft aufgegeben und dann unbewusst bewahrt. Er wird privatisiert und internalisiert und nur zu wenigen Gelegenheiten (in feministischen Zusammenhängen an den Universitäten) herangezogen und neu überdacht. Das führt uns zur feministischen Psychoanalyse, und hier möchte ich die Bedeutung von Butlers Kritik und Neuverortung der Psychoanalyse als einem notwendigen Werkzeug zum Verständnis der unlesbaren Wut junger Frauen betonen, das uns zudem dabei hilft, darüber nachzudenken, wie mit dieser Wut politisch umgegangen werden kann.

Ich möchte noch einmal die feministische Psychoanalyse der 1980er und frühen 1990er Jahre bemühen, um die Beziehungen zwischen Modebildern, ihrer Faszination für ihre Betrachterinnen und den selbstverletzenden Praktiken junger Frauen zu untersuchen. Das bedeutet, sich von den pragmatischen Ursache-Wirkung-Debatten des *common sense* zu entfernen, die beständig „die Medien" für solche Störungen verantwortlich machen. Moralisch gefärbte und empiristische Perspektiven führen zu Wiederholungen, Zirkularität und doppelten Standards. Über die Schäden, die von der Modeindustrie verursacht werden, gibt es immer wieder Debatten, und auch von Regierungen und regulierenden Behörden wird Druck auf Zeitschriften ausgeübt, nur gesunde weibliche Körper abzubilden. Trotzdem erscheinen weiterhin nicht nur auf den Seiten der *Vogue*, sondern auch auf den Modeseiten und Modebeilagen von Zeitungen die immer gleichen Bilder von geradezu ausgemergelten Mädchen, deren Arme und Beine klare Zeichen von Anorexie zeigen. Ich möchte mich hier nicht tiefgreifender mit Anorexie auseinandersetzen, obwohl sie für verschiedene feministische ForscherInnen natürlich schon lange ein Thema darstellt (Probyn 2000). Ich möchte stattdessen ausloten, wie unter Rückgriff auf Butlers Arbeiten neu über Selbstverletzungen und Weiblichkeit im Kontext der heterosexuellen Melancholie und des Verlusts des Feminismus nachgedacht werden kann.

Es scheint, als würden die meisten Stimmen die selbstverletzenden Praktiken junger Frauen irgendwie im Zusammenhang mit Geschlecht sehen und sogar im Zusammenhang damit, was einmal Frauenunterdrückung genannt wurde. Und dennoch wird dieses Wissen, nun neu als Unterwerfung der Frau unter die Macht des Bildes gefasst, nur als müdes Klischee wiederholt, unterbrochen lediglich von der Vorstellung, dass die Situation junger Frauen sich in den letzten Jahren doch sicher verbessert habe. Die Gesellschaft kann also nicht dafür verantwortlich gemacht werden; irgendwie muss es doch an den Frauen selbst liegen. Tatsächlich will ich genau gegenläufig argumentieren: Je stärker sich das Geschlechterregime ändert, zum Beispiel weil der Kapitalismus der Arbeitskraft junger Frauen bedarf, umso mehr wächst die Angst auf Seiten der weniger sichtbaren Formen patriarchaler Herrschaft. Dementsprechend sind diese Störungen stärker gesellschaftlich determiniert als je zuvor. Wenn es stimmt, dass magersüchtige Mädchen häufig in die Dynamiken ihrer eigenen Familien verwickelt sind und dass es sich oft um Mädchen handelt, die über ihren Erfolg an der Schule oder im Kontext anderer Aktivitäten nach Anerkennung streben, dann ist anzunehmen, dass ihre Störung zumindest ein Zeichen ihrer Weiblichkeit und ihres rechtmäßigen Platzes in der ödipalen Familie ist. Ich möchte daher vorschlagen, diese Störungen als neue Praktiken zu verstehen, mit denen die Grenzen der sexuellen Differenz markiert werden. Es mag diesen Mädchen nicht gut gehen, möglicherweise versuchen sie manchmal, ihr Leben zu beenden, aber zumindest in dieser Hinsicht sind sie normale Mädchen.

Ritzen, endlose Diäten, die ängstliche Überwachung des Körpergewichts, Anfälligkeit für ein geringes Selbstwertgefühl, Magersucht: Dies alles sind heute gesunde Zeichen ungesunder Weiblichkeit, normalisiert im Foucaultschen Sinne. Nach Butler sind sie ebenso dynamische Bestandteile der heterosexuellen Matrix. Es ist, so gesehen, besser, ein krankes Mädchen zu sein, als ein Mädchen, das aus ihrem Krankenbett steigt und die Macht der heterosexuellen Matrix herausfordert. Pathologie als Normalität ist einer neuen Form von Frauenbewegung vorzuziehen. Vor diesem Hintergrund stelle ich in diesem Kapitel eine Reihe von Fragen. Können wir von ‚postfeministischen Störungen‘ sprechen? Ist Butlers Begriff der heterosexuellen Melancholie in dieser Hinsicht hilfreich? Können einige der Ideen aus Butlers *Psyche der Macht* (2001b) vielleicht sogar Einsichten in weibliche Selbstbeschimpfung, geringes Selbstbewusstsein und postfeministisches Unbehagen liefern?

Das im Zusammenhang mit Körperbildern stehende weibliche Unbehagen weitete sich ebenso wie diese Störungen im letzten Jahrzehnt beständig aus, und die Anschuldigungen, die die Medien, insbesondere Zeitschriften, für die „kulturelle Produktion weiblicher Psychopathologie" verantwortlich machen, haben den Status soziologischer Banalitäten erreicht (Blackman 2003). Diese Phänomene sind Teil dessen, was wir vielleicht die „populäre weibliche Öffentlichkeit" nennen können. Diese schafft solchen Phänomenen gegenüber eine gewisse Toleranz, als ob das eben das sei, was man von jungen Frauen heute eben erwartet. Das reicht von der Berichterstattung auf den Pro-Anorexie-Internetseiten bis zu Zeitschriften wie *Grazia*, in dem auf etwas reflektiertere Weise als in den weniger anspruchsvollen Celebrity-Zeitschriften jede Woche wieder nach Wegen gesucht wird, den weiblichen Körper neuen Formen von Bewertung und strenger Beurteilung zu unterwerfen. Darüber hinaus gibt es die Sonntagsbeilagen wie *Observer Woman* (mit einem Bewusstsein für feministische Inhalte) und die allgemeine Presse, die eifrig neue Arten der Berichterstattung über regelmäßige Ereignisse wie die Modekollektion der neuen Saison ausfindig macht. All dies könnten wir als ein „making-up" junger Weiblichkeit als Institutionalisierung von Pathologie bezeichnen (Hacking 2006). Es ist eine Vergrößerung der Bandbreite gut definierter Pathologien feststellbar, die fast ausschließlich mit jungen Frauen in Verbindung gebracht werden. Ebenso ist ein

Anstieg der Krankheiten zu verzeichnen, die anscheinend mit Körperbildern und geringem Selbstwertgefühl in Zusammenhang stehen, z. B. Anorexie, Bulimie und selbstverletzendes Verhalten wie Drogenmissbrauch, Ritzen, Alkoholexzesse, die in Krankenhausaufenthalten enden, suizidales Verhalten, Aggression, Depression und Wertlosigkeitsgefühle. Wir müssen nicht lange suchen, um mit Reportagen, Bildern, Zeugnissen, Erzählungen, fiktiven und nicht-fiktiven Berichten über ‚weibliche Beschwerden' konfrontiert zu werden. Von kurzlebigen Geschichten in der Presse (ein Beispiel wäre der Bericht über zwei übergewichtige Mädchen aus der Arbeiterklasse, die sich über das Internet kennen lernen und anscheinend eine Beziehung miteinander anfangen. Aufgrund von Isolation und Schikane in der Schule schmieden sie einen Selbstmordplan, bei dessen Durchführung eines der Mädchen stirbt, das andere überlebt)[1] bis zu drastischen Fernsehformaten, wie *Brat Camp for Girls* (Rotzgören-Camp), eine Sendung auf *Channel Four*, die Teenagerinnen mit extremen Ausmaßen psychischen Stresses zeigt, deren exzessives Trinken und gewalttätiges Verhalten zu Hause zu Angst, Ärger und Verzweiflung sowohl bei ihren Müttern als auch bei ihnen selbst führt. Zudem gibt es selbstverständlich die zahlreichen Geschichten über Stars, die aufgrund ihres Unterhaltungswerts alten Doppelstandards neue Dimensionen hinzufügen. Ein Beispiel dafür wären die Presseberichte über fünf junge, in Ipswich ermordete Sexarbeiterinnen, die in der selben Woche im Dezember 2006 erschienen, in der Amy Winehouse sich mit einem Song an die Spitze der Charts spielte, in dem sie ‚mackerhaft' prahlte, dass sie trotz der Ratschläge ihrer Plattenfirma nicht in die Entzugsklinik gehen wolle. In diesen Berichten wurde die Heroin- und Crackabhängigkeit und die mangelnde Bereitstellung von Entzugseinrichtungen für ‚gewöhnliche' Mädchen wie diese Sexarbeiterinnen geschildert.

Natürlich gibt es viele Spielarten solcher Erkrankungen, vom Mittelklasse-Mädchen oder der Mittelklasse-Frau, die leicht magersüchtig ist, bis zu dem Mädchen, das exzessiv und regelmäßig Drogen konsumiert und auch auf andere Weise verletzlich ist (einschließlich des Risikos, zu verarmen). Um meiner Argumentation willen fasse ich alle diese Spielarten unter der Überschrift ‚unlesbare Wut'. Wird von medizinischem Personal und anderen ExpertInnen über Notlagen dieser Art in nicht medizinischer Form gesprochen, so geschieht das üblicherweise mit dem Verweis auf kulturelle Normen weiblicher Vollkommenheit, die von Mädchen- und

---

[1] Sam Jones' Reportage im *Guardian* (23.9.2004, S. 12) mit der Überschrift „Die Eltern der Selbst-mordplan-Teenagerinnen veröffentlichen einen Brief über das Mobbing" beschreibt die Aggressionen und Gewalt, die dazu führte, dass die zwei Mädchen zusammen von zu Hause weg liefen und eine Überdosis Drogen nahmen, an der eine der beiden, Laura Rhodes, starb. Ihre Freundin wurde ins Krankenhaus eingewiesen. In Lauras Abschiedsbrief ist zu lesen, wie ihr jeden Tag Jungen im Schulflur auflauerten und sie als fett und als Lesbe beschimpften. Sich selbst bezeichnete sie als „fette Masse". Sie schrieb: „Während ich fetter und fetter und trauriger und trauriger wurde, wurden alle gemeiner und gemeiner."

Frauenzeitschriften und der Konsumkultur beworben und unterstützt werden. „Von der jungen Frau von heute wird erwartet, dass sie nach Perfektion in jeder Hinsicht strebt", schreibt die British Medical Association. Des Weiteren wird dort festgestellt, dass „das Erreichen und die Aufrechterhaltung einer weiblichen Identität die psychische Verfassung von Frauen doppelt gefährdet" (BMA 2000). Es wird also anerkannt, dass der Versuch, eine weibliche Identität zu erlangen, Frauen und Mädchen krank macht. Als Mädchen „kulturell intelligibel" zu sein, wie Butler es nennt, macht krank. Aber nach heutigen Standards ist das fast akzeptabel. Die Kräfte der gesellschaftlichen Regulierung normalisieren dieses postfeministische Szenario, als ob Fragen, wie sie mit dem *second wave* Feminismus assoziiert werden, und mit Sicherheit auch solche, wie Butler sie stellt, unbedingt verhindert werden sollten. Es wird präventiv mobilisiert, und wieder wird dem Feminismus Rechnung getragen, indem Anleihen bei seinen bekanntesten Vertreterinnen (üblicherweise Susie Orbach) gemacht werden. An Ratschlägen oder Unterstützung herrscht kein Mangel, es gibt vielmehr eine gewaltige Zunahme an ExpertInnenwissen in diesem Bereich der weiblichen Pathologie. Die Zeitschriften werden gebeten, sich in Hinblick auf die Abbildungen extrem dünner Models selbst zu regulieren, und hin und wieder, meistens als Reaktion auf einen öffentlich gemachten Todesfall, verweist die Regierung auf Unterstützungsmöglichkeiten und Ressourcen. Ein tragisches Ereignis gibt oft Anlass zu einer beliebig hohen Zahl nachfolgender Berichte. Die *Grazia* gab z. B. einer Cousine des brasilianischen Models Ana Carolina Reston, die im November 2006 an Anorexie verstarb, die Möglichkeit, ihre Sicht der Ereignisse publik zu machen. Darauf folgend wurde ihre Mutter im *Observer* interviewt. In ihrer Studie über junge Frauen zeigt Shelley Budgeon, wie diese sich heute gegenseitig solidarisch unterstützen und solche Probleme als normal bewerten, als wesentlichen Bestandteil dessen, eine Frau zu sein (Budgeon 2003). Über sie verstehen ‚wir' uns selbst als Frauen. So wirken sie auch ausschließend auf diejenigen Frauen, die sich von diesen normalisierenden Strategien des-identifizieren. Und es spiegelt sich zudem in der Welt der Zeitschriften, in der eine nicht enden wollende Vorliebe für dieses Genre über jegliche soziopolitische Kritik gestellt wird und sich im Angesicht der Wiederholungen, der zyklischen Berichterstattung über solche Störungen und des offensichtlichen Widerspruchs zwischen extrem dünnen Models auf der einen Seite und guten Ratschlägen zur Überwindung eines geringen Selbstbewusstseins auf der anderen Seite bestätigt, wie eingeschränkt und gefangen Frauen sind. Die Leidende (und die sie umgebenden Leidenden) ist nicht länger passiv, von ihr wird vielmehr hohe Aktivität im Kampf um die Überwindung ihrer Probleme erwartet. Trotzdem bleiben diese Pathologien Teil ihres Seins, ihre persönliche Gedächtnishilfe dafür, was es heißt, eine Frau zu sein.

Etwa in dieser Art wird auch die Kategorie ‚junge Frauen' über solche neuen Klassifikationsnormen hervorgebracht, die Ambitionen, Erfolgswillen und die Bereitschaft beinhalten, hart zu arbeiten. Dieser Prozess wird aber nicht mit Verweis auf die „Gewaltförmigkeit regulatorischer Normen" präsentiert, wie Butler es vermutlich tun würde, sondern vielmehr als ermächtigend. Das wird noch verstärkt durch einen begleitenden Diskurs, der nahe legt, Mädchen hätten es noch nie so gut gehabt wie heute, und schließlich befänden sich auch Jungen heute in neuen, dynamischen und schwierigen Umständen. Dieser Art der Argumentation liegt ein allgemeines Verständnis zu Grunde, nach dem neue feministische Initiativen nicht nötig sind, weil Frauen schlussendlich in vielerlei Hinsicht besser dran seien als einige ihrer männlichen Altersgenossen. So wird die Aufmerksamkeit von jeglicher Vorstellung einer patriarchalen Autorität oder soziopolitischen Logik abgelenkt, die für diese feministischen Störungen verantwortlich sind; stattdessen wird vermutet, dieses hohe Maß an Leiden sei in irgendeiner mysteriösen Weise durch Erfolg und Freiheit verursacht worden. Jungen Frauen normatives Unbehagen zuzuschreiben, ist zu einem zentralen Mechanismus in der Herstellung sexueller Differenz geworden. So ist es möglich, das weibliche Körper-Ich als anfällig für Angst, als in bestimmter Hinsicht mangelhaft, als wenig selbstbewusst zu verstehen.

Aber der Feminismus existiert schon seit einer Weile, besonders in großen sozialen Institutionen, und vermutlich sind junge Frauen mit ihm bereits buchstäblich zusammengestoßen, gerade in ihrer Ausbildung. Sie sind geschlechtersensibel geworden, auf irgendeiner Ebene wissen sie vielleicht sogar, dass ihre Pathologien tatsächlich mit der Gesellschaft, in der wir leben, und mit den sich aus Heterosexualität und Konsumgesellschaft ergebenden Erwartungen in einem Zusammenhang stehen. Der Feminismus wird verunglimpft und ignoriert, aber er ist auf gespenstische Weise anwesend. Damit eine bestimmte Lebensqualität aufrecht erhalten werden kann, muss er aktiv aufgegeben werden. Die Kosten dieser Preisgabe liegen in der Gewalt gegen sich selbst, die, wie Butler zeigt, eine „gebrochene Anklage sozialer Kräfte" ist.

Fasziniertes Schauen und Begehren

> „Ein bisschen Magersucht, ein bisschen Bulimie. Es geht mir nicht total gut gerade, aber ich denke, das geht allen Frauen so." (Amy Winehouse in einem Interview mit dem *Daily Mirror* im Oktober 2006).[2]

Modebilder werden beständig dafür kritisiert, Essstörungen bei jungen Frauen zu fördern. Trotzdem fanden weder im akademischen Kontext noch in öffentlichen Debatten oder im Kontext politischer Entscheidungen nachhaltige Diskussionen über die kulturelle Bedeutung statt, die solche Bilder im Leben junger Frauen

---

[2] http://en.wikipedia.org/w/index.php?title=Amy_Winehouse&oldid=97626808.

einnehmen. Die Komplexität, mit der diese Bilder konsumiert werden, wird beständig zugunsten von Studien übersehen, die häufig von interessierten Organisationen oder Firmen in Auftrag gegeben werden – üblicherweise eher wegen ihres Potenzials, Schlagzeilen zu produzieren, als für eine ernsthafte Verwendung. Oder es sind ausschließlich empirisch angelegte Studien, die mit vereinfachenden Ursache-Wirkung-Modellen arbeiten. Auf den folgenden Seiten wende ich mich einem früheren Zeitpunkt in der feministischen Theoriebildung zu, um einige der damals erarbeiteten Materialien aufzuspüren und zu aktualisieren.

Während der 1980er Jahre und bis in die frühen 1990er Jahre hinein gab es eine Reihe angeregter Debatten über die sozialen Beziehungen, die entstehen, wenn (junge) Frauen Modefotografie, Modestrecken und das Genre der Frauenzeitschriften im Allgemeinen konsumieren. Arbeiten in diesem Kontext griffen meist auf feministisch-psychoanalytische Ansätze in den Filmwissenschaften mit ihrem Schwerpunkt auf Begehren, Schauen und Fantasie zurück und wendeten dies auf Fotografien und dann auf Frauenzeitschriften an. Diese Essays sind in einem Feld der feministischen Forschung verortet, das mit Debatten um die Gründe für Essstörungen junger Frauen wenig zu tun hat. Sie analysieren, was die Prozesse des Betrachtens und Konsumierens dieser kulturellen Formen mit sich bringen. In der gegenwärtigen feministischen Theorie und in den Medien- und Kulturwissenschaften scheinen diese wissenschaftlichen Auseinandersetzungen vergessen worden zu sein. Weil sie uns helfen, die Schnittstelle zwischen Lust und Schmerz zu verstehen, die der Prozess des faszinierten Schauens und auch die Fantasie der Identifizierung mit und in diesen Szenarien erlaubt, möchte ich diesen Arbeiten erneut Aufmerksamkeit schenken.

Die Welt der Modefotografie ändert sich im Verlauf der Jahrzehnte relativ wenig. Dem Genre der populären Bilder zugehörig, bleibt sie bemerkenswert unverändert. Mit den sich ausweitenden Konsumgewohnheiten von Frauen vergrößert sich auch ihr zahlenmäßiges Aufkommen. In den postkommunistischen Ländern, in Russland und in Osteuropa und mittlerweile auch in China verbreitet sie sich mit Sicherheit schnell. Zudem vervielfältigte sie sich in andere Medienformate, etwa in Werbung, Film, Video und Fernsehprogramme. Die Schauplätze, die Fantasieszenarien, die erzählerischen Entwürfe, die idealisierte weibliche Form und die Körperbilder bleiben dabei bemerkenswert konstant. Und im Rahmen dieses schmalen Repertoires plündern zeitgenössische oder aufsteigende ModefotografInnen regelmäßig die Archive und bringen Stile, die mit zentralen archetypischen oder ikonischen Momenten in der Geschichte dieser kulturellen Form assoziiert werden (am häufigsten werden die Arbeiten von Helmut Newton und Guy Bourdin wieder verwendet), erneut in Umlauf, wenn auch mit irgendeinem neuen Dreh. Die feministische Psychoanalyse hilft uns, den nahezu fesselnden Einfluss zu verstehen, den dieses Genre auf Generationen junger Frauen hat, und sie hilft uns auch, zu lokalisieren, wo diese Bilder in Bereiche von Schmerz, Selbstbestrafung und Verlust übergehen. Ob es Models sind, die den Laufsteg entlanggehen, oder Aufnahmen, die sich aus so bekannten Narrativen speisen, dass sie kaum einen zweiten Blick brauchen: Die Merkmale, die am stärksten hervorgehoben werden, sind extreme Magerkeit, stockdünne Beine und Arme, fast komplett flache Brustkörbe, die keine Brüste vermuten lassen, schmale und jungenhafte Hüften, ein flacher Bauch, fein modellierte Gesichtszüge, große Augen und kantige Wangenknochen. Es existiert auch nur eine begrenzte Bandbreite an Ausdrucksformen – von offensichtlicher Langeweile über Missmut, narzisstische Selbstbezogenheit und Aggression bis hin zu Geringschätzigkeit gegenüber den angenommenen BetrachterInnen und häufig ein Anflug von Indifferenz und Melancholie.

In einem wegweisenden Artikel beschreibt Diana Fuss die institutionalisierten Anspielungen auf weibliche Homosexualität in diesem Genre als eine notwendige Strategie seitens des heterosexuellen Patriarchats (des Symbolischen), die Ablehnung von Homosexualität zugunsten der Erlangung einer normativen sexuellen Identität bei jungen Frauen sicherzustellen (Fuss 1994). Dieser Prozess ist bei Weitem zu wichtig, um ihn dem Zufall zu überlassen: Die erfolgreiche Festigung des heterosexuellen Begehrens muss überwacht werden, vermutlich gerade zu dem Zeitpunkt im Leben von Teenagerinnen, an dem Fragen von Sexualität und Identität so bedeutsam werden. Ich möchte Fuss' Darstellung erweitern und darauf hinweisen, dass die von ihr beschriebene Strategie auch immer wieder versagt, was wiederum neue Versuche anstößt, dieses kulturelle Moment zu steuern, das durch seine Distanz zur Heterosexualität gekennzeichnet ist. In der Konsequenz ist das Genre der Modefotografie durch eine endlose Unruhe gekennzeichnet, ein Feld voller Spannung und Angst, das die BetrachterIn in der Betrachtung einsperrt und sie dort für Jahre festhält, weit länger als das, was legitim als Teenagerzeit bezeichnet werden kann. In der Form des Verlusts entwickelt diese geisterhafte Anrufung des nicht-normativen sexuellen Begehrens ihre Produktivität. Die Modefotografie gibt der weiblichen Melancholie eine dramatische Form. Ihrer Darstellung der heterosexuellen Melancholie in *Gender Trouble* (Butler 1991) lässt Butler in *Psyche der Macht* (Butler 2001b) den Vorschlag folgen, dass Geschlecht an sich melancholisch ist. Die Modefotografie ist in dieser Hinsicht exemplarisch und daher ein beunruhigendes Genre. Wie Leslie Wahl Rabine in ihrer Analyse von Modefotografien herausstreicht, oszillieren diese immer zwischen Möglichkeiten der Freiheit von den Beschränkungen geschlechtlicher Unterordnung und der Wiederherstellung von Ordnung und Kontrolle (Rabine 1994). Auch Kaja Silverman weist auf diese Spannung hin, wenn sie schreibt, dass (nicht nur) die Modefotografie „eines männlichen Subjekts bedarf, das sich selbst als derjenige sieht (und in der Folge auch gesehen wird), der Frauen anschaut" (Silverman, 1994: 187). Aber die erzählerische Präsenz des männlichen Subjekts ist heutzutage sogar im Hintergrund weitgehend abgeschafft. In einem Kontext, in dem Frauen das Recht erlangt zu haben scheinen, selbst aktiv zu sein, wird auch der unumstrittene Platz eines *auteur*-Fotografen heute nicht mehr dermaßen verehrt, er hat nicht länger einen gottgleichen Status. (Der Modefotograf als schikanierender und triumphaler Macho in Antonionis ikonischem Film *Blow Up* (1960) scheint heute überzeichnet und komisch.)

Es wäre nicht fair, Rabines wegweisenden Artikel im Hinblick auf die Annahmen, die sie über Weiblichkeit (als sozial konstruiert, aber trotzdem Frauen zugeordnet) und Männlichkeit (dementsprechend Männern zugeordnet) macht, lediglich als prä-Butler abzuwerten. Während es stimmt, dass sie an Binaritäten festhält, so berührt sie trotzdem vorausblickend viele der hier angesprochenen Themen. Sie zeigt, wie seit den späten 1980er Jahren Vorstellungen über den Feminismus und über die Stärkung von Frauen bis zu einem gewissen Grad in den Leitartikeln von Modezeitschriften angenommen und in diese integriert wurden. So wurde, Rabine folgend, durchaus Einfluss auf eine bestimmte Form von Freiheit genommen, die in den Modebildern selbst sichtbar wird. Sie greift auf die Psychoanalyse und auch auf Elemente von Derridas Dekonstruktivismus zurück, um zu untersuchen, wie Fantasie in diesem Genre operiert, und erklärt, wie der abwesende Signifikant phallozentrischer Macht in diesem Feld der Weiblichkeit durch fetischistische Modeartikel und -objekte ersetzt wird. So wird sichergestellt, dass in dieser ausschließlich von Frauen bevölkerten Sphäre nichts aus dem Ruder läuft, schließlich ist der Fetisch die beruhigende Erinnerung an die phallische Macht. Laut Rabine ist auf diesem Gebiet heute zudem das Wissen – oder zumindest ein gewisses Bewusstsein darüber – verbreitet, dass es in der Darstellung von Sexualität in Modebildern um Machtverhältnisse geht. Das Genre verhandelt sexuelle Differenz neu, aber immer – unumgänglich und letzten Endes – zugunsten bestehender Geschlechterhierarchien. In diesem Frauengenre, so ließe sich sagen, wird ein heldenhafter Kampf ausgetragen. Es ist durchtränkt vom Begehren nach Freiheit – und auch das macht es für die KonsumentInnen zu einem Vergnügen –, aber das Bewusstsein über die äußere Allgegenwart der Beschränkungen und über das, was aufgegeben werden muss, bringt Erschöpfung und Verlust hervor, die dann auf den Körpern der Models gelesen werden können.

Rabine beschreibt die von diesem fotografischen Genre hervorgerufene Atmosphäre als semihalluzinatorisch. Sie legt dar, dass eine besondere Nähe zwischen dem Fantasieszenario des Modebildes und der „Lust an der Neugestaltung des Körpers und an der Maskerade" (Rabine 1994: 63) besteht. Rabine verfolgt diese Lust zu den verschiedenen Bedeutungen zurück, die in der Bewegung vom Nacktsein („unbeherrschte Biologie") zum Bekleidetsein (die Annahme einer „selbstproduzierten kohärenten Subjektivität") aufgerufen werden. Allerdings, so schreibt Rabine weiter, wird dieser „Traum, ein vollständiges Selbst hervorzubringen, beständig zunichte gemacht; das Körperbild, das hervorgebracht wird, ist nicht ein kohärentes Selbst, sondern ein Körper, der immer noch den Mangel bezeichnet" (ebd.: 64). In einer Argumentation, die meiner eigenen hier sehr ähnlich ist, zeigt Rabine, dass der gegenwärtige Moment der Fantasien und der Kleidung von Frauen (das sind für sie die 1980er Jahre) sich insofern von früheren Zeiten abhebt, als dass sich Frauen mit dem Aufkommen des Feminismus von den öffentlichen Medien auf eine Weise angesprochen finden, die ihren Anspruch auf Formen von Subjektivität abbildet, die vorher nur für Männer verfügbar waren. Sie werden angesprochen, als ob sie gegenüber Männern gleichberechtigt seien, wobei in Wirklichkeit keine grundlegenden Angleichungen innerhalb der Geschlechterhierarchie stattfinden. Das Dilemma beziehungsweise die Frustration besteht darin, dass Frauen noch immer nicht die Mittel haben, die symbolische Ordnung anzufechten. Sie schreibt – und es gilt zu bedenken, dass sie sich hier noch immer auf einem Diskussionsstand befindet, bevor Butler breit rezipiert wurde –, wie darüber eine Art Bisexualität hervorgebracht wird: Die Frau kann die Subjektivität eines Mannes haben und sogar auf eine Weise handeln, die in der Vergangenheit sein Privileg war, aber sie bleibt weiterhin in den Beschränkungen untergeordneter Weiblichkeit eingeschlossen. „Letztendlich reproduziert sie ein entfremdetes Selbst [...] ein selbstbewusstes ödipales Subjekt, das auf Mangel gegründet ist" (ebd.: 64). Die Frau wird immer häufiger als unabhängig dargestellt, und auf den Fotografien wird die Aufmerksamkeit darauf gelenkt, dass sie sich ihres Status als Objekt des männlichen Blicks bewusst ist. Diese endlose Selbstreflexivität bleibt aber innerhalb der Bedingungen des Symbolischen eingeschlossen, so dass sie sich selbst nur als Objekt reflektieren kann. Das sei eine Art fiktiver Einladung zur Selbstermächtigung *(Empowerment)*, so Rabine, schließlich werde sie darin bestärkt, die „Vormundschaft" über ihre Selbstdarstellung anzunehmen und die Macht zu handhaben, welche sie dann trotzdem auf das „andere Geschlecht" *(second sex)* reduziert. Die Fotografie verführt die Frau, um abzusichern, dass sie weiterhin die Verführerin des männlichen Blicks bleibt. Dass die Frau, die sich selbst ankleidet, um die Fantasie von Ganzheit und Kohärenz darzustellen, jetzt auch den männlichen Blick für weniger kontrollierend hält, ihn sich tatsächlich als nicht dominierend vorstellt, ist laut Rabine eine zusätzliche Ebene der Fantasie. Die Frau ist folglich ein ermutigtes Subjekt, der Mann verschwindet fast vom Schauplatz. Auf Modebildern sind selten männliche Figuren zu sehen. Das korrespondiert dann mit der Einbildung, es habe sozialer Wandel und Veränderung stattgefunden: Die Frau fühlt sich nicht mehr länger Männern untergeordnet. Dabei wird laut Rabine auf der Fantasieebene eine Frau mit zwei Körpern hervorgebracht. Der eine kann scheinbar „zuversichtlich, frei" werden, der andere bleibt noch immer vollständig in alle äußerlichen sozialen und ökonomischen Beziehungen eingeschlossen, die der Unterwerfung der Frau unter die patriarchale Macht bedürfen. Die Wirkung des dramatischen und visuell mächtigen Modefotos besteht darin, dass es Frauen mit einem „Gefühl von Unverletzbarkeit und überschäumender weiblicher sexueller Macht [ausstattet], die sie über ihre Körper darstellen können" (ebd.: 65).

Etwas später im selben Artikel analysiert Rabine ein glamouröses *Vogue*-Foto von einer Frau in einem klassischen knappen schwarzen Kleid. Der Kopf ist aus dem Bild geschnitten, so dass nur ihr schlanker Körper und ihre langen Beine sichtbar sind. Sie beugt sich nach vorne, um das Band an der Ferse ihres offenen hochhackigen Schuhs zurechtzurücken. Der optische Schwerpunkt liegt auf ihren Beinen und ihren Füßen, und Rabine weist darauf hin, dass dieser Fußfetisch tatsächlich für die Frau als Fetisch steht. Trotz des scheinbar sorglosen Auftretens dieser Frau, trotz ihrer Zuversicht beseitigt das Bild, wie die Kultur überhaupt, die Bedrohung, die von Frauen ausgeht, die keinen Phallus haben und diesem „Mangel anscheinend mit Indifferenz begegnen", indem es „die Frau zum Phallus macht". Das heißt, Männer geben sich „durch die Illusion, sie besäßen die Frauen, selbst der Illusion hin, den Phallus zu besitzen". Das, so zeigt Rabine über eine geschickte Lesart des Bildes, wird auf dem Bild durch die vielen Anspielungen auf die Bedrohung der phallischen Macht durch die begehrenswerte Frau konstruiert. Nichtsdestotrotz wird sie durch die unbeschwerte erneute Aufrufung der phallischen Macht in Form des Einsatzes überzogener, das Bild buchstäblich rahmender Signifikanten dieser Macht wieder eingeschlossen. Zentral ist hier aber die Formulierung: „dem Mangel anscheinend mit Indifferenz begegnen". Es wird impliziert, dass Frauen in der Fantasie ihren Sinn von Unterlegenheit, ihre Ehrerbietung gegenüber der patriarchalen Autorität irgendwie verloren haben. Das Modefoto gibt Frauen das vorübergehende Gefühl, dass sie der Anforderung, untergeordnet sein zu müssen, entkommen und unabhängig sein können. (Das erklärt auch, warum Modefotos nicht den konventionellen Regeln männlichen Begehrens folgen. Es gibt dort keine Verweise darauf, was Männern vermeintlich gefällt.) Das wiederum liefert uns Hinweise auf eine Art alternativer sexueller Ökonomie, die die Verpflichtung aufhebt, männliche Ängste über den Phallus zu beschwichtigen, indem Unterlegenheit und Mangel preisgegeben werden. Das ist die Fantasie. Aber wie Rabine zeigt, bringt das Bild die Frau in eine Zwickmühle: Sie kann diese Fantasie genießen, und sie kann sie durch bestimmte Formen der Arbeit an sich selbst auch ausleben. Dies bleibt aber, ebenso wie das *empowerment,* das die Fantasie untermauert, trotzdem von den allgemeinen patriarchalen Bedingungen reguliert. Sie sind dem Wandel gegenüber so resistent wie immer, obwohl die Beziehungen, die in der bildinternen Ökonomie erlaubt sind, etwas anderes nahe legen, und obwohl Männlichkeit in dieser neuen Landschaft des Begehrens und der gestärkten Weiblichkeit weniger dominant ist. Diese Rahmung wird in dem von Rabine für ihre Analyse gewählten Bild auf dramatische Weise deutlich: Der abgeschnittene Körper der jungen Frau wird in einem Hof im Palazzo-Stil dargestellt, der von alten Mauern umrundet ist, auf denen ein aus Stein gemeißelter „Kirchenvater" thront.

Die verführerische Macht des Modefotos liegt in der Bestätigung, die es seinen Konsumentinnen zu bieten scheint; als Subjekte des gesellschaftlichen Wandels scheinen sie erstarkt, nicht zu stoppen und überaus kompetent.[3] Auf diesen Bildern

---

[3] Zum Beispiel die energiegeladenen und überschwänglichen Bilder der „*Swinging-London Girls"* in Miniröcken aus den 1960er Jahren.

findet ein Machtspiel statt, ein gefährliches Changieren und eine spannungsreiche Auseinandersetzung. Um Frauen in das Netz des glamourösen Konsumierens zu ziehen, muss ihr Begehren nach Freiheit angesprochen werden, und das gelingt, wenn sie dazu angehalten werden, in der Fantasie eine Indifferenz gegenüber ihrem Mangel auszuleben. Diese Erlaubnis stellt aber unweigerlich eine Bedrohung dar und kann nur innerhalb bestimmter Grenzen toleriert werden; daher das Gefühl von Spannung, Aufregung und Angst in diesem Genre. Wenn Frauen durch diese Bilder darin bestärkt werden, sich ein paar Freiheiten zu nehmen, wird ein feministisches Begehren aktiviert, in der Stadt zu sein, allein zu sein, eigenständig zu sein, in irgendeinem emanzipierten Szenario zu sein. Daran schließen sich die Möglichkeiten für Geschlechtergleichheit an, die, darauf weist Rabine hin, jetzt in den Medien angesprochen und verhandelt werden. Auch in ihrer Indifferenz gegenüber dem Mangel, in ihrer Abwendung von dem Bedürfnis nach männlichem Einverständnis und ihrer demgegenüber anscheinend selbstständigen Verortung in einer Welt der Frauen, die von einer spezifischen Mode und Körperästhetik bestimmt wird, wird auf bestimmte Weise dieses Begehren nach dem Feminismus angedeutet. Die in sich abgeschlossene Welt der Modezeitschriften und ihrer Bilder erlaubt diese Indifferenz gegenüber dem männlichen Begehren – oder doch zumindest die temporäre Abwendung von dessen beständigen Anforderungen. Es stellt sich also die Frage, was diese Räume (aus)füllt, die durch die Beseitigung männlichen Begehrens verfügbar gemacht werden. Die zahlreichen Formen der Modefotografie, die sich den Mechanismen des Hervorrufens von Fantasie und Lust verschrieben haben, entsprechen einer hermetisch abgeschlossenen weiblichen Sphäre, in der beständig Begehren hervorgebracht wird. Aber anscheinend wird Begehren auf Modefotos ohne ein Objekt notwendigerweise halluzinatorisch, weil es für dieses Begehren keine Auflösung geben kann, und es wird dort melancholisch, wo, den regulierenden Normen der heterosexuellen Matrix entsprechend, das verlorene Objekt des gleichgeschlechtlichen Begehrens in die einzelnen Körper der Models eingebunden wird, die in der Konsequenz durch dieses Verbot zerstört werden. Im Modefoto wird eine spezifische Ausgestaltung der komplexen Verwicklungen von Freiheit und Verbot dargestellt, die als Antwort auf die bedrohliche Präsenz junger Frauen aufkamen, auf ihr Erscheinen in öffentlichen Räumen als eigenständig ökonomisch Handelnde, auf ihre Position als Begünstigte feministischer Ansprüche.

Die Art und Weise, wie feministische TheoretikerInnen in den 1980er und frühen 1990er Jahren das Zusammenspiel der in diesem Genre mobilisierten psychischen Kräfte untersuchten, hilft uns dabei, die Spannungen und Ängste und die Erscheinungsformen des Schmerzes heutiger junger Frauen zu verstehen. Rabines Analyse bietet nützliche Ansatzpunkte für eine Untersuchung dieses Gebietes der Pathologien, des Zorns und der unlesbaren Wut. Unlesbar ist diese Wut insofern, als heute fast alle für den Markt produzierten Bilder Gleichheit und *empowerment* als gegeben annehmen und feiern. Zudem zirkulieren die Bedeutungen in Kontexten, die durch die Abwesenheit patriarchaler Signifikanten gekennzeichnet sind; es herrscht der Eindruck weiblicher Selbstständigkeit, und innerhalb gewisser bekannter Konventionen findet eine Abwendung von der Heterosexualität statt. Das Verständnis der psychischen Grundlagen dieses Genres visueller Bilder erlaubt es, die Frage zu stellen, warum die Quelle des Schmerzes so nebulös und undurchsichtig bleibt. An welchen Stellen dann Unterordnung und Unterwürfigkeit wieder zum Tragen kommen, ändert sich ständig. Was bedeutet es für junge Frauen, in einer Situation zu leben, in der ihnen gesagt wird, sie seien jetzt gleichberechtigt und es bedürfe mit Sicherheit keiner *sexual politics* mehr, während gleichzeitig so getan wird, dass es auf mysteriöse Weise zu dieser Gleichberechtigung gekommen sei, ohne dass irgendwelche Anpassungen oder schwerwiegenden Änderungen von Seiten der patriarchalen Autorität erforderlich seien? Während feministische Politik zunehmend weniger sichtbar und wirkmächtig wird, scheint sich das Patriarchat, statt auf Umverteilung und Demokratisierung zu setzen und ohne sich seiner Macht auch nur im Entferntesten zu entäußern, größtenteils selbst wieder neu zu stützen. So bleiben Quelle und Bedeutung des Schmerzes undurchsichtig, und daraus erklärt sich das Ausmaß, in dem junge Frauen von der Situation, in der sie sich jetzt wieder finden, möglicherweise in den Wahnsinn getrieben werden.

Dieser ‚Wahnsinn' spiegelt sich in den blühenden Fantasien der Modefotografie, in der die Ausdrucksformen psychischer Störungen endlos zirkulieren. Im Zentrum dieses visuellen Regimes, dessen vordergründiges Ziel, wie Fuss gezeigt hat, darin besteht, Frauen in Richtung der erforderlichen geglückten Heterosexualität zu steuern, findet auch ein widersprüchliches Untergraben von Geschlechternormen statt. Wenn es aber stimmt, woran Butler uns regelmäßig erinnert hat, dass nämlich das Erreichen von Weiblichkeit in mancherlei Hinsicht unumgänglich scheitern muss, dann lässt sich sagen, dass es auch innerhalb des Einsatzes dieser spezifischen Technologien des Geschlechts scheitert, in deren Rahmen der männliche Blick, im Gegensatz zum kommerziellen Hollywoodkino, keine solch vorherrschende Präsenz besitzt. Die Modefotografien in Frauenzeitschriften wie in Tageszeitungen verraten viele der offensichtlichen Zeichen einer solcherart instabilen Weiblichkeit. Evans und Thornton beschreiben Mode als einen „hysterischen Diskurs", dessen Fantasiestrukturen die Darstellung endloser Szenarien von „Begehren, Depression, Ekstase" erlauben (Evans/Thornton 1989). Auf Modefotos sind in der Regel nicht nur verschiedene Stufen der sexuellen Ekstase abgebildet, sondern auch psychische Unruhe; es ist eine leicht verstörte Welt. Die Models sind geistesabwesend, neurotisch, sie laufen vor der Kamera weg, sie scheinen mutlos oder entfremdet zu sein oder wie unter Drogen abwesend träumend. Gerade weil die Bedürfnisse der porträtierten Frauen so undurchsichtig sind, können die Bilder eine Atmosphäre des Begehrens schaffen. Es gibt kein offensichtliches Objekt, das die Bedürfnisse dieser Frauen befriedigen wird. Auf mysteriöse Weise sind sie unstillbar. Es geht nicht einfach darum, bei Männern sexuelles Interesse hervorzurufen – gerade im Gegenteil, verzichten diese Fotos doch auf die entsprechenden gut bekannten Zeichen. Modefotos sind primär auf Frauen als Betrachterinnen ausgerichtet, daher sind sie über Weiblichkeitscodes vermittelt und müssen die nebulösen oder unlesbaren Begehren von Frauen ansprechen, die, zumindest in diesem Genre, nicht spezifisch auf männlichen Beifall ausgerichtet sind.

Diana Fuss setzt sich am unmittelbarsten mit der Aktivierung eines lesbischen Blicks innerhalb dieses kulturellen Feldes auseinander, das „eine sozial sanktionierte Struktur zur Verfügung stellt, in der Frauen dazu ermutigt werden, auf voyeuristische, wenn nicht sogar vampirische Weise die Bilder anderer Frauen zu konsumieren" (Fuss 1994: 211). So werden Bilder scheinbar lesbischer Frauen konsumiert, deren Posen von kokett bis aggressiv variieren. Die betrachtende Position gründet sich auf den spezifischen Codierungen der Modefotografie, von denen, wie Rabine zeigt, viele mit Körperfragmenten arbeiten; sie zeigen einzelne Körperteile, zerschneiden den Körper, zeigen entweder den Torso oder die Beine oder, im Falle des Bildes, das Fuss analysiert, scheinbar entkörperte Gesichter, die „von jedem sichtbaren Körper abgelöst" sind. Diese Bilder von Körperteilen bringen die BetrachterIn zurück in eine Phase vor dem Spiegelstadium, und das erklärt einen Großteil unserer Faszination. Sie „stellen eine zwanghafte Wiederaufführung des Moments dar, in dem sich das weibliche Subjekt zum ersten Mal seiner selbst bewusst ist" (Fuss 1994: 214). Sie rufen Momente wieder auf, in denen wir alle gefragt haben: Ist das eine Version von mir? Existiere ich wirklich? Das sind Fragen, die als wiederkehrende Erinnerungen an unser fragmentiertes Selbst immer bei uns bleiben. Aber dieses Darstellen von Körperteilen entspricht auch dem mit Frauen assoziierten Mangel sowie der bemühten Ersetzung dieses von Seiten der dominanten Männlichkeit angstbesetzten Mangels mit dem Fetisch. Weil das Modefoto aber selbst fetischistische Qualitäten aufweist, werden alle genannten Eigenschaften in diesem Genre konzentriert, so dass es buchstäblich mit sexualisierter Angst überladen ist; mit einer Angst, die sich auf die Produktion sexueller Differenz, auf die von Frauen ausgehende Bedrohung und auf die Notwendigkeit richtet, diese Bedrohung zu organisieren und einzudämmen. Fuss entwickelt ihre Argumentation über den nicht-heterosexuellen Charakter des Modebildes, indem sie die Phase vor dem Spiegelstadium und die ersten Momente des Bewusstseins über das eigene Selbst mit Kristevas Konzept der „mütterlich-homosexuellen Seite" in Verbindung setzt. Kristeva weist auf eine homosexuelle Bindung der präödipalen Tochter an die Mutter hin, die zur Erlangung von Sprache und Identität getilgt werden muss. Das geschieht allerdings nicht vollständig, weil, wie wir von Freud wissen, ihre Ödipalisierung notwendig unvollständig realisiert wird. Diese primäre Homosexualität ist für die weibliche Subjektivität konstitutiv, insofern die Tochter, sich ursprünglich innerhalb eines „gleichgeschlechtlichen Kontinuums" identifiziert. Doch verursacht die Erinnerung an dieses präödipale Moment auch Panik und Angst. Es ist eine Erinnerung an einen Zustand vollkommener Machtlosigkeit, Panik und Abhängigkeit. Die von den Bildern ausgelöste Erinnerung ist stark, weckt aber auch verworfenes Grauen davor, „nicht zu sein". Diese weiblichen Ängste werden über die vielen verschiedenen, der Modefotografie eigenen Konventionen wieder und wieder ausgelöst. Fuss zeigt detailreich, wie das Bild des schönen (taufeuchten?) Gesichts einer Frau, stark weichgezeichnet fotografiert, psychisch als Wiederherstellung des verlorenen Begehrensobjekts wirkt, und wie es in dem Ausmaß, in dem es Befriedigung verspricht, auch die Grenzen des Selbst aufzulösen droht. Das Bild einer schönen Frau wird so aufgenommen, als schaue die Betrachterin in das Gesicht einer schönen, liebenden Mutter. „Oft [...] sehen wir das Gesicht aus einer Distanz und Perspektive, aus der ein Kleinkind es vermutlich sehen würde." (Fuss 1994: 218) Die Gesichter engelsgleicher Mütter sind so zurechtgemacht und fotografiert, als ob sie etwas Maßloses übermitteln sollten, einen Überfluss an *jouissance*, der auch die Erinnerung („präödipale Nostalgie") an die Gefühle vollkommener Überwältigung in einem prä-identitären Zustand hervorruft. Das erklärt die Panik und Angst.

Fuss zeigt, wie Modefotografien homosexuelles Begehren hervorrufen können müssen, so dass es entsprechend ausgelöscht werden kann. Aber indem sie das tun, findet auch eine Produktion „lesbischen Begehrens innerhalb der identifikatorischen Bewegung selbst" statt. Allerdings, so schreibt sie weiter, ist diese lesbische Erotik so offensichtlich, so deutlich für alle sichtbar, dass diese Offensichtlichkeit tatsächlich die „homoerotische Struktur des Blicks" sofort negiert. Indem es als etwas hervorgerufen wird, das existiert, eingedämmt und kontrolliert werden muss, wird das verbotene Begehren sozusagen „angeschirrt". In einer allumfassenden visuellen Ökonomie wird homosexuelles Begehren aktiviert und zur gleichen Zeit untersagt; es wird hervorgerufen, um verboten zu werden. Es ist, als würde gesagt, ‚besser hier und jetzt und unter genau diesen Umständen damit fertig werden'. Die Bilder flirten mit der Betrachterin in einem Spiel, das den Ausdruck des Begehrens erlaubt und die Betrachterin dann an die hohen Kosten erinnert, die daran geknüpft sind, sich diesem Begehren hinzugeben. Fuss nennt das den „strategischen Einsatz eines voyeuristisch-homoerotischen Blicks" (ebd.: 227). Der Übergang der Frau oder des Mädchens in die von ihr erwartete Heterosexualität ist so schwierig, dass es unglaublicher Anstrengungen bedarf, dieses widerspenstige Terrain zu ordnen, besonders in einem kommerziellen Feld, das die Vergnügungen weiblichen Konsumierens ausweiten soll. Fuss zeigt in einem großartigen Abschnitt, dass die Arbeit des Modebildes darin besteht, das homosexuelle Begehren auszulösen, damit es anschließend kanalisiert werden kann.[4] Und ungleich der im Medium Film nahegelegten BetrachterInnenposition kann die Position, „die im zeitgenössischen

---

[4] Anmerkung der Übersetzerin: Im englischen Original zitiert McRobbie Fuss, die mit dem Wort „channeled" spielt (hier übersetzt mit „gelenkt werden"), indem sie auf die Ähnlichkeit mit der Marke Chanel hinweist („channeled or *Chanel*led").

kommerziellen Modefoto angelegt ist, als weiblich, homosexuell und präödipal
[...] verstanden werden" (ebd.: 228).

Jede der bisher vorgestellten Autorinnen (und andere neben ihnen) hat sich
umfassend zu den sich im Modebild wiederholenden Themen geäußert, zu den
Prozessen der Abwendung von der Kamera, als würde nach einer anderen Quelle
der Anerkennung gesucht, oder auch zu den Zuständen von Niedergeschlagenheit,
Langeweile, Übellaunigkeit, Erschöpfung und Versenkung ins Selbst. Es scheint,
als inszeniere das Genre eine Art hysterische, umfassende weibliche Zurückweisung der dominierenden sexuellen Normen, „eine Verweigerung, das Objekt des
Begehrens eines/r Anderen zu sein". Mit dem Verweis auf Irigarays Begriff der
mimesis argumentiert Cathy Griggers in eine etwas andere Richtung als die übrigen
bisher erwähnten Autorinnen. Sie erinnert an die in diesem Konzept enthaltene
Möglichkeit der „freudvollen Wiederaneignung" der in den Weiblichkeitsattributen
selbst verborgenen Differenzen, „mit denen das weibliche Subjekt möglicherweise
sein Selbst neu definieren kann" (Griggers 1990: 82). Das legt nahe, dass eine Distanzierung von der alltäglichen heterosexuellen Kultur stattfindet. Tatsächlich führt
die Unzufriedenheit mit dieser Kultur nicht in erster Linie zu einer narzisstischen
Wendung zum Selbst; es wird vielmehr begrüßt, dass „die essentielle Differenz der
Frau neu definiert werden kann und muss" (ebd.: 82). Diese Möglichkeit wird zur
Quelle von alternativer Lust und Faszination. Was auf den Bildern ausgetragen wird,
ist „die kulturelle Konstruktion weiblicher Subjektivität und ihrer Abspaltungen,
die im Modediskurs zum Ausdruck gebracht wird" (ebd.: 87). Griggers nähert sich
hier positiv einer Form von Weiblichkeit, die Kristeva als präödipale Auflösung
des Selbst fasst, als eine Art weibliche Psychose. Irigaray versteht Weiblichkeit
genau entgegengesetzt als Schauplatz freudvoller Aneignung.

Wenn es stimmt, dass das Modefoto als kulturelle Form eine solche Bandbreite an Spannungen und Ängsten hervorrufen kann, und wenn es die Macht hat,
Vorstellungswelten für die Betrachterinnen zu erschaffen, dann sollte es nicht
überraschen, dass dieses Genre im Zusammenhang mit einer solchen Funktion
Schauplatz von Kämpfen ist. Über die Illusion weiblicher Autonomie verbirgt die
darunter liegende patriarchale Macht ihre Präsenz. Die Modefotografie ist kulturell
asymmetrisch, es gibt keine äquivalente Form des institutionalisierten Schauens
im Feld der Männlichkeit. Männer schauen sich nicht gegenseitig so fasziniert,
anhaltend und ununterbrochen an. In Hinblick auf die Formierung weiblicher
Subjektivität ist die Modefotografie daher sehr aussagekräftig.

Ich habe über den Platz nachgedacht, den dieses Genre in einem sozioökonomischen Kontext einnimmt, in dem sich das Machtverhältnis zwischen Männern
und Frauen verschoben zu haben scheint: Frauen haben ein gewisses Maß an
ökonomischer Macht und Unabhängigkeit erlangt, es gibt Gesetze, die sie vor
Diskriminierung, Gewalt und Belästigung schützen. Jede der zitierten feministischen Theoretikerinnen hat auf ein homosexuelles Fantasieszenario hingewiesen,

das in der Welt der Modebilder präsent ist oder aufgerufen wird. Häufig ist es so offensichtlich, dass es sehr einfach abgetan werden kann; es ist quasi dafür gedacht, abgetan zu werden. Fuss versteht diese Bilder als Sicherheitsventile; sie bestimmen den offiziellen Rahmen, innerhalb dessen weibliche Homosexualität dargestellt werden kann, nur damit sie zügig abgehandelt und zu guter Letzt verleugnet werden kann. Was aber steht mit dieser Verleugnung auf dem Spiel? Wenn die weibliche Homosexualität aufgerufen wird, nur damit sie umso besser eingedämmt werden kann, welche Konsequenzen ergeben sich aus dem zwangsläufigen Scheitern dieser Eindämmung? Wenn das Scheitern vor dem Hintergrund der beträchtlichen Macht der patriarchalen Gesellschaft auch nur geringfügig ist, so zählt es doch trotzdem. Die Spannung in den Bildern entsteht durch das Dilemma, mit dem sich eine kommerzielle Kultur konfrontiert sieht: Sie will riesige Berge von Waren in Form von Mode und Schönheitsprodukten an junge Frauen verkaufen und muss so selbst dieses eingelagerte Begehren nach einer Distanz von der Heterosexualität, das das Begehren nach dem Schauen antreibt, anerkennen, um erfolgreich verkaufen zu können.

Unvermeidlich, und besonders im Licht der gestärkten Position junger Frauen in den letzten Jahren, zeigen die Bilder ein Übermaß an Spannungen, die nicht ausgeglichen werden können. Meiner Ansicht nach beschreiben sie eine Art normativer Pathologie, die im notwendigen Scheitern im Kampf um weibliche Autonomie begründet ist. In der Welt der Modefotografie ist durchweg eine Art psychischer Unruhe wahrnehmbar, da diese Bilder immer wieder und zwanghaft sowohl Phasen vor als auch nach dem „Spiegelstadium" im Leben junger Frauen und Mädchen wiederholen. Der ,Wahnsinn' der Modefotografie findet sich auch in den Effekten von Eindämmung oder Einschränkung. Im Rahmen des Modebildes wird Weiblichkeit als nicht handhabbar, zu mächtig, unangemessen ausufernd, schlicht zu viel und trotzdem als endlos begehrenswert kreiert. Die Kindheit, in der der weibliche Körper noch vor der Pubertät steht und in der die Erfordernisse der Heterosexualität noch nicht so stark spürbar werden, wird nostalgisch inszeniert (das wird besonders in *Prada*-Modefotografien deutlich). Hier wird die Distanz von der Heterosexualität über die Sehnsucht nach einer Zeit, in der ihre Effekte noch nicht so greifbar und unvermeidbar waren, magisch aufgelöst. Griggers weist darauf hin, dass dieses Genre besonders für Betrachterinnen aus der (aufstrebenden) Mittelklasse attraktiv ist, deren relatives Maß an Freiheit und ökonomischer Unabhängigkeit durch den Einfluss und die Anstrengungen von Feminismus, Pädagogik und Konsumkultur gestärkt wurde. Um die Kleidung, Kosmetik und die Zeitschriften selber verkaufen zu können, müssen die Bilder mit weiblichem Begehren ineinander greifen; tatsächlich müssen sie weibliches Begehren aktiv hervorbringen und gleichzeitig eingrenzen, so dass es nicht die Basis der männlichen Hegemonie bedroht. Diese Eingrenzung findet im Rahmen des Bildes selbst statt, innerhalb des Genres, innerhalb der Welt der Modebilder.

Die Wirkung des Modebildes ergibt sich aus der beständigen Gefahr, es könnte seinen Rahmen überschreiten. Diese Überschreitung realisiert sich aber nie vollständig. Das Bild ist stattdessen immer übersprudelnd, immer immanent.[5] Das Genre ist in gewisser Weise schwanger mit einem ungerichteten und unmöglichen Begehren, dass sich entkräftet nach innen oder gegen sich selbst wendet, in einer Art unlesbaren Wut, oder in einer Art von drogeninduzierter Langeweile (Kate Moss), einer herablassenden Entrücktheit, einer spezifischen Melancholie, einer Nostalgie für etwas, das verloren ist und mit einer Zeit in Verbindung gebracht wird, die endlos weit zurück zu liegen scheint. Das typische Modefoto vermittelt eine gewisse Kälte, *froideur,* Enttäuschung, eine tiefgreifende Abneigung gegen alles Häusliche und eine Vorliebe für eine Art geheimes Anderssein *(otherness).*

Natürlich unterscheiden sich die hier angeführten Analysen feministischer Theoretikerinnen voneinander. Von Irigaray geprägte Ansätze konzentrieren sich beispielsweise auf Weiblichkeit als einen Schauplatz, der in seiner Unterordnung nichtsdestotrotz als eine quasi-autonome Kraft mobilisiert werden kann. Sie kann zum fragmentierten Subjekt werden und als etwas in Erscheinung treten, das „nicht eines, sondern viele, und nicht alle" ist (Griggers 1990: 100). Für Griggers entspricht die Macht dieser Bilder der „immerwährenden Konfrontation der Betrachterin mit ihrem eigenen sich zurückziehenden und neu arrangierenden Begehren, mit ihren eigenen Spaltungen als Subjekt [...] Die Betrachterin macht ambivalente Erfahrungen mit Macht, Mutterschaft, Heirat, eine Homoerotik im Gewand von Leder und Perlen, mit Mode, mit der Mühe, die sie für ihren sozialen Status aufbringt, mit der Repräsentation selbst." (ebd.: 101)

Oberflächlich werden Modefotos (und insbesondere die Art von Bildern, wie sie sich in Hochglanzillustrierten wie der *Vogue* finden) oft so interpretiert, als sei die herablassende Abwendung vom Alltäglichen als eine durch und durch narzisstische Geste zu verstehen, die nicht nur auf eine Vorliebe für das Selbst hindeutet, sondern auch auf eine überhöhte Bedeutung des Selbst als Subjekt, das schöner und daher sozial wertvoller ist als alle anderen. Mit Geringschätzung sieht das Model auf diejenigen herab, die seine außerordentliche Schönheit nie werden erreichen können. Ein solcher Stil ergänzt das Wertesystem von Illustrierten wie der *Vogue* mit ihrem Faible für die Welt des Luxuskonsums und das mit großem Reichtum, Talent und körperlicher Schönheit einhergehende soziale Kapital. So verstanden würden Modefotos eine soziale und symbolische Hierarchie sowohl produzieren als auch aufrecht erhalten – eine Hierarchie, die sich auf Normen für weibliche Schönheit gründet, die sich als Vermögen auf dem Elite-Markt handeln lassen. Das wäre allerdings eine unzureichende Darstellung, insofern hier keine Analyse der narrativen Szenerie, des fotografischen Stils oder der Wandlungen

---

[5] Bei Cindy Sherman wird diese Immanenz in ihren bekannten *Film Stills* sichtbar, in denen sich Verweise auf die Welt der Modefotografie finden (vgl. Williamson 1986).

des Genres vorgenommen wird, die es zu mehr als nur einem Spiegelbild der Werte der so genannten High Society gemacht haben. Rabine zeigt, wie diese vormals elitäre Funktion der Modefotografie durch Stile ersetzt wurde, die an die Dynamiken sozialer Transformation angegliedert zu sein schienen – einschließlich der Änderungen im Zusammenhang mit *sexual politics*. Gerade weil diese kulturelle Form und ihre um sich greifenden Ausdrucksweisen, die sich weit über die *Vogue* hinaus auf die eher ‚gewöhnlicheren‘ und eindeutig nicht elitären Seiten wöchentlicher Modezeitschriften wie die *Grazia* erstrecken, derart omnipräsent und von solcher zentralen Bedeutung sind, habe ich hier dargestellt, worum es bei der Lenkung und Regulierung der Begehrensströme, die von den Bildern und den Praktiken des Schauens hervorgebracht werden, geht. Ich habe vorgeschlagen, das Modefoto als einen Schauplatz normalisierter Pathologie zu verstehen, als eine Art institutionalisierten Wahnsinn, der sich aus der Unmöglichkeit ergibt, Weiblichkeit kohärent zu verkörpern. Junge Frauen finden sich in einem postfeministischen Kontext wieder, in dem Begriffe wie ‚Gleichheit‘ routiniert aufgerufen werden, während gleichzeitig neue Rahmenbedingungen und Konditionen festgelegt werden. Dieses sozial hervorgebrachte Ungleichgewicht ergibt sich, weil das weibliche Subjekt einerseits über feministische Kämpfe und Auseinandersetzungen im Kontext der *sexual politics* geschlechtersensibel geworden ist, auf der anderen Seite aber erwartet wird, dass es dieses Geschlechterbewusstsein ignoriert.

Junge Frauen haben von diesen Kämpfen profitiert; sie werden heute (wie ich in den vorangegangenen Kapiteln gezeigt habe) regelmäßig als Leistungssubjekte angerufen. Die kommerziellen Medien und die Konsumkultur sehen und stärken sie als Subjekte des ‚etablierten‘ Feminismus. Wenn dieses Wissen beziehungsweise Bewusstsein in der Konfrontation mit den lediglich minimalen Anpassungen, die von Seiten des dominanten Patriarchats in Hinblick auf Geschlechtergerechtigkeit unternommen wurden, auch auf Grenzen stößt, kann das nur umso verletzender sein. Postfeministische Störungen sind daher als Schauplätze neuer und noch subtilerer Formen der Regulierung zu verstehen. Definieren und Diagnostizieren sind, ohne Foucault zu nahe treten zu wollen, regulierende Praktiken. Es wird normal, auf neue Arten verletzt zu sein. Zudem werden für diese postfeministischen Pathologien mittlerweile verschiedene Techniken und Behandlungsformen bereitgestellt. In der Welt der Modefotografie wird dieses Chaos und diese Unruhe visualisiert. Ihre Protagonistinnen (Kate Moss, Naomi Campbell) sind zwangsläufig beschädigt, leidend, abweichend, abhängig, auf irgendeine Weise verletzt. Ich habe gezeigt, dass diese Pathologien normalisiert und sogar verherrlicht werden; ihre Symptome und Ausdrucksweisen stehen zur freien Verfügung, und mit ihnen auch alle möglichen feministisch beeinflussten Psychotherapien sowie Techniken aus der Kognitions- und Verhaltenswissenschaft. In gewisser Hinsicht funktionieren sie als ein sich selbst erhaltendes Regime. Eine Kritik an Männlichkeit oder dem Patriarchat bekämpfen sie ebenso wie eine Hinterfragung der Normen der heterosexuellen Matrix. Sie sperren junge Frauen in eine hermetische Welt weiblicher Ambivalenz und weiblichen Elends.

Im weiteren Verlauf dieses Kapitels bezeichne ich diese Pathologien im Rückgriff auf Butlers Konzept der heterosexuellen Melancholie als unlesbare Wut, als weibliches Leiden, in dessen Kontext die Werte feministischer Bündnisse geleugnet und durch ein aufgeplustertes, nicht lebensfähiges postfeministisches Selbst ersetzt werden. Diese Lebensunfähigkeit hat zur Folge, dass Frauen weiterhin Gegenstand von Aufmerksamkeit bleiben und den Werten und Normen verschiedener ExpertInnen, Selbsthilfegruppen und Fachleuten entsprechend behandelt werden. Die auf Modefotos stattfindenden endlosen Inszenierungen von Weiblichkeit beschwören psychische Landschaften und Szenarien des Verlusts, der Melancholie und unlesbaren Wut; so beispielsweise die übersprudelnde mütterliche *jouissance* des schräg von unten fotografierten Gesichts von Kate Moss oder Naomi Campbells abwesende Herablassung und aggressive sexuelle Nichtverfügbarkeit (die Schönheit mit dem spöttischem Lächeln) oder wieder Kate Moss, die wie einzig zu ihrer eigenen Lust und der ihrer jugendlichen Verehrerinnen nackt posiert.[6]

Im Folgenden untersuche ich die Definition und die Grenzen des Selbst, das jungen Mädchen zur Zeit als gängige Individualisierungstechnologie zur Verfügung gestellt wird. Diese Interventionen überwältigen die Subjekte in Zeiten der Anspannung und Belastung mit ihrem Angebot an Wahlmöglichkeiten und Ratschlägen zur Erlangung von Kontrolle, Selbstbewusstsein und Erfolg. Immer wieder nehmen sie auf wohlbekannte feministische Debatten um Unabhängigkeit und das Verlangen nach Handlungsfähigkeit Bezug, ändern diese aber inhaltlich, so dass sie eher dem Diktat eines postfeministischen Geschlechtervertrags entsprechen, der Geschlecherungleichheit auflösen will, ohne die männliche Hegemonie und die heterosexuelle Matrix anzufechten oder zu bekämpfen. Wenn das präfeministische weibliche Selbst als ein Selbst ohne Autonomie und von männlicher Bestätigung abhängig verstanden wurde, dann wird mit dem postfeministischen Gegenstück vom weiblichen Subjekt verlangt, mit Hilfe der zur Verfügung stehenden Unterstützung in sich selbst die Ressourcen zu finden, um die eigene Selbstachtung wieder zu erlangen, die immer und unausweichlich verloren ist. Wie ich im Folgenden zeigen werde, ist genau diese Mobilisierung eines ‚Selbst mit Achtung' Teil des Problems.

---

[6] Auf welcher Grundlage kann eine solche Behauptung geäußert werden? Die Bilder kommen weitgehend ohne die Fetischzeichen aus (entsprechende Gegenstände, Netzstrumpfhosen, hochhackige Schuhe), die die an den männlichen Blick gerichteten Pin-Up-Bilder üblicherweise auszeichnen. Stattdessen gehören diese Bilder in die internalisierte Welt des Mädchenschlafzimmers, das in den letzten Jahren mit Myspace und Facebook ein riesiges öffentliches Forum gefunden hat. Vgl. auch die Kate-Moss-Fanseiten von Teenagerinnen.

Von der Maskerade zur Melancholie

Die Spannung, auf die ich hingewiesen habe, durchzieht das Feld der Modefotografie und wird gleichzeitig von diesem eingegrenzt. Sie birgt eine Abwendung vom männlichen Begehren in sich, die nicht in eine wahrnehmbare Richtung, sondern richtungslos verläuft, eine Abwendung, die sich nicht aus Vorliebe für ein gleichgeschlechtliches Sexualobjekt und auch nicht aus narzisstischen Beweggründen ergibt.[7] Diese Spannung kann vielleicht am besten als heterosexuelle Melancholie verstanden werden. In *Das Unbehagen der Geschlechter* (1991) und in *Psyche der Macht* (2001b) untersucht Butler das Terrain der Melancholie und unlesbaren Wut und entwickelt ihre Ideen, indem sie sich beharrlich mit dem Begriff der Maskerade auseinandersetzt. Wie bereits im zweiten Kapitel dargestellt, war die Maskerade für viele feministische und psychoanalytische TheoretikerInnen ein faszinierendes Phänomen. Butler interessiert sich weniger für die Verletzungen, die Frauen im Prozess der weiblichen Maskerade erleiden, sondern für die Wunden derjenigen, die nicht dazu in der Lage sind, solche Positionen einzunehmen. Für Butler verläuft die entscheidende Linie zwischen denjenigen, die diese Positionen scheinbar ohne traumatische Erfahrungen einnehmen können, und denjenigen, für die eine solche Erwartung selbst traumatisch ist.

Mein Interesse gilt dem traumatischen Bereich innerhalb der normativen Weiblichkeit. Ich nehme an, dass auch diejenigen traumatische Verletzungen erleiden, die in diesem Feld scheinbar selbstverständlich ihre Positionen einnehmen. Die patriarchale Autorität macht Zugeständnisse an das Autonomiebedürfnis oder an das Verlangen nach einer Distanz zur Heterosexualität. Das geschieht aber vor allem, damit widerspenstige oder regellose Begehrensformen sicher eingedämmt werden können, auch wenn das die Billigung normativer Pathologien bedeutet. So werden Symptome, die Ausdruck einer problematischen geschlechtlichen Identifizierung sind (Selbstverletzungen, Dogenabhängigkeit, Essstörungen), zu vorhersagbaren, behandelbaren und medizinisch regulierbaren Vorkommnissen. Statt zum Gegenstand fortlaufender sozialer Analyse zu werden, werden sie faktisch in die Definition dessen integriert, was es heute bedeutet, eine normale Frau zu sein. In diesem Sinne sind o. g. Symptome alltägliche Attribute und fester Bestandteil von Weiblichkeit. Modebilder nehmen in diesem Prozess der Normalisierung weiblicher Melancholie einen besonderen Platz ein; sie sind kulturelle Zeichen ihrer Institutionalisierung. Modebilder zeigen immer wieder die Einverleibung des gleichgeschlechtlichen Objekts, das einst geliebt wurde, aber aufgegeben werden

---

[7] Hier kann man nach der Beziehung zwischen Narzissmus und Geschlechtermelancholie fragen. In meiner Auseinandersetzung mit Modebildern habe ich den Narzissmus ausgespart, weil es mir um die in diesen Bildern implizite, aber verlorene Beziehung zu einer/einem Anderen geht. Als soziale Formen thematisieren sie eine Beziehung zu einem/einer Anderen, die jedoch verleugnet werden muss.

musste und anschließend als Verlust in einen Raum eingelagert wird, der, wie Butler schreibt, wenn nicht der Körper selbst, dann wohl auf dem Körper ist. Ein weiterer Aspekt dieses Prozesses besteht in der Aufrechterhaltung des Verlustes als etwas Unaussprechlichem. Diese Unaussprechlichkeit wird verschlüsselt und den Betrachterinnnen in der Geste der Abwendung und im Überfluss von Kleidern, deren Funktion darin besteht „auf dem Körper" zu sein, erneut vor Augen geführt.

Wie ist es zu erklären, dass die weibliche Melancholie junge Frauen gegenwärtig derart kennzeichnet? Was bedeutet es, von einem Verlust, der unaussprechlich bleiben muss, eingeschränkt, festgeschrieben und bewegungsunfähig gemacht zu werden? Butler hat ein Vokabular entwickelt, mit dem verständlich wird, wie kulturelle Werte und neue Formen der Regulierung und Einschränkung, so sehr sie auch mit Anregungen, aktiv zu werden, verknüpft sein mögen, doch dazu dienen, junge Frauen so zu positionieren, dass sie sich in ihren Pathologien einrichten und sich an die Vorstellung gewöhnen, dass Selbstverletzung oder Depressionen oder die Trauer darum, mit dem Kinderkriegen ‚zu lange gewartet zu haben', fester Bestandteil des Frauseins sind und dass es nur diejenigen Lösungen gibt, die ihnen schon angeboten wurden – aber keine grundsätzlichen Alternativen. In diesem Kontext wird das Modefoto mit all seinen widersprüchlichen sexuellen Begehrensformen, die überzuschwappen drohen, aber irgendwie trotzdem immer im Rahmen bleiben, und mit den in ihm angedeuteten alternativen Gefühlsbindungen, die aber nicht verfolgt, sondern als Quelle eines melancholischen Verlangens bewahrt werden, zur Metapher für die verschiedensten postfeministischen Störungen. Und diese sind uns mittlerweile so vertraut, dass sogar wir FeministInnen uns an sie gewöhnen, vielleicht werden wir sogar immun dagegen, ihren Stellenwert wahrzunehmen, so dass wir uns nicht mehr mit ihnen beschäftigen.

Butler scheint von der Maskerade verwirrt, verblüfft und vielleicht auch fasziniert zu sein. Die Maskarade scheint den Schlüssel zu liefern, um das Scheitern der geschlechtlichen Identifizierung und die Melancholie zu verstehen. Butler folgt Lacan, den die Maskerade ebenfalls verwirrt. Weil die Idee der Maskerade in ihrer sozialen Form unausweichlich auf den Bereich der Mode, des Make-up und der Schönheit verweist, sollten zum Verständnis ihrer Wirkungsweisen unbedingt Modebilder untersucht werden. Butler verweist auf Lacan, der schreibt, die Maskerade sei der „Effekt der Melancholie, die der weiblichen Position als solcher wesentlich ist" (Butler 1991: 78). Es gibt eine Reihe von Anhaltspunkten, die darauf schließen lassen, dass Riviere mit ihrer Gleichsetzung von Maskerade und Weiblichkeit richtig lag (Riviere [1929] 1986), so zum Beispiel die Tatsache, dass Lacan unklar und von seiner eigenen Formulierung verblüfft bleibt und dass er in seiner Darstellung einer weiblichen melancholischen Position als ein Ersatz dafür, den Phallus zu haben – der als „versichernde Strategie" den Mann vor seinem Mangel beziehungsweise seiner Kastrationsangst schützt –, unentschlossen ist. Wenn es zudem zutrifft, dass über die Maskerade die Position dargestellt wird, die die Weiblichkeit als „Verkörperung eines Erscheinungsbildes", also als Objekt einnehmen muss, das einer Männlichkeit Erfüllung verspricht, die ebenso von Verlangen erfüllt ist, weil auch sie über den Mangel definiert ist, dann muss Riviere erneut zugestimmt werden.

Auf nur wenigen Seiten in *Das Unbehagen der Geschlechter* stellt Butler (1991) so viele Fragen über die weibliche Maskerade, dass die LeserIn vernünftigerweise schlussfolgern könnte, dass sie sie als für das Verständnis weiblicher Sexualität entscheidend und zugleich als endlos, ärgerlich widerspenstig und schwer fassbar begreift. Wie wir bereits gesehen haben, ist die Maskerade ein Thema in den Arbeiten von Riviere, dann bei Lacan, darauf bei Irigaray und bei Doane. Und auch Butler erkennt, dass sie zwar Antworten auf Fragen liefert, die sich bisher als schwer zu beantworten erwiesen haben, dass sie aber auch neue Probleme aufwirft. Butler fragt (und hier fasse ich nur einige ihrer Fragen zusammen): Ist die Maskerade faktisch als „kostümiertes", gleichsam zurechtgemachtes weibliches Begehren zu verstehen, als ein Begehren, das ansonsten getarnt und negiert wird, weil Frauen den Mangel personifizieren müssen? Nimmt sie nun die Form einer prachtvollen Garderobe an? Oder ist sie das Ergebnis der Verleugnung des Mangels, etwas, das Männer als eine „Erscheinung" des Phallus beruhigt? Bietet die Maske eine Form von Fehlerlosigkeit, über die es Frauen mit perfekter Effizienz gelingt, der Phallus zu sein? Ermöglicht sie die vollständige Bestätigung von Weiblichkeit als binärer Gegensatz von Männlichkeit und wirkt so als Verweigerung der „bisexuellen Möglichkeiten [...], die andernfalls die ‚bruchlose' Konstruktion einer heterosexuellen Weiblichkeit stören könnten" (Butler 1991: 80)? Nach Butler versteht Riviere die Maskerade als eine Art der Weiblichkeitsproduktion, die Zorn in Verführung und Koketterie verwandelt. Es könnte aber ebenfalls sein, dass diese dramatische Form der Präsentation des Selbst andere mögliche Ausdrucksweisen eines autonomeren weiblichen Begehrens verbirgt und verschleiert, die männliches Versagen aufdecken würden, wenn sie zum Vorschein kämen. Bietet die Maskerade eine Vorlage für die Position, die die Weiblichkeit einnehmen muss, oder verschleiert sie die Männlichkeit, die Frauen auch besitzen könnten (einen Phallizismus), die sie aber aus Angst vor Strafe aufgeben müssen? So könnten wiederum einige Elemente des Zorns erklärt werden, der im Zusammenhang mit der Maskerade aufkommt. („Um als Frau erkannt zu werden und in der Welt zu funktionieren, muss ich mich derart zurechtmachen, aber weil ich dazu gezwungen werde, gebe ich einige der männlichen Möglichkeiten auf, die andernfalls rechtmäßig meine wären."). Und die Angst vor Männlichkeit ist auch die Angst davor, eine Frau zu sein, die Männer zurückweist – was Bestrafung mit sich bringt.

Immer wieder kommt Butler auf Lacans Behauptung zurück, dass in der weiblichen Maskerade eine Identifizierung stattfindet, die in der Liebesverweigerungen gelöst wird. Lacan diskutiert das im Zusammenhang mit weiblicher Homosexualität. Er versteht den Mann als denjenigen, dem die Liebe verweigert wird, der zurückgewiesen wird und von dieser asexuellen Weiblichkeit, die sich von ihm abwendet, enttäuscht ist. Der Mann ist enttäuscht über das, was sie ihm nicht gibt oder nicht geben wird: ein ansprechendes Erscheinungsbild und Verfügbarkeit. Ihre Zurückweisung ist daher die Bewahrung einer anderen Liebe, und scheinbar eine Vorliebe für sie. Der darauf folgende melancholische Zustand füllt die weibliche Identität vollständig aus, sie dominiert sie und löst auch den ihr aufgezwungenen Verlust, indem er als Ich-Ideal verkörpert und so als etwas bewahrt wird, das das Ich dafür beschimpft und zurechtweist, den Anforderungen der verlorenen Liebe nicht gerecht geworden zu sein. Weil die Liebe, die verloren wurde oder aufgegeben werden musste, auch eine Quelle von Zorn und Ambivalenz ist, ist die weibliche Melancholie ein Zustand endloser Selbstbeschimpfung. Zwangsläufig geißelt die Frau sich selbst – einerseits, weil sie diese Liebe zurückgewiesen hat, da sie erfolglos war, und zudem, weil sie den hohen Anforderungen der Liebe nicht entsprechen konnte. Aber wenn sie die Maskerade anlegt, lehnt sie die weibliche Homosexualität ab, während sie gleichzeitig die „andere Frau, die zurückgewiesen wurde", übertreibend in sich aufnimmt. Riviere folgend legt Butler nahe, dass die Frau faktisch das Objekt wird, das sie sich selbst zu lieben verbietet. Butlers Analyse der heterosexuellen Melancholie ergibt sich demnach aus ihrer dichten kritischen Lektüre von Freud wie auch von Levi-Strauss. Über diese Lektüren kommt sie zu der Annahme, dass das Verbot der Homosexualität dem Inzestverbot vorausgeht. Es ist dieses Homosexualitätsverbot, auf dem sich dann die Notwendigkeit der Gegensätzlichkeit weiblicher und männlicher Positionen als Dispositionen gründet. Sie argumentiert tatsächlich noch grundsätzlicher, dass Weiblichkeit und Männlichkeit Prozesse sind, in denen man über die Einverleibung des verlorenen Liebesobjekts zu diesem wird. Damit einhergehend wird ein Ich-Ideal aufgebaut, das faktisch die Stimme dieser einverleibten, aber aufgegebenen Liebe ist. Was primäre Triebe zu sein scheinen, sind tatsächlich Auswirkungen, die, so Butlers Argument, von einem kulturell aufgezwungenen Gesetz mit Hilfe eines Ich-Ideals hervorgebracht werden.

Das bedeutet, dass mit der perfekten Weiblichkeit, auf der die Modezeitschriften ihre Existenz gründen, eine Geschichte verleugneter Liebe und Geschlechtsidentität als „melancholischer Struktur" erzählt wird. An dieser Stelle ist es hilfreich, sich daran zu erinnern, dass die postfeministische Maskerade in der Figur der berufstätigen Frau *(working girl)*, die ihre sehr feminine Kleidung zwar ironisch trägt, sich aber gleichzeitig damit wieder ins Feld des beruhigend Weiblichen einschreibt (wie ich im zweiten Kapitel gezeigt habe), als eine neue Form regulierender vergeschlechtlichter Machtverhältnisse auftaucht. Es ist eine wachsame Macht, die schnell auf die Gefahren reagiert, die von feministischen Theorien wie derjenigen Butlers ausgehen, wenn sie durch verschiedene soziale Kanäle und Institutionen sickern.

Unlesbare Wut

Ich will jetzt noch einen Schritt weiter gehen und einige von Butlers Gedanken zu diesen Fragen expliziter auf gesellschaftliche Phänomene übertragen. So möchte ich zeigen, dass es in der zeitgenössischen Melancholie junger Frauen um einen zweifachen Verlust geht: Zunächst gibt es den Verlust des gleichgeschlechtlichen Liebesobjekts, der, wie Butler zeigt, eine Vorbedingung zur Erlangung einer geschlechtlichen Position darstellt, die dann den ödipalen Prozess durchläuft, an dessen Ende (für das Mädchen immer nur unvollständig) die Erlangung von Subjektivität und Sprache steht. Der zweite Verlust besteht meiner Ansicht nach im Verlust eines feministischen Freiheits- und Gleichheitsideals, das immer schon die Möglichkeit für die Liebe zwischen Frauen enthielt. Ich gehe davon aus, dass der Bereich der Populärkultur – die Welt der Modebilder eingeschlossen – diese beiden Verlustprozesse begünstigt und stattdessen mit diesem nun vertrauteren, ja sogar vorhersagbaren Feld psychischen Leidens und Elends präventiv eine Art kompensatorische Eindämmung der Geschlechtermelancholie zur Verfügung stellt. Die Populärkultur verlangt von jungen Frauen, sich an die Geschlechtermelancholie zu gewöhnen und sich sowohl selbst als auch gegenseitig innerhalb ihrer Rahmenbedingungen anzuerkennen. Über die Normalisierung der Melancholie etablieren Populärkultur und Medien eine Art Ersatzfeminismus. Wie ich weiter unten zeige, kann das mitunter fatale Konsequenzen haben. Im Folgenden setze ich mich insbesondere mit einem Kapitel aus *Psyche der Macht* intensiver auseinander (Butler 2001b).

In „Psychische Anfänge: Melancholie, Ambivalenz, Wut" (Butler 2001b: 157–184) lenkt Butler selbst uns nicht direkt dahin, die Welten junger und jugendlicher Frauen zu untersuchen, ermöglicht uns aber eine solche Auseinandersetzung; sie drängt sich förmlich auf. Überzeugend verknüpft Butler das Soziale mit dem Psychischen, um zu einer Analyse der Geschlechtermelancholie als Ergebnis sozialer Prozesse zu kommen, welche die Lage junger Frauen institutionalisieren und festigen, so dass die scheinbar unerklärliche Angst, Panik, Wut und selbstverletzendes Verhalten zu anerkannten Seinsweisen werden. Medien und Populärkultur erzeugen bei sich selbst verletzenden Frauen, die ihren Schmerz deutlich zum Ausdruck bringen, deren Wut aber trotzdem unlesbar zu sein scheint, Interesse und aufregenden Kitzel. Und weil die melancholische Person, wie Butler verdeutlicht, sich selbst öffentlich beschimpft, weil sie zu schamloser Selbstenthüllung neigt, wird es, besonders in Zeiten von Blogs und Internetseiten wie Myspace und YouTube (und Pro-Anorexie-Internetseiten), noch schwieriger, zwischen dem, was im Kontext der Möglichkeiten der öffentlichen Bekanntmachungen des eigenen Schmerzes, Selbsthasses und der eigenen Angst als weibliche Handlungsmacht erscheint, und den Mechanismen zu unterscheiden, die quer durch die Medien präventiv eingesetzt werden und den Rahmen für die Institutionalisierung der

Melancholie bieten. (Amy Winehouse beispielsweise erklärt ihren jugendlichen Anhängerinnen auf ihrer Website: „Ich bin ein hässlicher, betrunkener *dickhead*, wirklich" und, als Kommentar über ihre Tätowierungen: „Ich mag Pin-Up Girls, ich bin eher ein Typ als eine Frau. […] Ich bin aber nicht lesbisch […] jedenfalls nicht, bevor ich einen Sambuca getrunken habe").[8]

Nach Butler wird die erzwungene Aufgabe der gleichgeschlechtlichen Liebe zu einem Verlust, der nicht eingestanden werden kann und dessen Effekt, die Melancholie, durch Ambivalenz und Zorn gekennzeichnet ist. Sie bringt ein Ich hervor, das das verlorene Objekt in sich aufnimmt und so substituiert. Freud folgend weist Butler darauf hin, dass das verlorene Objekt auch „Land oder Freiheit", also ein Ideal sein kann. Daran knüpfe ich mit meinem Vorschlag an, den Feminismus als ein solches verlorenes Objekt zu begreifen. Die Melancholie bezeichnet einen Ausstieg aus der sozialen Welt und einen scheinbaren Rückzug in die Psyche, in der der Prozess der Inkorporierung und die undurchsichtige Bewahrung des verlorenen Objekts eine Art „Verräumlichung" und eine Spaltung zwischen dem Ich und dem Ich-Ideal hervorbringt. Letzteres übernimmt die Rolle einer schimpfenden „kritischen Instanz", die das Ich auf ewig dafür geißelt, bestimmten unerreichbaren Standards nicht gerecht zu werden. Die Melancholie ist auch das Mittel, über das „die Liebe der Auslöschung entkommt, indem sie ins Ich flieht", wie Freud treffend formuliert hat. Laut Butler ist es genau dieser Prozess, der, angetrieben von einem Regime sozialer Verbote, das psychische Leben (wie wir es nicht kennen) und damit die Möglichkeit produziert, aus ihm heraus Bericht zu erstatten. In Form von Selbstvorwürfen gestaltet sich das innere Leben der Melancholie als eine Serie von Nicht-Kommunikationen, und gleichzeitig findet eine lautstarke Verleugnung des Verlusts statt. Nach Butler ist es, als sage das melancholische Subjekt: „Ich habe nichts verloren." Obwohl diese zornigen Ausbrüche undurchsichtig bleiben (sie zeigen sich in der Abwendung der Models vom männlichen Blick und in der Betrunkenheit und Aggressivität von jungen Frauen wie Amy Winehouse), schlägt Butler vor, dass sie trotz ihrer Undurchsichtigkeit auch „aufkeimende politische Texte" sind. Sie erklärt: „Die Gewaltsamkeit der sozialen Reglementierung liegt nicht in ihrer einseitigen Ausübung, sondern in der Zirkelhaftigkeit, mit der die Psyche sich selbst der eigenen Wertlosigkeit bezichtigt." (Ebd.: 171) Diese Angriffe auf das Selbstbewusstsein bringen das melancholische Subjekt an den Rand des Überlebens. Es ist nahezu selbstmordgefährdet und erlebt sich selbst als wertlos, aber trotzdem gibt es in dessen Verzweiflung so etwas wie eine „zerschlagene Rebellion" (Homi Bhabha zit. in Butler 2001b). Auch wenn der Staat bereits interveniert hat, um einem „aufrührerischen Zornesausbruch zuvorzukommen" (Butler 2001b: 177), auch wenn er, wie ich es formulieren wür-

---

[8] Siehe http://www.movietome.com/people/274576/amy-winehouse/trivia.html oder http://www.bestamywinehouse.com/quotes.htm

de, die Rahmenbedingungen der Geschlechtermelancholie so angepasst hat, dass junge Frauen in einem postfeministischen Kontext einige Fortschritte gemacht haben (es scheint nicht viel Anlass zu Klagen zu geben; fast könnte man sagen, dass sie „alles haben"), so gibt es doch, inmitten der Unlesbarkeit ihrer „Klage", eine Spur oder einen Rest dieser verlorenen feministischen Rebellion. Genau hier öffnet sich ein kleines Fluchtfenster wie eine vergessene und nur vorübergehend greifbare Erinnerung, die nichtsdestotrotz ein Verständnis der Qualen anbietet, die die gegenwärtige Weiblichkeit mit sich bringt. In Butlers Begriffen gedacht, wäre die Melancholie junger Frauen, mit all ihrer Ambivalenz und Indifferenz, ihrem ungerichteten oder gegen das Selbst gerichteten Zorn ein „verblasster gesellschaftlicher Text". Die „Gewalt des Verlusts wird verdoppelt und abgelenkt in eine Gewalt der psychischen Instanz", die in den Verletzungen sichtbar wird, die die junge Frau sich heute selbst zufügen kann (ebd.: 183). Heutzutage wird, anders als früher, selten nach den Ursachen dieser Phänomene gefragt. Sie werden behandelt, als seien sie unentzifferbar, als ergäben sie sich irgendwie automatisch aus der Tatsache, eine Frau zu sein. Das ist ein Kennzeichen für das Ausmaß, in dem dieser Zustand des Feststeckens und der Isolation in schrecklicher Angst eine institutionalisierte und normalisierte Entfremdung geworden ist.

Butler zeigt, dass die Melancholie ihr Subjekt bis zu einem Punkt treiben kann, an dem sie nicht mehr länger leben möchte; und trotzdem verbleiben auch in diesem Zustand ein paar Zeichen der Verbundenheit mit und Abhängigkeit von Anderen. Die Einsamkeit der magersüchtigen jungen Frau, die Isolation derjenigen, die sich ritzt, und die Abgeschnittenheit der alkohol- oder drogenabhängigen Jugendlichen können möglicherweise gerade noch rechtzeitig überwunden werden. Die Verbundenheit mit dem bewahrten Objekt muss indes zu diesem Zweck aufgegeben werden. Sie kann die Welt nicht wieder als ein mit Selbstachtung gestärktes Selbst betreten, sondern nur dann, wenn sie ihre Abhängigkeit von anderen versteht. Das ist das soziale Band: Die Verbindung zur Gesellschaft in der Form der Abhängigkeit, eine Verbindung, die immer besteht, sogar in den einsamsten Momenten. Sie existiert auch in dem Wunsch, eine bleibende Bindung an die Gesellschaft zu kommunizieren, wie es im suizidalen Abschiedsbrief geschieht. Um zu leben, muss sie „nach Leben verlangen [...], und zwar nicht durch einen Willensakt, sondern durch die Unterwerfung unter eine Gesellschaftlichkeit" (Butler 2001b: 183). Weiter oben habe ich auf einen Abschiedsbrief hingewiesen, den ein übergewichtiges suizidales Mädchen, das schikaniert wurde und dessen Begehren außerhalb des Rahmens der Heterosexualität lag, seiner Mutter hinterlassen hat. Es ist außerordentlich schmerzlich, ihren Brief zu lesen. Der Brief gelangte durch die Entscheidung ihrer Eltern in die Öffentlichkeit, er ist eine öffentliche Anklageschrift an die Grausamkeit ihrer männlichen Mitschüler und deren aggressive wertende Männlichkeit. Er ist ebenso eine Kritik der herrschenden kulturellen Normen, die Frauen, die nicht dem klassischen Schlankheitsideal entsprechen, dazu bringen, sich selbst als wertlos und abstoßend zu erleben. Was auch immer auf diesen Brief folgt, ob er von schwulen und lesbischen Gruppen rezipiert wird oder von einer neuen Welle junger feministischer AktivistInnen oder von Eltern, deren Kinder Suizid begangen haben, all das ist nicht vorhersehbar. Worauf es ankommt, ist, dass der Brief geschrieben und von den trauernden Eltern als eine Kritik an der Gesellschaft, als „aufkeimender politischer Text" (Butler 2001b: 171) verstanden wurde. Das Gleiche lässt sich über den Brief sagen, den das Model Ana Carolina Reston ihrer Mutter hinterlassen hat. Es finden sich dort allerdings klarere feministische und psychoanalytische Untertöne, die vielen der Themen entsprechen, die ich bisher behandelt habe. Dort steht: „Wenn ich könnte, würde ich gerne wieder vier Jahre alt sein und mich an dich schmiegen, als sei ich noch immer in deinem Bauch, so dass mich niemand verletzen kann".[9]

Wüten, um „dem Tod zu entkommen"

Ich habe die These formuliert, dass es unter jungen Frauen ein Bewusstsein dafür gibt, dass weibliche körperliche Ängste auf komplexe Weise mit dem Bedürfnis nach sozialer Anerkennung und allgemeiner mit dem hohen Wert verquickt sind, den die Gesellschaft zulasten anderer Qualitäten auf eindrucksvoll codierte Ausdrucksweisen weiblicher Schönheit und Sexualität legt. Dass gleichgeschlechtliche Liebe trotz der offiziellen Rechte und Ansprüche, die Schwule und Lesben haben, das ganze Gewicht sozialer Missbilligung mit sich bringt, ist ebenso bekannt. Würde der Feminismus die überwältigende Gewichtung, die auf diese so schmale Bandbreite weiblicher Eigenschaften gelegt wird, anfechten, dann müsste das Wissen um eine solche Kritik ebenso unterdrückt und verloren werden. Es geht etwas verloren, wenn (wie Staat und Konsumkultur es verlangen) diejenigen feministischen Ideale aufgegeben und zurückgewiesen werden, die darauf abzielen, diesen begrenzten Vorstellungsrahmen in Frage zu stellen. Was genau verloren wird, wird undurchsichtig. Die ‚Gewalt regulatorischer Normen' (Butler 2001b: 92 ff.) führt zu Melancholie. Diese weibliche Melancholie kann mitsamt ihrer dazugehörigen Muster von Selbstbeschimpfung als Erwiderung auf einen solchen Verlust verstanden werden. Die daraus folgende Gewalt und die Wutausbrüche, die sich gegen das eigene Selbst richten, sind, wie Butler es nennt, „gebrochene Anklagen an gesellschaftliche Kräfte" (ebd.: 173). Natürlich spricht Butler nicht explizit über junge Frauen oder den Feminismus. Sie ist daran interessiert, wie wir zu Subjekten gemacht werden, wie Subjektivierung auf die Psyche wirkt, daran, wie „die Fiktion der Identität durch eine ursprüngliche Gewalt konstituiert wird, die in einem Akt

---

[9] Zitiert in Philips 14/1/2006 *The Observer Supplement*, „Skin and Bones".

der Unterwerfung den Willen gegen sich selbst richtet" (Colebrook 2002a: 88). Butler versucht, die Analyse sozialer Strukturen mit der Untersuchung psychischer Strukturen zu verknüpfen. Welchen Einfluss hat die Macht sozialer Normen auf die Psyche? Wie werden Praktiken der Subjektivierung verwirklicht? Wie wird über die Fähigkeit, als ein kritisches Subjekt zu agieren, das Ich gegen sich selbst gerichtet, „sein Erscheinen in der Form einer Macht über das Selbst bestärkend"? Diese Wendung gegen das Selbst kann nach Butler als eine „Umgestaltung der Anklage der Gesellschaft in psychische Selbstbeurteilung" verstanden werden. Bhabha interpretiert diese Form der Gewalt gegen das Selbst oder den Selbsthass als eine Art zerschlagene antikolonialistische Rebellion. Je größer die Macht des Staates und seiner Verbündeten, diesen melancholischen Selbsthass zu kultivieren, desto „schamloser die Selbstentblößung" derjenigen, die ihre selbst empfundene Wertlosigkeit proklamieren wollen. Gleichzeitig muss der Charakter des Verlusts schwer fassbar und „namenlos" bleiben, undurchsichtig sein und zum Schweigen gebracht werden. Das Ideal, ob es sich um Freiheit oder um ein Leben ohne Unterdrückung, Rassismus oder Sexismus handelt, muss uneingestanden bleiben.

In diesem Kapitel habe ich zu zeigen versucht, dass der Feminismus ein solches Ideal war, ein Ideal, das als politischer Antagonismus das normative und begrenzte Weiblichkeitsideal anficht, das gegenwärtig so erfolgreich wieder eingesetzt wird. Im Rahmen der vorherrschenden politischen Kultur nicht anerkannt und diffamiert, existiert der Feminismus für die Generation junger Frauen heute trotz der Effekte, die er (in der Gesetzgebung und in Hinblick auf eine allgemeine Sensibilität in Geschlechterfragen) erlangt hat, einzig als nicht eingestandener Verlust. Über eine große Bandbreite individualisierender Strategien und Technologien des Selbst, von denen viele auf frühe feministische Bücher und Interventionen zurückgreifen, sie zu einem gewissen Grad sogar zustimmend zitieren, laufen in der Hervorbringung weiblicher Melancholie und unlesbarer Wut zum Zwecke der Verhinderung einer Neuerfindung feministischer Politik staatliche, mediale und populärkulturelle Anstrengungen zusammen. Das begrenzte Angebot angemessener weiblicher Attribute (beispielsweise die perfekte Körperform) wird befürwortet, und innerhalb eines Rahmens, in dem Unterstützung, Anleitung und Hilfe verfügbar sind, wird individuell herausragende Leistung und Wettbewerb (Erfolg) erwartet.

Butlers Analyse von Geschlecht als Melancholie hilft uns zu verstehen, wie dieses Begehren nach Bildern perfekter Weiblichkeit mit feindseligen, konfrontativen und von Verabscheuung zeugenden Äußerungen gegenüber unweiblichen, männlichen Frauen, FeministInnen und Lesben koexistieren kann. Der zur Aufrechterhaltung der heterosexuellen Matrix erzwungene Verlust des homosexuellen Begehrens trägt zur Melancholie zur Namenlosigkeit und Unaussprechlichkeit eines solchen Verlusts bei. Die Tatsache, dass es eine lesbische feministische Theoretikerin wie Butler ist, die dieses Gemisch aus Verwirrung, Ambivalenz, Angst und Selbsthass entwirrt, erklärt auch die Ambivalenz, die in einem postfeministischen Kontext anderen

RepräsentantInnen des Feminismus gilt, die anscheinend einige der Schlüssel zur Erklärung der Quellen solchen Zorns in der Hand halten. Geschlechtersensibilität enthält immer ein „ungedacht Gewusstes", das sich gegen solche Analysen sperrt. Nicht nur weil es des Verlusts nicht beraubt werden will, der nun einen Platz in der Psyche einnimmt, sondern auch aus Angst vor Bestrafung und aufgrund der Verwerfungsdrohung. Aus diesem Grund ziehen junge Frauen es vor, ihren Feminismus als private Angelegenheit zu behandeln, als etwas Persönliches, etwas Verinnerlichtes. Der Feminismus ist ein privates Interesse, eine Art geheimes Leben, er kann sich im Verschlingen klassischer feministischer Romane, als Liebe zu Jane Austen oder als Leidenschaft für Emma Bovary äußern. Wenn die „Gewalt der sozialen Regulierung" zu unmöglich erfüllbaren Anforderungen führt und gleichzeitig eine Form von Macht unterbindet, die diese strafenden Normen der sozialen Anerkennung anfechten könnte, bringt die unlesbare Wut junger Frauen ihre Machtlosigkeit, ihren Zorn über die erzwungene Aufgabe dieses öffentlichen feministischen Ideals zum Ausdruck. Diese Formen von Autoaggression reichen von normativem Unbehagen bis zu suizidalem Verhalten. Wenn es aber um die Möglichkeit des Überlebens selbst geht, wenn die magersüchtige junge Frau an der Schwelle zur Selbstvernichtung steht, versteht Butler den Zorn nicht als vollständig frei von Ambivalenz. Die zornige, widerspenstige Jugendliche, die jetzt auch als einzelnes und isoliertes Subjekt am individualisierten Wettbewerb partizipiert, wütet auch, um dem Tod zu entkommen. Das Mädchen, das sich ritzt oder fast zu Tode hungert oder trinkt und Drogen nimmt, als wolle sie eine innere Welt der Befriedigung der eigenen Bedürfnisse herstellen, hat ihre Verbindung zum „allokutorischen Band" (Butler), zur Gesellschaft und somit zum Leben selbst noch nicht vollständig durchtrennt. „Überleben kommt nicht zustande, weil ein autonomes Ich in der Konfrontation mit einer widerständigen Welt seine Autonomie ausübt [das heißt: Autonomie ist nicht die Lösung, AMR]; ganz im Gegenteil kann ein Ich gar nicht ohne den belebenden Bezug zu einer solchen Welt entstehen." (Butler 2001b: 181) Die sozialen Bedingungen, unter denen Überleben möglich wird, legen weder Kohärenz noch Perfektion nahe; „gerade durch die Verwerfung dieser Vorstellung von Autonomie wird Überleben möglich" (ebd: 182). Das Bewusstsein negiert diesen sozialen Zusammenhang jedoch, als ob angenommen werden könnte, das Überleben hinge von einem Willensakt ab. Butler argumentiert, gerade das Gegenteil sei der Fall: „Unter solchen Umständen nach Leben verlangen heißt, der selbstgerechten Psyche entgegen zu treten [...] durch die Unterwerfung unter eine Gesellschaftlichkeit", die über die „Grenzen des Ich und seiner ‚Autonomie' hinausreicht" (ebd: 183). Die nachdrückliche Stärkung des weiblichen Ichs, die Forderungen nach weiblicher Kohärenz und Perfektion sind laut Butler Formen gewaltvoller Beschränkung und weiblicher Gefangenschaft.

Diese Zwänge in der Absicherung unterschiedlicher Formen der Re-Stabilisierung von Geschlecht sind teuer erkauft. Wenn junge Frauen heute auch nicht mehr im Haus gefangen sind, so finden sie sich doch auf die Strukturen eines nicht aufrecht zu erhaltenen Selbstbildes beschränkt, der Möglichkeiten einer feministischen Sozialität beraubt und stark mit dem Versuch beschäftigt, eine illusorische Identität aufzubauen, die entsprechend einer rigide durchgesetzten Skala weiblicher Eigenschaften definiert ist. So stellt sich die Frage, welche sozialen und (sub)kulturellen Ressourcen jungen Frauen zur Verfügung stehen, die die Gewalt der vorherrschenden sozialen Normen herausfordern oder anfechten könnten.

Ich möchte dieses Kapitel mit einigen spekulativen Anmerkungen beenden. Butlers Darstellung des Leids eines eingeschlossenen Selbst, für das die verfügbaren und normativen Vorstellungen über das Selbst einen Teil des Problems darstellen, regt uns dazu an, Vorstellungen von alternativen jugendkulturellen Räumen zu entwickeln, in denen die Möglichkeit zur Auflösung dieses Selbst oder zur Aussetzung des Selbst zu Gunsten einer ritualisierten Gemeinsamkeit besteht. Ein solches erneutes Lesen „subkultureller Ausdrucksweisen" nimmt Butler in ihrer Entgegnung auf Stuart Halls Auseinandersetzung mit der Jugendkultur der 1970er Jahre selbst bereits vor (Hall et al. 1976; Butler 2000b). In diesem Aufsatz legt Butler nahe, dass ein subkultureller Lebensstil für stigmatisierte sexuelle Minderheiten eine Frage des puren Überlebens sein kann. Sie fragt: „Welche Lebensstile deuten auf eine Lebenskrise hin?" (Butler 2000b: 36) Ich möchte mich diesem Verständnis von Subkultur aus einer etwas anderen Richtung nähern, um etwas Licht in jene Bereiche zu bringen, die aufgrund des Aufeinandertreffens von Drogen, Alkohol, Parties und unverbindlichem Sex oft selbst als gefährlich für junge Menschen betrachtet werden. Wenn das alles aber in einem Raum intensiver Sozialität stattfindet, der außerhalb der Kleinfamilie und damit auch abseits streng ödipalisierter Beziehungen liegt, dann wird deutlich, dass sich in Subkulturen möglicherweise unsere fundamentale Abhängigkeit von Anderen darstellen und sogar feiern lässt.

Was vereinfachend auf Vorstellungen wie „peer group bonding" reduziert werden könnte – die Intensität von Gang-Kulturen, die Überantwortung des Selbst an die Hip-Hop-Familie oder das ‚Haus' (in dem Film *Paris Is Burning*) –, ist tatsächlich viel mehr als das. Es ist eine Art Begehren nach Sozialität und nach Abhängigkeit von Anderen, die anerkannt und erwidert wird.[10] Im Hinblick auf die Fragen, die ich über „unlesbare Wut" gestellt habe, könnte man sagen, dass Subkulturen diese Wut in der intensiven Sozialität und in der kollektiven Produktion kultureller Formen wie Musik (in einer Band sein), Mode (Styles erschaffen), in selbst gemachten Filmen und in Romanen, Blogs, Kunst, Fotografie, Fanzines und anderen Ausdrucksweisen lesbar machen. Dem könnte hinzugefügt werden, dass zur Überwindung der einsamen Melancholie das verlorene Objekt – sowohl der gleichgeschlechtlichen Liebe als auch des feministischen Ideals – verworfen

---

[10] Gilroy schreibt über die Überlebensästhetik der schwarzen Musik; Hebdige spricht von ‚subkultureller Wut' und von Stil als ‚Verweigerung' und als ‚Lärm' (vgl. Gilroy 1987; 1993; Hebdige 1979).

werden muss, so dass eine Wiederanbindung an das soziale Leben stattfinden und eine neue Form des Feminismus gestaltet werden kann. Wenn das Überleben auch der Ablösung vom sich selbst beschimpfenden Ich bedarf, dann haben Subkulturen jungen Menschen (in diesem Falle Mädchen) diese Möglichkeit vielleicht bereits in der Vergangenheit geboten. Die *riotgrrrl*-Kultur und *the f-word* sind wie das *Ladyfest*[11] und die queeren Subkulturen, die Halberstam dokumentiert, möglicherweise genau auf diese Weise lesbar. Wir sollten in dieser Hinsicht aber nicht zu schnell euphorisch werden. Der gegenwärtige Kapitalismus und seine Konsumkultur schätzt keinen Markt so hoch wie den Markt für junge Frauen. Es wird zudem für subkulturelle Räume immer schwieriger, wenn nicht unmöglich, sich der Kontrolle eines scheinbar freundlichen Kapitalismus zu entziehen, der ähnlich gesinnte junge Frauen dazu einsetzt, im Interesse der großen Marken zu arbeiten, die sich das aneignen wollen, was vormals vielleicht einen Untergrund versteckter Sozialität und Kreativität bildete. In gewisser Weise sind Subkulturen mit ihren Versprechen von Ausbruch und von der Möglichkeit, ein Selbst zugunsten von Kollektivität und Gemeinsamkeit aufzulösen, selbst schon Artefakte der Vergangenheit; das lässt auch der hohe Wert vermuten, der Subkulturen heute als Quelle für Innovation und Kreativität zugeschrieben wird. Im unersättlichen Kapitalismus werden jegliche Subkulturen fast sofort ausfindig gemacht, dokumentiert und der Öffentlichkeit angeboten. Dieser Mechanismus verwandelt gemeinsam mit den unaufhörlichen Diskursen über weibliche Individualisierung die Landschaft dessen, was einst Subkultur gewesen wäre, in einen ganz anderen Raum, in dem die Wut junger Frauen erneut unlesbar wird.[12]

Das beste Beispiel für viele der Themen, die ich in diesem Kapitel untersucht habe, liefert vielleicht die Arbeit der Künstlerin Tracey Emin. Emin wuchs als Tochter eines türkisch-zypriotischen Vaters und einer britischen Mutter in der britischen ArbeiterInnenklasse auf. Ihre Arbeiten werden von einer Geschichte feministischer Kunst heimgesucht, die bereits vor ihrem eigenen Schaffen existierte und die sie wahrscheinlich an der Kunsthochschule kennen lernte, die sie anscheinend aber verleugnen muss. Tatsächlich imitiert sie diese Arbeiten, während sie sie gleichzeitig angreift. Ihre regelmäßigen antifeministischen Ausfälle in der rechtsgerichteten Boulevardpresse zeugen von einem bewussten Verrat, während ihre Arbeit selbst sowohl die Ambivalenz als auch den Zorn über etwas spiegelt, das nicht benannt werden darf. Es darf nicht gesagt werden, aber Emins Interessen

---

[11] *Riotgrrrl*: Eine weibliche Subkultur, die in den frühen 1990er Jahren v. a. in den USA aus einer feministischen Aneignung von Punk entstand. Die Bands thematisierten Themen wie Sex und Gewalt aus einer feministischen Perspektive. The *f-word*: Ein viel rezipierter feministischer Blog aus Großbritannien. *Ladyfest*: Seit 1990 an zunehmend mehr Orten stattfindendes selbstorganisiertes feministisches Musik- und Kunstfestival.

[12] Vgl. z. B. *Thirteen* (2003), Regie: Catherine Hardwicke, und *Morvern Callar* (2002), Regie: Lynne Ramsay.

sind vollständig identisch mit denen, die im Zentrum der frühen feministischen Kunst der *second wave* standen, wie beispielsweise Autobiographie, persönliche Zeugnisse, Erzählungen über das Selbst, weibliche Körper, sexueller Missbrauch, Vergewaltigung, Menstruation, psychische Erkrankungen, Suizidversuche, sexuelle Doppelstandards, Abtreibung, Lust, Gefahr und Begehren. In ihren künstlerischen Arbeiten findet eine Verschiebung statt, und in einer Ersetzungslogik wird ausgedrückt: „Hier geht es um mich und nicht darum, dass ich eine Frau bin." Gesellschaftskritik findet frustrierenderweise nicht statt, es sei denn in Form einer bewussten, eigensinnigen und uneingestandenen Abwesenheit. An die Stelle der Gesellschaftskritik setzt sich Emins „schamlose Selbstenthüllung", die sie dazu zwingt, ihre Kunst nur zu ihrer eigenen Biografie ins Verhältnis zu setzen; ihre Arbeiten spiegeln viele der Anliegen (sub)kultureller feministischer Studien der 1970er Jahre sowie die zentralen Themen der feministischen Kunstgeschichte. Doch fechten sie diese gleichzeitig an. Emins Kunst weist viele der Eigenschaften auf, die ich in diesem Buch einer postfeministischen Haltung zugeschrieben habe. Emins Zorn hat Grenzen; so versucht sie zum Beispiel, sich an den Männern zu rächen, die sie als junge Teenagerin in Margate missbrauchten und ihre sexuelle Verwundbarkeit ausnutzten. Sie tut das in Form eines Kurzfilms, in dem sie rituell die Namen der Männer nennt, die sie eine Schlampe, Hure oder Matratze nannten, als sie noch zu jung war, um zu verstehen, was da passierte (Emin, *Why I Never Became a Dancer*, 1995). Auch wenn die BetrachterIn das als eine Anklage gegen sexuelle Doppelstandards und gegen männliche Gewalt versteht, so ist das doch nie das Vokabular, mit dem ihre künstlerische Arbeit in seiner Gesamtheit beschrieben werden kann. Als herausragende Künstlerin wird sie tatsächlich eher dann akzeptiert, wenn sie ihren Zorn gegen sich selbst richtet, als in den Momenten, in denen ihre Wut sich gegen die Ungerechtigkeit zwischen den Geschlechtern und gegen Gewalt richtet.

Ich möchte dieses Kapitel also mit Emin beenden, da sie so gut das neue weibliche Subjekt verkörpert, das mit Fähigkeiten ausgestattet ist, ein *working-class-girl*, das aufgrund seiner eigenen Entschlossenheit einen Studienplatz am *Maidstone College of Art* erhielt und darauffolgend einen *post-graduate*-Platz am *Royal College of Art* ergatterte. Sie ist ein Beispiel für und übertrifft die anderen jungen Frauen, denen eine Reihe neuer Ansprüche zugestanden wird, die aber auch eine Reihe von Erkrankungen und Ängsten, wenn nicht sogar vollständige Pathologien ausweisen. Der Verlust des Feminismus, der Verlust einer politischen Liebe für das „Frausein", die der Feminismus bestärkte und für die er eintrat, und die auch eine gewisse Aussetzung des Selbst zugunsten „des Kollektivs" oder „der Gemeinschaft" ermöglichte, bringt neue Formen weiblicher Gefangenschaft hervor. In der gegenwärtigen politischen und populären Kultur wird von jungen Frauen verlangt, Autonomie und die Möglichkeit zum Erfolg mit einer Mittäterschaft in einer patriarchalen Ordnung in Einklang zu bringen, die aufgelöst, dezentralisiert und nirgends zu sehen ist. In diesem Kapitel habe ich die Formen der Regulierung in der öffentlichen Sphäre untersucht, die eine Kritik an der heterosexuellen Matrix und an männlicher Herrschaft unmöglich oder zumindest unwahrscheinlich machen und die unlesbare Pathologien als kulturell vorstellbar, wenn auch nicht als immer überlebbar normalisieren.

Kapitel Fünf

‚What not to wear' und postfeministische symbolische Gewalt

> „Ein Gärtner schrieb Justizgeschichte, nachdem er aufgrund schwerwiegender rassistischer Beleidigung verurteilt wurde, weil er das Wort ‚pikey' [‚Zigeuner'] benutzt hatte. [...] Die britische Staatsanwaltschaft ließ verlauten, ihres Wissens nach sei dies die erste Verurteilung aufgrund der Verwendung des Wortes ‚pikey' im Kontext von *race*. Im September wurde Marco Pierre White dafür kritisiert, den Ausdruck ‚pikey's picnic' [‚Zigeunerpicknick'] in der ITV-Realitysendung *Hell's Kitchen* verwendet zu haben, was zu einem Streit mit dem ehemaligen *Blue*-Star Lee Ryan führte, der die Sendung verließ." (A. Radnedge, *Metro*, 14. Dezember 2007: 16)

Einführung

In diesem Kapitel untersuche ich eine ‚Bewegung von Frauen', die als eine Erfordernis des zeitgenössischen sozioökonomischen Systems gelesen werden kann. Als einen der Schauplätze, an denen diese Bewegung dirigiert und inszeniert wird, möchte ich das Terrain der Populärkultur und insbesondere die so genannten *Make-over*-Fernsehsendungen analysieren. Eine Schlüsselfunktion dieser Stilberatungs-Sendungen besteht darin, Frauen von einem – nunmehr als inakzeptabel geltenden – Zustand in einen anderen Zustand zu versetzen. Letzterer zeichnet sich dadurch aus, dass das Erscheinungsbild und der Allgemeinzustand der Teilnehmerinnen sich entscheidend verbessert haben.[1] ‚Bewegung von Frauen' lässt

---

[1] In einem Artikel im Wirtschaftsteil des *Guardian* mit dem Titel „Dressing to Impress" (29.5.2007: 13) berichtet Rachel Williams über ein staatliches Programm, das armen, alleinerziehenden Müttern wieder auf den Arbeitsmarkt zurückhelfen soll. Diese Maßnahme wird unter anderem mit Geldern aus dem Europäischen Sozialfonds finanziert und gemeinsam von Jobcentre Plus und einer privaten Weiterbildungsagentur namens Inspire2Independence betrieben. Die Träger bieten arbeitssuchenden Frauen eine Art Generalüberholung an, damit sie selbstbewusster werden und über die notwendigen Körperpflege- und Selbstdarstellungsfähigkeiten verfügen. In einem ähnlichen Setting wie bei *What Not To Wear* besteht einer der Programmpunkte darin, dass den Frauen 30 Pfund und eine Stunde Zeit in einem Einkaufszentrum gegeben werden, um ein passendes Outfit für ein Bewerbungsgespräch zu kaufen. „Der Einkaufstrip gehörte zu einem zweiwöchigen Kurs, in dessen Verlauf alleinerzie-

hier anklingen, dass Frauen – vor allem Frauen unter 50, die potenziell noch von Nutzen für den Arbeitsmarkt sind – auf dem Arbeitsmarkt und in der Konsumkultur aktiv in Erscheinung treten müssen, da ihr verfügbares Einkommen ihnen neue Erwerbs- und Konsummöglichkeiten erlaubt. Beide Tätigkeiten – arbeiten und Geld ausgeben – werden zu bestimmenden Merkmalen der neuen Modelle weiblicher Staatsbürgerschaft.

Diese Fernsehsendungen erschließen Frauen der arbeitenden beziehungsweise unteren Schichten nicht einfach das Feld der Konsumkultur. Stattdessen werden die Teilnehmerinnen aktiv dahingehend angeleitet, die richtigen Entscheidungen für sich treffen zu können. Die transformativen Effekte führen zu ,gesünderen' Subjektivitäten, Glücksgefühlen, einem besseren ,Selbstwertgefühl' und einem ,erfolgreicheren' Liebesleben. Es gehört mittlerweile zu den Aufgaben der öffentlichen Fernsehsender, am Selbstbild jener Frauen zu arbeiten, die früher in ihrem Lebenszyklus von der Eheschließung zum Kinderkriegen und Älterwerden übersehen und unsichtbar gemacht worden wären. Aber mittlerweile ist es ein hervorstechendes Merkmal, ja sogar ein Recht weiblicher Existenz, aus dem Schatten in die Sichtbarkeit zu treten, in eine Luminosität, in eine Helligkeit, die das Individuum dramatisiert, die die weibliche Subjektivität in einem spektakulären Licht erscheinen lässt und so zur neuen Norm wird. Das Make-over-Format ist ein neuer ,Aufmerksamkeitsraum', eine Art vergeschlechtlichtes Machtverhältnis, das Frauen eine spezifische Form von Freiheit und eine spezifische Idee von Unabhängigkeit anbietet. Vorübergehende Sichtbarkeit und Berühmtheit gehören zu den Erscheinungsformen eines gesellschaftlichen Wandels und sind Formen der Macht, die die Landschaft der Geschlechter- und Klassenverhältnisse neu definieren. Frauen aus den arbeitenden Klassen und der unteren Mittelschicht strebten früher einfach nach ,Respektabilität' – jener weibliche Habitus, der ihrer sozialen Position ,angemessen' war und ihnen einen Ausweg aus der Tyrannei bot, aufgezwungene und trotzdem unerreichbare Weiblichkeitsnormen erfüllen zu müssen, Normen, denen sie beschämenderweise nie genügen konnten (vgl. Skeggs 1997). Diese Frauen sind heutzutage gezwungen, das behaupte ich in diesem Kapitel, nach ,glamouröser Individualität' zu streben. Man ermutigt sie dazu, sich als etwas Besonderes zu fühlen und sich etwas zu gönnen. Das ist das, was ich als ,Bewegung von Frauen'

---

henden Müttern der Weg zurück auf den Arbeitsmarkt gewiesen werden soll. Der Kurs [...] begann 2004 [...] und lockte bis jetzt etwa 1000 Teilnehmerinnen an. [...] Die 30 Pfund Kleidergeld – das die Teilnehmerinnen erst dann in Gutscheinform bekommen, nachdem das von ihnen gewählte Outfit gutgeheißen wurde – kommen aus einem [...] Regierungstopf." Eine Teilnehmerin berichtet: „Mir stehen jetzt alle Türen offen, weil ich mit meinem neuen Kostüm und mit meiner neuen Frisur toll aussehe. [...] Meinen Kindern ist das auch aufgefallen. Sie meinten zu mir: ,Mama, du lächelst mehr.'" Dieser Artikel verdeutlicht uns, wie Sozialpolitik zunehmend vom Fernsehen und der Unterhaltungsindustrie geprägt wird, und bestätigt Couldrys Ausführungen über mediales Metakapital und die sich verändernden Beziehungen zwischen Staat und Medien (Couldry 2003).

beschreiben möchte: eine Bewegung aus der Unsichtbarkeit und Bedeutungslosigkeit in die Sichtbarkeit und hin zu dem Gefühl, wichtig zu sein.

Diese Bewegung verweist auch auf eine Form sozialer Mobilität, die neue
Klassen- und Statusdefinitionen mit sich bringt. Auch die Intersektionen von Klasse, Geschlecht und Ethnizität spielen bei der Organisation der gesellschaftlichen
‚Neupositionierung' von Frauen eine entscheidende Rolle. Wenn das sozioökono-
mische System diese Mobilität verlangt, so impliziert das unausweichlich eine
neue Klassenlandschaft für Frauen. Das heißt nicht, dass sich Klassenunterschiede
verringern oder dass Klasse keine Rolle mehr spielt. Für die Gesellschaftsordnung
bedeutet diese Mobilität in erster Linie, dass Frauen, denen die Gelegenheit zur
Veränderung angeboten wird, auch in der Lage sein müssen, damit umzugehen
und ihre neue Position auszufüllen. Und in dem Maß, in dem Frauen als tatkräfti-
gere Akteurinnen im sozioökonomischen System in Erscheinung treten, sind sie
auch dazu aufgefordert, andere und aggressivere Rollen zu erfüllen – vor allem
in Großbritannien, wo eine deutliche Verschiebung zu einer stärker wettbewerbsorientierten neoliberalen Ordnung festzustellen ist. Es stellt sich die Frage, wie
Frauen als Subjekte der neuen Meritokratie miteinander in den Wettbewerb treten
sollen. Mit welchen Mitteln tragen Frauen neue Klassenantagonismen aus? Wie
verteidigen Frauen aus der Mittelschicht ihre Privilegien und stellen sicher, dass
die ihnen sozial Unterlegenen nicht auch Anspruch auf diese Privilegien erheben?
Welche Waffen haben sie zur Hand? Wie manövrieren Frauen aus den arbeitenden
beziehungsweise unteren Schichten durch dieses Terrain der staatlich beziehungsweise medial gesteuerten Veränderung der Geschlechterverhältnisse? Wie operieren
weiße, schwarze und asiatische Weiblichkeiten in diesen ‚Aufmerksamkeitsräumen'? Ein genauer Blick auf für Frauen produzierte Fernsehsendungen hilft uns
bei der Beantwortung dieser Fragen.[2] In Großbritannien sind die Medien und vor
allem das Fernsehen mittlerweile wichtige Akteure und Verantwortungsträger
in diesen Prozessen. Sie agieren in einem Feld, das nicht von Zwang geprägt ist,
sondern von Konsens, Teilhabe und Spaß im Feld der Freizeit, der Populärkultur
und des Entertainments.

Diese komplexen sozialen Prozesse verdienen es, näher untersucht zu werden.
Hier sind Pierre Bourdieus Arbeiten verdienstvoll, da sie die Welt der Konsumkultur
und die Funktion analysieren, die diese bei der Verwaltung und Reproduktion von
Klassenhierarchien einnimmt. Zudem hat Bourdieu sich als Gesellschaftstheoreti-
ker mit dem Verhältnis zwischen dem Staat und den großen sozialen Institutionen
der Moderne beschäftigt. Im Zusammenhang mit der wachsenden Dominanz des
Fernsehens über die Institutionen der Massenmedien und – allgemeiner gesprochen –
mit der „Macht der Medien" waren seine Arbeiten ein wichtiger Bezugspunkt

---

[2] Am Beispiel von Oprah Winfrey ließe sich die ‚Bewegung schwarzer Frauen' in der US-amerikanischen
Gesellschaft hervorragend analysieren.

für Diskussionen in den Medienwissenschaften, den Cultural Studies und der Soziologie (Couldry 2003). Bourdieus Feldtheorie konnte auch für ein besseres Verständnis der Beziehungen zwischen den Medien und anderen sozialen Institutionen (insbesondere dem Staat) nutzbar gemacht werden. Ich beschäftige mich auf den folgenden Seiten vor allem mit dem Verhältnis zwischen Fernsehen und weiblicher Konsumkultur beziehungsweise mit der Mode-, Kosmetik- und Lifestyleindustrie. In einer für ihn ungewöhnlich polemischen Art richtete Bourdieu sein Augenmerk auf das journalistische Feld und darauf, wie das Fernsehen dem Printjournalismus nicht nur den Rang ablief, sondern auch selbst immer stärker dem Kampf um Quoten unterworfen war (Bourdieu 1998). Ihn interessierte, was die Jagd nach Publikum mit sich bringt und was es bedeutet, wenn Seriosität durch Personenkult ersetzt wird. Dies hatte, so zeigt er, einen signifikanten Einfluss auf journalistische Arbeitsweisen und Formate. An die Stelle traditioneller Professionalität und des zentralen Stellenwerts der Fernsehnachrichten setzte sich der informelle Lifestyle-Journalismus von Freelance-AutorInnen; zudem führte die deutlich gestiegene Anzahl der sich in Ausbildung befindenden JournalistInnen dazu, dass die Honorare durch diese BerufsanfängerInnen gedrückt wurden, die bereit waren, für sehr wenig Geld zu arbeiten. Im Zusammenhang mit den Themen, die ich bisher hier bearbeitet habe, ist es wichtig, Bourdieus Thesen für eine spezifisch feministische Analyse fruchtbar zu machen. Erstaunlicherweise ist das bisher noch nicht passiert. Immerhin lassen sich viele Themenbereiche, die Bourdieu in seinem Werk untersucht (so z. B. in *Die feinen Unterschiede* und in seinen neueren Schriften über Journalismus und Fernsehen), weiblich dominierten Sphären beziehungsweise Sphären einer kürzlich erfolgten Feminisierung zuordnen.

Die Kapitel über Lebensstile in *Die feinen Unterschiede* (Bourdieu [1982] 2008) befassen sich mit jenen Geschmacks-, Mode- und häuslichen Fragen, die traditionell ,Frauensache' sind, im Rahmen der Explosion der Konsumkultur in den letzten 20 Jahren (junge) Frauen aber umfassender einbezogen haben – als Produzentinnen wie auch als Konsumentinnen. Bourdieu war sich schon damals dessen bewusst und sah vorausschauenderweise, welche Auswirkungen die wachsende Zahl gut ausgebildeter junger Frauen aus der Mittelschicht und die Feminisierung bestimmter, primär im Kulturbereich angesiedelter Arbeitsmärkte haben würden. Darüber hinaus verdeutlichte seine empirische und theoretische Arbeit in *Die feinen Unterschiede*, wie wichtig das massive Anwachsen der Lifestyle- und Konsumkultur für die postfordistische kapitalistische Ökonomie war und ist. Trotzdem legte er zu seinen Lebzeiten keine Untersuchung vor, die die Verschränkungen zwischen dem Fernsehen und der Konsumkultur sowie jene Rolle zum Gegenstand hatte, die Frauen bei der Konsolidierung dieser Verschränkung spielten. Er sah auch nicht voraus, wie die starren, formelhaften Inhalte der Frauenzeitschriften sich in der Welt des Fernsehens ein neues Terrain erobern würden – zunächst im Vormittagsprogramm und dann zur Primetime. Dieser gesamte Schauplatz der

Weiblichkeit hat sich im Verlauf der letzten beiden Jahrzehnte ins Fernsehen verlagert und dort neue Hausfrauen- und Lifestylegenres hervorgebracht, die sich als
‚Sparten' an ein primär weibliches Publikum richten. Zudem war Bourdieu wenig
aufmerksam für die Intersektionen und Verschränkungen zwischen Geschlecht,
Klasse, *race* und Ethnizität, die mittlerweile erstens für unser Verständnis von
Geschlecht zentral geworden sind und zweitens als nicht getrennt voneinander kon-
zeptualisierbar gelten. Charlotte Brunsdon und weitere feministische AutorInnen
haben dieses Genre des ‚Hausfrauenfernsehens' anhand US-amerikanischer und
britischer Formate dokumentiert.[3] Ich möchte Brunsdons Arbeit hier ergänzen
und eine Reihe weiterführender Fragen aufwerfen, die direkt an Bourdieus Werk
anknüpfen. Ich denke dabei an Bourdieus Beschreibung symbolischer Gewalt,
die mit der Schaffung neuer Geschmacks- und Stilhierarchien einhergeht, und
an die Einbettung von Klassenkonflikten im Zentrum dieses Prozesses, in dem
das Fernsehen vollständig in Konsumkultur und Lifestyle aufgeht. Dabei geht es
mir insbesondere darum, wie Frauen als Protagonistinnen ihrer Klasse und als
vergeschlechtlichte Subjekte auftreten – in eigener Sache, also unabhängig von
ihrem Status als Ehefrauen, Mütter oder Töchter. Ich möchte untersuchen, wie
die (Re-)Produktion gesellschaftlicher Klassengrenzen zunehmend feminisiert
wird und wie die gesellschaftlichen Klassenkategorien sich mittlerweile in einer
starken Fokussierung auf den weiblichen Körper materialisieren.

In diesem Kapitel zeichne ich diese Prozesse detaillierter nach. Zudem möchte
ich mich mit Couldrys Begriff des ‚medialen Metakapitals' beschäftigen und hierzu
ein paar Überlegungen über Machtverhältnisse formulieren, die den – einer spezifischen Klassenlogik folgenden – Formen der Instruktionen unterliegen, welche
die neuen ‚KulturvermittlerInnen' (Bourdieu) ihrem primär weiblichen Publikum
erteilen (Couldry 2003). Bourdieus konzeptuelles Schema als Ganzes und seine
zentralen Elemente Feld, Habitus, kulturelles Kapital und symbolische Gewalt sind
äußerst fruchtbar für ein Verständnis der Make-over-Shows. Mit ihrer Hilfe lassen
sich die formatspezifischen Formen von Aggression zwischen Frauen begreifen,
und es wird nachvollziehbar, wie ein postfeministisches Setting funktioniert, in
dem Solidarität zwischen Frauen, die auf gemeinsamen Interessen und geteilten
Unterdrückungserfahrungen basiert, lautstark desavouiert und durch ein scheinbar
‚zeitgenössischeres' Set von Verhaltensweisen ersetzt wird, zu dem Konkurrenz-
denken, Biestigkeit und verbale Gewalt gehören. Anhand dieser Fernsehformate
lassen sich außerdem viele von Couldrys Argumenten über Metakapital und die
Macht der Medien nachvollziehen. Dieses Genre agiert nicht nur als Anreiz zum
Shoppen und entsprechend als Werbung für die Mode- und Kosmetikindustrie
einschließlich der kosmetischen Chirurgie, sondern ist auch maßgeblich an der

---

[3] Vgl. Brunsdon 2005; Hollows 2003; Moseley/Read 2002; Tasker/Negra 2007.

Schaffung neuer gesellschaftlicher Regulierungen beteiligt und tritt damit in ein neues Verhältnis zum Staat (Couldry 2003).

Klasse, Ehrgeiz und Glamour

Mein Hauptaugenmerk gilt hier den Formen symbolischer Gewalt zwischen Frauen in eben diesen Make-over-Sendungen im Abendprogramm, deren Kandidatinnen sich unter der Anleitung von ExpertInnen in der Hoffnung beziehungsweise Erwartung, ihre gesellschaftliche Position und ihre Lebensperspektive durch den Erwerb kulturellen und sozialen Kapitals zu verbessern, ein neues Äußeres verpassen lassen. Frauen (und einige wenige Männer) mit anerkannt gutem Geschmack (die ExpertInnen und ModeratorInnen) stellen andere Frauen, denen es am guten Geschmack fehlt, in der medialen Öffentlichkeit bloß. Die hier an den Tag gelegte Verachtung erweitert das Primetime-Fernsehen um eine neue, scheinbar lustige Dimension. Die Maßregelung durch die ModeratorInnen nimmt unterschiedliche Formen an und reicht von der lehrerinnenhaften Zurechtweisung für mangelhafte Körperpflege, schlechte Haltung und ebenso schlechte Angewohnheiten bis zum offenen, an Mobbing in der Schule erinnernden Hohn und Spott gegenüber der ungepflegten alleinerziehenden jungen Mutter, die ihr Kind in dreckigen Hosen zur Schule bringt. Solche Formate erzielen seit ein paar Jahren hohe Einschaltquoten, und die Öffentlichkeit sieht interessiert dabei zu, wie Geschmacks- und Lifestyle-ExpertInnen sich auf ein williges Opfer stürzen, das dringender ,Verbesserungsmaßnahmen' bedarf. Ich konzentriere mich hier vor allem auf die BBC-Sendungen *What Not To Wear* und *Would Like To Meet*, die beide von 2002 bis 2004 ausgestrahlt wurden[4], äußere mich aber auch zu dem neueren Channel Four-Format *Ten Years Younger*.[5]

In *What Not To Wear* tritt eine Teilnehmerin beziehungsweise ein Opfer auf, das sich von den zwei Moderatorinnen Trinny Woodall und Susannah Constantine verschönern lassen möchte.[6] Die Expertinnen unterziehen das Opfer einer gründlichen Betrachtung und lassen sich ihren Kleiderschrank zeigen; die Kandidatin tritt in Unterwäsche vor einen Ganzkörperspiegel, so dass ,die Mädchen' sich eine Vorstellung von ihrer Figur und ihren Proportionen machen können. Dann bekommt sie Shopping-Nachhilfe und lernt, wonach sie suchen sollte, welche Far-

---

[4] Detaillierte Informationen zu diesen Sendungen finden sich unter www.bbc.co.uk/lifestyle/tv_and_radio_what_not_to_wear/styleguide und unter www.bbc.co.uk/relationships/singles_and_dating.

[5] Vgl. die Internetseiten von Channel 4, z.B. www.channel4.com/life/microsites/0-9/10yy/episodes und http://www.mavericktv.co.uk.

[6] Das von den beiden Moderatorinnen verfasste Buch zur Serie führte Weihnachten 2002 die britische Bestsellerliste an (vgl. Constantine/Woodall 2002).

ben ihr stehen, wie sie einen besser sitzenden BH kaufen kann („keine Hängetitten mehr") etc. Anschließend erhält sie ein Budget und soll sich in Eigenregie ein neues Outfit zulegen. Unter dem wachsamen Blick der Moderatorinnen (es wird mit versteckter Kamera gefilmt) geht die Kandidatin einkaufen, und jedes Mal, wenn sie auf ihren alten, schlechten Look zurückfällt, brechen „die Mädchen" in Lachen aus, stürzen sich auf die Kandidatin, halten sie von dem geplanten Kauf ab und weisen ihr den Weg zum vorteilhafteren Kleidungsstück. Die beiden Moderatorinnen sind dem Opfer gegenüber sehr taktil und überschreiten im Berühren der hier so genannten „Titten" und des Hinterns der Kandidatin die üblichen Grenzen zwischenmenschlicher Interaktion. In einer Folge zerren sie an der unvorteilhaften Unterwäsche eines Opfers herum und fordern sie dazu auf, ihre hässliche Unterhose in den Müll zu werfen; in einer anderen Folge werden die großen Brüste und das Dekolleté der Kandidatin permanent problematisiert.[7] Am Ende jeder Folge wird die jeweilige Teilnehmerin mit neuem Style und neuem Outfit ihren FreundInnen und ihrer Familie vorgeführt, die sich unweigerlich bejahend und begeistert zeigen.

In *Would Like To Meet* sezieren zwei Expertinnen und ein Experte die Probleme eines Opfers, das keinen Partner findet, keine Männer kennenlernt oder ein unbefriedigendes Sozialleben hat. Auch hier wird die Kandidatin auf körperliche Mängel und unattraktive Eigenschaften (Stimme, Umgangsformen, Gesichtsausdruck etc.) durchleuchtet. Die ExpertInnen bringen ihr neue Verhaltens- und Ausdrucksweisen bei, arrangieren ein vermeintliches Date und erwarten von dem nun selbstbewussteren Opfer, dass es seinen Mut sammelt und bei der nächstbesten Gelegenheit jemanden anspricht. Dabei beobachten sie es mit einer versteckten Kamera von einem Auto aus. Die verbesserungsbedürftige Frau (oder der verbesserungsbedürftige Mann) ist in der Regel überwältigt von den Veränderungen und neuen Perspektiven, die sich ihr/ihm jetzt bieten. Es geht nicht so sehr darum, ob das Date zu einer dauerhaften Beziehung führt; was zählt, ist das neue Erscheinungsbild, der neue individuelle Stil und das neue Selbstbewusstsein.

Ten Years Younger aus dem Haus der unabhängigen Produktionsfirma Maverick ist insofern noch sensationslüsterner, als dass den Kandidatinnen Schönheitsoperationen nahegelegt werden. Das Opfer ist meistens ungepflegt und vorzeitig gealtert, hat Falten, eine von der Sonne geschädigte Haut, eine schlechte Figur beziehungsweise Übergewicht, ungepflegte Haare und keinen Sinn für Mode und Make-Up. Alles an diesen Frauen gilt den ModeratorInnen als mangelhaft. Diesen

---

[7] Diese Pseudo-Intimität ist in *Ten Years Younger* und *How To Look Good Naked* sogar noch stärker. Der Moderator durchwühlt die Unterwäsche der Kandidatin und versucht, sie davon zu überzeugen, praktische Wäschestücke wegzuschmeißen und in glamourösere und attraktivere BHs, Unterhosen, Strumpfhosen und Strapse zu investieren. Er sagt: „Meine Damen, keine Angst vor Problemzonen an Hüften und Oberschenkeln! Ich werde Ihnen dabei helfen, sich wohlzufühlen, wenn Sie sich vor Publikum ausziehen."

Eindruck lassen sie sich von PassantInnen bestätigen, die die Kandidatin meist 20 Jahre älter schätzen als sie tatsächlich ist. Das mit dieser Außenwahrnehmung konfrontierte Opfer bricht in der Regel in Tränen aus. An dieser Stelle kommt das ExpertInnenteam aus Schönheitschirurg, Zahnkosmetikerin und Top-Friseur unter der Leitung der Moderatorin und Stylistin zum Einsatz. Am Ende der gemeinsamen Anstrengungen ist die Kandidatin nicht wiederzuerkennen und wird von Leuten auf der Straße für zehn Jahre jünger gehalten.

Diese Formate artikulieren und legitimieren Klassenkonflikte. Das passiert mit Hilfe aggressiver Sprache und abwertender Gesten von Frauen aus der Mittelschicht, die als Gegenmodelle zu armen, unattraktiven Frauen aus den arbeitenden Klassen fungieren – und zwar auf eine Art, die noch vor kurzer Zeit nicht akzeptabel gewesen wäre. In diesen Sendungen werden soziale Hierarchien auf der Grundlage von Geschlechts- und Weiblichkeitsattributen neu definiert und produziert. Früher hätte die öffentliche Herabsetzung von Personen dafür, dass ihre sprachlichen Ausdrucksfähigkeiten oder ihr Erscheinungsbild den Standards der Mittelschicht nicht genügen, vor allem im staatlichen Fernsehen als beleidigend, diskriminierend oder als Ausdruck von Vorurteilen gegolten.[8] Diese neue Form der Erniedrigung wird ironisch artikuliert: Es wird davon ausgegangen, dass die ModeratorInnen und das Publikum gleichermaßen verstehen, dass das alles nicht böse gemeint ist. Man muss nicht mehr politisch korrekt sein, man kann wieder lustig sein. Endlich kann man wieder über Leute lachen, mit denen das Schicksal es nicht so gut gemeint hat wie mit einem selber. Die Botschaft lautet: Arme Frauen tun gut daran, den ihnen Überlegenen nachzueifern.

In diesen Formaten zeichnen sich die Konturen einer neuen Ära des deregulierten Fernsehens ab. Die öffentlichen Sender müssen wettbewerbsfähiger werden und ihre Marktanteile durch eine stärkere Einbindung populärer Formate sichern. In diesem und anderen Genres besitzen die Regeln des öffentlich-rechtlichen Fernsehens keine Gültigkeit mehr. Das populistische, an der Boulevardpresse orientierte Massenfernsehen übernimmt den Markt und beliefert ihn mit Sensationen. Was die hier beschriebenen Formate neu und scheinbar aufregend macht, ist, wie massiv Personen aufgrund ihrer körperlichen Mängel angegriffen und erniedrigt werden. Es treten zwar auch männliche Experten und Opfer auf; trotzdem handelt es sich aber um ein ,Frauengenre' (vgl. Brunsdon u. a. 2001). Wenn Männer in diesen Sendungen auftreten, dann zumeist, um für Frauen attraktiver zu werden. Dieses vor allem auf Frauen abzielende Format entspricht den Transformationen der weiblichen Identität im zeitgenössischen Großbritannien. Junge Frauen, die nicht länger über ihre Ehemänner, Väter oder Partner definiert werden, werden in einen – manchmal gnadenlosen – Wettbewerb zueinander geschickt.

---

[8] Ebenso wäre es inakzeptabel gewesen, dass ModeratorInnen andere SendungsteilnehmerInnen beschimpfen, wie es sexistische Fernsehköche wie Jamie Oliver und Gordon Ramsay tun.

Es ist zu fragen, wie sich dieser Wettbewerb zwischen Frauen in einem post-feministischen Kontext gestaltet (und es sei hier noch einmal daran erinnert, dass ich ‚Postfeminismus' als eine Form des Antifeminismus definiere, der paradoxer-weise auf der Annahme beruht, dem Feminismus sei Rechnung getragen worden). Wie sieht jene Konkurrenz in der neuen Meritokratie konkret aus? Make-over-Formate geben uns die Antwort auf diese Frage: Konkurrenzverhältnisse werden im traditionellen Stil weiblicher Schulhofkämpfe ausgetragen und ‚Zickigkeit', Rivalität und Mobbing treten in einer runderneuerten Fassung zutage, die an die postmoderne Ironie der zeitgenössischen Unterhaltungskultur angepasst ist. In der Folge bleibt die öffentliche Artikulation von Hass und Feindschaft, die auf die Körper schwächerer und machtloser Personen abzielt, ungestraft: Der Angriff ist doch nur gespielt; das ist doch alles gar nicht so gemeint.

Die Form, in der Klassenbeziehungen in Make-over-Shows ausgetragen werden, fügt sich nahtlos in das von der Blair-Regierung propagierte meritokratische Modell der sozialen Mobilität und der Staatsbürgerschaft als Konsumfähigkeit ein – und leistet ihren Beitrag zu eben diesem Modell. Eines der Lieblingsworte der Blair-Regierung lautete ‚aufstiegsorientiert' *[aspirational]*. In den hier besprochenen Fernsehsendungen wird dieses politische Ideal in eine dramatische Form gebracht und feminisiert. Vor allem weibliche Personen werden zunehmend individualisiert; sie sollen sich neu erfinden und werden permanent dazu aufgefordert, flexibler zu werden und sich den neuen Gegebenheiten anzupassen. Das beinhaltet unter anderem, sich für den Arbeitsmarkt fit zu machen und gewillt zu sein, dessen sich schnell verändernde Anforderungen zu erfüllen. Äußeres Erscheinungsbild und Selbstdarstellung werden um so wichtiger, je mehr Arbeitsplätze im Dienstleis-tungsbereich liegen, wo man mit KundInnen und KlientInnen in Kontakt tritt und Service und Verkauf spezifische Techniken erfordern, unter anderem Selbstdar-stellungstechniken der Angestellten. So werden Klassenverhältnisse in und durch die Vektoren der aktualisierten vergeschlechtlichten Individualisierung deutlich sichtbar – mit dem Ergebnis, dass die Klassenbeziehungen selbst sich durch die performative Kraft der Weiblichkeit verändern.

Walbys Lesart in diesem Zusammenhang lautet, die Teilhabe von Frauen am Arbeitsmarkt führe dazu, dass Unterschiede zwischen Frauen deutlicher zutage treten als bisher. „Zwischen jüngeren und älteren Frauen entstehen neue Differen-zen […]. Ältere Frauen […] sind mit Altersarmut konfrontiert" (Walby 1999: 3), so dass „Klassendifferenzen sich durch Altersdifferenzen verschärfen" können (ebd.: 6). Das Einkommensgefälle zwischen jüngeren und älteren Frauen ist dramatisch (und die Verliererinnen sind die Alten). Walby weist darauf hin, dass entlang von Klasse und Alter eine zunehmend tiefe Kluft zwischen Frauen entsteht. Ihr Blick richtet sich hier auf den Arbeitsmarkt und auf Einkommensdifferenzen. Aber auch *race* und Ethnizität bestimmen den Zugang zu Arbeitsplätzen und ökonomischer Partizipation maßgeblich. Ältere schwarze Frauen arbeiten im Lauf ihres Lebens kontinuierlicher als ihre weißen Pendants. In Großbritannien gibt es nach wie vor keine nennenswerte schwarze Mittelschicht, und Kinder aus asiatischen Herkunftsfamilien haben erst seit kurzer Zeit Zugang zu höheren Bildungsinstitutionen. Asiatinnen und schwarze Frauen werden auch von Unternehmen und Werbeagenturen marginalisiert, also von den Akteuren des Mode- und Schönheitssystems. Es sind Frauen aus der unteren Mittelschicht und aus den etwas besser gestellten arbeitenden Klassen beziehungsweise aufstiegsorientierte weiße Frauen aus den arbeitenden Klassen, denen zugetraut wird, ,verschönerungsfähig' zu sein. Sie gelten als ideale Konsumentinnen von Mode und Kosmetik, deren Anwesenheit in Make-over-Shows nicht nur für hohe Einschaltquoten sorgt, sondern diese Shows auch für Fernsehwerbung attraktiv machen (letzteres gilt jedenfalls für die Privatsender). Weiter unten werde ich zeigen, wie der Umgang mit schwarzen oder asiatischen Teilnehmerinnen von Make-over-Sendungen durch ihre *race* und Ethnizität bestimmt ist – vor allem, weil Beleidigungen und Aggression leicht als rassistisch gelesen werden können.[9] Auch ältere Frauen sind aus der Welt der Make-over-Formate ausgeschlossen. Allerdings haben Trinny und Susannah, nach ihrem Wechsel von der BBC zu ITV auf der Suche nach frischen Ideen, eine neue Serie konzipiert, in der den ,Omas der Nation' ein neues Äußeres verpasst werden soll.[10]

Behält man jedoch die sich immer weiter ausdifferenzierende Landkarte der Klassenunterschiede im Auge, so liegt es auf der Hand, dass es in diesen Sendungen nicht darum geht, Frauen unter traditionellen Klassenidentitäten oder unter Bildern von Gleichheit und Konformität zu vereinen. Stattdessen produzieren die Formate neue, vergeschlechtlichte Bedeutungen von Klasse und – allgemeiner gesprochen – Status. Wenn Glamour als Kennzeichen von Ehrgeiz und sexueller Identität gefeiert wird, wird er zu einem vergeschlechtlichten Marker von Klassenzugehörigkeit und zu einem Attribut, das Frauen aus der Mittelschicht vermeiden müssen, da sie stattdessen über ,mühelose Eleganz' oder ,einfachen Chic' verfügen. In dieser Unterscheidung zeigt sich in Anlehnung an Bourdieu, dass der durch Ehrgeiz produzierte Glamour das Ergebnis harter Arbeit ist, während jüngere wie ältere Frauen aus der Mittelschicht einfach und selbstverständlich ,Stil haben'. Glamour trägt die Spuren der Mühe. Die Opfer, die sich ihren Glamour erarbeitet haben, werden dazu beglückwünscht; Eleganz, Chic, Sinn für Stil und Modeinstinkt bleiben für sie jedoch unerreichbar. Hier zeigen sich die subtilen Klassendifferenzen, die an und auf den Körpern der weiblichen Opfer in diesen Formaten ausgespielt werden.

---

[9] Nachdem Trinny und Susannah die BBC verließen, wurde eine neue Staffel von *What Not To Wear* produziert, die von der schwarzen Musikerin Mica Paris moderiert wurde. Ihr Moderationsstil ist weniger grob und aggressiv und kommt ohne die herablassende Art der gehobenen Mittelschicht in Großbritannien aus.
[10] Vgl. *Trinny and Susannah Undress the Nation*, ITV1.

Wie ich in diesem gesamten Buch immer wieder herausarbeite, intensivieren sich rassistische Konflikte und Ungleichheiten in einem Setting, in dem anti-rassistische Politik zum Schweigen gebracht und von ihrem Platz verwiesen wird. An ihre Stelle treten Assimilation und Integration. Das führt unter anderem zu einem Mangel an politischer Aufmerksamkeit gegenüber alten und neuen verge-schlechtlichten Formen von Rassismus und gegenüber der Form, in der der neue Wettbewerb zwischen Frauen Diskriminierung legitimiert. Nichtweiße Frauen sind von Gleichberechtigung meilenweit entfernt. Das heißt allerdings nicht, dass sie nicht zu Erfolg gedrängt werden oder in der Presse- und Fernsehlandschaft nicht als Erfolgs- und Leistungsträgerinnen dargestellt werden. Schwarze und asiatische Frauen teilen sich diesen Aufmerksamkeitsraum mit ihren weißen Pendants – aber selbstverständlich immer als Ausnahmefälle, als Vorbilder für weniger erfolg-reiche Schwarze und Asiatinnen. Das wird durch die im Drehbuch festgelegten Interaktionen und Gesten der Moderatorinnen und Teilnehmerinnen vermittelt. Den nichtweißen Teilnehmerinnen der Make-over-Sendungen schlägt weniger offene Verachtung und Hohn entgegen als weißen Frauen; allerdings hat das zur Konsequenz, dass die Formate leicht angepasst werden, als solle einer ‚Differenz' Rechnung getragen werden (darauf komme ich später zurück). Im Großen und Ganzen suggeriert dieses Szenario eine Veränderung der Geschlechterverhältnisse und vor allem eine Bewegung von Frauen dahingehend, dass sie sich einen neuen Status in der unteren Mittelschicht erobern können. Dieser bestimmt sich jetzt allerdings nicht mehr durch ‚Respektabilität', sondern durch stärker individua-lisierte glamouröse Stile, die ihren Trägerinnen eine sorgfältige Arbeit an sich selbst abverlangen: Maniküre, Modebewusstsein, Verwöhnprogramme und so weiter. Transformation und Bewegung prägen demnach seit einigen Jahren den Erfahrungshorizont von Frauen.

Aber wie spiegeln sich diese Transformationen in diesen Formaten wider? Bourdieu und andere konnten zeigen, dass Frauen natürlich keinesfalls immun gegen solche scharfen und oft brutalen Klassendistinktionen sind (Bourdieu 1982). Dass Mädchen und Frauen aus den arbeitenden Klassen von sozial höhergestellten Personen harte und verletzende Worte zu hören bekommen, ist nicht neu. Frauen aus den arbeitenden Klassen waren sich immer darüber bewusst, wie vor allem ihr Erscheinungsbild und ihre mangelnde ‚Respektabilität' Gegenstand der Herablassung und des Urteils von Frauen aus der Mittelschicht waren (Skeggs 1997). Frauen aus den Mittelschichten haben nicht nur in ihrer Rolle als beispielhafte Ehefrauen und Mütter eine Schlüsselrolle in der Reproduktion von Klassendifferenzen gespielt, sondern auch dadurch, dass sie als Repräsentantinnen familienorientierter Werte und bestimmter staatsbürgerlicher Normen der Mittelschicht agierten und für die Wahrung des kulturellen Kapitals sorgten, das ihnen und ihren Familien durch den Zugang zu Bildung und Finesse und durch weitere Privilegien zukam. Wie wirken sich die lebenslange Partizipation von Frauen am Arbeitsmarkt und die daraus resultierende Unabhängigkeit von ihrem Status innerhalb ihrer Familien auf die Konfiguration der Klassengesellschaft aus? Welche kulturellen Formen und Bedeutungsrepertoires bestimmen und steuern die neuen geschlechtsspezifischen Hierarchien? Lässt sich sagen, dass Klassendifferenzen im kulturellen und medialen Feld durch das Prisma der Individualisierung neu erfunden werden und entsprechende soziale Spaltungen (re-)produzieren, die mittlerweile stärker vergeschlechtlicht zutage treten? Werden Frauen nun, da sie Schlüsselpositionen in der politischen Ökonomie besetzen, stärker in bestimmte Klassenzugehörigkeiten gedrängt? Verdrängt die Teilhabe am Arbeitsmarkt die männliche Ausformung klassenspezifischer Werte und ersetzt sie sie durch stärker feminisierte Bedeutungen? Vielleicht haben die Feministinnen den (naheliegenden) Fehler begangen, anzunehmen, dass die Erfolge ihrer Bewegung in Gestalt bestimmter neu erkämpfter Freiheiten (Sicherung des eigenen Lebensunterhalts, Lohnangleichung usw.) automatisch dazu führen würden, dass Frauen die Werte des sozialistischen Feminismus verinnerlichen und propagieren. Die weibliche Individualisierung führt jedoch im Gegenteil dazu, dass durch die Herabsetzung armer und benachteiligter Frauen mittels symbolischer Gewalt neue Klassenschranken entstehen. Auf dieser Grundlage entsteht ein neues Regime mit einer stärkeren Polarisierung zwischen den arbeitenden Klassen und den unteren Mittelschichten, das sich auf der einen Seite in Schäbigkeit und Scheitern verkörpert, auf der anderen in Glamour und Erfolg. So wird die aus Prä-Sozialstaatszeiten stammende Unterscheidung zwischen Primitivität und Achtbarkeit für das einundzwanzigste Jahrhundert neu erfunden.

Ich möchte hier auf zwei erhellende journalistische Momente verweisen, an denen sich besonders gut die soziale Dynamik zeigt, in der diese spezifisch weiblichen Modalitäten der symbolischen Gewalt im Prozess der Klassendifferenzierung unausweichlich auf den weiblichen Körper projiziert werden. Heutzutage ist die alleinerziehende junge Mutter eine verworfene Person mit einem ‚falsch gemanagten Leben'. Sie ist eine soziale Kategorie, ein bestimmter Typ Frau, deren niedriger sozialer Status in ihrem Aussehen und ihrem Charakter sichtbar wird. Die Sprache der liberalen sozialstaatlichen Werte, in der minderjährige Mütter zu unterstützen waren, hat sich hier in ihr Gegenteil verkehrt. In der öffentlichen Verunglimpfung des körperlichen Versagens jener Mädchen, die ‚zu früh' Kinder bekommen, findet eine neue, hoch aggressive Form von Klassenantagonismus ihren Ausdruck.

Christina Odone, die ehemalige stellvertretende Herausgeberin des *New Statesman,* vollzieht eine deutliche (wenn auch leicht ironische) Form dieser neuen Abgrenzung nach unten, wenn sie schreibt: „Frauen aus den oberen Klassen [...] überlassen die Reproduktion lieber der zweiten Liga. [...] Ein schwangerer Bauch kann als Zeichen der Zugehörigkeit zu den arbeitenden Klassen gelesen werden – so wie die Kippe, die aus dem Mundwinkel hängt." (Odone 2000) Des Weiteren ist sie der Ansicht, minderjährige Mütter brächten „sozial autistische Kinder zur Welt, die wenig zu hoffen und noch weniger zu bieten haben" (ebd.). Ähnliches ist aus der Welt der Boulevardpresse zu vernehmen. Kerry Katona, die Sängerin von *Atomic Kitten,* wird auf der *Popbitch*-Website regelmäßig als ‚Pramface' bezeichnet – eine Charakterisierung, die mittlerweile zum Standardvokabular der Popmusikpresse gehört und bedeutet, dass Kerry Katona wie das typische arme Unterschichtsmädchen aussieht, das ein Baby in einem Kinderwagen durch die Gegend schiebt. Auch ‚minger' [‚Bratze'] und ‚pig' [‚Sau'] gehören zu dem verletzenden Vokabular der weiblichen Klassenzuweisungen – so wurde beispielsweise Jade Goody, 2002 Zweitplatzierte bei *Big Brother,* in der *Sun* bezeichnet. Was ist ein ‚pramface'? Ein Mädchen. Was für ein Mädchen? Nicht vernünftig gekleidet, ergo ohne ehrliche Erwerbsarbeit. Aber auch keine Schülerin. Läuft mit einem Kleinkind herum, sieht aber nach alleinerziehender Mutter aus, ist also nicht attraktiv und vorzeigbar genug, um sich einen festen Partner zu angeln. Die ist bestimmt ledig und lebt von Sozialhilfe. Da es sich scheinbar um einen beschreibbaren sozialen Typus handelt, wird angenommen, es gäbe Tausende von ihnen. Hier handelt es sich um eine modernisierte, verletzende Praxis der sozialen Neuordnung. Die Körper junger Frauen werden auf einer Skala eingeordnet, die von alleinstehenden Sozialhilfeempfängerinnen, deren Mutterschaft ihr endgültiges Versagen bedeutet, bis hin zu Glamour reicht, der Erfolg anklingen lässt. Das verhärmte, ärmlich wirkende und schlecht gekleidete ‚pramface' mit einem Kind im Buggy steht in einem scharfen Kontrast zu den ‚top girls', die das Einkommen, über das sie verfügen, für sich selbst ausgeben und so an der Konsumkultur teilhaben können. Durch solche Unterscheidungen werden Klassendifferenzen an den Orten, die Bourdieu als das mediale Feld bezeichnet, nun autonomer hervorgebracht (inszeniert werden ausnahmslos alleinstehende junge Frauen) und spiegeln sich in den Körpern junger Frauen. Dieses Phänomen ist relativ neu. Herabsetzendes Sprechen, das Frauen offen boshaft gegen andere Frauen verwenden, gilt als präfeministische, traditionelle Biestigkeit. Verletzende Kommentare über den Körper, die Figur oder schlechten Stil oder Geschmack wurden früher dem Verhaltensrepertoire biestiger Schülerinnen zugeordnet und von linksliberal eingestellten Erwachsenen, Eltern und LehrerInnen als Mobbing verurteilt. Ebenso wurde man scharf kritisiert, wenn man sich über jemanden lustig machte, die in einer Sozialwohnung lebt oder deren Mutter ärmlich gekleidet ist. Dass sich diese Sprache wieder verbreitet, ist ein Zeichen für die Abwicklung der Antidiskriminierungs- und Antirassismuspolitik, wie sie von den 1960er Jahren bis in die Mitte der 1990er Jahre in Großbritannien institutionell fest verankert war.

Butler und Bourdieu

Ich habe auf Bourdieu zurückgegriffen, um zu erörtern, wie Klassenunterschiede in der Domäne des individuellen Geschmacks reproduziert werden. Aber es sind die

Sendungen selber, die geradezu nach einer Bourdieuschen Analyse schreien – obwohl seine Analyse der sozialen Schichtung, wie Judith Butler gezeigt hat, durchaus nicht unproblematisch ist (Butler 1999). Der Dialog zwischen Butler und Bourdieu wirft Fragen auf: Sind die hier diskutierten Sendungen tatsächlich in der Lage, gesellschaftliche Transformationen und die Bewegung von Frauen dahingehend zu managen, dass die Anforderungen des momentanen gesellschaftlichen Regimes und seiner Werte erfüllt werden? Oder sind Reibungspunkte, Momente möglicher Durchbrechung und ,Resignifizierung' beziehungsweise ,Reterritorialisierung' durch die sozial benachteiligten Frauen zu verzeichnen, die an diesen Sendungen teilnehmen? Meines Erachtens bieten solche Formate kaum eine Gelegenheit zu einer Umdeutung der beleidigenden Aussagen – hierin besteht möglicherweise ein zentrales Kennzeichen der Macht des Fernsehens. Stattdessen führen sie Frauen aus den arbeitenden Klassen wiederholt als unterwürfig und dankbar gegenüber den ihnen sozial überlegenen Personen vor, die ihnen den Weg zur Selbstoptimierung gewiesen haben.

Butlers Bourdieu-Kritik führt uns allerdings die Grenzen von Bourdieus Macht- und Herrschaftsmodell vor Augen (1999). Butler vermag hinsichtlich der Möglichkeit von Gesellschaftskritik aus den Fernsehsendungen selbst heraus vielleicht nicht immer zu überzeugen; ihr von Foucault geprägtes Machtmodell ermöglicht jedoch ein besseres Verständnis dafür, wie verletzende Worte und *Hate Speech* Verbreitung und Legitimation gewinnen und in der Folge in immer mehr sozialen Räumen zirkulieren (so beispielsweise auf Spielplätzen, in Klassenräumen und in Einkaufszentren) – weit über den sorgfältig gesteuerten und codifizierten Raum des Fernsehens hinaus. Nach meinem Dafürhalten stellen diese Formate einen neuen, umfassenderen Typus vergeschlechtlichter Macht dar, die eine ökonomisch notwendige Bewegung von Frauen überwacht und lenkt. Dafür berufen sich diese Sendungen in einer vermeintlich feministischen Sprache auf das ,Empowerment' von Frauen und entschärfen, bekämpfen und leugnen die Wahrscheinlichkeit, dass ein neues Vokabular der Solidarität erfunden werden könnte, das eine Herausforderung für die neu entstehenden Formen vergeschlechtlichter, rassifizierter und klassistischer Machtverhältnisse darstellen würde. Butlers Antwort auf Bourdieu hilft zu verstehen, wie Macht im Rahmen dieser Fernsehformate auf Geschlecht und Klasse abzielt.

Butler ruft uns ins Gedächtnis, dass Bourdieu, der zwar marxistisch geprägt, aber kein orthodoxer Marxist ist, sich primär mit den gesellschaftlichen Klassen beschäftigt. Er modifiziert und erweitert das Marxsche Klassenmodell, indem er den Markt (so beispielsweise die Konsumkultur) in den Vordergrund rückt und mit der Feldtheorie ein räumliches Konzept entwickelt. Butler arbeitet im Rahmen einer makrosoziologischen Perspektive vor allem mit dem Habituskonzept und mit der Analyse des Körpers, die dieses Konzept ermöglicht. Der Habitusbegriff hilft uns hier entscheidend dabei, zu verstehen, wie Frauen ihre Körper zur Verbesserung in das Scheinwerferlicht des Fernsehens tragen. Butler merkt an, der Habitus sei ein Raum „inkorporierter Alltagsrituale"; dabei seien diese Rituale auch der Weg, auf dem eine Kultur „den Glauben an ihre eigene Selbstverständlichkeit herstellt". Für Bourdieu ist der Körper durch seinen eigenen Habitus geprägt; er trägt die Kennzeichen seiner eigenen „inkorporierten Geschichte", ist also immer ein sozialer Körper, der in der Folge der Kräfte dieser ihn durchdringenden Geschichte dazu neigt, auf eine spezifische Weise zu agieren. Man könnte also sagen, dass die Teilnehmerinnen der Make-over-Formate ihre eigene, von vornherein als unterlegen oder makelbehaftet gekennzeichnete körperliche Hexis in die Sendung mitbringen. Zwar gibt es ab und zu auch Teilnehmerinnen mit einem Mittelschichtshintergrund, aber sie sind Ausnahmefälle. Wenn sie in einer solchen Szenerie in Erscheinung treten, so entschuldigen sie sich von vornherein, als verhielten sie sich nicht im Einklang mit den Normen ihres eigenen Habitus; sie präsentieren sich als exzentrisch oder erklären, sie hätten sich nach einer Scheidung oder einer familiären Krise ‚gehen lassen'. In den allermeisten Fällen kommen die Opfer aus den ArbeiterInnen- und Angestelltenmilieus (die Spannweite reicht von armen Frauen in ungelernten Berufen bis zu Büro- oder Verwaltungsangestellten) oder aus der unteren Mittelschicht. Gemeinsam ist ihnen allen, dass der Habitus, den sie mit seinen Ritualen und verregelten Handlungen wie z. B. Sprechweise, Haltung, Kleidungsstil und Erscheinungsbild an den Tag legen, nun in der Öffentlichkeit als ‚geschmacklos' und dringend verbesserungswürdig abqualifiziert wird. Und das im Interesse der ganzen Nation: ‚Hausfrauenfernsehen' produziert eine ‚imaginäre Gemeinschaft'. Der geschlechtsspezifische Habitus der Frauen war bereits in der Vergangenheit ein vertrautes und leicht wiedererkennbares Merkmal sozialer Differenz, das beständig reproduziert wurde und so die bestehenden gesellschaftlichen Hierarchien bestätigte. Es stellt sich also die Frage, warum diese ‚Mangelhaftigkeit' nun zum Gegenstand einer öffentlichen Diskussion wird. Warum gerade jetzt? Schlechte Gewohnheiten wurden früher einfach ausgelebt, ohne thematisiert zu werden.

Ein wichtiges Merkmal des Habitus besteht darin, dass er sich Dispositionen und rituelle Formen sozialer Praxis, welche die Anforderungen erfüllen, die in einem bestimmten Feld an diesen Typ gesellschaftlicher Subjekte gestellt werden, mechanisch einverleibt und dabei gleichzeitig ein gewisses Maß autonomer Handlungsfähigkeit behält. Im Verlauf der beständigen Wiederholung nimmt eine kulturell distinkte soziale Formation Gestalt an und bildet eine eigene Identität aus. Der Körper der Frauen aus den arbeitenden Klassen kennt seinen Platz in dieser Welt seit langem, und er ist seit langem genau aufgrund dieser begrenzten Fähigkeiten sichtbar; er gehorcht, so würde Bourdieu es ausdrücken, den Regeln des (Klassen-)Spiels. Er weiß, was er erwarten kann und wie weit er gehen kann; er ist unterwürfig. Dieser Klassenhabitus existiert nicht unabhängig von dem größeren sozialen Feld, das die Praktiken, die der Habitus hervorbringen kann, festlegt und begrenzt. Wenn der Habitus Handlungs- und Ausdrucksformen produziert oder ermöglicht, die das Subjekt letzten Endes dazu ermutigen, sich anzupassen, dann passt sich dieses Subjekt auch den Anforderungen an, die das Feld an es stellt. Der Habitus wird an den Frauen, die über die Jahre gelernt haben, sich den Spielregeln entsprechend zu verhalten, identifizierbar und sichtbar. Insofern setzt der Habitus, so Butler, das Feld mehr oder weniger voraus beziehungsweise trägt ihm Rechnung, so dass er im Verlauf der Zeit dessen Regeln und Normen reproduziert; er übernimmt also die Arbeit des Feldes. Insofern legt das Feld fest, was dem Habitus möglich oder unmöglich ist. Dennoch bringen sich Feld und Habitus auch gegenseitig hervor. In der Tat denkt Butler den Habitus von seiner Anpassungsfähigkeit her: Auch wenn er zu autonomer Improvisation und Erfindung in der Lage ist, wird er sich dahingehend orientieren, den Anforderungen des Feldes zu entsprechen; er wird sich der Notwendigkeit beugen und jene Möglichkeiten, die außerhalb seiner Reichweite liegen, nicht zu ergreifen versuchen. Wenn man Butlers Argumentation folgt, dann heißt das, dass das Feld (hier die soziale Welt), da es sich nicht ‚kraft des Habitus' ändert, zu einer ‚unveränderbaren Positivität' wird. Jene Neigung, die Regeln des Feldes getreu zu reproduzieren, bringt Butler dazu, den Status des Bourdieuschen Habitus in Frage zu stellen. Bourdieus Vorstellung, dass der Habitus dem Feld gegenübertritt (ohne dass hier ein auf der Hand liegender Dualismus angeführt werden soll, in dem der ‚subjektive' Habitus dem ‚objektiven' Feld gegenübergestellt ist), ist konzeptuell schwer zu akzeptieren, da der Habitus nur dann mit einer gewissen Autonomie agieren kann, wenn er die Regeln des Feldes akzeptiert – die aber bereits in Stein gemeißelt sind (‚Der Habitus setzt das Feld von vornherein voraus'). Bourdieus komplexer Versuch der Ausarbeitung dessen, was der gesellschaftliche Raum des ins Leben gerufenen Subjekts ist (der ansonsten zumindest in Althussers Arbeiten eine Art leerer Raum ist), ist für Butler letztendlich inkompatibel mit ihrer weitgehend diskursiven Machttheorie.

Butler plädiert für eine interpellative Perspektive und lehnt die Unterscheidungen ab, die Bourdieu zwischen Feld und Habitus sowie zwischen dem Bereich der sozialen Realität mit ihren ‚institutionellen Bedingungen' und dem Bereich der Sprache mit ihren performativen Worten und Ritualen trifft. Die Wirksamkeit verletzender Worte liegt nach Bourdieu in dem offiziell anerkannten Gewicht der institutionellen Bedingungen hinter diesen Worten und in der Autorität derer, die sie artikulieren können. Dies ist in der Regel abhängig von Klassenprivilegien und sozialer Autorität, die in Bourdieus Sicht eine Art absolutes Gewicht besitzen. Daraus würde folgen, dass die ExpertInnen in solchen Formaten durch die Regeln des Fernsehens und seiner institutionellen Strukturen die Autorität zugesprochen bekommen, die Opfer grausam und beleidigend abzukanzeln und herabzuwürdigen. Dabei operieren sie häufig mit verletzenden Worten oder mit so genanntem *Hate Speech*. Diese lizenzierte Autorität entspricht auch den Regeln der populären Unterhaltungskultur, deren Einhaltung von den dazugehörigen Institutionen (z. B. von der Broadcasting Standards Commission) überprüft wird. Butlers Machtbegriff ist deutlich weniger zentralistisch; sie fokussiert stärker auf die Diffusität der Macht. Macht ist aus Butlers Perspektive ein ‚mikro-logischer' Prozess und operiert auf Wegen, die nicht entlang der rigide strukturierten Felder der Autorisierung, sondern stattdessen quer durch ein breites Setting von Schauplätzen und sozialen Räumen verlaufen. So zielt Macht auf Körper ab, operiert aber auch auf der Straße, an gleichsam unautorisierten Orten, auf dem Schulhof, im Supermarkt und in den normativen Praktiken des täglichen Lebens. Butler könnte also vermutlich sagen, dass die Wirksamkeit solcher ‚harmlosen' Fernsehsendungen darin liegt, dass sie die Artikulation verletzender Worte und von *Hate Speech* weit über die Grenzen ritualisierter Fernsehgenres hinaus legitimieren. Was Trinny und Susannah unter dem Deckmantel der Hilfe zur Selbstoptimierung zu ärmlich wirkenden allein-erziehenden Müttern sagen dürfen, wird zu einer neuen gesellschaftlichen Norm, zu einer akzeptablen Form, arme oder benachteiligte Personen zu identifizieren und abzuqualifizieren. Eine allgemeine Billigung von Vorurteilen und Diskriminierung und die Vorstellung, Ungleichheiten zwischen Klassen seien eine unabänderliche Tatsache, gewinnen in der Öffentlichkeit neues Gewicht – gegen sozialdemokratische und feministische Werte und in einer neuen, deutlich feminisierten Ausprägung.

Butler untersucht die dahinter liegenden Anrufungsprozesse, die Subjekte zum Sprechen autorisieren. Sie hinterfragt das rigide soziologische Konzept einer ‚sozialen Position im Feld' und die objektiven Determinationen, die es manchen Personen erlauben, zu sprechen, und anderen nicht. Sie richtet ihren Blick auf „die Frage, wie soziale Positionen produziert und reproduziert werden", woraus wiederum die Frage nach der ‚Zeitlichkeit' der Positionen selbst folgt (Butler 1999: 124). Für Butler ist die soziale Position des ‚Feldes' zu monolithisch; in Bourdieus Modell ist Macht zu deterministisch und bewegt sich, so scheint es, relativ mechanisch zwischen Habitus und Feld. Butler hingegen konzentriert sich auf die vielfältigen und weit gestreuten soziolinguistischen und diskursiven Prozesse, in deren Folge Subjekte produziert werden, die verletzende Worte artikulieren dürfen. (Warum zum Beispiel können weiße Teenager eine verschleierte Muslima auf der Straße rassistisch beschimpfen, ohne dass das Konsequenzen hat?)[11] Dieses Modell ist natürlich von Foucault geprägt: Macht wird als dezentral und fließend konzeptua-lisiert, als eine Kraft, die die gesamte soziale Welt durchzieht und sich auch auf vergeschlechtlichte Körper richtet. Butler ficht Bourdieus Modell von Habitus und Feld an, plädiert aber dennoch dafür, einen neu definierten Begriff von Habitus als Raum körperlicher Hexis beizubehalten, der eine spezifische Geschichte in seiner Körperlichkeit trägt. Der körperliche Habitus ist außerdem weniger ein

---

[11] Ich muss hier auf die neuen Gesetze in Großbritannien hinweisen, die *Hate Speech* – unter anderem homophobe Hetzreden – unter Strafe stellen. Allerdings führt die veränderte Gesetzeslage natürlich nicht dazu, dass rassistische und andere verbale Gewalt abnimmt oder aufhört. Vgl. www.guardian. co.uk/comment_is_free/peter_tachell, Stand: 10. 9. 2007.

physischer, sondern eher ein sozialer Raum, und er kann zu einem Schauplatz des Widerstands gegen Verletzungen werden. Wenn „rassistische oder sexistische Verletzungen im Körper weiterleben", so besteht genau darin die Möglichkeit, die Verletzung neu zu durchleben und in ein politisches Instrument zu verwandeln. Die Realität, beschimpft worden zu sein, durchdringt, so Butler, den Körper der so angesprochenen Person; hierin liegt eine der Möglichkeiten, wie „Subjekte ins Leben gerufen werden".

Ich berufe mich hier auf Butler, weil jahrelange Herabsetzung und verbale Gewalt eine Art physischen Schatten auf den Körper schwarzer Frauen aus den arbeitenden Klassen werfen; dies wird sichtbar in ihren Gesichtszügen, in ihrem Gang, in der Art, wie sie sich durch eine weiß dominierte Stadt bewegen. Verbale Gewalt ist in dieser Sichtweise ein zentrales Merkmal zeitgenössischer Macht, und zwar nicht nur in dem Prozess der Subjektkonstitution, sondern genauso auch als Schauplatz „politischer Kämpfe und als Ort der Neuformulierung des Subjekts". Anders als Bourdieu sieht Butler in solchen ‚mikrosozialen' Prozessen beziehungs-weise in vermeintlichen Kleinigkeiten wie der Wiederholung verletzender Worte die Möglichkeit zur Infragestellung und Opposition. Der Körper einer Person, die beleidigt wurde, scheint diese Beleidigung als inkorporierte Geschichte in sich zu tragen; gleichzeitig kann diese Verletzung aber zum Schauplatz der Produktion widerständiger Politiken werden, wenn der verletzte Körper Mittel und Wege findet, die verletzenden Worte in ihr Gegenteil zu verkehren und mit ihnen jene Macht herauszufordern, die für diese Verletzung verantwortlich ist.[12] Butler betrachtet den Habitus zudem als Entstehungsraum für Transformationen: Hier werden Subjekte produziert, nehmen aber auch eine neue Gestalt an.

Dies führt uns auf zwei Wegen zurück in die Welt der Make-over-Shows. Die Frage nach der gesellschaftlichen Transformation im Rahmen dieses spezifischen Fernsehformats und nach dem Ausmaß, in dem diese sozialen Performativa, diese verbalen und symbolischen Gewaltakte eben auch angefochten werden, während sie gleichzeitig von den angesprochenen Personen aufgenommen und verinnerlicht werden, führt uns unmittelbar zu jenen Sendungen zurück. Tatsächlich sind die verletzenden Äußerungen der Schlüssel zu der politischen Macht und dem Ein-fluss dieser Formate und dazu, was den Wert und den Nutzen ihrer Produktion ausmacht. Man könnte sagen: Was solche Formate an Äußerungen legitimieren, erlaubt in der Kultur im weiteren Sinne die Artikulation ähnlich beleidigender Äußerungen – mit dem Unterschied, dass eine Person, die sich beleidigend äußert, in manchen Fällen gerichtlich belangt werden kann. Die Sendungen arbeiten an der Verschiebung der Grenzen der akzeptablen Sprache; sie erschaffen etwas Neues, sie

---

[12] Wie das Eingangszitat dieses Kapitels zeigt, gibt es Gesetze gegen verletzende Sprache, die auch in Anspruch genommen werden. Allerdings ist der gesetzliche Weg nicht der, den Butler in ihrer ausführlichen Diskussion in *Haß spricht* nahelegt (Butler 1998).

schaffen Veränderung – oder, in meinen Worten: Sie forcieren eine Bewegung von Frauen, während ihre Vehemenz im Hintergrund durch die Existenz von Gesetzen abgemildert wird, die solcher Gewalttätigkeit Grenzen setzen.

„Bedürfnisse und Normen" (Bourdieu)

Bourdieus Arbeiten (1982) erlauben es uns, symbolische Gewalt als einen Prozess neu zu bestimmen, der Subjekte so formt und umformt, dass sie den Bedürfnissen des herrschenden Feldes entsprechen. Mein Augenmerk liegt hier auf der Reproduktion des weiblichen Habitus durch eine bestimmte (postfeministische) raumzeitliche Rahmung weiblicher Individualisierung, nämlich durch den Körper und die Welt kultureller Artefakte.

Die Teilnehmerin des Make-over-Formats liefert ihren Klassenhabitus (mitsamt ihrem Zuhause, ihrer Familie, ihren FreundInnen und NachbarInnen und ihrem sozialen Milieu) der Analyse und Kritik durch ExpertInnen aus. Das heißt, dass sie trotz ihrer Individualisierung als Verkörperung einer bestimmten Personenkategorie betrachtet wird. Die hier zur Schau gestellten Körper offenbaren ihre – dem Publikum vertraute – „inkorporierte Geschichte", sie ,geben sich preis'. Zu den Sendungen gehören eine Reihe von Begegnungen, bei denen die ExpertInnen – in Bourdieus Worten: KulturvermittlerInnen – den KandidatInnen, scheinbar als Hilfe zur Selbstoptimierung, Tipps und Ratschläge geben. Die ExpertInnen steuern ihre Opfer durch diverse Aktivitäten wie Shopping, Kochen und die Interaktion mit Dritten bis hin zu Flirten und Dating. Ein zentrales (Unterhaltungs-)Element solcher Sendungen (das eine Foucaultsche Analyse geradezu herausfordert) liegt in der quasi ethnografischen Beobachtung der Opfer mit Hilfe versteckter Kameras (die Opfer können in ihrer ,natürlichen Umgebung' beobachtet werden). In der Regel wird den TeilnehmerInnen Gelegenheit dazu gegeben, ihre Fortschritte anhand eines Videotagebuchs zu kommentieren. Diese in die Kamera gesprochenen Äußerungen sind die Augenblicke, in denen die Opfer ihre Unzufriedenheit mit dem Verschönerungsprogramm und damit, ungerechten Erniedrigungsritualen ausgesetzt zu sein, scheinbar zur Sprache bringen können. Hier besteht also Spannungspotenzial innerhalb solcher Formate beziehungsweise, in Butlers Sinn, eine Möglichkeit für eine beginnende Politik der Resignifizierung, in deren Rahmen die verletzenden Worte umgedreht und zum Ausgangspunkt einer Mobilisierung von Frauen werden könnten, zu einer Gegenbewegung, die die Verletzungen zurückweisen und sie für die Artikulation einer widerständigen Körperpolitik nutzbar machen könnte. Hierfür gibt es allerdings kaum Anzeichen. Die einzige vorsichtige Bewegung in diese Richtung war zu verzeichnen, als die (feministische) Komikerin Jo Brand in einer Celebrity-Ausgabe von *What Not To Wear* auftrat. Allerdings unterlief sie ihre verbale Verurteilung des Formats und der ModeratorInnen durch ihre selbst-ironische Beschreibung als „large woman".

Und so tritt in jeder Sekunde jener Formate deutlich das zutage, was Bourdieu die „Übereinstimmung mit den Spielregeln" nennt. Mehr noch: Sein gesamtes Theorieuniversum spiegelt sich verdichtet in diesem Entertainmentbereich wider – seine Definition von Geschmack ebenso wie sein Verständnis des Körpers als Mittelpunkt der von Lois McNay so getauften „zeitgenössischen Strategien der sozialen Kontrolle" (McNay 1999). McNay ruft uns auch ins Gedächtnis, dass Bourdieu erörtert, wie soziale Ungleichheit sich in Form einer Macht perpetuiert, die sich direkt auf die Körper und die „Dispositionen der Individuen" richtet. Bourdieu betrachtet die Einschränkungen und Verletzungen, die Praktiken symbolischer Gewalt und deren Wirksamkeit. Die „körperliche Einprägung" symbolischer Gewalt werde, so McNay, „mit der Komplizenschaft des Individuums vollzogen". Die Formate könnten nicht funktionieren, wenn das Opfer nicht in Erscheinung träte und sich als jemand präsentierte, die die Hilfe von ExpertInnen dringend benötigt. Auf der Grundlage ihres eigenen subalternen Habitus haben die Teilnehmerinnen „ein Gefühl für das Spiel", einen „praktischen Sinn für die gesellschaftliche Realität". Das heißt, dass sie instinktiv und unbewusst den Platz kennen, den sie in diesen Sendungen gegenüber den ExpertInnen einnehmen. So erklären sich auch die Tränen, die Dankbarkeit und die Unterwürfigkeit gegenüber denen, die sich so viel besser auskennen als sie selbst, und die sich bereit erklären, ihr Wissen und Können (für einen begrenzten Zeitraum) mit ihnen zu teilen.

Bei *What Not To Wear, Would Like To Meet* und *Ten Years Younger* ist das habituelle ‚Wissen' des Körpers (seine Müdigkeit, seine Erschöpfung, seine Schlaffheit, sein ungepflegtes Erscheinungsbild, sein Selbsthass) mit der Anforderung des herrschenden Feldes konfrontiert, das die TeilnehmerInnen nachahmen beziehungsweise an dem sie durch eine Art Mimesis partizipieren sollen, so dass ihr Habitus dahingehend modifiziert werden kann, dass er den Ansprüchen des guten Geschmacks genügt. Wenn der Habitus, so wie Butler meint, der Ort ist, an dem sich der gesellschaftliche Glaube an die Selbstverständlichkeit der herrschenden sozialen Realität herstellt, dann geben uns die schmeichelnden, zurechtweisenden und ermutigenden Worte der ModeratorInnen und ExpertInnen einen guten Einblick in die Arbeitsweise des Feldes, wenn es darauf hinarbeitet, den Habitus in einem sorgfältig definierten Rahmen zu ändern und ihm gleichzeitig den Realismus des Unerreichbaren einzuschärfen (Butler 1999). Wie wir bereits gesehen haben, streben Habitus und Feld laut Butler nach Kongruenz: Der Habitus neigt immer schon dazu, sich der gesellschaftlichen Autorität zu unterwerfen. Butler stellt dieses stark deterministische Modell, in dem das Feld unausweichlich für die Unterwerfung des Habitus sorgt, in Frage. Die „hervorstechendste Norm" von Bourdieus Gesellschaftstheorie ist „durch das Ideal der Anpassung bestimmt" (Butler 1999: 118). Butlers Konzept gesellschaftlicher Macht ist letztendlich, wie ich bereits weiter oben erwähnt habe, stärker durch Foucault geprägt; allerdings ist Butler ebenso wie Bourdieu eine Theoretikerin des Zwangs, und Butler und

Bourdieu treffen sich in ihren Detailanalysen bei der Frage, wie Normativität in der sozialen Welt unerbittlich und unablässig hergestellt wird. Diese konzeptuelle Welt, wie Bourdieu sie entwirft, ist für unseren Zusammenhang von großer Bedeutung – bis zu einem bestimmten Punkt. Mit dem ‚Feld'- und ‚Habitus'-Modell kann ich zum Beispiel die mit kulturellen Mitteln vollzogene Rekonfiguration des Verhältnisses zwischen Klassen und zwischen Geschlechtern im zeitgenössischen Großbritannien ausloten. Es ermöglicht die Erörterung, wie die Prozesse gesellschaftlicher Wiederanpassung und eine ‚Bewegung von Frauen' im Raum der Entspannung und des Freizeitvergnügens, den uns die Medien und die Unterhaltungsindustrie eröffnen, energisch Gestalt annehmen. Problematisch wird es jedoch, mit der Feldtheorie und dem Habituskonzept zu arbeiten, wenn man die diversen institutionellen und nicht-institutionellen Räume betrachtet, die an der Produktion solcher Sendungen beteiligt sind. Können wir zum Beispiel vom Feld des Fernsehens sprechen, das die ExpertInnen und ModeratorInnen repräsentieren, und über ihren spezifischen Klassenhabitus, der im Inhalt dieser Sendungen mobilisiert wird? Man kann sich leicht in einer Vielzahl von Feldern verlieren; so kann man vom Feld der Ökonomie sprechen, vom Feld des Fernsehens und vom Feld des Staates und über dessen spezifisches Verhältnis zu den Medien, vom Feld der Konsumkultur, die außerhalb dieser anderen Felder existiert, aber auch, wie das Feld der Frauenzeitschriften, eine heimliche Rolle in den Sendungen spielt. Andere mediale Felder mitsamt dem globalen Feld der Medien sind ebenfalls von Bedeutung, so zum Beispiel die Presse und das Internet und das Feld der Printverlage. Eine gründlichere Analyse müsste die Abhängigkeitsverhältnisse zwischen und an diesen Schauplätzen und die verschiedenen Ausprägungen des Habitus untersuchen, die in diesen Feldern zu verzeichnen sind.

Die Grenzen einer Bourdieuschen Analyse werden offensichtlich, wenn der ausschließliche Rückgriff auf seine Konzepte es erschwert, die Ströme der Macht und das dichte Netzwerk sozialer Beziehungen zu verstehen, die dieses gesamte Terrain durchziehen: die Körper der Teilnehmerinnen, die Arbeitsverhältnisse der KulturvermittlerInnen, die die Teilnehmerinnen ‚aufklären', und die global agierenden Konzerne, die sich um die Begleitbücher und Spin-Offs der Quotensieger kümmern. Was auf einer sehr grundsätzlichen Ebene funktioniert, gerät außer Kontrolle, wenn man versucht, das gesamte Universum der Make-over-Shows zu analysieren. Wir können sehen, wie der Habitus der KulturvermittlerInnen (ihre Sprechweise, die inkorporierten sozialen Praktiken) von dem Habitus der Opfer unterscheidbar bleiben muss (Ersterer ist für letztere unerreichbar). Es wird nicht behauptet, die Teilnehmerinnen könnten je wirklich zu der gleichen gesellschaftlichen Schicht gehören wie ihre OptimiererInnen. Das wird mit vielen Mitteln deutlich gemacht: mit tröstenden Worten und mit Erklärungen und Kommentaren seitens der ExpertInnen, die ihren kritischen und skeptischen Blick nie ablegen. Ebenso behalten sie das Monopol über die Fachsprache und bezeugen ihre Vertrautheit mit einer ganz anderen Welt, die für diejenigen, die sich haben verschönern und verbessern lassen, trotz aller Anstrengungen immer noch außer Reichweite liegt (hierbei kommen Namedropping und die Erwähnung exklusiver Boutiquen, Stadtteile, Restaurants oder Kunst-Events zum Einsatz). Im Gespräch untereinander lassen sie die Vermutung anklingen, dass die Kandidatin, sobald sie, die ExpertInnen, das Feld räumen, auf ihren alten schlechten Stil zurückfallen wird. Diese Zurschaustellung des Habitus der oberen Mittelschichten, der in einem scharfen Kontrast zu dem Habitus der Opfer steht, zeigt uns, wie in diesen Sendungen versucht wird, den Habitus von Frauen aus den arbeitenden Klassen und den unteren Mittelschichten durch Beschämung, Instruktion und den kurzen Moment von Ruhm und Glamour zu verwandeln, den ein Auftritt im Fernsehen mit sich bringt. Der verfehlte Habitus muss ,auf Linie gebracht werden', so dass er, wie Bourdieu sagen würde, den „Bedürfnissen und Normen" des neuen Arbeitsmarkts (des neuen ökonomischen Feldes) und der Konsumkultur entspricht. Zusammenfassend könnte man sagen, dass Bourdieus Modell das Potenzial hat, eine mikrologische Analyse der Sendungen mit einer makrosoziologischen Analyse des weiteren Feldes der sozialen Beziehungen und institutionellen Praktiken zu verkoppeln. Die Konzepte des Habitus und des Feldes kommen jedoch angesichts einer Methode, die die Intersektionen und Ströme zwischen und in so vielen Feldern und so vielen Habitus untersuchen will, ins Schwanken. Hier zeigt sich deutlich, wie gewinnbringend ein offenerer und fließenderer Ansatz und der Verzicht auf schematische Konzepte ist, wenn man solche diskursiven Operationen beleuchten möchte.

„Panik, vermischt mit Revolte" (Bourdieu)

Trotz allem gibt uns Bourdieus Konzept des kulturellen Kapitals und der KulturvermittlerInnen das Werkzeug für eine detaillierte Analyse dieses Fernsehgenres an die Hand.

Vor der Kamera stellen die KulturvermittlerInnen ihren sozialen Hintergrund – oft die gehobenen Mittelschichten – durch ihren Moderationsstil überdeutlich und manchmal übertrieben zur Schau, oft bis zur Parodie. Das funktioniert im Entertainmentgeschäft sehr gut; bekanntermaßen sorgt das Thema der Klassengesellschaft in Großbritannien für obsessives Interesse und entsprechend hohe Einschaltquoten. Diese Verortung der ModeratorInnen vollzieht sich anhand eines deutlich präsentierten, distinkten Stils. Oft kommen sie aus den oberen Mittelschichten und vermitteln das kulturelle Kapital, über das sie so selbstverständlich verfügen, mit einer lauten Stimme und einem ebenso lauten Erscheinungsbild. Das wohl beste Beispiel hierfür sind die beiden etwas älteren Moderatorinnen der Kochsendung *The Two Fat Ladies* und natürlich Nigella Lawson, die ihre Moderation der Channel-

4-Sendung *Nigella Bites* mit Zitaten aus Henry-James-Romanen spickt (Brunsdon 2005). Diese Frauen verfügen ganz ‚natürlich' über guten Geschmack: Sie sind einfach mit ihm aufgewachsen. Man distanziert sich von Notwendigkeiten, nichts drängt oder eilt, man verzichtet auf übertriebenen Enthusiasmus; der Rat, den man gibt, zeigt, dass man kein Emporkömmling ist. Diese Leute hatten alle Zeit der Welt, das zu lernen, was man in der Schule und an der Uni nicht lernt. Sie wissen diese Sachen einfach: Sie wissen, wie man ein Outfit zusammenstellt, ohne dass sie überhaupt darüber nachdenken müssen; sie wissen, welche Farben gut zueinander passen; sie wissen, wie man eine tolle Dinnerparty schmeißt, die wirkt, als sei sie ohne Mühe, ohne Zweifel und ohne Planung vorbereitet worden. Sie wissen auch, was man nicht trägt. Sie legen Ekel, Ablehnung oder körperliches Unbehagen in verschiedenen Abstufungen an den Tag, wenn sie es mit Personen zu tun haben, deren Geschmack zu wünschen übrig lässt. Die ModeratorInnen von *What Not To Wear* haben gute Kontakte, sind jung und kommen aus der oberen Mittelschicht (sie haben ein Internat besucht, sie haben Verbindungen zur Königsfamilie etc.). Ihre Körpersprache zeugt von einem entspannten Blick auf das Leben und die Arbeit; sie fläzen sich auf dem Sofa, während sie sich die Videos anschauen, in denen die Kandidatin panisch versucht, sich ein gutes Outfit zurechtzulegen, und amüsieren sich über ihre Fehler. Es entbehrt nicht einer gewissen Ironie, dass mittlerweile so viele Frauen aus der gehobenen Mittelschicht versuchen, sich ihren Lebensunterhalt damit zu verdienen, aus ihrem eigenen Vorrat an kulturellem Kapital zu schöpfen, das sie dann, drastisch gesagt, auf dem Marktplatz des Boulevardfernsehens verkaufen. (Hier drängt sich der Vergleich zum sprichwörtlichen Verkauf des Familiensilbers auf.) Charlotte Brunsdon hat auf das ähnlich gelagerte Phänomen hingewiesen, dass Frauen aus der gehobenen Mittelschicht arbeiten gehen und ihr Geld damit verdienen, anderen Frauen zu erklären, wie sie bessere Hausfrauen werden (Brunsdon 2005). Es gibt sicherlich Stimmen, die diese Sendungen als Demokratisierungsinstrumente bezeichnen, da hier eine gewisse Umverteilung von kulturellem Kapital stattfindet. Die BBC nimmt, in einer postmodernen Interpretation des Reithschen Ideals[13], eine erzieherische Funktion zum Besten der Nation ein, indem sie großzügigerweise Kenntnisse über das alltägliche Leben zur Verfügung stellt, die in der Schule nicht vermittelt werden. Ebenso lässt sich hier auf einen Berührungspunkt mit der staatlichen Sozialpolitik hinweisen, der in Koch-, Erziehungs- und Make-over-Sendungen gleichermaßen sichtbar wird.[14]

---

[13] A.d.Ü.: John Charles Walsham Reith (1889–1971) war der Gründer und in den 1920er und 1930er Jahren der erste Generaldirektor der 1922 gegründeten BBC. Er sah das Radio als ein Medium zur Erziehung der Massen und prägte die BBC damit jahrzehntelang. Vgl. http://de.wikipedia.org/wiki/John_Reith.
[14] Vgl. Fußnote 1 in diesem Kapitel.

Wer allerdings meint, dass diese Genres die Grenzen zwischen Hoch- und Populärkultur einreißen und Frauen die Chance geben, Wissen über Farben, Stoffe und Stile zu erwerben, würde sich von Bourdieu wohl anhören müssen, wie falsch diese Wahrnehmung ist. Wie wir gesehen haben, geht es in dieser ‚Pädagogik' vor allem um das Abstecken neuer Status- und Klassengrenzen, die nun stärker feminisiert sind als bisher; dahinter steht der Gedanke, dass Transformationen im Leben von Frauen notwendig sind, aber sorgfältig gesteuert werden müssen. Das Verhalten der ExpertInnen entspricht auf ganzer Linie der Bourdieuschen Interpretation der gesellschaftlichen Rolle der KulturvermittlerInnen: Sie schärfen den Opfern Unterwürfigkeit, Dankbarkeit und Wohlwollen gegenüber den bestehenden gesellschaftlichen Hierarchien ein (Bourdieu 1982).

Wenn man Bourdieus Sicht teilt und meine eigenen bisherigen Überlegungen zu der Transformation der Geschlechterverhältnisse und zu einer ‚Bewegung von Frauen' vor diesem Hintergrund liest, könnte man sagen, dass Trinny und Susannah, die beiden Moderatorinnen von *What Not To Wear,* sich ihren Lebensunterhalt selber verdienen, weil sie, wie die meisten Frauen heutzutage, sich nicht mehr darauf verlassen wollen, dass eine Heirat oder ein männlicher Partner für sie eine lebenslange finanzielle Absicherung bedeutet – dies gilt in postfeministischen Zeiten als Hochrisikostrategie. Eine Karriere ist die bessere Investition. Aus diesem Grund treten Frauen aus den oberen Mittelschichten auf dem Arbeitsmarkt in einen Wettbewerb mit ihren hochqualifizierten Pendants aus den unteren beziehungsweise aufsteigenden Mittelschichten. Die neuen KulturvermittlerInnen sind nicht mehr die „Gentlemen und Gelehrten", wie Bourdieu sie beschrieb (und zwischen denen ebenfalls Klassenkonflikte und ein Wettbewerb um die besten Arbeitsverhältnisse bestanden und immer noch bestehen). Heutzutage sind es vor allem ‚Society Girls' und ‚gebildete junge Frauen': Erstere geben Ratschläge und Tipps, manchmal von oben herab und immer mit beiläufiger, müheloser Eleganz, während Letztere vernünftiger, deutlicher, direkter und professioneller sind und ihre beruflichen Qualifikationen als Coaches und Absolventinnen eines Psychologiestudiums stärker in den Vordergrund stellen. Auch hier liegt ein Schauplatz von Konflikten und Konkurrenz um stark nachgefragte Jobs im Feld des Lifestyle und der Lebensberatung. In diesem Berufsfeld drängen sich InteressentInnen, hier begegnen sich Massen junger Frauen; und auch hier bewahrheiten sich Bourdieus Anmerkungen über die Veränderungen der journalistischen Sphäre, da jene ModeexpertInnen und Coaches, die als FernsehmoderatorInnen arbeiten, kaum als JournalistInnen bezeichnet werden können, auch wenn sie sich selber als solche beschreiben (Bourdieu 1998). In den Arbeitsfeldern von Frauen aus den Mittelschichten finden also auch Umdefinitionen und Transformationen statt; auch hier sind Änderungen und ein gnadenloser Wettbewerb zu verzeichnen.

Ein feminisierter Klassenkonflikt hallt im Raum der sozialen Hierarchien auf allen Ebenen wider. Wir brauchen dringend mehr soziologische Analysen solcher

Prozesse; wir müssen detailliert untersuchen, welche jungen Frauen welche Jobs bekommen und nach welchen Kriterien diese Jobs vergeben werden. Auf welchen beruflichen Werdegängen sind zum Beispiel Trinny und Susannah bei *What Not To Wear* gelandet, Gok Wan bei *How to Look Good Naked* und Nicky Hambleton-Jones bei *Ten Years Younger?* Für eine Analyse der Verteilung von Arbeitsplätzen unter KulturvermittlerInnen muss viel Arbeit geleistet werden, aber zugleich ist es von ebenso großem soziologischem Interesse, diese Formate selbst zu untersuchen und die Rolle der Beleidigungen und verletzenden Worte und Blicke zu verstehen. In meinen eigenen Aufzeichnungen finden sich Kommentare wie „Was für eine dröge Stimme", „Guck mal, wie die läuft", „Sie sollte kein Ketchup auf ihre Pommes tun", „Sie sieht aus wie eine graue Maus", „Ihre Hosen sind viel zu lang", „Ihr Pulli sieht so aus, als hätte ihre Oma ihn gehäkelt – der würde sich als Tischdecke besser machen", „Ihre Klamotten sind ungewaschen", „Ihre Frisur sieht aus wie ein rausgewachsener Pudel", „Deine Zähne sind gelb, hast du Gras gegessen?", und „Oh Gott! Sie sieht aus wie eine deutsche Lesbe." Diese letzte Bemerkung galt als so unfassbar lustig, dass fast zwei Wochen lang mit ihr auf allen BBC-Kanälen für die Folge geworben wurde, bevor sie ausgestrahlt wurde. Diese Grausamkeit und Gemeinheit lässt an Internatsgeschichten aus den 1950er Jahren denken, in denen biestige, versnobte Schülerinnen ihre Mitschülerin aus armen Verhältnissen, die diese Schule nur dank eines Stipendiums besuchen kann, für ihr Äußeres, ihre Erziehung, ihre Sprechweise und ihre schlecht gekleideten Eltern verspotten.

Formate wie *Would Like To Meet* und *What Not To Wear* rechtfertigen sich von vornherein selbst dadurch, dass ihre Opfer junge Erwachsene sind, bereitwillige Teilnehmerinnen, die sich dem Optimierungsprogramm enthusiastisch ausliefern. Diese Form des populären Entertainments greift auf Ironie zurück, um durchscheinen zu lassen, dass die verletzenden Worte und Gesten nicht wörtlich genommen werden sollen. Das heißt aber nicht, dass Demütigung nicht vorkommt. Regelmäßig brechen Teilnehmerinnen in Tränen aus, und „Panik, vermischt mit Revolte" ist wahrzunehmen, wenn sie auf ihren Parcours geschickt werden, auf dem sie sich das abgewöhnen sollen, was an ihnen als inakzeptabel und unattraktiv gilt. Die Momente der Auflehnung gehen aber immer schnell vorüber und sind auf kurze Ausbrüche beschränkt, auf nächtliche Verzweiflungsanfälle, nach denen die Opfer sich am nächsten Morgen unweigerlich wieder der Autorität derer unterwerfen, die es besser wissen. Insgesamt skizziert dieser Umerziehungsprozess in der Sphäre der populären Unterhaltungskultur einige der soziologischen Umrisse der Transformationen, die Frauen in Großbritannien zur Zeit erleben. Meine bisherige Analyse hebt auf die Kraft des Feldes (beziehungsweise auf die Kräfte der sozialen Herrschaft) ab, mit deren Hilfe der Habitus von Frauen aus den arbeitenden Klassen oder den unteren Mittelschichten so umgelenkt wird, dass eine ‚Bewegung von Frauen' entsteht, deren Protagonistinnen sich bereitwillig verwandeln lassen, um selbstbewusster und effizienter ihre Plätze in den neuen Arbeitsmärkten einnehmen können, an denen sie gebraucht werden, und die ihnen ein verfügbares Einkommen einbringen, mit dem sie im Verlauf ihres Lebens mehr Produkte und Dienstleistungen konsumieren können.

Ich bin mir im Klaren darüber, dass ich in diesem Kapitel viele Themen angeschnitten habe und viele Fragen unbeantwortet lasse. So könnten MediensoziologInnen z. B. darauf hinweisen, dass die Bedeutung dieser ,Texte' komplexer ist, als ich es hier darstelle. Ab und zu erzielt eine Teilnehmerin einen Sieg über die ModeratorInnen, wenn sie deren ,besseren' Geschmack letztendlich ablehnt. Manchmal lässt die Gewöhnlichkeit und Ungepflegtheit der Opfer Widerstand, Stolz, Selbstachtung und Eigensinn durchscheinen, trotz der und gegen die Bemühungen der ExpertInnen. Oft treten die ModeratorInnen und die Opfer zur Unterhaltung des (wirklichen oder idealen) Publikums in einen Kampf gegeneinander an. Die kulturelle Logik dieser Formate sieht jedoch vor, dass die Opfer ihre Transformation als einen guten Schritt akzeptieren, da die Vorteile die Nachteile (die Anstrengungen, die Demütigung) unweigerlich übertreffen. Ebenso ist der Handlungsspielraum für diejenigen, die weiterhin im ungepflegten ,Vorher'-Zustand verbleiben wollen, begrenzt, und von einer echten Herausforderung des herrschenden Ethos der Selbstoptimierung kann keine Rede sein. In einem erneuten Rückgriff auf Butler könnte man sagen, dass die Redundanz der Beleidigungen und Schimpfworte gegenüber den Kandidatinnen in diesen Formaten nahelegt, dass hier tiefsitzende soziale Unsicherheiten über den Status von Frauen im zeitgenössischen Großbritannien verhandelt werden. Dieser Status ist ins Wanken geraten; die alten Regeln über Klasse, Ethnizität, Ehe, Mutterschaft und die gesellschaftlich erwünschte Geschlechts- und sexuelle Identität gelten nicht mehr. Frauen verdienen jetzt ihr eigenes Geld – wer weiß schon, wohin das führt? Wie bereits weiter oben angeführt, skizziert die Erneuerung der Hochzeitskultur und ihrer traditionellen Begleiterscheinungen (JunggesellInnenabschiede etc.) die Konturen einer konsumentInnenorientierten Strategie zur Sicherstellung dessen, dass junge Frauen auch in Zukunft den Normen der Heterosexualität genügen. Wenn der neue Geschlechtervertrag mit seinen Klauseln über Erwerbstätigkeit, Freizeitgestaltung und spezifische sexuelle Freiheiten auch als eine Präventivmaßnahme gegen gefährliche Formen der Repolitisierung fungiert, dann lässt sich diese Wiederbelebung althergebrachter, präfeministischer Biestigkeit und Mobbingstrategien entlang der Grenzen zwischen Klassen und sozialen Positionierungen sicherlich als Versuch deuten, dafür zu sorgen, dass die Transformationen und der gesellschaftliche Wandel zumindest geordnet ablaufen.

Am Ende dieser Interpretation einer präzise gesteuerten ,Bewegung von Frauen' möchte ich kurz anreißen, wie *race*, Ethnizität und sexuelle Identität in solchen Sendungen verhandelt werden. Einige Make-over-Formate werden von schwarzen und asiatischen Frauen moderiert. Werden nun Teilnehmerinnen, die zu ethnisierten Minderheiten gehören, genauso herablassend behandelt wie ihre weißen

Pendants? Angesichts der starken Präsenz schwuler Männer in der Expertenrolle liegt außerdem die Frage auf der Hand, welche Rolle lesbische Identitäten bei der Neuverhandlung von Klasse spielen. Eine Antwort liegt in der gesellschaftlichen Anerkennung, die den Teilnehmerinnen über Geschlechter- und *race*-Grenzen hinweg dafür zukommt, dass sie sich ‚optimieren' und den normativen Idealen von Glamour und Attraktivität entsprechen wollen und so zu der Konsolidierung einer ‚beruhigenden' heterosexuellen Identität beitragen, die zumeist in den unteren Mittelschichten verortet werden kann. In *What Not To Wear* ziehen Trinny und Susannah über eine „zu maskuline" Taxifahrerin her, die ihre „tolle Figur versteckt", aber bis heute haben sie lesbischen Teilnehmerinnen ihre Dienste meines Wissens nach noch nicht angeboten. Ebenso ist mir noch keine Sendung begegnet, in der die ExpertInnen schwarze oder asiatische Frauen verspotten oder herabsetzen.

Der Ton gegenüber schwarzen Kandidatinnen ist milder. Hier bestehen Anhaltspunkte für eine umfassendere Analyse – vor allem für eine ethnografische Studie über die die Produktion leitenden Richtlinien und darüber, wie die Drehbücher geschrieben werden. Wie sehen die Entscheidungsprozesse darüber aus, wie die ModeratorInnen mit schwarzen oder asiatischen Teilnehmerinnen interagieren? Wie gehen schwarze ModeratorInnen (z. B. Mica Paris) mit schwarzen oder asiatischen Opfern um? In meiner Lesart scheint in diesen Formaten eine inkorporierte Geschichte der Klassenantagonismen zwischen weißen Britinnen durch – eine Geschichte, die das weiße Publikum kennt, da sie zur ‚nationalen Kultur' gehört. Man kennt sie aus Virginia Woolfs herablassenden Kommentaren über häusliches Personal und aus Tagebüchern und Texten von Autorinnen aus den arbeitenden Klassen. Die hier diskutierten Fernsehsendungen greifen auf jenes vertraute Vokabular zurück, behaupten aber, dass die Beleidigung nicht länger verletzend gemeint ist. Das historische Repertoire des traditionellen britischen Klassenhasses erwacht in den verächtlichen Bemerkungen über das Selbstbild, das Erscheinungsbild, die Stimme und den Akzent weißer Angehöriger der arbeitenden Klassen zu neuem Leben. Die verletzenden Worte sind immer noch aktuell, sie leben im Habitus der Mittelschichten weiter, auch wenn sie eine gewisse Zeitlang von der Bildfläche verschwunden waren. Schwarze Personen wurden jedoch traditionell eher als rassifizierte Subjekte gesehen denn als Klassensubjekte, und dementsprechend hatten sie in diesem speziellen Vokabular der symbolischen Gewalt keinen Platz. Herabwürdigende Bemerkungen gegenüber schwarzen Personen erscheinen unweigerlich in rassifizierter Form. Trinnys und Susannahs verbale Ausfälle würden gegenüber einer asiatischen Frau unweigerlich als rassistische Attacke gelesen werden; de facto könnten sie auch nur als rassistische Beleidigung *formuliert* werden. Bis dato ist es noch nicht vorgekommen, dass eine schwarze Frau aus der Arbeiterklasse sich bis auf die Unterwäsche auszieht und beschämt im Ganzkörperspiegel betrachtet, während Trinny und Susannah an ihren Brüsten herumzerren, die unweigerlich nach einem besseren BH verlangen.

Das wäre für Make-over-Formate zu heikel. Wenn schwarze oder asiatische Frauen als Kandidatinnen auftreten, schlägt ihnen in der Regel mehr Bewunderung und Lob entgegen als ihren weißen Pendants. Daraus können wir ablesen, dass *race* und Ethnizität in einem Genre, das auf der Erneuerung traditioneller Klassenkonflikte und Hierarchien zwischen weißen Frauen basiert, Schwierigkeiten aufwerfen. Man könnte vermuten, dass diese Formate so sein können, wie sie sind, weil sie auf der unterschwelligen Behauptung fußen, weiße Frauen seien mittlerweile gleichberechtigt. Abgesehen vom Lohngefälle zwischen Männern und Frauen, so wird suggeriert, sind sie keiner Diskriminierung mehr ausgesetzt, und in der Folge kann man von ihnen erwarten, sich am Arbeitsplatz männlicher zu verhalten, d. h. wettbewerbsorientierter zu agieren, eine individualistischere Perspektive einzunehmen und sich weniger um andere und stärker um sich selbst zu kümmern. Make-over-Formate fordern Frauen dazu auf, unter Anweisung der ihnen sozial Überlegenen die Ärmel hochzukrempeln und ‚sich in den Kampf zu stürzen'. Und eben weil tatsächlich Verbesserungen zu verzeichnen sind, weil ‚ganz normale' weiße Frauen in den letzten Jahren tatsächlich gesellschaftlich aufsteigen konnten, weil sie ‚gleichberechtigter' sind als früher, trägt die Aufforderung zur Selbstoptimierung scheinbar nicht mehr den Stachel der Klassenverachtung. Trinnys und Susannahs fast philanthropische Mission, den nationalen Bestand weißer Frauen zu optimieren, scheitert an der Aufgabe, schwarze und asiatische Frauen zu verbessern. Auch der ‚gesunde Menschenverstand' kann nicht so weit gehen, zu behaupten, schwarze und asiatische Frauen seien gleichberechtigt. Schwarze Frauen sind auf dem Arbeitsmarkt unterrepräsentiert und arbeiten zu großen Teilen in den klassischen Frauenberufen wie z. B. in pflegenden Berufen, während asiatische Frauen, je nach Klassenherkunft, im Vergleich zu ihren weißen Pendants nicht als Individuen wahrgenommen werden, sondern nur als Teil einer Familie oder Community. Diese Faktoren verkomplizieren die Demütigungs- und Herabsetzungsrituale solcher Sendungen, und die Lösung besteht darin, nichtweiße Opfer respektvoller oder zumindest weniger offensichtlich grausam zu behandeln. Geneve, eine nichtweiße Friseurin, die an *What Not To Wear* teilnahm, überwältigte das Team so sehr mit ihrer „lebhaften" Persönlichkeit, dass es den Moderatorinnen fast die Sprache verschlug. Sie war zudem eine der wenigen Kandidatinnen, die ihren neuen Look nicht mochten, und kehrte zu ihrem alten Stil zurück. Trotz dieser Schwierigkeiten, die entlang von *race* und Ethnizität entstehen, schließen die Formate schwarze und asiatische Frauen nicht direkt aus, sondern sind eher inklusiv: Sie appellieren über die Grenzen von *race* hinweg an ‚alle Frauen', sich mit dem Ethos der Selbstoptimierung zu identifizieren. Viele der ExpertInnen und ModeratorInnen sind Schwarze oder AsiatInnen. ‚Probleme' entstehen nur dann, wenn mit der Körperlichkeit der nichtweißen Frau und ihrer Mangelhaftigkeit umgegangen werden muss. Um die Dynamik von *race* und Ethnizität in solchen Formaten zu verstehen, müsste man also untersuchen, welche Codes und Konventionen ins Spiel kommen, wenn die Drehbücher geschrieben werden und eine Auswahl unter den Bewerberinnen getroffen wird. Es gibt also noch viel Arbeit zu tun, bis wir diese „weltlichen Texte" verstehen (Rose 1999b).

Man könnte auch analysieren, inwiefern sich Körpernormen und die engen Grenzen dessen, was als akzeptable sexuelle Identität gilt, als Gegenangriff auf frühe feministische und lesbische Positionen und als Strategie lesen lassen, diejenigen, für die jene normative Weiblichkeit, wie Trinny und Susannah sie definieren, nicht erstrebenswert oder sogar schmerzhaft ist, noch stärker auszuschließen und zurückzuweisen.

Aber ich möchte hier noch einmal auf Bourdieu zurückkommen. Meines Erachtens nach sind seine Texte sehr hilfreich dafür, zu verstehen, wie gesellschaftliche Neuordnungsprozesse entlang den Linien von Geschlecht in den Medien und in der Populärkultur operieren. Der Habitus zumeist weißer Frauen aus den arbeitenden Klassen und aus den unteren Mittelschichten wird scharf kritisiert, und ihr massenhaftes In-Erscheinung-Treten auf dem Arbeitsmarkt sowie ihre zunehmende Rolle als erwerbstätige Staatsbürgerinnen wird dahingehend gesteuert, dass sie den neuen Anforderungen einer individualisierten Subjektivität auf dem Arbeitsmarkt, in der Konsumkultur und im Feld der Sexualität entsprechen. Man könnte zusammenfassend sagen, dass die Kategorie der Weiblichkeit durch solche Appelle an den weiblichen Körper eine ‚nationale' Generalüberholung erfährt, um mit den biopolitischen Anforderungen der neuen globalen Ökonomie auf Linie gebracht werden zu können.

Kapitel Sechs

Fazit: Innerhalb und außerhalb der feministischen Wissenschaft

Im feministischen Seminar

Im Zentrum dieses Buches standen jene Kräfte, die in den letzten Jahren daran mitwirkten, den Feminismus zu etwas Widerwärtigem zu machen, zu etwas, das nicht weitergegeben werden kann, zu einer sozialen Bewegung, bei der die Wahrscheinlichkeit ziemlich gering ist, dass sie wieder auflebt und sich erneuert. Ich habe diese Prozesse durch Analysen der Populärkultur und deren Schnittstellen mit öffentlichen Debatten verfolgt.

Häufig habe ich Begriffe wie ‚desartikulieren' oder ‚ablösen' verwendet oder sogar von der Abwicklung des Feminismus gesprochen. Keinesfalls wollte ich nahelegen, dass der Feminismus eine Art feste Einheit darstellt, ein in tiefster Vergangenheit liegender Sammelpunkt, um den herum so viele Frauen einvernehmlich zusammen fanden. Das Gegenteil war der Fall. Ich habe gerade zu zeigen versucht, dass diese vorgeblich furchtbare und entsetzliche feministische Vergangenheit in den Medien und der Populärkultur nur in den Fantasien frauenfeindlicher JournalistInnen und PolitikerInnen heraufbeschworen wurde, oft mit Verweisen zum Beispiel auf das *Greenham Common*-Friedenscamp in den frühen 1980er Jahren. Auberon Waugh etwa beschrieb die Frauen im Camp bezeichnenderweise als „nach Fischpaste und schlechtgewordenen Austern stinkend" (Stallybrass/White 1986: 23). Es war auch nicht meine Absicht, nahe zu legen, dass die Frauenbewegung gradlinig und fortschreitend gewachsen wäre, wenn es die vereinten Anstrengungen der an ihrer Auflösung Interessierten nicht gegeben hätte. Es ist nicht so, dass die Bewegung erst Forschritte erzielt hat und dann einfach wieder zurückgedrängt wurde. Und ich behaupte auch nicht, dass der Feminismus mittlerweile vollständig ausgelöscht wurde, dass nichts mehr von ihm übrig ist. Ich nehme vielmehr an, dass feministische Vorstellungen im Zuge ihrer allgemeinen Implementierung dort, wo sie von verschiedenen Organisationen und öffentlichen Einrichtungen aufgegriffen wurden, auch Prozessen unterlagen, in denen der Feminismus in Hinblick auf seine weitere Ausbreitung, Erneuerung oder Verjüngung – in welcher Form auch immer – nicht ernst genommen oder geleugnet wurde. Das ist vor allem bei einer jüngeren Generation von Frauen der Fall, um deren Interessen sich nun eine Reihe von Interessengruppen – eingeschlossen die Regierung – kümmern. Ich beschäftige mich also mit einem Feld von Praktiken zwischen politischer Kultur und Populärkultur. Kaum beschäftigt habe ich mich dagegen bisher mit den vielen Formen des Feminismus, die seit den 1970er Jahren entstanden; ebenso wenig mit der Ausbreitung des Feminismus an den Universitäten oder mit der großen Zahl feministischer wissenschaftlicher Zeitschriften und dem Enthusiasmus, mit dem feministische WissenschaftlerInnen für diese schreiben. Genauso wenig habe ich die lebhaften feministischen Aktivitäten untersucht, wie sie in den letzten Jahren im Internet stattgefunden haben, oder die Entwicklungen, die sich aus den *riotgrrrl*-Subkulturen der 1990er ergaben. Würde ich behaupten, der Feminismus sei vollständig verklungen, dann würde ich sicher durch den Enthusiasmus widerlegt, mit dem jüngere Frauen feministische wissenschaftliche Konferenzen und öffentliche Vorträge besuchen. Dieses Buch ist auch kein Ausdruck der Klage darüber, was hätte sein können. Es war vielmehr der Versuch, die Grenzen einer Reihe akademischer Disziplinen – Gender Studies, Soziologie, Kultur- und Medienwissenschaften – mit einer Intervention zu überschreiten, die sowohl darauf zielt, die weitere Debatte über die Zukunft des Feminismus innerhalb und außerhalb der Universitäten anzuregen, als auch zu weiteren kontroversen Diskussionen reizt.

In diesem letzten Kapitel untersuche ich nun verschiedene Formen von etwas, das vielleicht ‚affirmativer Feminismus' genannt werden könnte. Ich konzentriere mich dabei auf vier Felder. Zunächst betrachte ich jenen Bereich, der von sich behauptet, Vorreiter des feministischen Erfolgs in der Entwicklung politischer Strategien und Richtlinien zu sein, nämlich Gender Mainstreaming; zum Zweiten die sich selbst feiernde *third wave* (ich bezweifle, dass es hilfreich ist, in der Geschichtsschreibung des Feminismus von Wellen zu sprechen). Drittens, als Gegengewicht dazu, werde ich mich mit der affirmativen Geschlechterpolitik der feministischen Philosophin Rosi Braidotti beschäftigen, und viertens kehre ich in die feministischen Seminare zurück und stelle ein paar Fragen über Women's Studies, über postkoloniale Pädagogik, über Lehre im Kontext der Globalisierung und über einige der neuen oder unerwarteten Forderungen, die an feministische WissenschaftlerInnen gestellt werden, wenn die Universitäten, wie es gegenwärtig der Fall ist, zu Orten so genannten Wissenstransfers und allgemeiner mit der Welt globalen Handels verknüpft werden.

Jedes Jahr sitzen mir in meinem eigenen Hörsaal fast 200 junge Frauen (und einige junge Männer) gegenüber, von denen weniger als eine Handvoll wie ich in Großbritannien aufgewachsen ist. Sie kommen aus Ländern wie Japan, China, Korea und Malaysia, aus Kanada und den USA, aus Botswana, Panama, Chile, Argentinien, Polen, Ungarn, Albanien, Uruguay, Brasilien, Indien, Bulgarien, Griechenland, Skandinavien, Deutschland, Italien und Spanien nach London, um dort einen Master-Abschluss zu erwerben (manche von ihnen sind auch DoktorandInnen). Zudem habe ich über die Jahre beobachtet, dass diese jungen Frauen nicht aus einer internationalen Elite kommen, sondern statt dessen aus

Mittelklasse-Familien (häufig aus der kämpfenden unteren Mittelschicht). Beide Aspekte zeigen deutlich, dass dies junge Frauen sind, die für einen neuen internationalen Arbeitsmarkt bestimmt sind. Sie kommen nach London, um hier zu studieren, weil sie hoffen, so einen guten Job zu finden. Und diese jungen Frauen sind der Auffassung, dass die feministische Pädagogik in der Soziologie und den Kulturwissenschaften auf irgendeine Weise für ihr Leben relevant ist, auch wenn sich nur wenige von ihnen tatsächlich selbst als FeministInnen bezeichnen würden. In diesem letzten Kapitel befasse ich mich daher nicht nur mit den Weg solcher jungen Frauen in die feministische Wissenschaft und wieder hinaus, sondern auch mit den postkolonialen Politiken, die über diese Begegnungen ausagiert werden.

Gender Mainstreaming und seine KritikerInnen

Wenn es eine spezifische Strömung feministischen Denkens gibt, die genau entgegengesetzt zu der in diesem Buch entwickelten Argumentation verläuft, dann ist es Gender Mainstreaming. Zumindest in Großbritannien ist dieses Konzept stark durch Sylvia Walbys Arbeiten geprägt. In einer Reihe aktuellerer Aufsätze und Sammelbände präsentiert sie Gender Mainstreaming als eine neue, modernisierte Form der feministischen Praxis. In ihren Texten findet sich eine gewisse programmatische Emphase ebenso wie allerlei Behauptungen über die Auswirkungen und die Bedeutung dieser Wendung zum gesellschaftlichen Mainstream. Walby würde, so nehme ich an, die von mir beschriebene Abwicklung des Feminismus als eine vollständig kulturelle oder symbolische Angelegenheit bezeichnen, während es in der ‚wirklichen' Welt der Gleichstellungspolitik beachtliche Entwicklungen gegeben habe. Walby arbeitet an der Schnittstelle zwischen universitärer Welt, großen und kleinen politischen Institutionen und öffentlichen Einrichtungen, von kleinen NGOs überall auf der Welt bis zur Weltbank, den Vereinten Nationen und besonders der Europäischen Union. Ihre Texte richten sich an ein entsprechendes Publikum, sie kommuniziert mit Personen, die professionell zu geschlechterpolitischen Fragen arbeiten. Zudem haben sich Walbys Schriften zu Gender Mainstreaming in den letzten fünf Jahren verändert; mittlerweile setzt sie sich stärker mit Diversity und Unterschieden auseinander (Walby 2002; 2005a; 2005b). In einem Aufsatz, der als Schlüsseltext gelten kann, bewertet sie Gender Mainstreaming besonders positiv (Walby 2002). Walby äußert in diesem Text die These, dass es eine Verlagerung weg von autonomer feministischer Aktivität hin zur Zusammenarbeit mit Staat und Zivilgesellschaft gebe. Gleichzeitig, so Walby, erlebten die sozialistische und radikal-separatistische Feminismus ihren Niedergang; feministische Aktivität gruppiere sich statt dessen vermehrt um eine Art überarbeiteten Gleichheitsfeminismus, der mit neuen Formen liberaler Demokratie vereinbar sei. Diese Art von Feminismus zeige sich in Großbritannien in der Vereinnahmung feministischer

Forderungen durch *New Labour* und ebenso in der Mainstreaming-Agenda, der sich die Vereinten Nationen, andere globale Institutionen und besonders die EU verschrieben haben. Der einst eher konfrontative und aktivistische Feminismus ist jetzt erwachsen geworden (so wird zumindest nahegelegt). Er begrüßt den Menschenrechtsdiskurs; im Gegenzug habe der Menschenrechtsdiskurs die Forderungen von Frauen nach Gleichheit aufgenommen – und dies nicht nur im individuellen Sinn, sondern auch hinsichtlich der ökonomischen und sozialen Rechte von Frauen als Gruppe.

Walby betont die Koalitionen und Allianzen, die vermeintlich die Tendenz des Feminismus ersetzt haben, sich in antagonistische Fraktionen zu zersplittern. Beispielsweise habe der Staat über Regierungsinstitutionen (auch auf lokaler Ebene) auf viele der Probleme im Zusammenhang mit häuslicher Gewalt reagiert, die ursprünglich eher in Richtung eines unabhängigen Selbsthilfe-Ethos diskutiert wurden. Es gebe zunehmend viele Frauen, die zentrale Posten in Staatsämtern einnähmen und darauf achteten, dass Frauenrechte mit hoher Priorität behandelt werden, so Walby. Das zeige, wie Gender Mainstreaming zu einem „politischen Programm für den Feminismus in einem globalen Zeitalter" und zu einer „globalen Bewegung" geworden sei (Walby 2002: 538). Die Art, in der die EU Gender Mainstreaming als offizielle Politik in Übereinstimmung mit ihrer „politischen Strategie im Umgang mit der Globalisierung" aufgenommen hat, sei ein klares Zeichen für den „feministischen Erfolg". Für die Entwicklung einer neuer feministischer Politik hätten sich viele Möglichkeiten ergeben, behauptet Walby. Auch Frauen selbst seien vom privaten in den öffentlichen Bereich hinübergewechselt. Walbys Modell ist das eines langsamen Fortschritts und gründet hauptsächlich auf der Annahme, dass Frauen jetzt Berufen nachgehen, die es ihnen erlauben, eine Expertinnenfunktion einzunehmen und an den Schaltstellen der Entwicklung politischer Richtlinien, in der Gesetzgebung und in politischen Entscheidungsprozessen Netzwerke zu bilden, mit deren Hilfe sie ihre Interessen vertreten. Was der Feminismus an öffentlicher Sichtbarkeit als Protestbewegung verloren haben mag, werde durch die eher versteckten Aktivitäten, die sich hinter der Bühne abspielten, mehr als ausgeglichen, so Walby. Sie weist nicht nur auf die professionelle Frauenpolitik hin, die auf der nationalen und globalen Ebene technokratisch von oben nach unten durchgesetzt wird, sondern auch auf die große Vielfalt verschiedener Feminismen, die sich in den letzten 20 Jahren international an verschiedenen Orten entwickelt haben. Der Feminismus verkörpere sich heute in einem solchen, sehr weit gefassten Gender Mainstreaming.

Mit dieser Argumentation betreibt Walby eine Art Selbst-Autorisierung von Gender Mainstreaming und beansprucht außerdem, dass diese Form des Feminismus offiziell gewichtig sei. In *Gender Mainstreaming: Productive Tensions in Theory and Practice* (Walby 2005a) schreibt Walby, dass dieser Prozess die „Neuerfindung, Neustrukturierung und Einführung des Feminismus als neue

Marke" umfasse, indem er die Gleichbehandlung der Geschlechter fördere und sicherstelle, dass politische Richtlinien effektiver werden, da sie immer auch Geschlechterfragen mit bedenken müssen. Das sei eine „neue Form der Politik und der Entwicklung politischer Richtlinien, in der die Bedeutung von Geschlecht stets gegenwärtig sei [...] ein internationales Phänomen, [...] das seine Ursprünge in der Entwicklungspolitik hat, von den Vereinten Nationen auf der Weltfrauenkonferenz in Peking 1995 übernommen und von der Europäischen Union und ihren Mitgliedsstaaten aufgegriffen wurde", so behauptet sie in *Introduction: Comparative Gender Mainstreaming in a Global Era* (Walby 2005b: 453). In der EU – Walbys Referenzpunkt – wird Gender Mainstreaming definiert als „(Re-)Organisation, Verbesserung, Entwicklung und Evaluation der Erstellung politischer Richtlinien, mit dem Ziel, von den üblicherweise damit befassten AkteurInnen in alle Richtlinien auf allen Ebenen und zu allen Zeiten eine Geschlechtergleichheitsperspektive einbinden zu lassen." Es gibt einen Bedarf an „gleicher Partizipation von Frauen und Männern im politischen und öffentlichen Leben", wobei „Bildung [...] ein primäres Eingriffsfeld für Geschlechtergleichheit" ist. In Aufsätzen neueren Datums befasst Walby sich mit den komplexen Problemen, die sich aus dem Bemühen ergeben, auf die in der feministischen Theorie thematisierten, immer existenten Überkreuzungen von Diskriminierungen in Hinblick auf Geschlecht, *race*, Klasse, Alter, Behinderung und Konfession zu reagieren. Seit kurzem verfolgt sie zudem aufmerksamer die Debatten um die Grenzen des ExpertInnen- und Lobbymodells. Außerdem interessiert sie sich für die Bedeutung von Gender Mainstreaming als Demokratisierungsprozess, der marginalisierten Frauen eine „Stimme verleiht". Walby streicht heraus, dass in vielerlei Hinsicht „sachverständige und partizipative demokratische Arbeit in dieser Form des Gender Mainstreaming nebeneinander stattfindet und sich eher ergänzt als widerspricht". Sie bezieht sich auf Alison Woodward (2001), die für ein „samtenes Dreieck" aus feministischen BürokratInnen *[femocrats]*, einschlägigen Wissenschaftlerinnen und organisierten Stimmen aus der Frauenbewegung für die Entwicklung von Gender Mainstreaming in der EU eintritt. Schlussendlich betont Walby die Rolle des Gender Mainstreaming auf internationaler Ebene, flexibel und kultursensibel ein Frauenrechtsprogramm zu entfalten, das sich in die meisten der bereits existenten Menschenrechtsdiskurse einfügen lässt.

Solch eine ‚respektable' Version von Feminismus, ‚zurechtgemacht' für die Zustimmung durch die globale Regierungsgewalt, existiert nicht unwidersprochen. Frey u. a. (2006) problematisieren beispielsweise, dass das Regime einer dualistischen Geschlechterdifferenz unhinterfragt bleibt. Sie kritisieren also, dass Gender Mainstreaming Vorstellungen über weibliche und männliche Fähigkeiten unangetastet lässt und so problemlos zur Effizienzsteigerung in einer neuen globalen Ökonomie eingesetzt werden kann. „Wir beobachten des Weiteren eine zunehmende Interpretationsweise von Gender Mainstreaming als neoliberaler Reorganisationsstrategie zur Optimierung geschlechtsspezifischer Humanressourcen. [...] [Gleichstellung mutiert] zum cleveren Management angenommener Differenzen." (Frey u. a. 2006: 1) Das bedeutet, insbesondere junge Frauen produzieren Mehrwert durch ihre speziellen Fähigkeiten und Kompetenzen, die im Dienstleistungszeitalter gefragter sind als früher. Man kann sich Gender Mainstreaming als ein konflikt-freies Ausgleichsprogramm oder -schema vorstellen, mit einem gewissen Maß an Gleichstellungspotenzial, das im Kern aber von den Strukturen und Institutionen des Kapitalismus aufgenommen und integriert werden kann.

An anderer Stelle in diesem Buch habe ich davon gesprochen, dass „dem Feminismus Rechnung getragen" wird. Es ist dieser Strang des Feminismus, der es Regierungsinstitutionen ermöglicht, zu behaupten, dass sie sich tatsächlich um die Interessen von Frauen kümmern. Das Vokabular von Gender Mainstreaming ist modern, managerial und professionell. Es ist ein programmatischer Ansatz, ausgestattet mit verschiedensten Werkzeugen zur Evaluation und Beurteilung von Ergebnissen, die zur Kennzeichnung ‚guter Praxis' in unternehmerischen, staatli-chen und öffentlichen Institutionen dienen. Sabine Hark hat darauf hingewiesen, dass allein der Gebrauch des Begriffs „Gender" anstelle von „Frauen" diesen Effekt von nicht-kämpferischer sozialer Respektabilität haben kann (vgl. Hark 2005: 42 ff.). Fälschlicherweise legt Walby nahe, es sei eine neue Entwicklung, dass FeministInnen in Regierungsorganisationen arbeiten. Die Tatsache, dass im sozialistischen Feminismus seit Mitte der 1970er Jahre immer eine produktive und kritische Beziehung zum Staat bestand – sowohl auf lokaler als auch auf nationaler Ebene –, berücksichtigt sie nicht. Die Tradition, mit dem „Ideologischen Staats-apparat" zu arbeiten, wie Louis Althusser es nannte, war ein zentraler Bestandteil marxistisch-feministischer Schriften, so zum Beispiel in den Arbeiten von Michèle Barrett, Elizabeth Wilson, Lynne Segal und Mary McIntosh, von denen keine den autonomen oder separatistischen Formen des Feminismus anhing, die laut Walby für die Frauenbewegung seit Mitte der 1970er Jahre so charakteristisch waren. Ihre Interventionen in das Vokabular, das die Praktiken in den großen gesellschaft-lichen Institutionen prägte, waren effektiv, und zur gleichen Zeit setzten sich diese Feministinnen auch für radikalere Veränderungen ein. Walby schenkt weder der Bedeutung noch den theoretischen Grundlagen des marxistischen Feminismus und seiner Analyse des Staates in den letzten 20 oder 30 Jahren Aufmerksamkeit. Sie befürwortet stattdessen eine Art erwachsenen, professionellen Feminismus, der geruhsam innerhalb der Institutionen des Staates arbeitet.

Wie kann sie sich aber so sicher sein, dass das feministische Fachpersonal, dem zu vertrauen sie uns nahelegt, vertrauenswürdig bleibt? Frauen, die zuvor ihren Einsatz für die Interessen von Frauen erklärt hatten, waren in der *New-Labour*-Regierung unter Tony Blair unerschütterlich in ihrem Schweigen und ihrer Angst. Aus der Führungsebene war ihnen unmissverständlich vermittelt worden, dass Feminismus für die Wählerschaft ein ‚abturner' sei. Der Feminismus wurde endlos verunglimpft, die *Women's Unit* geschlossen, und ein arroganter, machistischer Regierungsstil stieß, wie z. B. die Tagebücher von Alistair Campbell zeigen, auf wenig oder keine Gegenwehr (Campbell 2007). So ersetzt Gender Mainstreaming nun den Feminismus. Walby selbst spricht von der feministischen Vergangenheit als einer Zeit der Wut und der Widerspenstigkeit. Die Zeiten ändern sich, so Walby, und heutzutage könnten FeministInnen mit Gender Mainstreaming auf subtilere Weise Einfluss üben. Es muss aber auch gezeigt werden, wie feministische Gewinne zunichte gemacht werden können und ganz real abgewickelt werden. Ebenso muss untersucht werden, wie die Bewegung ins politische und öffentliche Leben, die Walby beschreibt, tatsächlich permanent angefochten und zu verhindern versucht wird. Und es verdient Beachtung, wenn Begriffe wie *work-life-balance* in heterosexuellen Haushalten häufig hierarchische Geschlechternormen wieder einsetzen. Unter anderem über diese Prozesse werden die Werte und die Agenda, für die Gender Mainstreaming steht, auf die Ebene der Aufnahme von Prinzipien und der Implementierung eines begrenzten Repertoires von Richtlinien reduziert, deren Effektivität fraglich ist. So ist Gender Mainstreaming in Großbritannien eine technokratische, manageriale Strategie, die in Kombination mit der Behauptung, der feministische Aktivismus vergangener Zeiten sei nicht mehr relevant, zu seinem Stellvertreter wird; Gender Mainstreaming ist ein Teil der vorherrschenden Logik der Abwicklung des Feminismus.

Ganz prosaisch ergeben sich im Bereich von Gender Mainstreaming natürlich Beschäftigungsmöglichkeiten und Arbeitsplätze für junge Akademikerinnen. Für diejenigen, die ihr Geld im Bereich der Gleichstellungspolitik verdienen wollen, ist das in Großbritannien und besonders in von der EU geförderten Programmen die dominante und verfügbare Sprache. Wir müssen einräumen, dass das theoretische Vokabular der Gender Studies mit den Anforderungen eines Arbeitsfeldes, das beispielsweise die Chancen von Müttern unter 20 verbessern soll, die keinen Abschluss haben und in heruntergekommenen Sozialwohnungssiedlungen wohnen, möglicherweise nicht kompatibel ist. Zudem müssen viele Frauen, die im Bereich Gender Mainstreaming arbeiten, dieses Vokabular übersetzen, so dass es mit ihren eigenen politischen Vorhaben in Einklang steht. Das gleiche trifft auch auf die feministische Wissenschaft zu: Auch wir müssen manchmal gewillt sein, zwei Sprachen gleichzeitig zu sprechen. Wenn wir uns um Fördergelder bewerben oder dort, wo sich unser Feld mit dem der Regierung überschneidet, müssen auch wir einen offiziellen Wortschatz verwenden, der häufig der Arbeit, die wir leisten wollen, genau entgegensteht. Frey u. a. (2006), die fast vollständig im Bereich von EU-geförderten Mädchen- und Frauenprojekten arbeiten, bemühen sich, Geschlechtertheorie in ihre Gender-Mainstreaming-Praxis einzubringen. Sie kritisieren die Normen, die in Gender-Trainings sichtbar werden, wie sie in Unternehmen und Einrichtungen des öffentlichen Dienstes durchgeführt werden. Sie kritisieren nicht nur, dass häufig essentialistische weibliche Ideale (hart arbeitend, verlässlich usw.) bemüht werden, um die Einstellung von Frauen als Arbeitnehmerinnen attraktiv erscheinen zu lassen, sondern auch, dass solche Kurse die Ängste von ArbeitgeberInnen zu beruhigen versuchen, indem sie aus einem Mann und einer Frau bestehende Gender-Teams bereitstellen, um nicht als wütender *old-school*-Feminismus wahrgenommen zu werden. Sie weisen auch darauf hin, dass solche Kurse die Ideen der kritischen Gender Studies auf produktive Weise vermitteln könnten. Das werde durch eine „[reflektierende] Gender-Praxis" (Frey u. a. 2006: 4) möglich, mit einem „using Gender to undo Gender" (ebd.).

Das ist indes wenig wahrscheinlich; die in Unternehmen und Organisationen nur begrenzt vorhandenen Geld- und Zeitkapazitäten setzen dem hier Erreichbaren Grenzen, besonders weil Theorien über Geschlecht und Performativität oft nicht kurz und knackig erklärt werden können. Praxisbasierte Initiativen wie diese scheinen wohl nur im Kontext von Programmen realistisch, die auf lebenslanges Lernen ausgerichtet sind. Walbys Position ist mit dem von ihr behaupteten Erfolg von Gender Mainstreaming zu einseitig; es scheint Bedarf an einer breiteren Debatte über die Praktiken und die Implementierung von Gender Mainstreaming zu existieren. Eine solche Debatte müsste die Schwierigkeiten anerkennen, die sich in einem Feld ergeben, in dem politische Richtlinien erarbeitet werden und in dem Gender Mainstreaming das offizielle Vokabular bereitstellt und täglich genutzt und angewendet werden muss, um Förderungen zu sichern und Arbeitsplätze zu schaffen. Unzweifelhaft gibt es Meinungsverschiedenheiten zwischen Gender MainstreamerInnen der modernisierenden und neoliberalen Art und den linkeren, radikal-sozialdemokratischen Gender Mainstreaming-FeministInnen, die im Bereich EU-geförderter sozialer Projekte arbeiten. In diesem letzteren Feld scheinen jedoch Pragmatik und eine affirmative Haltung zu überwiegen, und abseits von Frey u. a. gibt es kaum eine offene Debatte über die Begrenzungen, die Gender Mainstreaming als eine technokratische Weise, mit geschlechterpolitischen Fragen umzugehen, mit sich bringt. Ebenso wenig findet ein Dialog statt, der von den Erkenntnissen in den neueren Arbeiten feministischer, queerer oder postkolonialer TheoretikerInnen geprägt ist. Während Walby mit ihrer Begeisterung für ein Modell feministischen Fortschritts und Professionalisierung hervorsticht, sind diejenigen, die sich im gleichen Feld bewegen und diese Auffassung kritisieren würden, weniger sichtbar.

Die Third Wavers

Eine kritische Diskussion über die Grenzen dessen, was wir das Wellen-Modell des Feminismus nennen könnten, ist ebenso längst überfällig. Ein solches Verständnis fördert nicht nur eine lineare Erzählung eines von Generationen getragenen Fortschritts, der die Form sichtbarer und einheitlicher ‚Wellen' annimmt – gelegentliche

Richtungswechsel sind erlaubt oder werden ebenso wie Krisenmomente betont. Es unterdrückt auch Darstellungen einer komplexen historischen Genealogie der Feminismen, welche die häufig journalistisch geprägte Geschichtsschreibung anfechten würde, in der es immer einen Anfang und ein Ende gibt und die Theorie gegenüber misstrauisch ist und an grob vereinfachenden Vorstellungen und westlich geprägten Verwandtschaftsmetaphern über Mütter und Töchter festhält. Auch in aktivistischen feministischen Zusammenhängen ist die Vorstellung von Wellen hinderlich für Diskussionen über Veränderungen und den Einfluss neuer Konzepte und Ideen auf bereits existente Praxen. Aus diesen Gründen nähere ich mich dem Thema der *third wave*, der so genannten dritten Welle, vorsichtig, und benutze den Begriff nur, weil er der Selbstbeschreibung des häufig hauptsächlich internetbasierten Aktivismus und der dort stattfindenden Textproduktion entspricht. Ich konzentriere mich auf die *third wave* aufgrund ihrer affirmativen Haltung sowohl gegenüber Weiblichkeit als auch gegenüber dem Feminismus.

In dem Sammelband *All About the Girl* (Harris 2004) veröffentlichten Jennifer Baumgardner und Amy Richards einen Aufsatz zu ihrem polemischen Buch *Manifesta: Young Women, Feminism and the Future* (2000). In ihrem Text behaupten sie, dass „es eine Weiterentwicklung des Feminismus ist, dass jüngere ‚*third wave*‘-Frauen (und Männer) sich sowohl Mädchenhaftigkeit *[girlieness]* als auch Macht aneignen" (Baumgardner/Richards 2004: 59). Es müsse legitim sein, so fordern sie, dass der Feminismus eine bestimmte Form von Weiblichkeit in sich aufnehme und feiere, anstatt sie als Zeichen der Unterordnung zu werten. Weiterhin stehe der Genuss weiblicher Produkte nicht kurz für ‚Wir wurden hereingelegt‘. Es wird das Bedürfnis artikuliert, so viel Make-up benutzen zu können, wie man möchte, und sexy Unterwäsche zu tragen, ohne die Missbilligung jener älteren Frauengeneration ertragen zu müssen, die, so wird vermutet, schlichtere Unterwäsche bevorzugte. Baumgardner und Richards schreiben tatsächlich, dass sie sich das Wort „girlie" wieder aneignen – als fände eine Resignifizierung statt, so wie es mit der Aneignung von ‚queer‘ durch Schwule und Lesben der Fall war, oder auf die Art, wie schwarze Männer und Frauen im Hip-Hop den Begriff ‚Nigga‘ verwenden. Tatsächlich wird der Wert der politischen Strategie der Resignifizierung hier missverstanden und trivialisiert. Sie wird auf eine Art Provokation oder einfach auf eine Irritation reduziert, die in diesem Fall an eine ältere und scheinbar biedere Generation gerichtet ist. Zudem können FeministInnen, die Mädchenhaftigkeit tatsächlich ablehnten, wohl kaum mit RassistInnen verglichen werden, die schwarze Menschen gewaltsam als „nigger" bezeichnen. Baumgardner und Richards legen nahe, dass die vorherige Generation von Feministinnen ihre weiblichen Eigenschaften und Begehrensweisen unterdrücken mussten, um zu beweisen, dass sie anspruchsvolle Berufe genauso gut ausüben können wie Männer. Sie „kämpften so sehr, damit keine Frau auf ein ‚Mädchen‘ reduziert wird". Zudem machen die Autorinnen in der frühen feministischen Kritik der Konsumgesellschaft sozialistische Tendenzen aus. Jüngere Frauen, so schreiben sie, seien dagegen „mit einem Zugang zu den ‚guten' Seiten des Kapitalismus aufgewachsen" und hätten so nicht das gleiche Bedürfnis, ihn zu kritisieren. Ihr polemischer Artikel trifft kaum eine Aussage darüber, gegen welche gesellschaftlichen und politischen Kräfte – jenseits einer älteren Generation von FeministInnen – sich diese *third wave* junger FeministInnen eigentlich formiert. „Die Hürde auf dem Weg zu Individualität und individuellem Ausdruck stellte nicht länger ‚das Patriarchat', sondern der Feminismus dar" (Baumgardner/Richards 2004: 65).

Dies ist letztlich ein antifeministisches Argument, das Ältere implizit als unattraktiv und verbittert darstellt. Über Ungleichheit, Leid, den Rassismus, den schwarze Frauen erfahren, oder die vielen Weisen, wie Geschlechterhierarchien aufrecht erhalten werden, wird kaum ein Wort verloren. Ebenso wenig ist sich diese Darstellung der Grenzen des scheinbar fast vollständig weißen und US-amerikanischen Fokus der *third wave* bewusst. Erwähnt wird dagegen, dass „es Nachweise für ihre Anziehungskraft und Macht überall auf der Welt und in vielen verschiedenen Gruppen gibt". Immer wieder wird der *„girl is good"*-Refrain wiederholt, so wie auch die Forderung, Feminismus solle nicht bedeuten, auf angenehme Beschäftigungen wie „Stricken und Gemüse einkochen oder Basteln" verzichten zu müssen. Faktisch geht es in diesem Manifest um das Recht oder die Berechtigung, Weiblichkeit für eine durchsetzungsfähige Form der Macht von Frauen oder Mädchen zurückzufordern. „Junge Frauen können heute zu einem gewissen Maß wild und frei sein." (Ebd.: 67) Dieses pro-kapitalistische und auf Weiblichkeit fokussierte Repertoire spielt der unternehmerischen Konsumkultur, die ungeduldig darauf wartet, sich jeden Markt zu erschließen, der sich aus dem wachsenden Einkommen junger Frauen ergibt, direkt in die Hände. Es ist eine affirmative Polemik, die sagt, dass junge Frauen mehr oder weniger das Maß an Freiheit erreicht haben, das sie brauchen, und dass es ihre feministischen VorgängerInnen sind, die von ihnen etwas darüber lernen sollten, wie man „stark, schlau und mutig" ist. Zwar fassen Baumgardner und Richards die linkeren und radikaleren jungen Frauen, die man der *riotgrrrl*-Subkultur zurechnen kann (z. B. Kathleen Hanna), unter ihren *third wave*-Begriff, insgesamt passt er aber sehr viel besser auf jene kommerziellen Werte, wie sie von den *Spice Girls* symbolisiert werden. Die Grenzen dieser polemischen Verteidigung von *„girlieness"* werden offensichtlich, wenn dieses Modell auf allgemeinere gesellschaftliche Fragen angewendet werden soll, wenn es darum geht, politische Richtlinien und die jüngsten Transformationen‚des Kapitalismus zu verstehen und zu durchdringen, was diese Entwicklungen für Frauen bedeuten. *Third-wave*-Feminismen sind also nicht nur abträglich für neuere Richtungen der feministischen Theorie; sie sind zudem schlecht ausgerüstet, um Krieg, Militarismus, „neu auflebende Patriarchate", kulturelle Differenz, *race* und Ethnizität und insbesondere die Instrumentalisierung des Feminismus auf der globalen politischen Bühne zu behandeln.

Wenn es zutrifft, dass die polemischen *third-wave*-Schriften vage und fragmentarisch und zu einem nicht unerheblichen Teil aus Pamphleten und Internetseiten bestehen, so gab es dennoch einige Versuche, diese Art der Textproduktion zu systematisieren. Stéphanie Genz charakterisiert den *third-wave*-Feminismus positiv als eine Art feministische Version des *Dritten Wegs* oder der Neuen Mitte[1] in der Politik in Großbritannien, den USA und in Deutschland (Genz 2006). Aus der Sicht vieler feministischer Denkrichtungen ist das eine streitbare Behauptung. Genz behauptet, der postfeministische Individualismus und das Phänomen, dass sich junge Frauen, die sich mit dieser *third wave* des Feminismus identifizieren, neokonservative Werte zu eigen machen, sei ein fester Bestandteil des „frischen Winds" in den USA und Westeuropa , der politisch über die Unterscheidung von rechts und links hinaus geht und viele der Prinzipien des Neoliberalismus befürwortet, wobei insbesondere (arbeitendes) Humankapital und die Marktwirtschaft gefeiert werden. Genz hält das für „spannend" und scheint die Sprache des *dritten Wegs*, wie sie von Tony Blair und gelegentlich vom ehemaligen deutschen Bundeskanzler Gerhard Schröder verwendet wird, positiv zu bewerten. Die verschiedenen Ansichten Schröders zum dritten Weg bezeichnet sie als „scharfsinnig". Den Postfeminismus, seine Backlash-Dimensionen gegen andere Formen des eher linken Feminismus eingeschlossen, versteht Genz als eine logische Begleiterscheinung des dritten Wegs. Anschließend stellt sie diese pluralere, flexiblere und vorgeblich stärker an den VerbraucherInnen orientierte feministische ‚Marke' in einen Zusammenhang mit den Vernetzungsaktivitäten junger *third-wave*-‚Girlies'. Den fließenden, individualisierten und konsumorientierten neoliberalen Feminismus der jungen Frauen ordnet Genz der Art von Feminismus zu, wie Judith Butler ihn befürwortet. Das ist angesichts des linken Radikalismus, der sich durch alle Arbeiten Butlers zieht, erstaunlich. Genz behauptet tatsächlich, dass sich der Feminismus junger Frauen mit dem „wissenschaftlichen Poststrukturalismus" ebenso wie mit der wachsenden gesellschaftlichen „Bedeutung des Konsums" verbinden lasse. Sowohl der Postfeminismus als auch die Aktivitäten der *third wave* schlössen „mikropolitische Formen vergeschlechtlichter Handlungsmacht" (ebd: 346) ein. Was diese tatsächlich zum Gegenstand haben, wird nicht ausgeführt.

Braidottis affirmativer Feminismus

Mit Ausnahme von Genz, die einige Versuche unternimmt, die Arbeiten Butlers zu zitieren, um ihre eigene Argumentation für einen verspielten Individualismus zu stärken, ist das Konzept eines affirmativen Feminismus, wie er von den jungen

---

[1] A. d. Ü.: Deutsch im Original.

Frauen der *third wave* zur Sprache gebracht wird, theoretisch wenig unterfüttert. Dagegen existiert ein bedeutsamerer Strang affirmativer feministischer Theorie, die zur Position weiblicher Handlungsmacht, wie sie von den *third wavern* propagiert wird (die sich mit der Frage von Subjektivität und auch damit, was es bedeutet, die angenommene Einheit des Subjekts in Frage zu stellen nicht befassen), im starken Widerspruch steht und sich trotzdem mit Aktivität, Aktivismus und Innovation befasst. Rosi Braidotti ist vielleicht die bekannteste feministische Philosophin der Affirmation, und in ihrem Buch *Transpositions* (2006) macht sie ihre Missbilligung von Gender Mainstreaming und Postfeminismus deutlich. Sie schreibt:

> „Gender Mainstreaming hat sich als ein antifeministisches Instrument erwiesen, das die Unterschiede in Status, Zugang und Ansprüchen zwischen Frauen vergrößert hat. Der postfeministische Neoliberalismus ist prokapitalistisch, und so wird finanzieller Erfolg in der Welt als einziger Indikator des Status von Frauen begriffen. [...] Sozialdemokratische Solidaritätsprinzipien werden als altbackene Formen der Unterstützung durch Sozialhilfe missverstanden und dementsprechend verworfen. [...] Der gefährliche Teil dieses Syndroms besteht darin, dass es ein neues Gefühl der Isolation zwischen Frauen fördert und damit neue Formen von Verwundbarkeit hervorbringt." (Braidotti 2006: 45)

Braidotti entwickelt aus ihrer Kritik am Postfeminismus, die ich teile, allerdings kein Narrativ des Verlusts, wie es meiner Darstellung zu Grunde lag. Das ist darin begründet, dass sie in ihren Arbeiten einen von Gilles Deleuze beeinflussten Feminismus entwickelt, der lustvoll und affirmativ ist und den Fokus auf die Hervorbringung von Differenzen und Singularitäten legt, die sich aus den vielen Möglichkeiten ergeben, eine „Frau zu werden". Braidottis Vokabular unterscheidet sich stark von dem, das ich in diesem Buch verwende.

Sie beginnt mit einer Warnung: Der unerbittlichen und alles aufzehrenden Macht des Kapitals solle nicht so viel Gewicht gegeben werden. Anschließend legt sie ihren Schwerpunkt auf Risse, Sprünge und mögliche Bruchstellen. Ich selbst habe mich an Stuart Halls Kulturtheorie, Judith Butlers Geschlechtertheorie, an den Arbeiten von Gayatri Spivak und an Arbeiten aus der frühen feministischen Psychoanalyse orientiert. Mit Deleuze argumentiert Braidotti in eine andere Richtung, und ihr Begriff der Affirmation ist von den vereinfachenden Konzepten von Handlungsfähigkeit, wie sie so oft in den feministischen Medienwissenschaften und auch in den polemischen Schriften der *third wave*-FeministInnen benutzt werden, weit entfernt. Deleuze stellt die Idee eines einzelnen humanistischen Subjekts, dessen Handlungsfähigkeit als Willensakt erscheint und das eine Art Täter hinter der Tat ist, in Frage: Das Subjekt ist nicht eins mit sich selbst. Auch das stärker fragmentierte psychoanalytische Subjekt, das trotzdem über seine Positionierung in ödipalen Beziehungen zusammengehalten wird, lehnt er ab. Deleuze öffnet einen Raum, der sich auch von Foucaults Denken und dessen Betonung von Subjektivierungsprozessen unterscheidet. Er konzentriert sich statt dessen auf Körper und Affektströme, auf Singularitäten und Produktivitäten, die entkörperlicht sind und sich nicht daraus ergeben, dass ein einheitliches Subjekt klar definierte Tätigkeiten ausführt. Von Spinoza übernehmen DeleuzianerInnen die Vorstellung eines lustvoll-affirmativen Begehrens zu leben, das Menschen mit Nicht-Menschen verbindet und die Form multipler Prozesse des Werdens annimmt und so die radikalen Politiken „des Lebens selbst" hervorbringt. Braidotti hat viele sehr ausführliche Erwiderungen auf die Arbeiten von Deleuze und Guattari veröffentlicht (Braidotti 1994; 2992; 2006; vgl. auch Colebrook 2002b). An dieser Stelle ist indes nicht genug Raum für eine tiefgreifende Auseinandersetzung mit diesen Arbeiten. Es können lediglich einige soziologische Fragen gestellt werden, die den Status des Feminismus innerhalb und außerhalb der Wissenschaft betreffen.

Eine solche Frage wäre, wie Braidotti die Bereiche feministischer Kreativität und feministischen „Werdens" erklären kann, die den Abstand zwischen den Frauen markieren, die entschlossen außerhalb des Feminismus bleiben (diejenigen, die früher als ‚gewöhnliche Frauen' bezeichnet worden wären), und denjenigen, die sich in den Raum von Aktivität und politischem Ideenreichtum begeben. Häufig scheint sie etwas, das tatsächlich nur auf FeministInnen oder vom Feminismus beeinflusste junge Frauen zutrifft (z. B. auf Künstlerinnen, Schriftstellerinnen, Intellektuelle, in der Subkultur agierende Frauen) der nicht-feministischen weiblichen Bevölkerung zuzuschreiben. So wird die Bedeutung der Kräfte, die verhindern, dass solche Identitäten angenommen werden können, außer Acht gelassen. Zudem findet keine Reflexion der historisch-gesellschaftlichen Faktoren statt, die jungen, weißen Frauen aus der Mittelklasse in der Vergangenheit, zum Beispiel in den späten 1960er Jahren, die Möglichkeit boten, auszubrechen und an der feministischen Bewegung zu partizipieren. Wenn Braidotti neue Formen des Werdens untersucht und die kulturellen Praktiken reflektiert, die fließende, mutierende und nomadische Sexualitäten ausmachen, dann scheint es mir, als seien solche Phänomene Erfindungen derjenigen, die schon mitten im – oder zumindest unterwegs in Richtung eines – affirmativen feministischen Raum(s) sind. Vielleicht beschreibt sie tatsächlich eher neue, dynamische und rhizomatische Formen eines politischen Aktivismus, der eine vorwiegend kulturelle Form annimmt. Allerdings gab es sogar in Arbeiten, wie sie in den 1970er Jahren im Kontext der in Birmingham angesiedelten Cultural Studies über jugendliche Subkulturen unternommen wurden, den Versuch, über marxistische Kategorien genau diejenigen sozioökonomischen Faktoren zu erklären, die den Übergang in „Räume des Widerstands" ermöglichen (Hall/Jefferson 1976).

Braidottis affirmativer Feminismus steht im scharfen Kontrast zu den Ambivalenzen und der ausbleibenden Identifikation, die die Haltung junger Frauen gegenüber dem Feminismus und sogar die Haltung derjenigen kennzeichnet, die Seminare der Gender Studies besuchen. Christina Scharff hat beispielsweise festgestellt, dass die Gender Studies unter den neuen, statusbewussten HochschulabsolventInnen nur ein geringes Ansehen genießen. Weiblichkeit heute erfolgreich zu feiern, sei nur möglich, so Scharff, wenn der Feminismus zugleich lautstark zurückgewiesen werde. Das erweitert mein Argument, dass dem Feminismus auf einer alltäglichen Ebene Rechnung getragen wird, um eine weitere Dimension (vgl. Scharff 2008).

Wie eine Künstlerin oder Schriftstellerin erschafft Braidotti allein durch die Kraft ihres Schreibens und Denkens neue Welten. Neben Donna Haraway ist auch sie eine feministische Erfinderin von Welten, eine Experimentiererin, die umsetzt, wozu sie von Deleuze und Irigaray inspiriert wurde: Sie ist entschlossen, mit der Binarität von Männlichkeit und Weiblichkeit zu brechen und einen Feminismus einzuführen, der auf einer Kritik der starren heterosexuellen Differenz und auf der Hervorbringung neuer Sexualitäten beruht. Sie streitet dafür, sich per se von der Mädchenhaftigkeit zu verabschieden, und sieht die Aufgabe des Feminismus in der Schaffung neuer weiblicher feministischer Subjekte (Nicht-Mädchen, *non-girls*), die minoritär sind und sich nicht davor fürchten, sich von der traditionellen Weiblichkeit abzugrenzen, wie sie von Frauen- und Mädchenzeitschriften definiert wird. Eine solche Abgrenzung ist nicht unvorstellbar; schließlich lauert unter der Oberfläche (unter dem, was ich die „postfeministische Maskerade" nennen würde) die Nähe zur Monstrosität. Die Maske verrutscht sehr schnell, und so ist die andere Seite der Perfektion (das völlige Versagen) immer im Blickfeld. So tun sich jene Risse und Brüche auf, die Braidotti als Öffnungen in Richtung einer Veränderung verstehen würde (Braidotti 2000). Braidotti arbeitet darauf hin, das Subjekt aus dem Gefängnis der binären Geschlechtszuweisung zu befreien. Das tut sie, indem sie das Konzept von ‚Geschlecht' zugunsten von Kräften und Strömen, Körpern und Begehren aufgibt. Sie konzentriert sich auf die Möglichkeiten der Veränderung, die auch Teil des Lebens selbst sind. Auch wenn der Kapitalismus aus den ihm eigenen Gründen beständig versucht, jegliches Transformationspotenzial zu zügeln, so nimmt dieses doch in Praktiken, die am Rande der Gesellschaft stattfinden, und in kulturellen Aktivitäten unterdrückter sozialer Gruppen Form an. Affirmative Politik setzt gewissermaßen an dem Begehren von Frauen an, sich als weibliche Subjekte selbst zu setzen. Dieses Postulat wird dann in eine explizit feministische Richtung gewendet. Das geschieht über ein Begehren zu ‚sein', das einen Abstand zu den Institutionen der Weiblichkeit herstellt, indem es sich durch das Archiv phallogozentrischer Bilder und Texte arbeitet, um an einem neuen, noch nicht definierten Ort anzukommen, den Braidotti das virtuell Weibliche nennt. Dies ist tatsächlich ein Ort vielschichtiger Aktivitäten, an dem sich „Subjekte mit multiplen Sexualitäten" einfinden, ein nomadischer Ansatz, der einen Lebensraum außerhalb des phallogozentrischen Denkens schafft. Diese neuen NomadInnen beschreibt Braidotti als jugendliche Gangs *[youthful gangs]*.

Die Bezeichnung „junge Frauen" ist nicht ganz zutreffend; statt dessen handelt es sich um neuerlich unbestimmte Subjekte, die Möglichkeiten gefunden haben, dem Würgegriff männlicher und weiblicher Identitätsräume zu entkommen. Auch wenn wieder behauptet werden könnte, dass diese Beschreibung der nomadischen und nicht geschlechtlich codierten Gangs idealisierend ist, so entspricht das Konzept doch dem, was Deleuze als einen radikalen politischen Prozess des Frau-Werdens bezeichnet. Damit ist eine Art erfinderischer Prozess gemeint, in dem Existenzformen jenseits von Geschlecht angestrebt werden. Das bedarf eines Willens zur Imagination; andere Formen des Seins müssen ins Auge gefasst werden, zum Beispiel solche, die sich in der feministischen Science Fiction oder in klassischen lesbisch-feministischen Avantgardefilmen aus den späten 1970er Jahren finden, wie z. B. in Ulrike Ottingers Filmen *Bildnis einer Trinkerin* (1979) und *Madame X: eine absolute Herrscherin* (1978). Solche weit greifenden Aktivitäten ereignen sich nicht als Akte schierer Willenskraft, individuellen Muts oder HeldInnentums. Sie sind statt dessen als eine Art immanente Kraft oder Macht zu verstehen, die marginalisierten und unterdrückten Menschen innewohnt. Und diese lauert, wie Braidotti bemerkt, bereits immer dort, wo die Subjektivität, wie sie von der kapitalistischen politischen Ökonomie zur Verfügung gestellt wird, schlecht funktioniert. Diese Räume bzw. Risse sind die Auslöser dafür, zu lernen, „sich selbst neu zu erfinden und [...] das Selbst als einen Transformationsprozess zu begehren". Braidotti ist sich bewusst, dass ein solcher Prozess das Risiko in sich birgt, sehr ähnlich zu wirken wie die normativen Aufforderungen, sich selbst entsprechend der immer umfassender wirkenden Logik der Konsumkultur beständig neu zu erfinden. Der affirmative Feminismus bezeichnet aber das spürbare Begehren nach Alternativen und Veränderung, häufig durch Neugestaltungen wie zum Beispiel durch ein „anderes erotisches Imaginäres", das möglicherweise „grausam/schmerzlich" ist – vermutlich, weil es nicht an die gefühlsbetonten Tropen der romantischen Heterosexualität gekoppelt ist – und das neue Formen von Emotionen und Beziehungen hervorbringt (Braidotti 2003). Die von Braidotti vorgeschlagene transformative feministische Politik fordert die Unnachgiebigkeit der heterosexuellen Kultur und die von ihr hervorgerufene Unzufriedenheit heraus und eröffnet einen Ausweg. Butler sieht viele Überschneidungen zwischen den von Braidotti bearbeiteten Themen und ihrer eigenen Arbeit. So sei das Begehren der Butch und das Begehren, das sich auf die Butch richtet *[butch desire]*, nicht innerhalb seines scheinbaren Referenten Männlichkeit verankert. Es beschreibe vielmehr eine Männlichkeit, so Butler, die sich von der Männlichkeit, wie sie heterosexuellen Männern zugeschrieben wird, deutlich unterscheide. Diese Männlichkeit sei das Ergebnis einer Macht oder der Möglichkeit eines Begehrens, das im Phallogozentrismus nicht vorgesehen sei (vgl. Butler 2009; Halberstam 2005).

Butler sieht eine Gemeinsamkeit mit Braidotti in der spinozistischen Affirmation des Lebens, die für sie an dem Punkt zu einem Imperativ wird, an dem das Überleben selbst auf dem Spiel steht. Für Braidotti hat dieser Moment (das sie als den „vorletzten Drink" beschreibt; der letzte ist wahrscheinlich derjenige, der einen umbringt) allerdings nicht ganz die Ernsthaftigkeit, die Butler ihm einräumt. Braidotti ist offener für den Tod, vielleicht „grausamer" in ihrer Auseinandersetzung mit der Sterblichkeit. Wo Butler nach dem Leben greift und den Tod als Konsequenz von Krieg und globaler Ungerechtigkeit betrauert, sucht Braidotti in der neuen Politik der Sterblichkeit nach möglichen Räumen für Veränderungen. Vielleicht bringt sie den Tod auch ins Land der Lebenden, als einen Teil des Hochgefühls, der sich aus dem multiplen Werden der Körper ergibt, von denen der Mensch nur einer ist.

So verstanden, würde Braidottis Perspektive im Widerspruch zu meinem eigenen Verständnis der Störungen junger Frauen stehen. Im Falle der selbstverletzenden Praktiken würde sie beispielsweise vielleicht der kulturellen Produktivität, die sich aus den Landschaften des Schmerzes ergibt, mehr Aufmerksamkeit schenken. Vielleicht würde sie sich mit Subkulturen, den Traditionen schwarzer Frauen, den Blues zu singen, oder vielleicht sogar tatsächlich mit der Musik von Amy Winehouse beschäftigen und weniger die Frage stellen, wer lebt und wer stirbt. Butler und Braidotti teilen das Interesse an der „Möglichkeit eines Aktivismus [...], der nicht auf eine liberale Ontologie des Subjekts angewiesen ist" (Butler 2009: 309). In einem Feld voller Leiden, Marginalisierung und Unterdrückung suche Braidotti nach „Bruchstellen, die reif für Transformationen sind", so Butler. Braidottis Arbeiten „veranschaulichen [...] das Ereignis des Wandels". Hier findet sich wieder, was ich weiter vorne bereits zeigte. Und es macht deutlich, dass es in der feministischen Politik der Affirmation um theoretische Innovationen geht, um die Erfindung von Konzepten, die nützlich und den multiplen Prozessen des Werdens gewachsen sind, die sich beständig auf Arten ereignen, die vom Kapitalismus nicht vollständig kontrolliert werden können.

Braidotti bezieht sich meist auf feministische weibliche Subjekte und darauf, was sie als „Körper" tun können, welche Veränderungen sie erzwingen können, welches Potenzial in dieser Art der nomadischen Philosophie liegt, die auf die Erfindung von und das Experimentieren mit multiplen Prozessen des Werdens zielt. Sie richtet sich an diejenigen innerhalb der Umlaufbahnen feministischer Theorie, deren Leidenschaft für Veränderung sie entfesseln und in bestimmte Richtungen lenken möchte, die sich von den Richtungen unterscheiden, die in der bestehenden feministischen Theorie bereits angelegt sind. Gegenüber FeministInnen, die sich zu stark damit beschäftigen, kapitalistische Herrschaft und Kontrolle zu analysieren und die kein Interesse an Veränderungsmöglichkeiten und an den Bruchstellen innerhalb der gegenwärtigen Kultur zu haben scheinen, wie sie von Braidotti so präzise lokalisiert werden und an denen normative Subjektivitäten in die Krise geraten, zeigt sie keine Geduld. Braidotti thematisiert Brüche im System und betrachtet Kunst und kulturelle Phänomene, die diese Zusammenbrüche als Ausgangspunkt nutzen. In der Musik von Laurie Anderson oder in (der Kunstfigur) Kathy Acker und ihren Texten sieht sie solche Möglichkeiten. Es scheint oft so, als spreche sie junge Frauen an, die bereits Feministinnen sind, und als verleite, locke und verführe sie durch die pure Energie und Kraft ihrer Texte und durch ihre vielseitige und üppige Auswahl an kulturellen und philosophischen Verweise dazu, sich einer deleuzianischen Politik des Werdens anzuschließen. Braidottis überschwängliche, lustvolle und aufregende Schriften haben ohne Zweifel einen eigenen performativen Effekt. Ihre Neukonfigurierung dessen, was es heißt, eine Frau zu sein, basiert eindeutig nicht auf Opfertum, ist nicht essentialistisch, nicht vergeschlechtlicht, sondern begehrend und produktiv, und sie sprudelt über von Möglichkeiten, was diese neue Art von Körper (der die Mädchenhaftigkeit hinter sich gelassen hat) tun könnte. Braidotti bezieht Stellung gegen linken Pessimismus, und ihre Arbeiten stoßen ihre LeserInnen eher in Richtung neuer als etablierter Formen des radikalen Aktivismus. Dieser Aktivismus ist nicht an politische Parteien und auch nicht an klar definierte neue soziale Bewegungen gekoppelt, sondern wandernd, nomadisch und rhizomatisch.

Ich habe meine Bedenken gegen diesen so genannten Ruf zu den Waffen, so aufregend er ist, bereits geschildert. Es ist selbstverständlich wichtig, den Feminismus aus der Ecke des Schmerzes, Leidens und Opfertums zu holen, die, wie Wendy Brown gezeigt hat, so leicht zu einer feministischen Kultur führt, in der es hauptsächlich um individuelle Verletzungen und daraus abgeleitete Ansprüche geht (vgl. Brown 1995). Brown weist darauf hin, dass der Feminismus besonders im Zuge des Rückgangs der radikalen kollektiven Politik, über die einst ein grundlegender sozialer Wandel angestrebt wurde, heute Gefahr läuft, eine Kraft zur Beseitigung von Missständen und des Ausgleichs von Verletzungen zu werden. In einigen Bereichen der Women's und Gender Studies kann das zu einem Ethos der Verletzungen und des Opfertums führen. Auch wenn Braidotti hier eine Gegenposition liefert, ist ihre affirmative Geschlechterpolitik doch problematisch. Sie untersucht weder den Aufstieg der neuen Rechten in Institutionen und in der Kultur, noch berücksichtigt sie den Einfluss, den diese Entwicklung auf junge Leute hat, junge Frauen eingeschlossen. So beschäftigt sie sich beispielsweise nicht mit der offenkundigen Feindseligkeit, die viele junge Männer innerhalb der liberalen Universitäten und tatsächlich auch in feministischen Seminaren selbst gegen den Feminismus hegen.

Feministische Seminare als ‚Kontaktzonen'

Braidottis Texte fordern dazu heraus, auf dem feministischen Feld etwas Neues zu erschaffen und so zu einem Prozess des Anders-Werdens und zu der Entstehung neuer minoritärer Politiken beizutragen. Allerdings sagt sie uns nicht, welche Art feministischer Produktion von welchen Personen tatsächlich als innovativ gelten kann – bis auf die Arbeiten, auf die sie sich bezieht. Es mutet wie ein Sprung über einen Zaun an: Jenseits des Zauns ist man unter Gleichgesinnten, in der Gesellschaft kreativer und radikaler Personen; hier zeigen sich produktive Anzeichen des Wandels und der Transformation, Anzeichen für die Auflösung der Geschlechtergrenzen, für Mutationen, für einen radikalen Eskapismus; hier finden Ereignisse und Begegnungen statt; hier besteht die Möglichkeit der ‚Gegenarbeit'/ ‚Deproduktion' *[unworking]* und die Möglichkeit, sich der „totalen Unterordnung unter das Kapital [...], die jeden Aspekt unseres Lebens durchdringt", zu verweigern (O'Sullivan 2007: 241). In Erwiderung auf Braidottis Arbeiten möchte ich hier ohne vorab definiertes Ziel eine Reflexion über bestimmte Aspekte der feministischen Pädagogik in der global(isiert)en Universität anstimmen, die bis dato noch keiner kritischen Analyse unterzogen wurden. Meine Beobachtungen lassen sich nicht in das Narrativ des verlorenen Feminismus und der antifeministischen Individualisierung einfügen, und ebenso wenig bestätigen sie die Vermutung, eine neue „Politik des Werdens" sei im Entstehen. Stattdessen weisen sie in Richtung eines gänzlich neuen Raumes, den ich im Rückgriff auf Bhabha einen „Dritten Raum" nennen möchte, einen Raum voller Ungewissheiten und voller Potenzial (Bhabha 1994).

Das Umfeld meiner Londoner Seminare nehme ich zumindest als ein Feld des Wandels und abweichender, neuer Möglichkeiten für junge Frauen wahr. Für mich ist es eine neue und unerwartete Erfahrung, junge Frauen aus der ganzen Welt zu unterrichten, die mit ihren MitstudentInnen, mit mir und mit meinen KollegInnen gemeinsam einen intensiven einjährigen Masterstudiengang durchlaufen. Hier ist ein Schauplatz potenzieller feministischer Affirmation: Die Studierenden haben mein Seminar frei gewählt und wissen, dass sie ihre Zeit mit der Lektüre feministischer und postkolonialer Theorie verbringen werden. Feministische Affirmation äußert sich hier auch als Zustimmung zum Lehrplan. Die Möglichkeiten, die sich in diesem Seminar über feministische Pädagogik eröffnen, werden allerdings nicht unbedingt mit einer Kritik der internationalen Arbeitsteilung verknüpft oder mit der Frage nach der Verteilung der Chancen, in den großen Unternehmen oder den globalen Institutionen arbeiten zu können. Einige TheoretikerInnen vertreten vielleicht die Ansicht, diese Möglichkeiten der Lebensgestaltung stünden ausschließlich Töchtern der Mittelschicht zur Verfügung. Spivak würde sagen: Hier besteht eine soziale Aufstiegsmöglichkeit für junge Frauen, die dazu in der Lage sind, sich neue Privilegien zu erobern und so eine geschrumpfte untere Mittelschicht hinter sich lassen, die in armen und von Analphabetismus geprägten Gegenden nicht länger ausreichend LehrerInnen zur Verfügung stellen kann (Spivak 1998). Damit wird diese „Bewegung junger Frauen" als ein Prozess der Bildungsmigration abgelehnt, der zum Zweck des ökonomischen Aufstiegs unternommen wird, so wie es die Anforderungen der neuen globalen Ökonomie vorgeben; Spivak nennt das „Diaspora als Klassenschranke, auch wenn sie von der Metropole aus nicht als solche zu erkennen ist" (Spivak 2000: 350).

Ich möchte hier meine Überlegungen über diese Seminare darlegen, in denen ich jungen Frauen aus so vielen verschiedenen Ländern begegne, die ihre Essays über Homi Bhabha, Gayatri Spivak und rassistische Stereotypisierung mit der gleichen Begeisterung schreiben, mit der sie Judith Butlers Queer Theory lesen. Die wenigsten von ihnen haben vorher zu diesen Themen gearbeitet. Die meisten haben einen Abschluss in (klassischen) Geisteswissenschaften, (quantitativen) Sozialwissenschaften, Wirtschaftswissenschaften oder Marketing. Was passiert hier? Warum nenne ich diese Seminare einen „Dritten Raum"? Die Bildungseinrichtungen, an die ich denke, befinden sich in London, Weltstadt und Fluchtpunkt der Migration; eine Stadt, die Personen unterschiedlicher Altersstufen, Geschlechter, sozialer Herkünfte und Nationalitäten anzieht (und auch hier warnt Spivak wieder: Die Dominanz der Metropole führe dazu, dass die „hybridisierten Räume der Drittweltstädte, der so genannten kolonialen Städte, übersehen werden", Spivak 2000: 352). Ich spreche hier über eine kleine Gruppe von Frauen in diesem Migrationsfluss, die mit ihrem Studentinnenstatus in den Zuständigkeitsbereich des Innenministeriums fallen, wenn sie nicht aus EU-Mitgliedsstaaten kommen. Ich bezeichne dieses feminisierte Bildungsmilieu als einen Dritten Raum, weil es voller Ambivalenzen und Ungewissheiten ist; es scheint uns etwas über die Zukunft zu sagen, über das, ‚was sein wird'. In diesen Seminarräumen hallt eine Potenzialität wider, ein weibliches Begehren nach ‚Teilhabe'. Manche mögen diese Frauen als neue globale weibliche Mittelklasse kritisieren, aber eine solche Kritik übersieht die Spannung, Aufregung und nackte Ungewissheit über ein Leben, das gerade erst anfängt. Natürlich kann ich diesen unübersehbaren Strom junger Frauen nicht hinreichend soziologisch beschreiben – ich kann nur darauf hinweisen, dass man ihn nicht übersehen sollte. Was ist ihr Ziel? Ich möchte diesen pädagogischen Dritten Raum als „Kontaktzone" bezeichnen (Pratt 1992). In ihrem Text über die kolonialen Expeditionen von Leuten wie dem berühmten Botaniker Humboldt und von den zahlreichen frühen Reisenden und EntdeckerInnen, die unter anderem nach Südamerika fuhren, beschreibt Pratt Kontaktzonen als „soziale Räume, in denen disparate Kulturen aufeinandertreffen, aufeinanderprallen und sich oft in der Form äußerst unsymmetrischer Dominanz- und Unterordnungsbeziehungen miteinander auseinandersetzen" (Pratt 1992: 4). Eine Kontaktzone ist also ein Ort, der durch sichtbare Machtgefälle gekennzeichnet ist, ein Punkt, an dem die/ der KolonisiererIn in eine lokale oder indigene Wissensökologie (Pflanzen- und Naturwissen) eindringt, um sich diesen Wissensreichtum anzueignen und ihn nach Hause zu bringen, wo er von den frühen Industriellen des 18. und 19. Jahrhunderts profitabel eingesetzt wird. Pratt zeigt, dass die NaturwissenschaftlerInnen, die zu Forschungsreisenden wurden, ihre Reisen im Geist einer Nicht-Eroberung angingen; fast waren sie „unschuldige Erkunder", deren Aktivitäten letztendlich dennoch dazu beitrugen, dass die „Europäische Herrschaft" sich konsolidierte und naturalisierte. Pratt hebt die enorme Komplexität innerhalb dieser „Kontaktzonen" hervor, die in den Autoethnographien der Reisenden zum Vorschein tritt. Sie beschreibt, wie diese Lebensräume, in denen Indigene ihr Wissen und Können mit den Reisenden teilten, und das Entwicklungspotenzial, das in der Untersuchung der Rohstoffe und

214 Fazit: Innerhalb und außerhalb der feministischen Wissenschaft

der Pflanzen unter diesen natürlichen Umständen lag, die europäische Expansion ermöglichten. Diese Kontaktzonen waren, so Pratt, von Reziprozität und intensiver Interaktion geprägt; zwar wurde auch überwacht und gelernt, aber in Beziehungen, die relativ frei von Zwängen waren.

Seminare über feministische Theorie und Cultural Studies an einer Universität in London scheinen zunächst wenig mit solchen Kontaktzonen zu tun zu haben, wie Pratt sie untersucht hat. Aber dieser Begriff ermöglicht es mir, eine Analyse der Pädagogik in einem scheinbar ‚gastfreundlichen' kosmopolitischen Umfeld anzugehen. Wo Seminare von einem Ethos des radikalen Multikulturalismus und der demokratischen Diskussionskultur geprägt sind, wo der Lernprozess mehr als die Vermittlung von Wissen beinhaltet, dort sind Fragen über Hintergründe und Herkünfte, über Erwartungen und Wünsche und über die Schnittstelle von Erfahrungen in der Universität und in der Weltstadt Teil der pädagogischen Begegnung. In der von Spivak so getauften akademischen Lehrmaschine *[teaching machine]* sind Wissen und Macht natürlich aufs Engste miteinander verschränkt, und auch wenn der pädagogische Prozess, den sie (vielleicht genauso herablassend) als „Gender Training" ansieht, eine subjektproduzierende Praxis ist, müssen wir jene offiziellen Bildungsdiskurse darüber, wie Universitäten durch die gezielte Anwerbung von Studierenden und Personal aus dem Ausland eine neue Rolle in der globalen Ökonomie einnehmen, genauer untersuchen.

Dass bis zu 90 % der zumeist weiblichen Studierenden meiner Masterkurse nicht aus Großbritannien kommen, sagt einiges über die Bedeutung aus, die Bildung und die Institution der Universität für junge Frauen in der globalen Ökonomie haben; London ist einer der Knotenpunkte in diesem Netz der Bewegungen junger Frauen. Dies erinnert an die großen Narrative der literarischen Moderne: Die Stadt der KöniginInnen, das Herz des alten Empires, der urbane Raum, der durch die Texte von Charles Dickens oder Virginia Woolf so vielen Personen vertraut ist, ist zu einer ‚Kontaktzone' im Bildungssystem geworden, die von jungen Frauen aus vielen Ländern betreten wird. Bei dieser Reise nach London geht es nie nur um einen akademischen Abschluss. Die Studierenden sind für die höheren Bildungseinrichtungen eine wichtige Einkommensquelle. Ist das weit von den Tagen entfernt, in denen WissenschaftlerInnen aus dem Commonwealth als Bestandteil des langen Narrativs über die Zivilisierung des Empire nach Großbritannien kamen, damit, wie Spivak sagen würde, „koloniale Subjekte produziert werden konnten, um die bestehenden Kolonien zu verwalten" (Spivak 1998)? Wir wissen, dass viele dieser WissenschaftlerInnen diese Zuschreibung in ihr Gegenteil verkehrt haben und in Großbritannien blieben, so wie Stuart Hall, der radikale postkoloniale Intellektuelle, oder Spivak, die als „Resident Alien" (2002) in den USA lehrt.

Wie müssen wir diese zur Zeit stattfindende Bewegung junger Frauen verstehen? Man müsste eine Ethnographie feministisch/postkolonialistischer Seminare schreiben, die die Beziehungen zwischen Wissen und Macht berücksichtigt, von denen die feministischen Lehrpläne und ihre Vermittlung durchzogen sind.[2] Eine Analyse der Kontaktzonen innerhalb der globalen Bildungseinrichtungen müsste zudem den ökonomischen Wert reflektieren, der akademischen Qualifikationen beigemessen wird. Zu was führen diese Qualifikationen? Wie funktioniert das eventuelle Einkommen der Frauen, die an einer dieser Bildungseinrichtungen einen Abschluss erlangt haben? Macht es sie ‚unabhängiger‘, verschafft es ihnen einen besseren Status? Welche soziopolitischen Effekte hat das? Unter Umständen wird durch den Prozess der Bildungsmigration eine neue Form diasporischen Lebens vorstellbar. Vielleicht können Frauen das, was ihnen dank der globalen Ökonomie ermöglicht wird, in subversive Mikrostrategien verwandeln, statt einfach das zeitgenössische Äquivalent zu Spivaks kolonialer Verwalterin zu werden. Für ein Studium in ein anderes Land zu gehen, macht es möglich, ein anderes Leben zu leben, das nicht mehr nur von Ehe und Mutterschaft geprägt beziehungsweise bestimmt ist. Für die jungen Frauen in meinen eigenen Seminaren, von denen die meisten zwischen 25 und 35 Jahren alt sind, ist die Ehe nicht das Ziel; und in ihrem ambivalenten Blick auf die feministische Dozentin schwingt der Wunsch mit, bestätigt zu bekommen, dass sie einen anderen Lebensplan verwirklichen können.

Kincaids Lucy

Gayatri Spivak ist eine der wenigen feministischen Theoretikerinnen, die in den letzten Jahren über solche Wege und Begegnungen geschrieben haben. In ihren Arbeiten finden sich zahlreiche Verweise auf die Verschränkungen von Klasse, *race* und Geschlecht in dieser Form der postkolonialen Pädagogik. Obwohl versucht wurde, die unausgesprochene kolonialistische und westliche Logik dieser Formen des pädagogischen Wissens zu dekonstruieren, und trotz Spivaks Bemühungen bleiben die Lehrpläne weitgehend der Theoriebildung verhaftet, die an den Universitäten der Länder des wohlhabenden Westens betrieben wird. So sind meine Seminare Schauplätze komplexer Interaktionen. Die tatsächlichen Biographien der jungen Leute (zumeist Frauen), die jedes Jahr in Massen an die Universitäten strömen, bleiben mir und meinen KollegInnen natürlich weitgehend verschlossen. Erfahrungsgemäß sorgen manche Seminarthemen für leidenschaftliche Diskussionen. Die Schlüsseltexte der feministischen und postkolonialen Theorie berühren ihre LeserInnen scheinbar mit magischen Kräften. Es mag banal klingen, aber hier tritt die affektive Kraft des akademischen Feldes als Gegendiskurs zu den herrschenden sozialen Normen in Erscheinung, die den Studierenden ein unkritisches Verhältnis zu einer Welt, die in Geschäftsbeziehungen gedacht wird, und zu einem Modell von

---

[2] Westlicher Feminismus als Pädagogik an osteuropäischen Universitäten wird in Cerwonka 2008 ausführlich diskutiert.

Bildung als Wissensvermittlung anerziehen sollen. Dieses akademische Milieu hat sich im Lauf der letzten Jahre in einen „Raum der Ströme" transformiert, in einen lebenswichtigen „Knotenpunkt" in der neuen Wissensökonomie, in einen Ort, an dem Netzwerke geknüpft und neue Generationen weiblicher Arbeitskraft für den globalen Kapitalismus produziert werden (Castells 2001). Diese Dimension der Universität, die sich stärker als bisher mit der neuen internationalen Arbeitsteilung verschränkt, ist von der feministischen Theorie bis jetzt noch nicht in den Blick genommen worden.

Spivaks Antwort würde mit Sicherheit skeptisch ausfallen; von aufgeblähten Behauptungen über das Radikalisierungspotenzial durch Bildungsmigration im kosmopolitischen Seminarraum lässt sie sich nicht blenden. Sie würde einfordern, die gesellschaftlichen Prozesse zu untersuchen, die es einem kleinen Teil der Mittelschicht ermöglichen, in die Metropolen abzuwandern, Abschlüsse renommierter Bildungseinrichtungen zu erwerben und dank dieser sozial aufzusteigen; und sie würde fragen, wer die Kosten für diese Chancen trägt und was bei diesen Bewegungen auf dem Spiel steht. Spivak verweist ihre LeserInnen beharrlich auf den geographischen Raum der Subalterne, vor allem der subalternen Frauen, und auf pädagogische Fragen, so zum Beispiel auf die Alphabetisierung und die Notwendigkeit, schreiben zu können. Sie würde auf den LehrerInnen- und ErzieherInnenmangel im ländlichen Indien und auf die rigide Pädagogik des Auswendiglernens hinweisen, in deren Konsequenz Mädchen nach den drei Jahren der Schulbildung, die ihnen vielleicht ermöglicht werden, nicht gelernt haben, eine Notiz oder einen kurzen Text über ihr eigenes Leben zu schreiben. Sie ruft uns ins Gedächtnis, dass diese Form des Schreibenkönnens, aus der die SklavInnennarrative und das „verborgene Schreiben von Frauen" hervorgegangen sind, für die Aufzeichnung des unsichtbaren Lebens und für Berichte über die vernachlässigten und verarmten Gegenden dieser Welt von unschätzbarer Bedeutung sind. Spivak hat auch die Arbeiten und Konzepte derjenigen TheoretikerInnen kritisch hinterfragt, die sich über Gebühr auf die Städte des Westens als die Ankunftsorte der neuen Migrationswellen konzentrieren – Derridas Betonung der Gastfreundschaft, Balibars Konzept der MigrantInnen als neues Proletariat und Hardt/Negris Fokus auf die Multitude als Strom sich bewegender Personengruppen, die sich nicht als Klasse, Nation oder *race* beschreiben lässt. Zu Recht stellt sich Spivak einer Perspektive entgegen, die in ihrer Konzentration auf die Ankunftsorte dazu führt, dass diejenigen Orte, an denen die Reise beginnt, unsichtbar werden.

Als Lieferantin der neuen globalen Arbeitskraft, der „Massenintellektualität", ist die Universität tatsächlich plötzlich stärker mit dem Kapital verschränkt als zuvor. Akademische Institutionen haben in der Ausbildung der neuen internationalen ArbeiterInnenschaft einen wichtigen Platz eingenommen. TheoretikerInnen wie Virno und Lazzarato zeigen, wie wichtig Kommunikation (im akademischen Umfeld: Medienwissenschaften, Kommunikationswissenschaften und Cultural Studies) in der neuen globalen Ökonomie geworden ist. Sie ist der zentrale Schauplatz der Produktivität – so sehr, dass das Kapital der Kommunikation als Schnittstelle von Subjekten, die (vielleicht im Seminarraum) jene „großen Ideen" und „Lösungen" produzieren, die für die Wissensökonomie von lebenswichtiger Bedeutung sind, meistens hinterherhinkt. In der radikalen Politik, die an die oben genannten AutorInnen anknüpft, verschränkt sich die Diversität der Multitude (entlang der multinationalen Linien in meinen Seminaren) mit den Möglichkeiten, die die Migration für die Entwicklung von mehr Verständnis, Bewusstsein und kritischem Potenzial birgt, und mit der Unfähigkeit des Kapitals, die „immaterielle Arbeit" in ihrer emotionalen und intellektuellen Dimension gänzlich zu kontrollieren und zu überwachen. Auch dieses Modell lässt sich direkt in den Raum übersetzen, in dem die oben beschriebenen Seminare stattfinden; außerdem müssen wir die Bedeutung von Geschlecht in diesen Prozessen mitdenken. Das globale Kapital braucht gut ausgebildete junge Frauen, und waren die Universitäten, die Geistes- und Sozialwissenschaften früher die Schauplätze, an denen sich junge Männer der gehobenen Schichten ihr Wissen über Kultur, Zivilisationen und nationale Identität aneigneten, so wandelt sich diese Funktion seit einigen Jahren dramatisch (Readings 1996). In einer transnationalen Welt und in einer globalen Ökonomie wird die Universität zur Dienerin neoliberaler Werte. (Readings kritisiert die Cultural Studies als Komplizin dieser Entwicklung.) Die gesamte Debatte über die neue Rolle der Universitäten kommt ohne jeden Hinweis darauf aus, dass ein bestimmtes Geschlechterverhältnis zwingend notwendig für diese Form der kapitalistischen Umstrukturierung der internationalen Arbeitskraft ist (Lazzarato 1996; Readings 1996; Rossiter 2007; Virno 2004).

Tatsächlich gibt es so etwas wie feministische Affirmation, die den minoritären Anderen durch die Institutionen zur Verfügung gestellt wird, wenn sie ihren Weg in die feministischen *Cultural-Studies*-Seminare findet. Hier muss man fragen, wie es ,außerhalb der Lehrmaschine' aussieht und wo die Grenzen der feministischen Wissenschaftszusammenhänge verlaufen. Ich möchte hier daran erinnern, wie stark sich manche ProtagonistInnen der *Cultural Studies* wie Williams, Hoggart und Hall für Erwachsenenbildung, alternative Bildungswege, Abendschulen und das außeruniversitäre Studium eingesetzt haben. In diesem Rahmen wurde seit den späten 1960er Jahren in vielen Fächern, darunter auch in den Cultural Studies, ein kritischer Gegenlehrplan entwickelt. Wenn die weibliche Bildungsmigration in einem wie auch immer gearteten Zusammenhang mit der langen Tradition der Abendschulen gesehen werden kann, dann können wir gegen Spivak hochhalten, dass die zukünftige Arbeitskraft dieser jungen Frauen nicht gänzlich und unabding- bar im Dienst der „ökonomischen Umstrukturierung zum Zweck der Ausbeutung" stehen muss (Spivak 1998). Es ist vielleicht schwierig, dem zuzustimmen, wenn die Studierenden sagen, dass sie in der Redaktion der *Marie-Claire*, im Public Relations-Bereich in der Modeindustrie oder als Journalistin für *Al-Jazeera* arbeiten wollen, aber auch über diese Berufsfelder sollte man kritisch diskutieren, statt sie einfach zu verwerfen. Die heutige Arbeitswelt unterscheidet sich stark von jenen Berufen und Karrierepfaden, wie sie in Großbritannien und anderen sozialstaatlichen Demokratien der 1970er Jahre vorherrschten. Hardt/Negri, Virno und Lazzarato wenden sich sämtlich gegen den fatalistischen linken Diskurs über den Niedergang der Politik, das Ende des Radikalismus und den Triumph des Neoliberalismus. Stattdessen beschäftigen sie sich, wie es auch Braidotti vorschlägt, mit neuen Politikformen, die sich zwar noch nicht fertig herausgebildet haben, aber trotzdem ,da' sind und sich auf die Zukunft richten. Sie betrachten diese neuen Erscheinungsformen der Politik als Produkte des täglichen Lebens, das der Arbeit und dem Erwerb des Lebensunterhalts unterworfen ist (die wiederum nicht mehr an konkrete Arbeitsplätze gebunden sind, sondern sich mit dem Feld des Sozialen, mit dem Leben selbst decken). Statt also das radikale politische Potenzial derjenigen Studierenden, die beispielsweise in einem global agierenden Modekonzern arbeiten, gänzlich abzuschreiben, könnten wir sagen: Wir müssen die kleinen Gegenkulturen verstehen und analysieren, die innerhalb der Disziplinarregimes des Erwerbslebens existieren. So können sich Räume für Kritik herausbilden. Und wenn die Bildung in das Arbeitsleben sickert und manche der neuen beruflichen Werte und Ideen mit ihrer Kritik prägt, treten beide Felder in ein enges Verhältnis zueinander.

Spivak ruft uns hier Paulo Freires Befreiungspädagogik ins Gedächtnis und bringt zur Geltung, dass Lehre und Pädagogik jetzt, im Angesicht so vieler anderer verlorener Kämpfe, als eine soziale Bewegung für einen radikalen Wandel gedeutet werden könnten (gibt aber auch zu bedenken, wie stark die heutigen Lehrpläne auf die Wirtschaft und auf Unternehmen zugeschnitten sind). Spivak erinnert uns außerdem an einen Aspekt in Jamaica Kincaids Roman *Lucy,* der viele der hier angeschnittenen Themen berührt (Spivak 2000). Lucy ist verzweifelt darüber, dass ihre Mutter ihr das verbietet, was sie ihren Söhnen als selbstverständliches Privileg zugesteht. Tatsächlich ist dieses Verbot für sie ein Trauma, da es einen Prozess in ihr auslöst, im Verlauf dessen sie ihre Liebe zu ihrer Mutter nicht nur verliert, sondern sie so sehr zu hassen beginnt, dass sie nie wieder jemanden lieben kann. In einer Episode, die an einen Abschnitt aus George Eliots viel älterem Roman *Mill on the Floss* (1860) erinnert, in welchem dem weniger cleveren Sohn Tom die Bildung vergönnt ist, die der Tochter Maggie verwehrt wird, versperrt die Mutter ihrer Tochter den Weg zur Bildung, während sie sich an den Zukunftsaussichten ihres Sohnes erfreut, die diese Bildung in Übersee ihm eröffnet. Ich möchte hier nicht behaupten, dass die geschlechtsspezifischen Ungleichheiten im Bildungssektor überwunden sind. Spivak warnt uns wiederholt vor den trojanischen Pferden der westlichen Regierungen, die uns heute das Geschenk der ,Bildung für Mädchen' versprechen. Aber Lucy schafft es schließlich, zur Abendschule zu gehen, weil sie ihren Herkunftsort verlässt und tagsüber auf Kinder aufpasst, und kann sich schließlich vorstellen, Schriftstellerin zu werden. Vielleicht können wir uns trotz allem eine neue feministische Politik vorstellen, die innerhalb der Zwänge und Anforderungen der neuen globalen Ökonomie entsteht, in der junge Frauen dazu gedrängt und mobilisiert werden, sich je nach Klassenherkunft als Bildungsmigrantinnen, Au Pairs oder Hausarbeiterinnen in alle möglichen Richtungen zu bewegen. In dieser Bewegung vom Herkunfts- zum Ankunftsort sind Prozesse im Gang, die eine neue Landkarte der Geschlechterverhältnisse, der Geopolitik von Arbeit und Erwerbstätigkeit und des Lebens selbst entstehen lassen. Pädagogik und Lernprozesse sind zu lebenswichtigen Berührungspunkten geworden, zu neuen Kontaktzonen, in denen Geschichten, auch Geschichten über Geschlechterverhältnisse, die bis dato in die Vergessenheit gezwungen waren, jetzt vielleicht eine kleine Chance darauf haben, geschrieben zu werden.

Literatur

Adkins, L. (2000): Objects of Innovation: Post-occupational Reflexivity and Re-traditionalizations of Gender. In: Transformations. (Hrsg.) S. Ahmed/J. Kilby/C. Lury/ M. McNeil/B. Skeggs, London: Routledge, 259–273

Adkins, L. (2002): Revisions: Gender and Sexuality in Late Modernity. Buckingham: Open University Press

Allen, K. (2008): Young Women and the Performing Arts: Creative Education, New Labour and the Remaking of Class and Gender. University of London: PhD Thesis at Goldsmiths College

Arnot, M./David, M./Weiner, G. (1999): Closing the Gender Gap. Cambridge: Polity Press

Barlow, T./Dong, U./Poiger, U./Ramamurthy, P./Thomas, L./Weinbaum, A. (2005): The Modern Girl Around the World: A Research Agenda and Preliminary Findings. In: Gender and History, 17 (2), 245–294

Bartky, S. L. (1990): Femininity and Domination: Studies in the Phenomenology of Oppression. London: Routledge

Bauman, Z. (2000): The Individualized Society. Cambridge: Polity Press

Bauman, Z. (2003): Flüchtige Moderne. Frankfurt am Main: Suhrkamp

Baumgardner, J./Richards, A. (2004): Feminism and Femininity: Or How We Learned to Stop Worrying and Love the Thong. In: All About the Girl. (Hrsg.) A. Harris/M. Fine, London: Routledge, 59–69

Beck, U. (1986): Risikogesellschaft. Auf dem Weg in eine andere Moderne. Frankfurt am Main: Suhrkamp

Beck, U./Beck-Gernsheim, E. ([1994] 2008): Riskante Freiheiten. Individualisierung in modernen Gesellschaften. Frankfurt am Main: Suhrkamp

Beck, U./Giddens, A./Lash, S. ([1996] 2007): Reflexive Modernisierung. Eine Kontroverse. Frankfurt am Main: Suhrkamp

Bennett, T./Woollacott, J. (1987): Bond and Beyond: The Political Career of a Popular Hero. Basingstoke: Macmillan

Blackman, L. (2004): Self-help, Media Cultures and the Production of Female Psychopathology. In: European Journal of Cultural Studies, 7 (2), 219–236

Blackwood, S./Adebola, Y. (1997): Black vs Black: The Women Who Hate Their Own. In: Pride, 3/1997, 20–23

Bourdieu, P. ([1982] 2008): Die feinen Unterschiede. Kritik der gesellschaftlichen Urteilskraft. Frankfurt am Main: Suhrkamp

Bourdieu, P. ([1998] 2009): Über das Fernsehen. Frankfurt am Main: Suhrkamp

Braidotti, R. (1994): Nomadic Subjects: Embodiment and Sexual Difference in Contemporary Feminist Theory. New York: Columbia University Press

Braidotti, R. (2000): Teratologies. In: Deleuze and Feminism. (Hrsg.) I. Buchanan/C. Cole-
    brook, Edinburgh: Edinburgh University Press
Braidotti, R. (2002): Metamorphoses: Towards a Materialist Theory of Becoming. Cam-
    bridge: Polity Press
Braidotti, R. (2003): Becoming Woman: Or Sexual Difference Revisited. In: Theory, Cul-
    ture and Society, 20 (3), 43–65
Braidotti, R. (2006): Transpositions. Cambridge: Polity Press
Breines, W./Cerullo, M./Stacey, J. (1978): Social Biology, Family Studies and Antifemi-
    nist Backlash. In: Feminist Studies, 4, 43–67
British Medical Association (2000): Eating Disorders, Body Image and the Media. Lon-
    don: BMA
Brown, W. (1995): States of Injury. Prinston, New Jersey: Princeton University Press
Brown, W. (2000): Resisting left Melancholia. In: Without Guarantees: In Honour of
    Stuart Hall. (Hrsg.) P. Gilroy/L. Grossberg/A. McRobbie, London: Verso, 21–30
Brown, W. (2005): Neoliberalism and the End of Liberal Democracy. In: Edgework: Criti-
    cal Essays on Knowledge and Politics. W. Brown, Princeton, New Jersey: Princeton
    University Press, 36–60
Brunsdon, C. (1991): Pedagogies of the Feminine. In: Screen, 32/4, 364–381
Brunsdon, C. (1997): Screen Tastes: Soap Opera to Satellite Dishes. London: Routledge
Brunsdon, C. (2003): Lifestyling Britain: The 8–9 Slot on British Television. In: Interna-
    tional Journal of Cultural Studies, 6 (1), 5–23
Brunsdon, C. (2005): Feminism, Postfeminism, Martha, Martha and Nigella. In: Cinema
    Journal, 44 (2), 110–116
Budgeon, S. (2001): Emergent Feminist (?) Identities: Young Women and the Practice of
    Micropolitics. In: European Journal of Women's Studies, 8, (1), 7–28
Budgeon, S. (2003): Choosing a Self: Young Women and the Individualization of Identity.
    Westport CT: Praegar Publishing
Butler, J. (1991): Das Unbehagen der Geschlechter. Frankfurt am Main: Suhrkamp
Butler, J. (1993): Kontingente Grundlagen: Der Feminismus und die Frage der Postmo-
    derne. In: Der Streit um Differenz. Feminismus und Postmoderne in der Gegenwart.
    Benhabib, S./Butler, J./Fraser, N., Frankfurt am Main: Fischer, 31–58
Butler, J. (1994): Gender as Performance: An Interview with Judith Butler by Peter Osbor-
    ne and Lynn Segal. In: Radical Philosophy, 67, 32–39
Butler, J. (1995): Körper von Gewicht. Die diskursiven Grenzen des Geschlechts. Berlin:
    Berlin Verlag
Butler, J. (1998): Haß spricht. Zur Politik des Performativen. Berlin: Berlin Verlag
Butler, J. (1999): Performativity's Social Magic. In: Bourdieu: A Critical Reader. (Hrsg.)
    R. Shusterman, Oxford: Blackwell, 113–128
Butler, J. (2000a): Restaging the Universal: Hegemony and the Limits of Formalism. In:
    Butler, J./Laclau, E./Zizëk, S. (2000): Contingency, Hegemony, Universality. Lon-
    don: Verso, 11–43
Butler, J. (2000b): Agencies of Style for a Liminal Subject. In: Without Guarantees: In Ho-
    nour of Stuart Hall. (Hrsg.) P. Gilroy/L. Grossberg/A. McRobbie, London: Verso, 30–35

Butler, J. (2001a): Antigones Verlangen. Verwandtschaft zwischen Leben und Tod. Frankfurt am Main: Suhrkamp

Butler, J. (2001b): Psyche der Macht. Das Subjekt der Unterwerfung. Frankfurt am Main: Suhrkamp

Butler, J. (2008): Sexual Politics, Torture and Secular Time. In: British Journal of Sociology, 59 (1), 1–23

Butler, J. (2009): Die Macht der Geschlechternormen und die Grenzen des Menschlichen. Frankfurt am Main: Suhrkamp

Campbell, A. (2007): The Blair Years: Extracts from the Alistair Campbell Diaries. London: Random House

Castells, M. (2001): Der Aufstieg der Netzwerkgesellschaft. Opladen: Leske + Budrich

Certeau, M. de (1988): Die Kunst des Handelns. Berlin: Merve Verlag

Cerwonka, A. (2008): Traveling Feminist Thought: Difference and Transculturation in Central and Eastern European Feminism. In: Signs. A Journal of Women in Culture and Society, 33 (4), 809–832

Colebrooke, C. (2002a): From Radical Representations to Corporeal Becomings: The Feminist Philosophy of Lloyd, Grosz and Gatens. In: Hypatia, 15 (2), 76–93

Colebrooke, C. (2002b): Understanding Deleuze. Crows Nest, New South Wales: Allen and Unwin

Constantine, S./Woodall, T. (2002): What Not To Wear. London: Weidenfeld & Nicolson

Couldry, N. (2003): Media Meta-capital: Extending the Range of Bourdieu's Field Theory. In: Theory and Society, 32 (5), 653–678

Coward, R. (1984): Female Desire. London: Paladin

Crompton, R. (2002): Employment, Flexible Working and the Family. In: British Journal of Sociology, 53 (4), 537–558

Deleuze, G. (1986): Foucault. Minneapolis: University of Minnesota Press

The Depression Report (2006): London: London School of Economics

Doane, M. A. (1982): Film und Maskerade. Zur Theorie des weiblichen Zuschauers. In: Weiblichkeit als Maskerade. (Hrsg.) L. Weissberg, Frankfurt am Main: Fischer, 66–89.

Driscoll, C. (2002): Girls: Feminine Adolescence in Popular Culture and Cultural Theory. New York: Columbia University Press

Duggan, L. (2003): The Twilight of Equality?: Neoliberalism, Cultural Politics and the Attack on Democracy. Boston: Beacon Press

Dyer, R. (1997): White: Essays on Race and Culture. London: Routledge

Evans, M./Thornton, C. (1989): Women and Fashion: A New Look. London: Quartet

Faludi, S. (1993): Backlash. Die Männer schlagen zurück. Reinbek bei Hamburg: Rowohlt

Foucault, M. (1987): Zur Genealogie der Ethik. Ein Überblick über laufende Arbeiten. Ein Gespräch mit Michel Foucault. In: Michel Foucault. Jenseits von Strukturalismus und Hermeneutik. (Hrsg.) H. Dreyfus/P. Rabinow, Frankfurt am Main: Athenäum, 265–294

Fraser, N. ([2001] 2007): Die halbierte Gerechtigkeit. Schlüsselbegriffe des postindustriellen Sozialstaates. Frankfurt am Main: Suhrkamp

Frey, R. et al. (2006): Gender Manifesto. http://www.gender.de

Fuss, D. (1994): Fashion and the Homospectatorial Look. In: On Fashion. (Hrsg.) S. Benstock/S. Ferriss, New York: Rutgers University Press, 211–235

Genz, S. (2006): Third Way/ve: The Politics of Post-feminism. In: Feminist Theory, 7 (3), 333–353

Giddens, A. ([1992] 1996): Wandel der Intimität. Sexualität, Liebe und Erotik in modernen Gesellschaften. Frankfurt am Main: Fischer

Gill, R. (2003): From Sexual Objectification to Sexual Subjectification: The Resexualisation of Women's Bodies in the Media. In: Feminist Media Studies, 3 (1), 99–106

Gill, R. (2006): Gender and the Media. Cambridge: Polity Press

Gilroy, P. (1987): There Ain't No Black in the Union Jack. London: Hutchinson

Gilroy, P. (1993): The Black Atlantic. London: Verso

Gitlin, T. (1995): The Twilight of Common Dreams: Why America is Wracked by Culture Wars. New York: Henry Holt and Company

Griggers, C. (1990): A Certain Tension in the Visual/Cultural Field: Helmut Newton, Deborah Turbeville and the VOGUE Fashion Layout. In: differences: A Journal of Feminist Cultural Studies, 2 (2), 76–104

Hacking, I. (2006): Making Up People. In: London Review of Books, 8/2006, 28 (16), 23–26

Halberstam, J. (2005): In a Queer Time and Place: Transgender Bodies, Subcultural Lives. New York: New York University Press

Hall, S./Jefferson, T. (Hrsg.) (1976): Resistance Through Rituals. London: Hutchinson

Hall, S. (1988): The Hard Road to Renewal. London: Verso

Hall, S. (2003): New Labour's Double-shuffle. In: Soundings, 24, 7/2003, 10–24

Haraway, D. (1995): Die Neuerfindung der Natur. Primaten, Cyborgs und Frauen. Frankfurt am Main: Campus Verlag

Hardt, M./Negri, T. (2002): Empire. Die neue Weltordnung. Frankfurt am Main. Campus Verlag

Hark, S. (2005): Dissidente Partizipation. Eine Diskursgeschichte des Feminismus. Frankfurt am Main: Suhrkamp

Harris, A. (2004): Future Girl. London: Routledge

Hebdige, D. (1987): Subculture: The Meaning of Style. London: Methuen

Hoefinger, H. (2005): Professional Girlfriends, unpublished MA Thesis, Worcester, Massachusetts: Clark University

Hollows, J. (2003): Feeling Like a Domestic Goddess: Post-feminism and Cooking. In: European Journal of Cultural Studies, 6 (2), 179–202

Kaplan, C. (1986): The Thorn Birds: Fiction, Fantasy and Femininity. In: Formations of Fantasy. (Hrsg.) V. Burgin/J. Donald/C. Kaplan, London: Routledge, 142–167

Laclau, E./Mouffe, C. (1991): Hegemonie und radikale Demokratie. Zur Dekonstruktion des Marxismus. Wien: Passagen Verlag

Lazzarato, M. (1996): Immaterial Labour. In: Radical Thought in Italy: A Potential Politics. (Hrsg.) P. Virno/M. Hardt, Minneapolis: University of Minnesota Press, 133–147

Lewis, R. (1997): Looking Good: The Lesbian Gaze and Fashion Imagery. In: Feminist Review, 55, 92–110

Lister, R. (2002): The Dilemmas of Pendulum Politics: Balancing Paid Work, Care and Citizenship. In: Economy and Society, 31 (4), 520–532

McNay, L. (1999): Gender, Habitus and the Field: Pierre Bourdieu and the Limits of Reflexivity. In: Theory, Culture & Society, 16 (1), 95–117

McRobbie, A. (1994): Postmodernism and Popular Culture. London: Routledge

McRobbie, A. (1999a): All the World's a Stage, Screen or Magazine. In: In the Culture Society. A. McRobbie, London: Routledge, 22–31

McRobbie, A. (1999b): Feminism v the TV Blondes. Inaugural Lecture, University of London: Goldsmiths College

McRobbie, A. (2000a): Feminism and the Third Way. In: Feminist Review, 64, 97–112

McRobbie, A. (2000b): Feminism and Youth Culture. London: Routledge

McRobbie, A. (2002): Club to Company. In: Cultural Studies, 16 (4), 516–532

McRobbie, A. (2003): Mothers and Fathers: Who Needs Them? In: Feminist Review, 75 (1), 129–136

McRobbie, A. (2005): The Uses of Cultural Studies. London: Sage

Mohanty, C. T. (1988): Aus westlicher Sicht. Feministische Theorie und koloniale Diskurse. In: beiträge zur feministischen theorie und praxis: Modernisierung der Ungleichheit – weltweit, 23, 149–162

Mohanty, C. T. (2002): ‚Under Western Eyes‘ Revisited: Feminist Solidarity Through Anticapitalist Struggles. In: Signs: Journal of Women in Culture and Society, 28 (2), 499–535

Moseley, R. (2000): Makeover Takeover on British Television. In: Screen, 41 (3), 299–314

Moseley, R./Read, J. (2002): ‚Having it Ally‘: Popular Television (Post-)feminism. In: Feminist Media Studies, 2 (2), 231–249

Mouffe, C. (2008): Das demokratische Paradox. Wien: Turia+Kant

Mulvey, L. ([1980] 1994): Visuelle Lust und narratives Kino. In: Frauen in der Kunst. (Hrsg.) G. Nabakowski/H. Sander/P. Gorsen, Frankfurt am Main: Suhrkamp, 30–46

Nancy, J-L. (2003): Die Erschaffung der Welt oder Die Globalisierung. Zürich/Berlin: diaphanes

Nixon, S. (2003): Advertising Cultures. London: Sage

Noble, D. (2000): Ragga Music: Dis/respecting Black Women and Dis/reputable Sexualities. In: Un/settled Multiculturalisms: Diasporas, Entanglements, Transruptions. (Hrsg.) B. Hesse, London: Zed Press, 148–169

Nussbaum, M. (2003a): Capabilities as Fundamental Entitlements: Sen and Social Justice. In: Feminist Economics, 9 (2–3), 33–59

Nussbaum, M. (2003b): Women's Education: A Global Challenge. In: Signs: Journal of Women in Culture and Society, 29 (2), 325–355

Odone, C. (2000): If High Flyers Refuse to be Mums. In: The New Statesman, 3. April 2000, 21

O'Sullivan, S. (2007): Academy: The Production of Subjectivity. In: Academy. (Hrsg.) De Baere et al., Frankfurt: Revolver Verlag, 238–244

Pateman, C. (1988): The Sexual Contract. Stanford, California: Stanford University Press

Pearson, A. (2003): I Don't Know How She Does It. London: Vintage

Pratt, M. L. (1992): Imperial Eyes: Travel Writing and Transculturation. New York: Routledge

Probyn, E. (1988/1997): New Traditionalism and Post-feminism. In: Feminist Television Criticism. (Hrsg.) C.Brunsdon/J. D'Acci/L.Spigel, Oxford: Clarendon Press, 126–139

Probyn, E. (2000): Carnal Appetites: Foodsexidentities. New York: Routledge

Rabine, L. W. (1994): A Woman's Two Bodies: Fashion Magazines, Consumerism and Feminism. In: On Fashion. (Hrsg.) S. Benstock/S. Ferriss, New York: Rutgers University Press, 59–76

Readings, B. (1996): The University in Ruins. Cambridge, Massachusetts: Harvard University Press

Riviére, J. ([1929] 1994): Weiblichkeit als Maskerade. In: Weiblichkeit als Maskerade. (Hrsg.) L. Weissberg, Frankfurt am Main: Fischer, 34–47

Rose, N. (1999a): Powers of Freedom. Cambridge: Cambridge University Press

Rose, N. (1999b): Inventiveness in Politics. In: Economy and Society, 28 (3), 467–493

Rose, T. (1994): Black Noise: Rap Music and Black Culture in Contemporary America. Hanover/London: Wesleyan University Press

Rossiter, N. (2007): Organised Networks: Media Theory, Creative Labour, New Institutions. Rotterdam: NAi Publishers

Safia Mirza, H. (1997): Young, Female and Black. London: Routledge

Scharff, C. (2008): Perspectives on Feminist (Dis)identification in the German and British Contexts: A Performative Approach. forthcoming in Feminist Review

Skeggs, B. (1997): Formations of Class and Gender. London: Sage

Skeggs, B. (2004): Class, Self, Culture. London: Routledge

Silverman, K. (1994): Fragments of a Fashionable Discourse. In: On Fashion. (Hrsg.) S. Benstock/S. Ferriss, New York: Rutgers University Press, 183–197

Smith, A-M. (1998): Laclau and Mouffe: The Radical Democratic Imaginary. London: Routledge

Spivak, G. C. (1988): In Other Worlds: Essays in Cultural Politics. New York: Routledge

Spivak, G. C. (1993): Outside in the Teaching Machine. New York: Routledge

Spivak, G. C. (1998): Foucault and Najibullah. In: Lyrical Symbols and Narrative Transformations: Essays in Honour of Ralph Freedman. (Hrsg.) K. L. Komer/R. Shideler, Columbia, South Carolina: Camden House, 218–235

Spivak, G. C. (1999): A Critique of Postcolonial Reason. Cambridge, Massachusetts: Harvard University Press

Spivak, G. C. (2000): Thinking Cultural Questions in ,Pure' Literary Terms. In: Without Guarantees: In Honour of Stuart Hall. (Hrsg.) P. Gilroy/L. Grossberg/A. McRobbie, London: Verso, 335–358

Spivak, G. C. (2002): Resident Alien. In: Relocating Postcolonialism. (Hrsg.) D. T. Goldberg/A. Quayson, Oxford: Blackwell, 47–65

Spivak, G. C. (2005): What is Gender? Where is Europe? Walking with Balibar. The Fifth Ursula Hirschmann Annual Lecture on Gender and Europe, Florence: European University Institute, 21. April 2005

Springer, K. (2002): Third Wave Black Feminism? In: Signs: Journal of Women in Culture and Society, 27 (4), 1059–1082

Stacey, Judith (1986): Are Feminists Afraid to Leave Home? The Challenge of Conservative Pro-family Feminism. In: What is Feminism? (Hrsg.) J. Mitchell/A. Oakley, Oxford: Basil Blackwell, 219–248

Stallybrass, P./White, A. (1986): The Politics and Poetics of Transgression. London: Methuen

Stuart, A. (1990): Feminism: Dead or Alive? In: Identity: Community, Culture and Difference. (Hrsg.) J. Rutherford, London: Lawrence and Wishart
Tasker, Y./Negra, D. (Hrsg.) (2007): Interrogating Post-feminism. Chapel Hill, North Carolina: Duke University Press
Trinh, T. M. (1989): Woman, Native, Other. Bloomington: Indiana University Press
Virno, P. (2004): A Grammar of the Multitude. New York: Semiotext(e)
Walby, S. (1997): Gender Transformations. London: Routledge
Walby, S. (1999): Introduction. In: New Agendas for Women. (Hrsg.) S. Walby, Basingstoke: Macmillan
Walby, S. (2002): Feminism in a Global Age. In: Economy and Society, 31 (4), 533–557
Walby, S. (2005a): Gender Mainstreaming: Productive Tensions in Theory and Practice. In: Social Politics: International Studies in Gender, State and Society, 12 (3), 321–343
Walby, S. (2005b): Introduction: Comparative Gender Mainstreaming in a Global Era. In: International Feminist Journal of Politics, 7 (4), 453–470
Walkerdine, W./Lucey, H./Melody, J. (2001): Growing up Girl: Psychosocial Explorations of Gender and Class. Basingstoke: Palgrave
Walsh, H. (2004): Brass. Edinburgh: Canongate
Walter, N. (1998): The New Feminism. London: Virago
Ware, V. (1992): Beyond the Pale: White Women, Racism and History. London: Verso
Weldon, F. (1997): Big Women. London: Flamingo
Williams, F. (2002): The Presence of Feminism in the Future of Welfare. In: Economy and Society, 31 (4), 502–533
Williams, L. R. (2004): The Erotic Thriller in Contemporary Cinema. Edinburgh: Edinburgh University Press
Williamson, J. (1978): Decoding Advertisements. London: Marion Boyars
Williamson, J. (1986): Consuming Passions: The Dynamics of Popular Culture. London: Marion Boyars
Wittel, A. (2006): Auf dem Weg zu einer Netzwerk-Sozialität. In: Konnektivität, Netzwerke und Fluss. (Hrsg.) A. Hepp/F. Krotz/S. Moores/C. Winter, Wiesbaden: VS Verlag, 163–188
Wolf, N. ([1991] 1993): Der Mythos Schönheit. Reinbek bei Hamburg: Rowohlt
Young, L. (2000): How Do We Look? Unfixing the Singular Black (Female) Subject. In: Without Guarantees: In Honour of Stuart Hall. (Hrsg.) P. Gilroy/L. Grossberg/A. McRobbie, London: Verso, 416–431